CULTURAL THEORY *and* POPULAR CULTURE *an introduction*

ポップ・カルチャー批評の理論

現代思想とカルチュラル・スタディーズ

JOHN STOREY
ジョン・ストーリー
鈴木 健・越智博美［訳］

小鳥遊書房

Cultural Theory and Popular Culture
An Introduction
Ninth Edition

Authorised translation from the English language edition published by
Routledge, a member of the Taylor & Francis Group,
through Japan UNI Agency, Inc., Tokyo

日本語版の出版によせて

まず最初に、私の著書が今や日本語に翻訳され、出版されることを名誉に感じ、どれだけうれしく思っているかをお伝えしたいと思います。翻訳者の一人である鈴木健教授と私がマンチェスターで飲食を共にしながら、出版の可能性を議論したのが、ずいぶん昔のように思われます。読者の皆さんが、私たちが出版を心待ちにしたように、本書を楽しんでいただき、現在勉強している分野でお役に立てていただき、さらなる高みをめざす動機づけとなることを望んでいます。

『ポップ・カルチャー批評の理論――現代思想とカルチュラル・スタディーズ』は、対象分野に関するわかりやすい入門書ですが、新機軸を打ち出した点でも入門書であります。つまり、ここで論じられているすべての作品がこれまで存在していたものであっても、文化理論とポピュラー・カルチャーの伝統として存在していた一群の作品ではありません。本書のオリジナリティとは、ポピュラー・カルチャーとポピュラー・カルチャーを巡る言説を理解する方法として、その作品群をまとめあげたことです。

ポピュラー・カルチャーと、ポピュラー・カルチャーの研究には、歴史と伝統があり、我々が「コンテンポラリー」と「ポピュラー・カルチャー」を置き換え可能な用語として考えないことは重要です。歴史は、この分野のとても重要な部分なのです。私は、ときどき、なぜ本書で議論されている理論や方法論のいくつかを最新のものに更新しないのかと尋ねられます。理由には二つあり、とても単純なものです。第一に、文化理論とポピュラー・カルチャーの間の最も最近の出会いの例を用いただけでは、歴史的地図を描くことはできないからです。第二に、ここで私が論じているのは、この領域における「古典」です。それらの批判的焦点は、もはやポピュラーではないポピュラー・カルチャーに置かれているかもしれませんが、理論と方法論に関しては、領域の礎を提供する一方、より最近のポピュラー・カルチャーの例を理解しようとしたときには、まだ読者にいくつかのかけがえのない道具を提示してくれるのです。さらに、私は、これらの「古典」を古典といわれるものにおいてではなく、理論と方法論に関して学習される重要な知識において、分析しています。それゆえに、古くさい例もあるかもしれませんが、理論的・方法論的アプローチは、ポピュラー・カルチャーの現代的な例を考察する際に、まだおおいに関連性があるのです。言い換えると、ポピュラー・カルチャーに関して批判的に考える際に、とくにカルチュラル・スタディーズを批判的観点から考える際にはとくに、こうした古典的な作品は依然として、歴史的、理論的、方法論的に重要な鍵を握る部分であり、将来においても引き続きそうあるでしょう。

ジョン・ストーリー
サンダーランド大学名誉教授

目次

日本語版の出版によせて 3

第一章　ポピュラー・カルチャーとは何か？ 9

文化（カルチャー） 10／イデオロギー 11／ポピュラー・カルチャー 16／

他者としてのポピュラー・カルチャー 31／意味のコンテクスト性 33／

註 36／さらに知りたい人のための参考文献 37

第二章　「文化と文明化」の伝統 39

マシュー・アーノルド 41／リーヴィス主義 49／

アメリカにおけるマス・カルチャー――戦後の議論 59／その他の人々の文化 70／

註 73／さらに知りたい人のための参考文献 73

第三章　文化主義からカルチュラル・スタディーズへ 75

リチャード・ホガート『読み書き能力の効用』 77／レイモンド・ウィリアムズ『文化の分析』 87／

E・P・トムスン『イングランド労働者階級の形成』 96／

スチュアート・ホールとパディ・ワネル『ザ・ポピュラー・アーツ』 100／現代文化研究センター 111／

註 112／さらに知りたい人のための参考文献 113

第四章　マルクス主義の流派　115
古典的マルクス主義　115／ウィリアム・モリスの英国マルクス主義　120／
フランクフルト学派　123／アルチュセール主義　136／ヘゲモニー（覇権）　149／
ポスト・マルクス主義とカルチュラル・スタディーズ　153／ユートピア的マルクス主義　164／
註　168／さらに知りたい人のための参考文献　168

第五章　精神分析　170
フロイト派精神分析　170／ラカン派精神分析　187／映画の精神分析　193／
スラヴォイ・ジジェクとラカンの幻想　197／
註　201／さらに知りたい人のための参考文献　202

第六章　構造主義とポスト構造主義　204
フェルディナン・ド・ソシュール　205／クロード・レヴィ＝ストロース、ウィル・ライト、西部劇　210／
ロラン・バルト『神話作用』　215／ポスト構造主義　225／ジャック・デリダ　225／
言説と権力――ミシェル・フーコー　228／一望監視装置　232／
註　236／さらに知りたい人のための参考文献　236

第七章　階級と階級闘争　238
階級とポピュラー・カルチャー　238／カルチュラル・スタディーズにおける階級　239／
階級闘争　241／階級区別としての消費　245／階級とポピュラー・カルチャー　248／

能力主義のイデオロギー的なはたらき　254／註　257／さらに知りたい人のための参考文献　258

第八章　ジェンダーとセクシュアリティ　259
複数のフェミニズム　259／映画館の女性　262／ロマンスを読む　268／『ダラスを観る』　282／
女性雑誌を読む　293／ポスト・フェミニズム　304／男性学と複数の男性性　308／クィア理論　310／
インターセクショナリティ（交差性）　321／
註　326／さらに知りたい人のための参考文献　327

第九章　「人種」、人種主義、および表象　330
「人種」と人種主義　331／人種主義のイデオロギー――その歴史的出現　334／
オリエンタリズム　340／白さ　354／反人種主義とカルチュラル・スタディーズ　356／
ブラック・ライヴズ・マター　358／
註　360／さらに知りたい人のための参考文献　362

第一〇章　ポストモダニズム　364
ポストモダンの条件　364／一九六〇年代のポストモダニズム　366／
ジャン＝フランソワ・リオタール　370／ジャン・ボードリヤール　373／
フレドリック・ジェイムソン　382／ポストモダニズムと価値の多元化　394／
グローバル・ポストモダン　398／あとがき　407／
註　408／さらに知りたい人のための参考文献　409

第一一章　ポピュラー・カルチャーの物質性　411

物質性　411／アクターとしての物質性　413／意味と物質性　416／意味なき物質性　423／グローバル化した世界の物質的なもの　428／註　431／さらに知りたい人のための参考文献　431

第一二章　ポピュラーの政治学　433

文化的な場　437／経済的な場　454／ポスト・マルクス主義カルチュラル・スタディーズ——ヘゲモニー再訪　463／マス・カルチャーのイデオロギー　465／註　468／さらに知りたい人のための参考文献　469

訳者あとがき　473

参考文献　495

索引　506

・本文中の（　）は引用ページ数、また、人名の後の（　）は巻末に掲げた参考文献一覧の出版年を示す。

・（ibid.）は直前に参照した文献と同様、つまり（同上）を意味する。

第一章 ポピュラー・カルチャーとは何か？

1 What is popular culture?

本章では、ポピュラー・カルチャーが、歴史的にも、理論的にも、方法論の上でもいかにさまざまに定義され、分析されてきたのかについて詳細に見ていくが、その前にまず、ポピュラー・カルチャー研究が生み出した議論の一般的な特徴をいくつか取り上げて、その概略を述べておきたい。といっても、特定の発見や議論を先取りしようというわけではない。それは、このあとの章で提示する予定である。本章においては、ポピュラー・カルチャーの概念のあらましを、まとめておきたいだけである。ただし、これは、多くの点で大変な作業である。というのも、この大変さは、部分的には、我々が「ポピュラー・カルチャー」という用語を使う際に、つねに「そこにはない／そこにある(absent / present)」他者性が示唆されているという点から生じているからである。このあとの章で見ていくように、ポピュラー・カルチャーは、つねに暗黙のうちに、あるいは明示的に、ほかの概念的なカテゴリー――民衆文化（フォーク・カルチャー）、マス・カルチャー、高級文化、支配的なカルチャー、ワーキングクラス・カルチャー――との対照で定義されている。完全に定義しようとすれば、つねにこの点を考慮に入れる必要がある。さらに、これもまたのちに見ていくことだが、いかなる概念的なカテゴリーをポピュラー・カルチャーの不在の他者として配置しようと、それは我々が「ポピュラー・カルチャー」という用語を使う際に作動する含意につねに強い影響を与えるのである。

したがって、ポピュラー・カルチャーを学ぶためには、まず、用語そのものが突きつける困難に向かい合わねばならない。というのも、我々がおこなう類いの分析と、こうした分析をおこなうために採る理論的な枠組みは、まずまちがいなく、我々がポピュラー・カルチャーのどの定義を使うかにかなりの部分、形づくられることになるからである。本書から読者が受け取ると思われる議論の柱は、ポピュラー・カルチャーは、要するに、中身のない概念上のカテゴリー、つまり、それが使われるコンテクストによって、しばしば矛盾含みのさまざまなかたちで満たすことができるものなのである。

文化（カルチャー） Culture

ポピュラー・カルチャーを定義するためには、まず「文化」という用語を定義する必要がある。レイモンド・ウィリアムズ（1983）は、文化を、「英語の中でも、最も複雑な語が少数ながらあるが、そのひとつ」と称している（87）。ウィリアムズは、広い意味での定義を三つ示している。第一の定義では、文化とは、「知的、精神的、美的な発展の全体的なプロセス」（90）を指す際に使うことができる。たとえば、西洋の文化的発展のことを言うときに使えるし、また偉大な哲学者、偉大な芸術家、偉大な詩人といったように、単に知的、精神的、美的な要素だけを指すときにも使える。これは完全に理解可能な定式化ではないだろうか。「文化」という語の第二の使い方は、「ひとつの民族であれ、時代であれ、集団であれ、その特定の生活様式」（ibid.）を示唆しうる。この定義を使うと、西洋の文化的発展を語る場合に、単に知的な要素や美的な要素というだけではなく、たとえば、識字率、祝日、スポーツや宗教的な祝祭といったものの発展も念頭に置くことになるであろう。最後の第三の定義について、ウィリアムズは、文化という用語が「知的な行為、およびとくに芸術的な行為の作品や実践」(ibid.) を指すのに使うことができると示唆している。別の言い方をすれば、ここでの文化とは、その主要な機能が、意味すること、つまり意味を生み出したり、意味を生み出す機会であったりすることであるようなテクストや実践を指している。この第三の意味における文化とは、構造主義者やポスト構造主義者が「意味作用の実践 (signifying practice)」(第六章を参照) と呼ぶものと同じ意味である。この定義を用いれば、おそらく詩、小説、バレエ、オペラおよび美術といった例を思いつくのではないか。ポピュラー・カルチャーのことを言う場合には、通常は、「文化」という用語の第二、第三の意味を動員することを意味している。第二の意味――特定の生活様式としての文化――を用いれば、海辺の休日、クリスマスを祝うこと、若者のサブカルチャーといったものを文化の例として語ることができるだろう。こうした例は、通常、「生きられた (lived)」文化ないしは実践といわれるものである。第三の意味――意味作用の実践としての文化――を用いれば、ソープ・オペラ、ポップ・ミュージック、およびコミックを文化の例として語ることができるであろう。これらは、通常、テクストといわれるものである。ポピュラー・カルチャーについて考えるとき、ウィリアムズの第一番目の定義を思い浮かべる人はほとんどいないであろう。

イデオロギー Ideology

ポピュラー・カルチャーのさまざまな定義を考える前に、もうひとつ考えておかねばならない用語がある。それは、イデオロギーである。イデオロギーは、ポピュラー・カルチャー研究においてきわめて重要な概念である。グレアム・ターナー (2003) は、イデオロギーを、「カルチュラル・スタディーズにおける最重要の概念」としている (182)。ジェイムズ・ケアリー (1996) は、「英国のカルチュラル・スタディーズは、イデオロギー研究であると簡単に言ってしまえるが、ひょっとするとそのほうが正確に言い当てているかもしれない」という提案さえしている。文化 (カルチャー）と同様、イデオロギーという用語には多くのせめぎ合う意味がある。この概念の理解をしばしば込み入ったものにしてしまうのは、多くの文化的な分析において、この概念がカルチャーそれ自体と、とりわけポピュラー・カルチャーと互換性があるものとして使われているという事実である。イデオロギーという用語が、カルチャーおよびポピュラー・カルチャーと同じ概念の領域を指すために使われているという事実があるために、イデオロギーは、ポピュラー・カルチャーの性質に関するいかなる理解においても重要な用語となるのである。ここからは、イデオロギーを理解する多くの方法のうち、五つだけを取り上げて短く論じる。そこでは、ポピュラー・カルチャー研究に関連する意味に限定して考察をおこなうことにする。

まず第一に、イデオロギーという用語は、特定のグループの人たちが述べる体系的な一連の観念を指す可能性がある。例として、特定の専門職集団の実践を特徴づける考え方を指すのに、「職業理念（professional ideology）」という言い方ができるであろう。また「労働党の理念」という言い方もできるであろう。この場合には、党の願望や行動を特徴づけている政治、経済、社会に関する考えの全体を指すことになる。

第二の定義は、ある種の偽装、歪曲ないしは隠蔽を示唆している。この場合には、イデオロギーという語は、テクストや実践が現実のイメージを歪めていることを指し示すために使われる。テクストや実践とは、「虚偽意識（false consciousness）」と呼ばれることもあるものを作り出す。こうした歪曲は、権力がない者たちの利害関心に反して、権力を持つ者たちの利害関心のために作用するとされている。この定義を用いれば、資本主義のイデオロギーという言い方ができるであろう。この用法が暗に示していると思われるのは、イデオロギーが権力者から支配という現実を隠蔽するということであろう。支配階級は、みずからが搾取したり抑圧したりする者になっていることが見えないのである。そして、おそらくより重要なのは、イデオロギーが権力を持たぬ者から従属という現実を隠蔽することであろう。従属階級は、自分たちが抑圧されている、あるいは、搾取されていることが見えないのである。この定義は、テクストや実践の生産状況をめぐる、ある種の前提から出てきている。その議論によれば、テクストや実践とは、「社会の経済構造」の権力関係が上部構造として「反映」あるいは「表現」されたものなのである。これは、古典的マルクス主義の基本的な前提である。以下は、カール・マルクス（1976a）の有名な定式化の部分である。

> みずからの存在を社会的に生産するにあたり、人は決定的な、必然的な関係、彼らの意志からは独立した関係、すなわち生産関係に入る。生産関係とは、彼らの物質生産力の一定の発達段階に照応する。この関係の総体が、社会の経済構造を形づくる。これが現実の土台であり、その上に法的、政治的な上部構造が立ち上がり、またそれに対して一定の形式の社会意識が照応する。物質生活の生産様式が、社会的、政治的、精神的な生活過程全般を条件づける（3）。

マルクスが示唆しているのは、社会が物質的な生産方法を組織する方法が、社会が生み出す、ないしは可能にする文化がどのようなタイプになるのかの決定に影響を及ぼすということである。このいわゆる下部構造／上部構造関係が生み出す文化的な生産物は、こうした関係の結果として、明瞭に、あるいは暗黙のうちに支配的な集団、つまり、社会、政治、経済、文化において、社会の特定の経済組織から利益を得る集団の利害関心を支える限りにおいてイデオロギー的であるとされている。このような定式化（formulation）については第四章において詳述する。

この一般的な意味でイデオロギーという語を用いて、階級外部の権力関係を指すこともできる。たとえば、フェミニストは、家父長制イデオロギーの権力について、またそれが社会の中でどのように働いてジェンダー関係を隠蔽し、偽装するのかを語る（第八章を参照）。第九章では、人権主義のイデオロギーを検討する。

イデオロギーの第三の定義（第二の定義に密接に関連しており、いくつかの点では第二の定義に依拠する）では、この用語を「イデオロギー的な形式」（マルクス、1976a: 5）を指すために使っている。この用法は、テクスト（テレビ小説、ポップソング、小説、長編映画など）が、つねに特定の世界のイメージを提示する仕方に注意を向けるためのものである。この定義は、社会が、合意よりは軋轢に満ち、不平等、搾取、および抑圧を中心に構造化されているという考え方に基づいている。テクストは、意識して、あるいは無意識のうちに、この軋轢において、どちらかの側に立つとされている。ドイツの劇作家ベルトルト・ブレヒト（1978）は、この点を以下のように簡潔に述べている。「良くも悪くも、演劇はつねに世界のイメージを含んでいる……なんらかのかたちで聴衆の気質や思考に影響を与えないような演劇はない。芸術が結果を伴わないことなど、けっしてないのである」（150-51）。ブレヒトの主張は、一般化して、あらゆるテクストに応用することが可能である。別の言い方をすれば、それは単に、とどのつまり、すべてのテクストは政治的であるという主張になるだろう。つまり、テクストとは、世界の現状、あるいは理想のあり方に関して、せめぎ合うイデオロギー的な意味づけを提供しているのである。したがって、ポピュラー・カルチャーとは、ホール（2019 a）が述べるように、「社会に関する集団的な理解が創造される」場、言い換えれば、人々に世界を特定の見方で見させるよう仕向けるべく「意味づけの政治学」が演じられる場なのである（106）。

イデオロギーの第四の定義は、フランスの文化理論家ロラン・バルト（より詳細な記述は第六章）による初期の仕事と結びついている。バルトによれば、イデオロギー（あるいはバルト自身の呼び方に従うなら「神話」）は、おもにテクストや実践が伝える、あるいは伝えるようにできるコノテーション（暗示的意味）、すなわち二次的でしばしば意識されない意味のレベルで作用している。たとえば、一九九〇年に保守党による政治的な番組が放送されていたが、「社会主義」という語が赤い監獄の格子の向こうへと入れられた画像で終わっていた。そこで示唆されていたのは、労働党の社会主義とは、社会的、経済的、政治的な投獄状態に等しいということであった。この番組は、「社会主義（socialism）」という語のコノテーションを固定しようとしていたのである。それだけではない。この番組は、社会主義が不自由を含意する一方で、保守主義が自由を含意するという二項対立の関係に社会主義を位置づけることをもくろんでいた。バルトにとって、このようなことは、イデオロギーの作用の古典的な例であっただろう。つまり、実際のところ部分的で具体的なものを、普遍的で正当なものにする試み、そして文化的なもの（つまり、人間が作ったもの）

を自然な何か（つまり、ただ存在しているもの）として通用させようとする試みなのである。同様に、英国社会において、白人で、男性で、異性愛者で、中流階級であることは、その人たちがまさに「ノーマル」、「自然」、「普遍」であり、その他のありようが正当なものより劣っているという意味であると気づかれないようにされている、と主張できるだろう。このことは、女性ポップ・シンガー、黒人ジャーナリスト、労働者階級の作家、ゲイのコメディアンといった定式化においてあきらかである。おのおのの例において、最初の用語は、二番目の用語が「ポップ・シンガー」、「ジャーナリスト」、「作家」、「コメディアン」という「普遍的」カテゴリーからの逸脱であるという意味を加えているのである。

第五番目の定義は、一九七〇年代および一九八〇年代初頭に大きな力を持っていたものである。それは、フランスのマルクス主義哲学者ルイ・アルチュセールが展開したイデオロギーの定義である。アルチュセールに関しては、第四章でより詳しく扱う予定である。ここではアルチュセールによるイデオロギーの定義のひとつに関して、いくつかの要点の概略を示すだけにしたい。アルチュセールの中心的な論点とは、イデオロギーを、単に一連の観念というだけではなく、物質的な実践として理解することである。彼が言おうとしているのは、イデオロギーとは、日常生活の実践で出会うものであり、単なる日常生活に関する特定の観念にとどまるものではないということである。まず第一に、アルチュセールが念頭においているのは、ある特定の儀式や習慣が、いかにして我々を社会秩序へ結び合わせる効果を持つのかということである。ここでの社会秩序とは、富、地位および権力がとてつもなく不平等であるという特徴を持っている。この定義を用いると、海辺の休日やクリスマスのお祝いをイデロオギー実践の具体例として説明できる。それによって指摘されるのは、こうした実践がいかに快楽を与えて社会秩序が通常求めてくるものからの解放を提供しながら、最終的に我々を社会秩序の持ち場へと差し戻し、しかもその際にはリフレッシュして、次回の公式な休みがやってくるまで搾取や抑圧に耐える用意ができている状態にするのかということである。この意味において、イデオロギーは、資本主義の経済条件と経済関係の存続のために必要な社会条件と社会関係を再生産するべく作用しているのである。

ここまで文化とイデオロギーには、さまざまな定義の仕方があることを概観してきた。文化とイデオロギーが、ほぼ同じような概念の領域に関わっていることがあきらかになったはずである。両者のおもな違いは、イデオロギーが、両者の重なり合う領域に政治的な次元をもたらしているという点である。くわえて、イデオロギー概念を導入することで示されるのは、権力と政治の関係が文化／イデオロギーの領域に避けがたく刻み込まれていることであり、ポピュラー・カルチャーの研究は、単に娯楽とレジャーを語る以上のものになるということである。

ポピュラー・カルチャー　Popular culture

ポピュラー・カルチャーの定義の方法には、いろいろある。本書も、部分的にはまさしくこのプロセスを、すなわち、さまざまな批評のアプローチが、さまざまな形でポピュラー・カルチャーの意味を固定しようとしてきたことを扱っているのは言うまでもない。そうしたわけで、本章の残りでは、それぞれに概括的な方法でポピュラー・カルチャー研究の特徴を定める六つのポピュラー・カルチャーの定義の概略を描くことにもっぱら努めてみたい。しかしながら、その前に、まず「ポピュラー」という用語に関して、少し述べておきたい。ウィリアムズ（1983）は、現在流通している四つの意味を示している。すなわち、「多くの人にとても好かれている」、「劣等な種類の仕事」、「人々の好意を獲得すべく意図的に提示された仕事」、「人々がみずからのために実際に作った文化」である（237）。となると、ポピュラー・カルチャーをどのように定義しても、それはあきらかに「文化」のさまざまな意味と、「ポピュラー」のさまざまな意味の複雑な結びつきを伴うことになる。したがって、文化理論のポピュラー・カルチャーへの関与の歴史とは、特定の歴史と社会的文脈において、この二つの用語が理論的な営みによっていかに結びつけられてきたかということに関する歴史である。

ポピュラー・カルチャーを定義しようとすると、どのような作業をおこなうとしても、そのわかりやすい出発点は、ポピュラー・カルチャーを、単純に、多くの人に広く人気のある、あるいはとても人気のある文化と言うことである。あきらかに、このような量的な指標であれば多くの人のお眼鏡にもかないそうである。それを用いれば、本の売り上げ、CDやDVDの売り上げを検証できるだろう。また、コンサート、スポーツのイヴェント、さまざまなフェスティヴァルの動員記録を調べることもできるだろう。多様なテレビ番組に対する視聴者の好みをめぐる市場調査の数字をつぶさに検討することも可能であろう。そのように数を数えることは、間違いなく多くのことを伝えてくれると思われる。逆接的であるが、この定義の難点とは、それが多くのことを語りすぎるということになるかもしれない。あるものは、それを超えればポピュラー・カルチャーになり、下回ればただの文化だという数値に関して合意できない限り、多くの人に広く人気がある、あるいは高い人気があるものというだけでは、あまりに多くのものが含まれることになり、ポピュラー・カルチャーの概念的な定義としては事実上役に立たなくなってしまう。

　このような難点にもかかわらず、あきらかなのは、ポピュラー・カルチャーに関して、どのような定義をしようとも、量的な次元を含まないわけにはいかないということである。ポピュラー・カルチャーのポピュラーはこの次元を要請しているように思われる。しかしながら、もうひとつあきらかなのは、量的な指標はそれだけでは、ポピュラー・カルチャーの適切な定義を提供するには不十分だということである。そのような勘定をするならば、「古典作品のテレビドラマ化に向けた、本やレコードの売り上げ、視聴率に照らせば、そういう意味で「ポピュラー」だと正当に言えるような公式認定された「高級文化（high culture）」を、まず確実に含むことになるからである」（Bennett, 1980: 20-21）。

　ポピュラー・カルチャーの第二の定義の方法とは、まず最初に、高級文化が何かを決めたあとで残っている文化であると示すことである。この定義を使うなら、ポピュラー・カルチャーとは残り物のカテゴリーであり、高級文化の資格を得るために必要な基準を満していないテクストや実践を収容するべく存在することになる。別様の言い方をすれば、ポピュラー・カルチャーを劣った文化とする定義である。高級文化とポピュラー・カルチャーを分かつテストには、おそらく特定のテクストや実践に対する一連の価値判断が含まれるであろう。たとえば、形式面の複雑さを主張したがるかもしれない。言い方を換えれば、本物の文化であるためには難しくなければならないということである。このように難解さは、高級文化としての排他的な地位を保証する。テクストや実践の難しさそれ自体が、文字どおり排除を、つまりその聴衆の排他性を保証する排除をおこなうからである。フランスの社会学者ピエール・ブルデューによれば、この種の文化的な卓越性（distinction）は、えてして階級の弁別を裏書きすべく用いられる。審美眼とは、徹底的にイデロオギー的なカテゴリーなのだ。それは、「階級」（ここでは、この用語は二重の意味を持っている。ひとつは社会経済的なカテゴリーであり、もうひとつは一定の水準の品質を示している）を徴づけるものとして機能する。ブルデュー（1984）にとって、文化の消費とは、「意識的で故意であるにせよ、あるいはそうでないにせよ、社会的差異を正当なものにするという社会的機能を果たすような傾向を持っているのである」。これに関しては、第七、一〇、一二章において、より詳しく論じることにしたい。

こうしたポピュラー・カルチャーの定義をしばしば支えているのは、ポピュラー・カルチャーは大量生産された商業文化であり、それに対して高級文化は個人による創作行為の為せるものであるという議論である。したがって、後者は、道徳的で美的な応答を得る価値があり、前者は、ほとんど何も提供できないことをあきらかにするための、わずかな社会学調査くらいしか求められない。どのような方法を採るのであれ、高級文化とポピュラー・カルチャーは違うと主張したい人たちは、この両者の区別は明瞭であると主張するのが常である。くわえて、その区別は明瞭であるだけではなく、歴史を超越してもいる――つまり、時を超えてずっと固定されているのである。この後者の論点は、通常、この区別がテクストの本質的な質と想定されるものに基づいているという場合に主張されている。

このような確信には、いくつもの問題点がある。たとえば、ウィリアム・シェイクスピアは、現在では高級文化の典型であると見なされているが、一九世紀末くらいになるまで、彼の仕事は相当程度ポピュラー演劇に属していた。[1]同じことが、チャールズ・ディケンズの作品にもあてはまる。同様に、フィルム・ノワールは、ポピュラー・カルチャーと高級文化を隔てたとされる境界を超えたものと見ることができる。言い換えれば、ポピュラー映画として始まったものが、今や学術研究やシネ・クラブの領分になっているということである。[2]このような文化の流れが逆の方向、つまりポピュラー側に向いた最近の例として、ルチアーノ・パヴァロッティが録音したプッチーニ作曲の「誰も寝てはならぬ（Nessun Dorma）」がある。最も厳格に高級文化を擁護する人々ですら、パヴァロッティやプッチーニを、その選ばれた領土から追放したくはないであろう。ところが、一九九〇年に、パヴァロッティは「誰も寝てはならぬ」でブリティッシュ・チャートの第一位を獲得したのである。いかなる量的分析においても、このような商業的な成功を収めれば、この作曲家も演奏家も、アリアもまたポピュラー・カルチャーであるということになるだろう。[3]事実、私の知っているある学生は、この「誰も寝てはならぬ」というアリアが商業的に成功したせいで価値を損なったとされるようになってしまったと、実際に不満を表明したのである。彼の言い分はこうである。自分の音楽の趣味が、このアリアが「ＢＢＣグランドスタンド（訳註：スポーツ番組の番組名）公式ワールドカップ・サッカー・テーマ曲」になったからにすぎないと思われでもしたら困るので、今やこのアリアをかけるのはきまりが悪いというのである。他の学生たちは、笑ってからかった。だが、この学生の不平は、高級文化とポピュラー・カルチャーの分断に関して、とても重要なあることを浮かび上がらせている。つまり、一部の者が、この分断の構築にエリート主義を投資しているということなのである。

一九九一年七月三〇日、パヴァロッティは、ロンドンのハイド・パークで入場無料コンサートをおこなった。二五万人ほどの聴衆が見込まれていたが、当日は大雨だったため、実際に足を運んだのはおよそ一〇万人であった。このイヴェントに関して、二つの点がポピュラー・カルチャーを研究する者には興味深い。ひとつ目は、このイヴェントのとてつもない人気ぶりである。これは、パヴァロッティがそれ以前に出した二枚のアルバム（『エッセンシャル・パヴァロッティ 1』、『エッセンシャル・パヴァロッティ 2』）が共にブリティッシュ・アルバム・チャートの一位を飾ったという事実と関係があるかもしれない。疑問の余地のない人気からして、高級文化とポピュラー・カルチャーの明瞭な線引きなど疑わしいということになるのではないか。第二に、パヴァロッティの人気の広がりが、高級文化とポピュラー・カルチャーの区分が持つ階級の排他性を危うくするように思われるという点である。したがって、このイヴェントが、どのようにメディアで報道されたかを見ておくことは興味深い。すべての英国タブロイド紙は、このイヴェントを一面に持ってきた。たとえば、『デイリー・ミラー』は、このコンサート報道に五ページを割いていた。タブロイド紙の報道からわかるのは、あきらかにこのイヴェントをポピュラー・カルチャーとして描いていたことである。『サン』は、ある女性の談話を載せた。「上流の人たちと一緒に気取ったオペラハウスなんて行けやしませんし、座席ひとつに百ポンドを出すのだって無理ですよ」。『デイリー・ミラー』が掲載した社説では、パヴァロッティのパフォーマンスは「お金持ちの人たちのためではなく」「普通ならオペラのスターとの一夜などを過ごす余裕などない何万人もの人たちのためのものであった」という主張がなされた。翌日このイヴェントがランチタイムのテレビのニュース番組で取り上げられた際には、タブロイド紙の報道はこのイヴェントの一般的な意味の一部として含まれていた。BBC『ワン・オクロック・ニュース』もITV『一二時半ニュース』もタブロイド紙の報道ぶりに言及し、さらにタブロイド紙がこのコンサートを報じるのにどれほどのページを費やしたか、その程度まで伝えたのである。文化的な風景をめぐる旧来の確信は、突如として疑わしいものになってしまった。しかしながら、そうした旧来の確信を再導入しようとする向きもあった。「一部の批評家によれば、公園はオペラ向きではない」(『ワン・オクロック・ニュース』)、「熱心なオペラファンの一部は、今回のものは全体に少々俗っぽかったと考えるかもしれない」(『一二時半ニュース』)。こうしたコメントは高級文化の排他性という亡霊を呼び起こしたかもしれないが、それでも奇妙なことにそうしたコメントは、そのイヴェントに関して、手がかりを与えかねているといった風情であった。高級文化とポピュラー・カルチャーの間の、一見して明瞭な文化の区分がもはやそれほど明瞭ではないように見えたのである。突如として、文化的なものが経済的なものに場を譲り、「富裕な人々」と「多くの人々」の区分をあらわにしたようであった。このイヴェントの人気ぶりゆえにテレビのニュースは旧来の文化的確信と向き合い、そして最終的にはそれがないことを認識せざるをえなかったのである。これは、部分的には「ポピュラー」という用語の矛盾をはらむ意味に立ち戻ることによって説明できる。(4) ひとつには、あるものに関して、人気がある（popular）、だから良いという言い方がある。「それは、人気のパフォーマンスだった」というのは、使い方のひとつの例になるだろう。しかし、他方で、まさしく同じ理由によって良くないという言い方がある。【図表1・1】の二項対立を見て欲しい。この表からは、きわめて明瞭に、ポピュラーなこと、そしてポピュラー・カルチャーが、定義の場においては、劣等というコノテーションを伝えるさまがわかる。すなわちここでポピュラーとは、本物の文化、すなわちマシュー・アーノルドが「この世界において思考され、言葉にされた最上のもの」と述べたものを鑑賞するのはもちろんのこと、理解することもできない人たちのための次善のものなのである（第二章を参照）。ホール（2009b）の論によれば、ここで重要なのは、ポピュラーな形式が「文化のエスカレーター」を上下するという事実ではない。むしろ、「区別を、すなわち違いを保持する諸力と諸関係、すなわち、高級文化とポピュラー・カルチャーそれぞれを維持し、また継続的にその差異を徴づけるために必要な制度および制度的プロセス」のほうが重要なのである（514）。これはおもに教育のシステムと、そのシステムによる選択的な伝統の推進が果たす作用である（第三章を参照）。

ポピュラー・カルチャーを定義する第三の方法は、それを「マス・カルチャー」とすることである。これは第二の定義に多くを負っている。マス・カルチャーに関しては、第二章で説明をする予定である。そのために、ここでは、この定義の基本的な条件について示唆するだけにとどめておきたい。ポピュラー・カルチャーがマス・カルチャーであるとする人々が立証したいと望んでいるのは、ポピュラー・カルチャーが、どうしようもなく商業的な文化であるということであ

【図表1・1】劣った文化としてのポピュラー・カルチャー

大衆紙（Popular Press）	高級紙（Quality Paper）
大衆映画（Popular Cinema）	芸術映画（Art cinema）
大衆娯楽（Popular Entertainment）	芸術（Art）

る。つまり、ポピュラー・カルチャーとは、大量消費のために大量生産されたもの。そのオーディエンスは、鑑識眼のない消費者の集団なのである。その文化は、お決まりの型にはまったものであり、人を操作しようとする（政治的右派、あるいは左派の方向に。ただし、それは誰が分析しているかによる）。それは頭が麻痺した、そして頭を麻痺させるような受動的な態度で消費される文化である。しかしながら、ジョン・フィスク（1989a）が指摘するように、「新製品のうち、八〇から九〇パーセントは広範な宣伝にもかかわらず売れない……多くの映画が興行成績では宣伝費用さえ取り戻すことができない」（31）。サイモン・フリス（1983: 147）もまた同様の指摘をしており、音楽のシングル盤とアルバムの約八〇パーセントが赤字なのである。こうした統計を見れば、消費が自然発生的かつ受動的な行為であるという考え方にはあきらかに疑問が湧く（第八章および第一二章を参照）。

ポピュラー・カルチャーをマス・カルチャーとする視点の枠内で研究する人々は、たいていの場合、文化的な事柄が今とはまったく異なっていた、過ぎ去った「黄金時代」を念頭に置いている。しかしながら、フィスク（1989a）が指摘するように、「資本主義社会においては、マス・カルチャーの「非真正さ（inauthenticity）」を測るための、いわゆる真正なるフォーク・カルチャーなるものは存在しない。したがって、真正さが失われたと嘆くのはロマンティックなノスタルジアを無駄におこなっているということなのである」（27）。このことは、「失われた」有機的共同体に関しても当てはまる。ただし第四章で取り上げるが、フランクフルト学派は失われた黄金時代を過去ではなく、未来に位置づけている。

このマス・カルチャーの枠組みで機能している文化批評家の一部にとって、マス・カルチャーとは、単に押しつけられた、そして劣化した文化であるだけではない——明瞭に特定できるかたちで、それは輸入されたアメリカ文化なのである。「もしも現代的な形式のポピュラー・カルチャーがどこかひとつの場所で発明されたとするなら、それは……アメリカの大都市、わけてもニューヨークにおいてであった」（モルトビー 1989: 11; 強調はストーリーによる）。ポピュラー・カルチャー理論のマッピング（地図作製）において、ポピュラー・カルチャーはアメリカ文化であるという主張には、長い歴史がある。この主張は「アメリカ化（アメリカナイゼーション）」という用語のもとで機能している。その中心的な命題は、英国文化がアメリカ文化の均質化を促す影響力のもとで衰退したというものである。アメリカ合衆国、およびポピュラー・カルチャーに関して確信をもって言えることが二つある。第一点は、アンドリュー・ロス（1989）が指摘するように、「ヨーロッパに比べると、アメリカにおいてポピュラー・カルチャーは、より長きにわたり、より重要なかたちで社会的にも制度的にも中心をなしてきた」（7）ということである。第二点目は、アメリカ文化が世界中で手に入ることは疑うべくもないとしても、利用可能なものがどのように消費されるかに関しては、何はともあれ矛盾含みである（第一〇章を参照のこと）ということである。実際に、一九五〇年代（アメリカ化の重要な時期のひとつ）において、英国の多くの若者にとって、アメリカ文化は英国の日常生活という灰色の確実性に対する解放の力を表していた。同様にあきらかなのは、アメリカ化への恐れは、（どの国で生まれたかということに関係なく）ポピュラー・カルチャーが形をなしつつあることへの不信に密接に関わっている。ポピュラー・カルチャーをマス・カルチャーとする視点一般に関して、政治的左派と右派で、それぞれに議論の形がある。ポピュラー・カルチャーを前に危機に瀕しているのは、高級文化の持つ伝統的な価値か、そうでなければ、ポピュラー・カルチャーに「そそのかされた」労働者階級の伝統的な生活様式なのである。

マス・カルチャーの視点に関して、穏やかな（benign）タイプといえそうなものもある。この場合には、ポピュラー・カルチャーのテクストや実践は大衆の空想と見なされる。ポピュラー・カルチャーとは、集団的な夢の世界という理解である。リチャード・モルトビー（1989）の主張するところでは、ポピュラー・カルチャーが提供するのは「現実逃避（escapism）である。ただし、どこかからの、あるいはどこかへの逃避ではなく、我々のユートピア的な自己の逃避である」（14）。このような意味で、クリスマスや海辺の休日などの文化的実践は、夢とほぼ同じような働きをしているといえるであろう。こうした実践は、集団的な（しかし抑圧された）願望と欲望を偽装した形式で、語るのである。これが、穏やかなタイプのマス・カルチャー批評である。というのも、モルトビーの言うように、「もしも、我々の夢を捉え、それをパッケージに入れて我々に売って差し戻してきたことがポピュラー・カルチャーの罪であるなら、そのようにされなければ我々には知りえないほどのますます多様な夢をもたらしてくれたのはポピュラー・カルチャーの功績だからである」(ibid.)。

構造主義は、通常は、マス・カルチャーの視点の枠内に位置づけられないし、またその視点が持つ道徳主義的なアプローチも共有していないが、それでも、ポピュラー・カルチャーを、支配的な権力構造をいくぶんか楽に再生産する一種のイデオロギー的なしくみであると見ている。読者は、特定の「読解の立場」へ閉じ込められているとされるのである。読者の側での活動やテクストの矛盾を、許容する余地はほぼない。ポスト構造主義は構造主義を批判したが、その批判の一部は、こうした問題を扱う批評空間を開くことなのである。

第四番目の定義は、ポピュラー・カルチャーが「人々」から生じた文化であるという主張である。この定義は、ポピュラー・カルチャーが上から「人々」に対して押しつけられたものであるという含みを持つ、いかなるアプローチにも対立する。この定義に従えば、ポピュラー・カルチャーという用語は、「人々の」「真の」文化を指し示すためだけに使われるべき、となる。これは、フォーク・カルチャーとしてのポピュラー・カルチャー、つまり人々のための、人々の文化である。ポピュラー・カルチャーの定義として、この定義は「しばしば同時代の資本主義における象徴的な抵抗の主たる源として理解されるような、極度に美化された労働者階級の文化と同じものとされる」(Bennett, 1980: 27)。こうしたアプローチの問題とは、誰が「人々」というカテゴリーに包摂される資格を持つのかという疑問である。また、別の問題として、このアプローチが、ポピュラー・カルチャーが作られる材料のかなりの部分に備わる「商業的な」性質を避けて通っているということがある。どれほどこの定義を主張しようとも、人は自分で作った原材料から文化を自発的に生産したりはしないという事実が残る。ポピュラー・カルチャーがいかなるものであれ、確かなことは、その原材料は、商業的に与えられるものだということである。このアプローチは、この事実が含意することのいっさいを避ける傾向にある。ポップ・ミュージックやロックに関する批評的な分析には、このようなポピュラー・カルチャー分析がとくに多い。かつて私が出席したある学会では、聴衆から出されたある意見は、リーヴァイスのジーンズは販売促進のためにジャム（訳註：ロックバンド）の音楽を使うことはけっしてできないということを匂わせていた。すでにリーヴァイスはクラッシュの曲を使ったことがあったわけだが、その事実をもってしても、その確信はけっして揺らぐことがなかった。この主張を支えているのは、文化の違いを明瞭に感じ取っていることであった――リーヴァイスのテレビ広告はマス・カルチャーであり、ジャムの音楽は「人々」の対抗文化としてのポピュラー・カルチャーなのである。この両者が相まみえることがあるとするならば、ジャムを「身売りすること」によってでしかないだろう。そしてそんなことは起こらないので、リーヴァイス・ジーンズはその製品を売るためにジャムの音楽を使うことはけっしてないだろう、というわけである。しかしながら、ジャムに劣らず政治的に資格認定されているクラッシュというバンドにはすでに同じことが起こっていた。この堂々巡りのような議論はそれでお終いであった。カルチュラル・スタディーズのヘゲモニー概念をここに使ったなら、少なくとも、議論はさらに深まったことであろう（第四章を参照）。

ポピュラー・カルチャーの五つ目の定義は、イタリアのマルクス主義者アントニオ・グラムシによる政治的な分析、とりわけ彼が展開したヘゲモニー概念に基づくものである。グラムシ（2009）は、「ヘゲモニー（hegemony）」という用語を、社会において支配的な集団が「知的、道徳的な指導権」（75）の過程を介して、従属的な集団の合意を取り付けることを目指すやり方を指すために使っている。これに関しては、第四章で詳しく述べる予定である。ここでは、文化理論家がどのようにグラムシの政治概念を取り上げて用い、ポピュラー・カルチャーの性質と政治に関して説明してきたか、その概略を描いておきたい。このアプローチを取る人々は、ポピュラー・カルチャーを、従属的な集団の「抵抗（resistance）」と、支配的な集団の利害関心に沿って働く「取り込み（incorporation）」の力とがせめぎ合う場と見ている。このような使い方をされた場合には、ポピュラー・カルチャーは、マス・カルチャー理論家たちが言うような押しつけられた文化ではないし、また下から生じてきた、「自発的に対抗的な「人々の」文化でもない――それは両者のあいだの交換と交渉の領域、つまり、すでに述べたように、抵抗と取り込みを特徴とする領域なのである。ポピュラー・カルチャーのテクストと実践とは、グラムシ（1971）が言うところの「妥協による均衡（compromise equilibrium）」（161）――大部分は権力を持つ側の利害関心に有利に傾く――の中で動くのである。こうした過程は、歴史的（あるときにはポピュラー・カルチャーというレッテルを貼られるが、次のときには別の種類の文化とされる）であるが、また同時に、共時的（歴史上のいかなる時点においても抵抗と取り込みの間で動く）でもある。たとえば、海辺の休日は、貴族のイヴェントとして始まったが、一〇〇年も経たぬうちにポピュラー・カルチャーの典型になった。フィルム・ノワールは、一段下に見られるようなポピュラー映画として始まったが、三〇年も経たぬうちに芸術映画になった。一般的に言って、ポピュラー・カルチャーをヘゲモニー理論の視点から見ている人は、支配階級と従属階級の間で、支配的文化と従属的文化の間で繰り広げられるイデオロギーのせめぎ合いの領域として見る傾向がある。ベネット（2019）の説明では、以下のようになる。

ポピュラー・カルチャーの場は、支配階級がヘゲモニーを勝ち取ろうとする営みと、このような営みに対抗する形式によって構造化されている。そのようなものとして、この場は、単に支配的なイデオロギーと一致する押しつけられたマス・カルチャーのみから成り立つのではないし、自発的に対抗的な文化のみから成り立つのでもない。むしろこれは、両者の折衝する場であり、この中で――ポピュラー・カルチャーのさまざまな個別のタイプにおいて――支配的な文化とイデオロギーの価値と要素、および従属的かつ対抗的な文化とイデオロギーの価値と要素がさまざまな配列で「混ざりあう」のである（79）。

ヘゲモニーの妥協による均衡という概念は、ポピュラー・カルチャーの内部で、またそれを超えても、さまざまなタイプのせめぎ合いを分析するのに用いることができる。ベネットが力点を置くのは階級闘争であるが、ヘゲモニー理論は、それ以外にも、民族、「人種」、ジェンダー、世代、セクシュアリティ、障がいなどに関係するせめぎ合いを探求し、説明するのに用いることができる。これらの要素はどれも、さまざまな時点で、公式ないしは支配的な文化の取り込みという均質化を迫る諸力に抗う文化的な闘争のさまざまな形式に関与している。このようにヘゲモニー理論を使う場合には、とくにポスト・マルクス主義の文化研究（第四章を参照）において鍵となる概念は、「表現／接合（アーティキュレーション）」（articulation）（この語は表現すること、および一次的な繋がりをつけることの双方を意味する二重の意味で使われている）概念である。ポピュラー・カルチャーは、シャンタル・ムフ（1981）が「脱節合—節合の過程」（231）と呼ぶものを特徴としている。先に保守党の政治的な番組のことを述べたが、この番組はこの過程が作動するさまを見せてくれる。この番組で試みられていたのは、社会主義を経済的、社会的、政治的に解放することに関わる政治運動と結びつけて語っていたのをやめて（disarticulation）、むしろ個人の自由に制約を設けようとする政治運動であるという結びつけ方で語る（articulation）ことである。同様に、第八章で見るように、フェミニズムは、つねにポピュラー・カルチャーの諸力がせめぎ合う状況における文化的闘争が重要であることを認識してきた。フェミニスト系出版社は、SF、探偵小説、ロマンス小説を出版している。こうした文化的な介入は、ポピュラーなジャンルをフェミニストの政治のために節合する（articulate）試みを表している。ヘゲモニー理論を用いれば、抵抗と取り込みのせめぎ合いが個々のポピュラーなテクストや実践の内部で、またそれを超えたところで起こっている場の特定も可能なのである。レイモンド・ウィリアムズ（1980）が示唆するところでは、ひとつのポピュラーなテクスト、あるいは実践の中において働くいくつかの契機——ウィリアムズが「支配的」、「勃興的」、「残滓的」と呼ぶもの——を特定できるし、それらはそれぞれがテクストを異なる方向に牽引している。つまり、ひとつのテクストは、さまざまな文化的諸力が矛盾をはらんで混ざりあったものから成り立っているのである。こうした要素がどのように分節化されているのかは、部分的には、生産と消費の社会的状況と歴史的な条件に影響を受けている。ホール（1980a）はウィリアムズの洞察を用いて、「従属的」、「支配的」および「折衝された」立場という、読みの立場に関する理論を構築した。デイヴィド・モーレイ

(1980)は、このモデルに修正を加えて言説と主観性をその考察に加え、読むことを、つねにテクストの言説と読者の言説との相互作用と見なしている(Storey, 2010a を参照)。

ヘゲモニー理論が示唆するものとして、ポピュラー・カルチャーにはもうひとつ別の相がある。ポピュラー・カルチャーの理論は、実際には「人々」の構築をめぐる理論なのだという主張がそれである。たとえば、ホール(2009b)は、ポピュラー・カルチャーは「人々」、および人々と「権力のブロック」との関係を政治的に構築するためのせめぎ合いの場であると論じている(第四章を参照)。ポピュラー・カルチャーは「矛盾を中心に、つまり、ポピュラーな諸力対権力のブロックを中心に組織されている……しかしながら、「ポピュラー」という用語、さらにはそれが言及しないわけにはいかない集合的な主体——「人々」——は、きわめて問題含みなのである」(Hall, 2019b: 573)。この用語は二つとも、実質的には空っぽのカテゴリーであって、さまざまなやり方で満たすことができる。ホールにとっては、その二つとも、権力のブロックに対するせめぎ合いの中で構築され、分節化され、組織されなければならないのである。

これにより、もちろんポピュラー・カルチャーはきわめて政治的な概念だということになる。

ポピュラー・カルチャーは、日常生活の構築を検分する場である。このようなことをおこなう趣旨は、単に学問上のこと——つまりひとつのプロセスないしは実践を理解しようとする営み——にとどまらず、それは政治的——つまりこうした日常生活の形式を構成する政治関係を検分し、それによりこうした構築がどのような利害関心の配置に貢献しているのかをあきらかにするということである(Turner, 2003: 6)。

第一二章では、ジョン・フィスクによるグラムシのヘゲモニー概念の「記号論的(semiotic)」な用い方に関して考察する。フィスクは、ポール・ウィリスが少し異なった視点から論じた(これに関しては第一二章で取り扱う)のと同様に、ポピュラー・カルチャーを、人々が文化産業の生産物から作り出すものであると論じている――つまり、マス・カルチャーとは、レパートリー（上演可能な題目）であり、ポピュラー・カルチャーは、人々がこのレパートリーから能動的に作り出すもので、実際に商品と、人々が消費する商品化された実践とを使っておこなうことなのである。

ポピュラー・カルチャーの第六番目の定義は、ポストモダニズムに関する議論にまつわる最近の考え方が色濃いものである。ポストモダニズムに関しては、第一〇章の主題となる。ここでは、ポストモダニズムとポピュラー・カルチャーの関係に関する議論について、基本的な要点のいくつかに注意を促すにとどめておきたい。強調しておきたいおもな点は、ポストモダン文化は、もはや高級文化とポピュラー・カルチャーの間の区別を認識しない文化であるという主張である。のちに見ていくが、このようであるからこそ、エリート主義という文化の恣意的な区別に基づき構築されたものの終焉を祝すのであるとする人々がいる一方で、最終的に商業が文化に勝利したことに絶望する人々もいるのである。商業と文化に関する解釈と想定されるもの（「真正な」文化と「商業的」な文化の区別がポストモダンになると、なし崩しになる）の例は、テレビ広告とポップ・ミュージックの関係に見ることができる。たとえば、彼らの音楽がテレビ広告に使われた結果、レコードがヒットしたアーティストのリストはますます長いものになっている。この関係から出てくる問いのひとつは、「何が売られているのか。歌なのか、それとも製品か?」である。これに対する明瞭な答えは、「両方とも」であろう。さらに言えば、今や広告に使われたおかげでヒット、あるいは再ヒットした歌のおかげで製品がヒットしたという事実が、今度は歌を売るために使われるというわけである。つまり、製品を売るために歌が使われ、音楽が入ったCDを買うことができる。このことには、驚くべき循環がある。ポストモダニズムにも、また一部のポストモダニストによるこうした状況を賛美するような理論化にもほぼ共感を覚えない向きにとっては、ここで本当に問われるべきは、「こうした関係は文化に対して何をおこなっているのか」である。政治的に左側にいる人々にとっての懸念は、このような関係がポピュラー・カルチャーの対抗的な可能性に対して与える影響かもしれない。また政治的に右側の人々にとっての懸念は、このような関係が本物の文化の地位にいかなる影響を及ぼすかということかもしれない。この点は、カルチュラル・スタディーズにおいて議論が継続している。ポピュラー・カルチャーの意義は、この議論の要をなしている。この問題に関して、その他の問題と合わせて第一〇章で検討したい。第一〇章においては、ポピュラー・カルチャーを研究する者の目からみて、「ポストモダニズムとは何か」という問いにも触れてみることになる。

最後になるが、ここまで紹介した定義のすべてに共通するのは、ポピュラー・カルチャーが何であるかに関してはさまざまあるだろうが、産業化と都市化のあとに初めて生じた文化であることには間違いがないという主張である。ウィリアムズ（1963）が『文化と社会』の前書きで論じたように、「本書を構成する基本方針は、文化という観念、および近代以降の一般的な使い方における文化ということばそれ自体が英語の発想（English thinking）に入ってきたのは、産業革命と呼び習わされている時代であったという発見である」（11）。この文化とポピュラー・カルチャーに関する定義は、資本主義の市場経済が機能していることに依拠したものである。この定義でいけば、当然のことながら、英国（Britain）は、この歴史的に限定されたかたちで定義されたポピュラー・カルチャーを最初に生み出した国である。これ以外にも、このような特定の歴史ないしは特定の状況に依拠しないでポピュラー・カルチャーを定義する方法はあるが、その定義は本書で論じる文化理論家と文化理論の範囲には収まらない。ポピュラー・カルチャーに関するこの特定の時代区分を裏打ちする議論は、産業化および都市化の経験がポピュラー・カルチャーの状況における文化の関係を根本的に変えたということである。産業化および都市化が起こる前には、英国には二つの文化があった。ひとつは、程度の差はあれ、あらゆる階級が共有する共通文化、もうひとつは社会の支配的な階級という階層が生産し消費する、独立したエリート文化である（Burke, 1994; Storey, 2003 を参照）。産業化と都市化の結果として三つのことが起こったが、その三つが合わさって、結果として文化地図が描き直された。まずひとつ目として、産業化によって雇用者と被雇用者の関係が変化した。これには、お互いに対する義務に基づいた関係から、トマス・カーライルが言うところの「現金の連関（cash nexus）」の要求にのみ基づいた関係への変化が伴っていた（Morris, 1979: 22 に引用)。第二に、都市化により、階級の居住地域の分離が生じた。英国史上初めて、町や都市に労働者階級の人々のみが暮らす区域ができた。第三に、フランス革命が引き起こしたパニック――英国にも持ち込まれるかもしれないという恐怖――に触発されて、続く政府は急進主義を挫くための、さまざまな抑圧的な措置を定めた。政治の急進主義と労働組合主義は壊滅させせられることはなく、地下に潜り、中流階級の介入とコントロールの影響力の及ばぬところで組織された。以上の三要素が合わさることで、それ以前からあった共通文化に対する温情主義的な配慮の外部に文化空間が生み出されたのである。この結果として生み出されたのが、支配的な階級の取り締まる権力のある程度外部にある、ポピュラー・カルチャーが生じるための文化的空間であった。この空間がどのように満たされていったのかに関しては、文化主義(culturalism)の創始者たちにとっては相当の論争の種であった(第三章を参照)。その内容をどのようなものと判断するにせよ、あらたな文化空間によって生み出された不安こそが、「文化と文明」からポピュラー・カルチャーへのアプローチを生み出した直接の原因であった。

他者としてのポピュラー・カルチャー　Popular culture as *other*

ここまでくればあきらかなはずだが、「ポピュラー・カルチャー」という用語は、当初考えていたかもしれないほど定義としてあきらかではない。その困難の多くは、どのような定義を使うにせよ、つねにその定義につきまとう不在の他者から生じる。ポピュラー・カルチャーに関して語るだけでは、けっして十分ではないのである。何と対照的なものとされているのかを、我々はつねに認識しておかねばならない。そして、我々がポピュラー・カルチャーの他者として何を採ろうとも――マス・カルチャー、高級文化、労働者階級の文化、フォーク・カルチャー、その他――それはポピュラー・カルチャーの定義に特定の理論的政治的な屈折を持ち込むことになるのである。ベネット(1982a)が示唆するように、「この問題の解決方法としてただひとつの、あるいは「正しい」方法は存在しない。さまざまな意味合いと効果を持つ、一連のさまざまな解決法があるというだけである」(86)。本書の主たる目的は、文化理論がポピュラー・カルチャーとの複雑な関わり合いにおいて出会う問題や提案される解決方法の見取り図を作ることである。のちほどわかることだが、アーノルドによるポピュラー・カルチャーを「アナーキー」とする考え方と、ディック・ヘブディジ(1988)による「西欧においては、ポピュラー・カルチャーはもはや周縁的なものではないし、ましてや地下に潜ったものでもない。ほとんどの場合、またほとんどの人にとって、それは単に文化なのである」という主張の間にはかなりの隔たりがある。あるいはまた、ジェフリー・ノウェル=スミス(1987)が述べているように、「ポピュラー・カルチャーの形式は英国文化生活における表舞台に向かってきたので、高級文化に対抗するような関係で特色を持つポピュラー・カルチャーが別個に存在するというのは疑わしい」(80)。こうしたことがあるために、ポピュラー・カルチャーのさまざまな理論化の方法に関して理解しておくことが、それだけ重要になってくるのである。

したがって、本書は、理論化についてのものである。それあってこそ我々が現在このようにポピュラー・カルチャーを考えるようになったからである。つまり、ポピュラー・カルチャーという変化する領域がさまざまな理論家とさまざまな理論的アプローチによって、どのように探求され、またマッピングされてきたのかをめぐるものである。我々がポピュラー・カルチャーについて批判的に考えるとき、我々が依拠するのはそうした理論家と理論的アプローチである。本書の目的は、これまでポピュラー・カルチャーがどのように分析されてきたか、そのさまざまな方法と、また分析の過程の結果として分節化されたさまざまなポピュラー・カルチャーを読者に紹介することである。というのも、心に留めておかねばならないのは、ポピュラー・カルチャーは歴史的に固定されたポピュラーなテクストや実践のセットではないし、また歴史的に固定された概念上のカテゴリーでもないということだからである。理論的に精査する対象は、歴史の中で変わりうるし、またつねに理論的な関与という行為それ自体によって、部分的に構築されもする。これをさらに複雑にするのが、さまざまに異なる理論的な視点は、ポピュラー・カルチャー全般の中でもそれぞれ特定の領域に焦点を当てる傾向があったという事実である。もっともよくある分断は、テクスト研究（ポピュラーな小説、テレビ、ポップ・ミュージック等）と生きられた文化ないしは実践（海辺の休日、若者のサブカルチャー、クリスマスのお祝いなど）の間のものである。したがって、本書の目的は、読者が自分の探求を始めて、ポピュラー・カルチャー研究の特徴となってきた、主要な理論的、政治的議論を自分でマッピングできるように、この領域の地図を提供することなのである。

意味のコンテクスト性　The contextuality of meaning

本章の冒頭で、ポピュラー・カルチャーの定義に付随する困難を最初に述べたところで、私はこう書いた。「本書から読者が受け取るのではないかと思われる議論の柱は、ポピュラー・カルチャーは、要するに、中身のない概念上のカテゴリー、つまり、それが使われるコンテクストによって、しばしば矛盾含みのさまざまなかたちで満たすことができるものなのである」。この主張が示唆するように、コンテクスト（文脈）は、何かの意味を理解するのに、つねに決定的に重要である。しかしながら、コンテクストとは何であろうか。コンテクストという語が英語に入ってきたのは一五世紀末のことである。ラテン語で接合することを表す単語 "contextus" と、織り合わせることを意味する "contexere" から派生したものである。起源を知ることは、現在の用法の理解の助けになる。

まず第一に、コンテクストとは、特定のテクストを十分に意味のあるものにする、その他のテクストのことである。その他のテクストが、問題のテクストと繋がって意味を生み出すのである。もしも、会話のやりとりの途中で「それ」ということばを使った場合、その意味が明瞭になるのは、「それ」が何を指すかを示すコンテクストを与えられた場合のみである。たとえば、ある学生が私に「それは難解な本です」と言ったとして、その学生が、自分がカール・マルクスの『資本論』のことを言っているのだと説明した場合にのみ、そのことばは十分に意味を持つ――つまり、「それ」と『資本論』が結びついて彼女の言いたいことが明瞭になる。とはいえ、コンテクストを、テクストがその他のテクストと結び合わされることであるとだけ考えるべきではない。あるテクストの意味を理解しようとする際には、つねに一連の前提を持ってくるが、それはその前提が分析の枠組みを与えてくれるからである。こうした前提は、あるテクストの理解に特定のコンテクストを構築する助けになる――この前提は、分析すべきテクストの周りに織り合わせられるのである。たとえば、ブラム・ストーカーの小説『ドラキュラ』(1897)を「新しい女」との関係で理解するためには、この小説を最初に出版された際の歴史的文脈に据えなければならない。このコンテクストを設定すれば、その小説を十分に一定のやり方で読むことができる。しかしながら、精神分析なりフェミニズムなりをこの小説を解釈するために用いるのであれば、そのような分析様式こそがこの小説を理解するためのコンテクストを生み出している。こうした例においては、『ドラキュラ』は特定の歴史的、あるいは理論的な視点が提供したその他のテクストとの関係において分節化されている(articulated)(すなわち、意味するようにさせられている)。言い換えれば、この小説は、分析のコンテクストがフェミニズム、ないしは精神分析の理論的仮定なのか、それとも本書が最初に出版された際の歴史的契機をめぐる前提なのかによって、相当に異なるものに見えるであろう。したがって、このようにコンテクストとは、テクストの共存テクスト(co-text)(特定のテクストに繋がらせる諸テクスト)であり、また読み手がもたらす間テクスト(あるテクストを理解するべく、そのテクストの周囲に織りなす諸テクスト)でもある。ひとつ目は、問題とするテクストの延長であり、二つ目は、そのテクストのあらたな理解を構築する助けになるものである。たとえば、マルクスの『資本論』は、例の学生が私に語っていた意味を完成させる共存テクストであるのに対し、フェミニズムは、『ドラキュラ』の特定の理解を生み出すための枠組として使える間テクストのまとまりである。

　ここまでテクストとコンテクストについて述べてきたことを別の言い方で言えば、単純にテクストに内在的な意味はないということになる。意味とは、特定のコンテクストの中でテクストが獲得するものなのである。言い方を換えれば、コンテクストおよび読者の活動によって煩わされることのない「テクストそれ自体」は、存在しないのである。

つまり、テクストとは、つねに他のテクストとの関係で読まれ、理解されるものなのである。しかしながら、コンテクストが変われば意味も変わるのであり、コンテクストは、つかの間、意味を固定するにすぎない。我々は一日のうちに「それ」という語を何度も使うだろうが、その度にそれが指すもの——それが結びつけられるもの——は違うであろう。「それは難解な本です」と私に言った学生にしても、「それ」の意味は、レイモンド・ウィリアムズの『マルクス主義と文化』に関して語っているのか、それともピエール・マシュレの『文学生産の理論』に関して語っているのかによって変わってくるであろう。それぞれの場合において、「それ」はまったく違う意味を持つことになる。英国（UK）の国旗ユニオン・ジャックを、例にとってみよう。コンテクストが変われば、それは大きく異なるものを意味しうる。たとえば、それが植民地の前哨基地にひるがえっているなら、帝国主義ないしは文明化の使命を意味するかもしれない。亡くなった兵士の棺に被せられていれば、名誉や勇気、あるいは意味のない命の喪失を意味するかもしれない。モッズあるいはポスト・モッズ、あるいはブリット・ポップの人たちが身につけていれば、いわゆる「クール・ブリタニア」のことだし、政治集会で拡げられていれば、通常、右翼の政治ということになる。英国（British）のアスリートがオリンピックでメダルを獲得してユニオン・ジャックを肩にまとっていたら、スポーツにおける国家的な達成を意味する。旗の意味とは、つねにコンテクストによるのである——つまり、意味は異なるコンテクストに置かれれば変わるということである。

コンテクストを設定するテクストは、意味を可能にしつつ制限するものであるなら、何でもありうる。たとえば、テレビを観ることと、本を読むこととは、ほぼ似ても似つかない。本の場合には、ページのことばに集中して黙って読む傾向があるのに対して、テレビを観ることには、飲み食い、おしゃべり、子どもと遊ぶ、片づける、その他ありとあらゆる活動が付随することが多い。これがテレビを観る際のたいていの場合のコンテクストであり、この点を真剣に捉えないなら、いわゆる「テレビを観る」と呼ぶことに関して理解できないであろう。また、当然のことながら、コンテクストを、安定して固定されているものであって、特定のテクストが包摂されるのを受動的に待っていると理解するべきではない。コンテクストがテクストの意味を可能にしつつ、それを制限するように、テクストはコンテクストの意味を制限しつつ可能にする――つまり、それはみずから作用し、また相互作用する関係なのである。たとえば、フェミニズムが『ドラキュラ』に出会ったことで、この小説の意味は変わったが、小説に取り組むことによって何がフェミニズムとされるかについても変わるのである。同様に、『ドラキュラ』を、それが生まれた、元の歴史的な契機に置くことで、我々がこの特定の歴史的な時期をどう見るかが変わるのである。またテレビを観ることによって、我々がどのように食べ、飲み、喋り、子どもたちと遊び、また片づけをするか、そのやり方が変わるのである。ドアは出口でありうるが、入り口でもありうる。ドアの物質性は同じままでも、その意味は、我々がドアを見るそのコンテクストによっているのである。

コンテクスト性をめぐるこの短い記述の結論としては、以下のようなものである。我々は、ものごとをコンテクストの中で理解する。理解の様式によってコンテクストを創出しもするし、またコンテクストは、特定のテクストを包摂した結果として変化しもする。あるテクストに対してコンテクストになりうるものは、ほぼ無限にある。以下に続く各章においては、コンテクスト分析の例を多数提示することになる。

註 Notes

（1）シェイクスピアが一九世紀の米国においてポピュラー・カルチャーであったという点に関する秀逸な議論は、ローレンス・レヴィーン（1988）を参照のこと。

（2）スラヴォイ・ジジェク（1992）は、過去に遡っての評価がフィルム・ノワールの現在の地位を確定したことを突き止めた。「フィルム・ノワールは、一九五〇年代にフランスの批評家たちが発見してはじめて存在し始めた（英語においてもこのジャンルを示す用語が「フィルム・ノワール（film noir）」とフランス語なのは偶然ではない）。他でもない米国において、批評においてもほとんど価値を認められていない低予算のB級映画のシリーズであったものが、フランスのまなざしが介入することをつうじて、崇高な芸術品、哲学の実存主義と対をなすような映画へと、奇跡的に変容を遂げた。米国においては、せいぜいのところ、技術に長けた職人の地位しかない監督が「映画作家（auteurs）」となり、おのおのがその映画の中で世界について独自の悲観的なヴィジョンを演出して見せている」(112)。

（3）ポピュラー・カルチャーにおけるオペラ論については、ストーリー 2002a、2003、2006 および 2010a を参照のこと。

（4）ストーリー 2003 および 2005 を参照のこと。

さらに知りたい人のための参考文献　Further reading

Storey, John (ed.), *Cultural Theory and Popular Culture: A Reader*, 5th edn, London: Routledge, 2019. This is the companion volume to the previous edition of this book. An interactive website is also available (www.routledge.com/cw/storey), which contains helpful student resources and a glossary of terms for each chapter.

Agger, Ben, *Cultural Studies as Cultural Theory*, London: Falmer Press, 1992. As the title implies, this is a book about cultural studies written from a perspective sympathetic to the Frankfurt School. It offers some useful commentary on popular culture, especially Chapter 2: 'Popular culture as serious business'.

Allen, Robert C. (ed.), *Channels of Discourse*, Reassembled, London: Routledge, 1992. Although this collection is specifically focused on television, it contains some excellent essays of general interest to the student of popular culture.

Bennett, Tony, Colin Mercer and Janet Woollacott (eds), *Popular Culture and Social Relations*, Milton Keynes: Open University Press, 1986. An interesting collection of essays, covering both theory and analysis.

Brooker, Peter, *A Concise Glossary of Cultural Theory*, London: Edward Arnold, 1999. A brilliant glossary of the key terms in cultural theory.

Day, Gary (ed.), *Readings in Popular Culture*, London: Macmillan, 1990. A mixed collection of essays, some interesting and useful, others too unsure about how seriously to take popular culture.

Du Gay, Paul, Stuart Hall, Linda Janes, Hugh Mackay and Keith Negus, *Doing Cultural Studies: The Story of the Sony Walkman*, London: Sage, 1997. An excellent introduction to some of the key issues in cultural studies. Certainly worth reading for the explanation of 'the circuit of culture'.

Fiske, John, *Reading the Popular*, London: Unwin Hyman, 1989. A collection of essays analysing different examples of popular culture.

Fiske, John, *Understanding Popular Culture*, London: Unwin Hyman, 1989. A clear presentation of his particular approach to the study of popular culture.

Goodall, Peter, *High Culture, Popular Culture: The Long Debate*, St Leonards: Allen & Unwin, 1995. The book traces the debate between high and popular culture, with particular, but not exclusive, reference to the Australian experience, from the eighteenth century to the present day.

Milner, Andrew, *Contemporary Cultural Studies*, 2nd edn, London: UCL Press, 1994. A useful introduction to contemporary cultural theory.

Mukerji, Chandra and Michael Schudson (eds), *Rethinking Popular Culture*, Berkeley: University of California Press, 1991. A collection of essays, with an informed and interesting introduction. The book is helpfully divided into sections on different approaches to popular culture: historical, anthropological, sociological and cultural.

Naremore, James and Patrick Brantlinger, *Modernity and Mass Culture*, Bloomington and Indianapolis: Indiana University Press, 1991. A useful and interesting collection of essays on cultural theory and popular culture.

Storey, John, *Inventing Popular Culture*, Malden, MA: Blackwell, 2003. An historical account of the concept of popular culture.

Storey, John, *Culture and Power in Cultural Studies: The Politics of Signification*, Edinburgh: Edinburgh University Press, 2010. Extends many of the arguments in this book into more detailed areas of research.

Storey, John (ed.), *The Making of English Popular Culture*, Abingdon: Routledge, 2016. An excellent collection of essays on the historical development of English popular culture.

Strinati, Dominic, *An Introduction to Theories of Popular Culture*, London: Routledge, 1995. A clear and comprehensive introduction to theories of popular culture.

Tolson, Andrew, *Mediations: Text and Discourse in Media Studies*, London: Edward Arnold, 1996. An excellent introduction to the study of popular media culture.

Turner, Graeme, *British Cultural Studies*, 3rd edn, London: Routledge, 2003. Still the best introduction to British cultural studies.

Walton, David, *Introducing Cultural Studies: Learning Through Practice*, London: Sage, 2008. Another excellent introduction to cultural studies: useful, informative and funny.

Walton, David, *Doing Cultural Theory*, London: Sage, 2012. An excellent introduction to cultural theory.

第二章 「文化と文明化」の伝統

2 The 'culture and civilization' tradition

多数の人々のものであるポピュラー・カルチャーは、つねに権力を持った少数の人々にとって心配の種であった。政治的な権力を持った人々は、政治的な権力のない人々の文化を、取り締まることが必要であるとつねに考え、政治的政情不安の兆しがありはしないかと「徴候的に（symptomatically）」（第六章を参照）読んできた。そして、絶えずそうした文化への庇護や直接の介入をつうじて、それを作り変えてきたのである。しかしながら、一九世紀に入ると、この関係は根本的に変化する。権力者たちは、肝心な時期に、従属的な階級の文化を統制する手立てを失うのである。その統制を取り戻し始めるときには、徴候として、あるいは何か別のものの徴としての文化ではなく、文化それ自体が、史上初めて、現実の心配の種となった。第一章の最後に述べたように、こうした変化を理解するには二つの要因、すなわち産業化と都市化が決定的に重要である。この二つが一緒になって、過去の文化的な関係と決定的に袂を分かつポピュラー・カルチャーを作ることに寄与したのである。

一九世紀初頭のマンチェスターをあらたな産業化・都市化文明の典型とするなら、いくつかの点が明瞭になるであろう。まず第一に、マンチェスターは、階級分離の明確な境界線を発達させた。第二点として、住居の分離は、産業資本主義のあらたな労働関係によって複雑さを増した。第三に、生活および労働関係の変化に基づき、文化変容が起こった。とても単純な言い方をすれば、マンチェスターの労働者階級は、支配的な階級による直接の介入からは一定の距離を取ったところで独立した文化を育む空間を与えられたのであった。もはやそこには共有される文化、くわえて権力を持つ者の文化といったものはなかった。今や、史上はじめて都会と産業の中心地の従属的な階級の文化が独立して存在するようになった。それは、おもに二つの源からなる文化であった。それは、①新興の文化起業家により、利益を上げるべく提供された文化であり、また②急進的な職人、都市の新興労働者階級、および中流階級の改革者たちが政治的な扇動をおこなうべく、また、そうした扇動によって作られた文化であり、これらについてはすべてE・P・トムスンの『イングランド労働者階級の形成』に詳しい（第二章を参照）。どちらについても、その発展は、それぞれに文化の結合力と社会の安定という古典的な考え方を脅かした。片方は、文化の結合を商業的に崩壊させることをつうじて権威を弱め、もう片方は、あらゆる形式の政治と文化の権威に直接の異議申し立てを突きつけたのである。

こうした成り行きが、権力と特権を基盤にした社会秩序の存続に関して案じている向きに希望を与える保証はなかった。当時の議論では、このような展開は、単に社会の安定を弱めること、社会秩序を不安定にさせることにしかなりえないものであった。ベンジャミン・ディズレイリが「二つの国民」（訳註：『シビル、あるいは二つの国民』）と呼ぶことになる（Disraeli, 1980）ものの幕開けであり、ここから最終的に、都会の労働者階級というあらたな階級による初の政治的文化的運動――チャーティスト運動――が生まれる。ポピュラーな文化に対する政治的な研究が初めて現れるのはこの文脈、およびその持続する余波の中においてである。

マシュー・アーノルド Matthew Arnold

近代以降のポピュラー・カルチャー研究は、マシュー・アーノルドの仕事とともに始まったといってよいであろう。いくつかの点で、これは読者にとって驚きかもしれない。というのも、アーノルドが直接的にポピュラー・カルチャーについて語ることはほとんどなかったからである。アーノルドの意義は、彼がある伝統を、すなわちポピュラー・カルチャーを見る特定の方法、ポピュラー・カルチャーを文化という広い領域の中に位置づける特定の方法を創始したことである。この伝統は、「文化と文明化」の伝統として知られることになった。アーノルドがポピュラー・カルチャー研究に対していかなる貢献をしたか、私の議論ではおもに（それだけではないが）『教養と無秩序（*Culture and Anarchy*）』（1867-1869）を扱うが、この書物は文化批評家としてのアーノルドの名声を確たるものにし、今なおそれを維持し続けている。アーノルドがうち立てた文化をめぐる検討事項は、一八六〇年代から一九五〇年代までの議論の主流をなしていた。したがって、彼の重要性は、経験的な研究のまとまりではなく、ポピュラー・カルチャーに対して彼がとった全般的な視点——アーノルド的な視点によるものなのである。

アーノルド（1960）にとって、文化はまず二つの意味から始まっている。まず第一に、それは知識の総体である。アーノルドの有名な言い方を借りれば、「この世界において思考され、言葉にされた最上のもの」（6）である。第二に、文化は、「理性と神の意志がみなぎる」（42）ことを願う。この第二の主張の「優美さと英知（sweetness and light）」の中にこそ、「文化の道徳的、社会的、有益な性質があきらかになる」（46）。つまり、「文化とは……完全性……何かを持つよりはむしろ何かになること、外側の一連の状況ではなく、精神と魂の内なる状態からなる完全性の追究である」（48）。言い換えれば、文化とは、最上のものを知り、その知を人類の善のために行き渡らせるための営みなのである。とはいえ、どのようにすれば文化は達成できるのだろうか。アーノルドによれば、「知り得る最上のものを知ろうとする営みをおこなうにあたり、読み、熟考し、観察することを無私に、なおかつ積極的に用いること」（179）によって達成できる。したがって、文化とは、もはや二つではなく、三つのものからなる。文化とは、知の総体、ならびにそうした知を「精神と魂の内なる状態」(31) に応用することだけではなく、今や、これまで考えられ、言われてきた最上のことを知るための方法ともなるのである。しかしながら、考慮すべき第四の相がある。アーノルドは、文化は、「我々の時代の病んだ魂に資すること」を求めると主張している (163)。一見すると、これは文化の第三の側面の一例に見える。しかしながら、アーノルドはすぐさまこのように言うのである。文化は、「我々の友人や同胞に対して、彼らがある特定の明瞭な悪を取りさることを目的に実際にその作業をおこなうときよりはむしろ、我々の同胞が文化を求める際に、助けの手を差し出すことによって」その役割を果たすだろう、と (163-64 強調はストーリーによる)。これがアーノルドによる四つ目の、そして最後の定義である。すなわち、文化とは、文化を求めること、アーノルドの言う「教養人の無為遊惰」(163) のことである。そうなると、アーノルドにとって文化とは、①最高のものとは何かを知る能力、②最高のもの、③最高のものを精神と魂に応用すること、および④最高のものの追究――完全にみずから完結する円環なのである。

ポピュラー・カルチャーは、実際には一度も定義をされたことがない。しかしながら、アーノルドの著作を読み進めれば、「無秩序 (anarchy)」という語は、部分的にはポピュラー・カルチャーの同義語として働いていることがあきらかになる。とくに、無秩序/ポピュラー・カルチャーとは、労働者階級の生きられた文化が持つ破壊的とされる性質をめぐるアーノルドの考え方、すなわち、都市部の男性労働者階級が一八六七年に正式に政治の場に参入したことに必然的に付随するとアーノルドが信じている、政治的な危険を指すのに使われるのである。ここから引き出される帰結とは、無秩序と文化は、アーノルドにとっては徹底的に政治的な概念だということである。文化の社会的な機能は、この破壊的な存在を取り締まること、すなわち「粗野で洗練されていない大衆」(76)、「粗野で啓蒙されていない大衆」(69)、「我々の民衆も……フランスの民衆と同様、粗野で野蛮である」(76)、「おびただしい、悲惨な、始末に困るような零落した人々の大群」(193) を取り締まることである。問題は労働者階級の生きられた文化である。すなわち「あのならず者［すなわち、労働者階級の政治的抗議をする人］は……少しばかり個人の自由を主張し、好きなところへ行き、好きなところで会合し、好きなようにわめき、好きなようにひしめいているのである」（80-81）。さらに

労働者階級は……粗野で未熟なまま……ながらく貧困とむさくるしさの中になかば埋もれていたが……今やその隠れ場所から出てきて、自分の好きなようにするという英国人の天与の特権を主張し、好きなところを行進し、好きなところで会合し、好きなことをわめきたて、壊したいものを壊すことによって、我々を当惑させはじめている（105 強調はストーリーによる）。

こうしたことすべての文脈となっているのは、一八六六年から六七年にかけての選挙権を求める動乱である。アーノルドは「我々を当惑させはじめている」という言い方をしたが、これは、彼の言説が階級性を帯びていることを明瞭に示している。社会を野蛮人（貴族）、俗物（中流階級）、および大衆（労働者階級）とするアーノルドの区分は、一見してこの言説の階級性を和らげるように思われる。このことは、すべての「我々の階級区分の下には、人間性という共通の土台がある」という主張で裏書きされているように見える（ibid.）。しかしながら、この共通の土台という言い方でアーノルドが意味することを見てみると、それとは異なる結論を出さざるをえない。もしも人類が進化の連続体に位置しており、みずからが一方の端に、また類人猿と共通の祖先がもう片方の端にいるとするなら、アーノルドが示唆しているように思われるものは、貴族と中流階級の方が、労働者階級よりもなおいっそう進化の連続体に沿っているということである。このことは、人間性の共通の基盤として彼が挙げる例に、きわめて明瞭に示されている。アーノルドの主張はこうである。

我々が無知と熱情のあまりに激越な意見に飛びつく度ごとに、純然たる暴力によって相手を叩きつぶそうと望む

度ごとに、嫉妬する度ごとに、獣のように粗野になる度ごとに、単なる力とか成功とかを崇拝する度ごとに、ある不人気な人に対して批判を高めようとさらに声を募らせる度ごとに、倒れた者を乱暴に踏みにじる度ごとに、自分の胸の中には永遠の大衆的な精神があると〔悟ったのである〕(107)。

アーノルドによれば、このほんのわずかな「環境」からの手助けがあれば、野蛮人、俗物の中の「永遠の精神」は勝利してしまう。このシナリオにおいて、文化(＝教養)は二つの役割を持っている。まず、教養は、貴族ならびに中流階級をそうした環境から引き離すよう慎重に手引きをしなければならない。第二に、教養は、労働者階級、つまりいわゆる人間性が宿っているとされるこの階級に対して、「我々をおびやかしかけているように見える無秩序に向かう傾向を食い止めるために、おおいに要望されている原理……すなわち権威の原理」をもたらさねばならない。このあとで見ていくが、この権威の原理は、強力な中央集権的国家に見出されることになるのである。

このような「無秩序」に対抗して、教養は国家を推奨する。「我々は権威を欲する……教養は国家の観念を示唆する」(96)。二つの要素が国家を必須のものとしている。ひとつは、権威の中心としての貴族が衰退しつつあること。もうひとつは、民主主義の台頭である。この二つの要素が一緒になって無秩序にとって望ましい領域を生み出してしまう。これを解決するには、この領域を教養と強制の混合物で満たしてしまうことである。アーノルドの教養ある国家とは、労働者階級が抱く社会的、経済的、教養的な野心を統御し、制限するべく機能すべきものであり、それは中流階級がこの機能そのものを引き受けるに足るだけの教養を身につけるまで続く。国家は、以下の二つのやり方で働く。①労働者階級の抗議に終止符を打つことを確実にするための強制によって、②教養の「優美と英知」を注入することによって。

アーノルドがこのように考えた理由とは、何であろうか。その答えは、一九世紀が目の当たりにした歴史的な変化とおおいに関係がある。アーノルドが教養を「現在の窮境をおおいに救うものとして」(6)勧める際に、彼の念頭にあったのはこうした変化である。この「現在の窮境」には、対になった文脈がある。まず一方では、現在の窮境とは、都会の労働者階級男性に選挙権を付与した（訳註：一八六七年の第二回選挙法改正）ことによって持ち上がった直接の「問題」である。他方で、この窮境は、遅くとも一八世紀から作用していた歴史的なプロセス（産業資本主義の発展）の認識である。アーノルドは、選挙権を与えることで、いまだ権力を持つにふさわしい教育がなされていない男性たちに権力を与えてしまったと考えていた。「服従と恭順の強い封建的習慣」（76）を失った労働者階級は、危険な労働者階級である。この階級に服従と恭順の感覚を取り戻すことが、教育の機能である。要するに、教育を施せば、労働者階級は「教養」を与えられ、今度はそれが労働組合主義、政治的な扇動や安っぽい娯楽の誘惑を取り除いてくれることであろう。すなわち、「教養」はポピュラー・カルチャーを取り除いてくれるだろう、ということである。

『教養と無秩序』はその読者に対して、「教育は教養への道である」（209）と教えてくれる。したがって、彼の教育観を簡単に見ておくことは大切である。アーノルドは、労働者階級、中産階級、貴族の学生がすべて同じ道を通って教養に至るということを思い描いてはいない。貴族にとっては、教育は貴族階級を衰退に順応させ、ひとつの階級として歴史へと追いやることである。労働者階級にとっては、教育はその階級を従属、恭順、ならびに搾取のために文明化（civilize）することである。アーノルドは労働者階級の学校（小学校）を、労働者階級の野蛮という暗黒大陸における、文明の前哨と考えていたのであり、「学校は、それが置かれた地域を文明化する」（1973：39）のである。アーノルドによれば、労働者階級の子どもたちは、まず文明化しないと何かを学ばせることなどできない。一八六二年に母親に宛てた手紙の中で、アーノルドはこう書いている。「国家は、教える仲介者であることにすら先だって、文明化の仲介者としての小学校に興味を持っています」（1896: 187）。これを達成するのは教養の責務なのである。中産階級にとっては、教育はまったく違ったものである。教育の本質的な機能は、中産階級の子どもたちを、将来手にすることになる権力に備えさせることである。その目的とは、「中産階級、すなわち偏狭で無愛想で魅力のない中産階級の人を、教養ある、心の開かれた、貴族のように高尚な、変容した中産階級、［労働者階級が］喜びとともにその憧れを向ける対象（1954: 343）に変えることなのである」[1]。

アーノルド（1960）は、ウェリントン公爵の言葉を引きながら、みずからのさまざまな提案を「法の正当な道筋にのっとった革命」（97）であると称した。これが最終的に行き着くのは、上からの革命、つまり、人民による下からの革命を起こさないようにするための革命である。これは、与えられた改革は、それが強いられたものであるか勝ち取られたものであるかに関係なく、みずからおこなった改革よりもつねによいものであるという原則に基づいて作動する。大衆の要求が叶えられるとしても、それは、さらなる要求の申し立てを弱めるようにおこなわれる。アーノルドがよりよい社会、つまり、汚さ、貧しさ、無知といったものがより少ない社会を望んでいなかったということではない。そうではなくて、よりよい社会を、都市部の新しい中産階級が「ヘゲモニーを持つ」社会以外のものとしては想像しえなかったということである（第四章を参照）。

ここまでの話は、回りくどい言い方をしたが、ポピュラー・カルチャーに関する初の偉大な理論家が、実際のところ、ポピュラー・カルチャーに関してほとんど何も言っておらず、彼が例外的に述べていることは、つまるところ、ポピュラー・カルチャーが、重大な政治的な秩序喪失の徴候であったということである。アーノルドの仕事にとって、文化は主要な関心ではない。むしろ彼の関心は、もっぱら社会秩序、社会的権威にあり、しかも、それらは従順と恭順によって勝ち取られるものである。労働者階級の文化とは、それが、社会と文化の秩序喪失と衰退――社会と文化の権威の崩壊――の証拠を示す限りにおいて意味がある。労働者階級の文化がそもそも存在するという事実は、秩序喪失および衰退の十分な証拠である。労働者階級の「無秩序（anarchy）」は、教養（culture）の調和をもたらす影響によって――「この世界で思考され、言葉にされた最上のもの」――によって抑え込まれなければならないのである。

アーノルドの発想の多くは、産業主義に対してロマン派がおこなった批評から来たものである（Williams, 1963 参照）。とりわけ、あるひとりの作家は、とくに関係が深い。その作家とは、サミュエル・テイラー・コールリッジである。コールリッジは、「文明（civilization）」（「邪悪な影響の方がずっとまさっているとは言わないまでも、よいところばかりではない」）と、「教養（cultivation）」（「人間性の特徴となる性質や能力が調和をもって発達した状態」）（Coleridge, 1972）を区別している（33）。要するに、コールリッジは、文明とは国民全体のことであり、他方、教養とはほんの少数の人間が所有するものだとしており、この少数の人をコールリッジは「知識人（clerisy）」と呼んでいる。文明の進歩を導くのは、教養ある知識人の役目なのである。

全体の秩序の目的と最終的な意図は、以下のとおりである――過去の文明の蓄えを維持し、その宝を護り、それによって現在を過去につなぐこと。同じものを完成させ、加え、それによって現在を将来につなぐこと。しかしながら、とりわけ共同体全体にわたって、その法と権利を享受する資格のあるこの国で生まれたすべての人に対して、こうした権利の理解ならびにそれに対応する義務の遂行のために必要なだけの量と質を備えた知識を広めることである（34）。

アーノルドは、コールリッジの考え方に依拠している。知識人（clerisy）という代わりに、彼は、「異邦人（aliens）」、あるいは「残った人（the remnant）」について書いている。しかしながら、その目的は本質的には同じである。つまり、文化を動員して大衆社会の手に負えない力を取り締まることである。アーノルドによれば、歴史を見れば、これまで数々の社会が破滅してきた原因は「不健全な大多数の人々の道徳が働かなくなったこと」（1954: 640）であるとわかる。このような歴史の読み方では、民主主義に対しておおいなる信を置くことを促すことにはまずなりそうもない――ポピュラー・カルチャーに関しては言わずもがなである。アーノルドの考え方は、奇妙な逆説に基づいている。教養ある人々は、思考され、ことばにされた最上のものを知っているが、大半の人が不健全であり、これまでもつねに不健全でありまた将来にわたってもつねに不健全であるとするならば、その人々はいったい誰のためにこうした貴重なものを保存するのであろうか。必然的に導きだされる答えと思われるものは、すなわち自分たちのため、みずからを永久不滅なものとする教養的なエリートのためである。その他の我々に求められるものは、ただ、我々の教養が異なっているということ、そして我々が教養への恭順を認め、受け容れることである。アーノルドは、この点については明瞭である。

人類の大多数は、ものごとをあるがままに見ようとする熱意を持とうとしない。つねに不適切きわまりない考え方で、よしとしてしまう。このような不適切な考え方は、世界の一般的な慣行に信頼を寄せているし、そうあらねばならない。ということは、事実上、誰であろうとも、ものごとをあるがままに見ようとする人は、とても小さな集団の一員であるということになる。しかしながら、決然とみずからのなすべきことをしているこの小さな集団によってのみ、適切な考え方がともかくも通用することになる（364-65）。

そして、またもやこう述べる。

わずかしか教育を受けていない多数の人々ではなく、高度に教育を受けたほんの少数の人々が、人類にとって、つねに知識と真実を司る組織となるであろう。その語の十全な意味における知識と真実とは、人類の大多数の人にとっては手に入れることがけっしてかなわないものなのである（Arnold, 1960-77: 591）。

これらは、とても意味深い記述である。もしも人類の大半がつねに不十分な考え方で事足りており、けっして真実と知識を手に入れることができないとするなら、いったい誰のためにその小さな社会は働いていることになるのであろうか。そして、十分な考え方の、いったい何をこの社会は通用させようとするのであろうか、そして、それは誰のためになのであろうか。その他にもあるエリートの小さな社会のためなのであろうか。アーノルドの小さな社会は、永続する知的エリートとたいして変わりないように見えるであろう。もしも彼らが実際の政治にたずさわるつもりがなく、また人類の大半の人に真の影響を及ぼすつもりもないのであれば、アーノルドの書いたものに散見される壮大な人文主義的（humanistic）な主張すべての目標はいったい何であろうか。アーノルドは、彼自身のエリート主義の罠にかかっており、労働者階級は、「ビール、ジン、そして、楽しみ」に溺れ続けることを運命づけられているようにも思われるであろう（1954: 591）。しかしながら、アーノルドは、実践的な政治を拒絶するというよりは、むしろ、そうした政治を既成の権威の安全な手に委ねているのである。したがって、拒絶の対象となる唯一の政治は、抗議の政治、反対する政治なのである。これは、支配的な秩序のたいそう陳腐な擁護である。それにもかかわらず、いや、もしかするとそれゆえに、アーノルドの影響は、アーノルド的な見方が事実上、ポピュラー・カルチャーと文化政治に関する考え方を画定し、一九五〇年代末に至るまでこの領域を支配したという点で、甚大であったのである。

リーヴィス主義　Leavisism

マシュー・アーノルドにとって、いくつかの点でこれほど難しくはなかった。私は、今日の文化が見舞われたそれよりもはるかに絶望的な苦境のことを考えている（Leavis, 2019: 11）。

F・R・リーヴィスにアーノルドが影響をおよぼしたことは、誰の目にもあきらかである。リーヴィスはアーノルドの文化政治を使って、一九三〇年代の「文化の危機」とされるものに応用した。リーヴィスおよびリーヴィス派の人々にとっては、二〇世紀の特徴は、文化が衰え続けることである。アーノルドが一九世紀の特徴と見なしていたものは、二〇世紀にも続いているが、悪化の度を増してきたというのである。つまり、「標準化と切り崩し」の文化がますます拡がっているということである（Leavis and Thompson, 1977: 3）。この過程と結果にこそ、「市民は……識別眼を養い、抵抗する必要がある」(5)。

リーヴィス主義の営みは、四〇年ほどにわたっている。とはいえ、リーヴィス派のポピュラー・カルチャーへの態度は、一九三〇年代初頭、三冊の書物の出版とともに形成された。F・R・リーヴィス著『大衆文明と少数派文化』(1933)、Q・D・リーヴィス著『小説と読者』(1933)、F・R・リーヴィス、デニス・トムスン共著『文化と環境』(1933)である。この三冊が合わさって、ポピュラー・カルチャーに対するリーヴィス派の反応の基盤を形づくっているのである。

リーヴィス主義は、「文化はつねに少数の人々が護っている」という想定に拠っている(Leavis and Thompson, 1977: 3)。

> 人間の経験の中で最も優れたものから利を得る力は、少数の人々にかかっている。この少数の人々が、伝統の中の、もっとも精妙かつ損なわれやすい部分を生かしておくのである。この少数の人々に、ひとつの時代のより優れた暮らしを秩序立てる暗黙のうちの尺度が依拠している。その尺度とは、つまり、こちらのほうがあちらよりも価値がある、あちらではなくてこちらのほうが行くべき方向である、中心はこちらであってあちらではないといったことを判断する能力である(5)。

変化したのは、この少数の人々の地位である。文化的な尊敬をもはや意のままにすることはできないし、その文化的権威も盤石ではなくなったのである。Q・D・リーヴィス(1978)は、「少数の人々が——これまでは趣味の尺度を設定してきて、なんら深刻な異議申し立てを受けることはなかったのに」、その人たちが「権威の崩壊」(185, 187)を経験している。ちょうどアーノルドが「服従と恭順の強い封建的習慣」がなくなっていくことを嘆いたように(前節参照)、Q・D・リーヴィスは、「大衆」が「権威に対して何ひとつ疑わずに同意」を示していた時代を懐かしむのである（191）[2]。リーヴィスは、この状況の深刻さを確認するために、エドモンド・ゴスを引用している。

> 私がかねてより予見していた、民主主義的な感情が広まることによるひとつの危険は、文学趣味の伝統、文学の正典が大衆の投票によってまんまとひっくり返される危険である。今日に至るまで、世界のあらゆる場所で、教育のない、あるいは半端にしか教育を受けていない人からなる大衆は、読者の多数派（マジョリティ）を形成しているのだが、自分たちの民族の古典作品を鑑賞できないしすることもないにもかかわらず、そうした古典が伝統的に優れていることを認めることに満足してきた。最近では、ことにアメリカにおいて、大衆が我々の文学の巨匠に反旗を翻す確かな兆しが出てきているように思われる……。もしも文学が国民投票で判断されるなら、そして、もし一般大衆がみずからの力を認識するなら、大衆はきっと、自分たちには何の喜びも与えず、また理解もできない高い評価への支持を少しずつやめていくであろう。趣味に対する革命は、ひとたび起これば、我々を収集のつかぬ混乱へと陥らせることであろう（190）。

リーヴィスとトムスンによれば、ゴスが恐れるだけであったものが今や世の中に流通してしまっている。

> 文化は、つねに少数の人々に維持されてきた。しかしながら、その少数の人々は、いまやみずからを取り巻く環境が、単に合わないだけではなく敵対的でもあることを意識せざるをえないのである……。「文明」と「文化」は、いまや正反対の用語に様変わりしつつある。それは、力、そして権威の意味がいまや文化から分離しているというだけではない。文明をめぐる最も無関心な気遣いの一部は、意識するとせざるとにかかわらず、文化にとって有害になりやすいということでもある（1977: 26）。

大衆文明とその大衆文化は、これまでの価値を覆すような様相を見せており、「我々を取り返しのつかない混乱へと陥らせる」おそれがある。このような脅威に対して、リーヴィス派は、「[大衆文化]へ抵抗する訓練を学校に導入する」声明書を書いた（Leavis, 1933: 188-89）。また、学校の外においては、「理論武装し、活動的な少数の人々による抵抗の形をとるための意識的かつ方向性を持った努力」（Q.D. Leavis, 1978: 270）を促進することを提案している。文化的、政治的な問題における民主主義の脅威は、リーヴィス主義にとっては考えるだに恐ろしいものである。そのうえ、「権力を持った人たちは、もはや知的権威と文化を代表してはいないのである」と、Q・D・リーヴィスは述べている（191）。アーノルドのように、彼女もまた、伝統的な権威の崩壊が大衆的な民主主義の到来と同時に起こると見ている。この二つが一緒になって、文化的少数者を押しつぶし、「アナーキー」にうってつけの領域を生み出すのである。

リーヴィス主義は、マス・カルチャーのある種の側面を切り離してそれだけを特別に議論している。たとえば、ポピュラーな小説は、「代償（compensation）」と「気散じ（distraction）」の常習性のある形式を与えるという理由で批判の対象である。

> このような形式の代償は……こうした代償がその中毒者を元気づけて生きていけるようにするのではなく、むしろその人を弱々しい逃避や現実に立ち向かうことへの断固たる拒否をするように馴らしてしまうことによって、不適合な性質を増長する傾向があるという点で、気晴らし（recreation）とは真逆なのである（Leavis and Thompson, 1977: 100）。

Q・D・リーヴィス（1977）は、このような読書を「虚構（フィクション）への薬物依存」（152）と呼び、ロマンス小説（フィクション）読者に対しては、こうした読書が最終的には「現実生活での不適応につながる空想癖」（54）を引き起こしかねないとする。これはまず自慰行為であるが、より悪い事態がある。それは、そうした人たちの中毒状態が手を貸して、「社会の雰囲気が少数の人々の向上心にとって不向きなものになってしまうことである」。それどころか、そうした読者は実際に、本物の感情と分別ある考え方の邪魔をするのである」(74)。ポピュラー小説中毒ではない人々にとっては、つねに映画の危険がつきまとう。映画はその人気ぶりゆえに、実際のところ、大変危険な快楽の源となっている。「映画は、催眠状態の感受性という状態で、最も安っぽい感情的なアピールに屈することを伴うが、このアピールは、現実生活に関する有無を言わさぬ鮮明な幻想と結びつけられているぶんだけよけいに狡猾である」(Leavis, 2019: 13)。Q・D・リーヴィス(1978)にとって、ハリウッド映画は「大半が自慰行為的なのである」(165)。ポピュラーな出版物とは、「大衆(popular)の心が受けた教育をなし崩しにしてしまう最も強力かつ普及したもの」(Leavis and Thompson, 1977: 138)であり、またラジオとは批評的な思考の息の根を止めるものとされる(Leavis, 2019)が、リーヴィス主義が最も厳しい批判の論調の蓄えを確保しておくのは、「間断なく、人々のあいだに広がっており、自慰行為的な操作を伴う」(Leavis and Thompson, 1977: 139)広告に対してである。

　広告、およびその消費のされ方は、リーヴィス主義にとって、文化の衰退の主要な徴候である。その理由を知るには、リーヴィス主義が言語に対していかなる態度を取っているかを理解する必要がある。『文化と環境』において、リーヴィスとトムスンは以下のように述べている。「学習者に心底理解してもらわねばならないのは、言語の劣化が、単に言葉の問題にとどまらないということ、それが感情生活の劣化、そして生活の質の劣化だということである」(1977: 4)。したがって、広告は、言語を劣化させるがゆえに責められるべきであるだけではなく、言語コミュニティ全体の感情生活を劣化させ、「生活水準」を切り下げてしまうがゆえに批判対象となるのである。リーヴィスとトムスンは、分析のための具体的な例を提示している(大半がF・R・リーヴィス自身が書いたものであるが)。二人が提示する問いの数々は、リーヴィス主義の一般的な態度をよく伝えるものである。以下に示すのは、典型的な例で、「二人のクエーカー教徒(トゥー・クェーカーズ)」タバコの広告である。

よくある工夫のタバコ

「うん、これまで吸ったなかで一番だ。それにしても嫌になるほど高い」「二ペンス分の増量はいったい、というところだな。いずれにしてもその分、いやそれ以上に取り返せるんだ。きれいにゆっくりと燃えるという、よくある工夫で、そのために見た目が他とは違う。気取った科学的な技というところだ。なにせ、実験した……」「ああ、もう黙ってもう一服くれ。おまえはなんだか広告みたいにしゃべるよな」。このあと平穏と「トゥー・クェーカーズ」のパイプが。

リーヴィスとトムスンは、五年次と六年次の生徒向けに以下のような問いを提案する。

1. ここで描写されている人はどのようなタイプか説明せよ。
2. このような人物に対しては自分としてどのように感じることが期待されているか。
3. こうした人物は自分たちに対して、どのような態度を取ると思われるか。群衆の激情が高じた折にはこのような人物はどのような振る舞いをすると思われるか。

以上の質問には、二つの注目すべき点がある。まず第一に、広告といわゆる群衆の激情とのあいだに作られた関係である。これは、文化研究の学生に対してですら、普通ではない質問である。第二に、排他的な「自分たち」に注意して欲しい、そして、この代名詞がいかに教育を受けた小さなエリート集団のメンバーであるということを作り上げようとしているかにも注目すべきだ。他の問いも、ほぼ同様の働きをしている。以下に、いくつかの例を示しておく。

この一節に喜びそうなのは、どのような種類の読者か、説明せよ。またなぜ喜ぶかも述べよ。この最後のようなアピールに反応するのはどのような種類の人だと想像できるか。こうした人々は、シェイクスピアの作品についてどの程度知っていると予想するか、またその理解の能力についてはどうか（40）。

生徒が「聖地」詣でをする人を見かけたかもしれない場合、それがどのような種類の人たちであると思ったのか、その見立てを思い起こすよう聞いてみてもよい（51）。

「グレシャムの法則」に照らすと、映画は一般の人の趣味やメンタリティにどのような種類の栄光を与えると思うか（114）。

ここで示唆されているのはどのような基準か。この人物が読む「文学」およびその人がそれを読む際の読み方の質について、あなたならどのように判断するか（119）。

このような慣用語を使うメンタリティに対して、我々はなぜたじろいでしまうのであろうか（121）。

［映画を「安っぽくし、品性を落とし、歪曲する」ものとして説明したあとで］：ここで示唆されている映画の教育的価値について議論を展開しなさい（144）。

こうした問いの数々が、「鑑識眼と抵抗」を後押しするどころか、批評についてその力をなくし、自己確認をおこなうようなスノッブ（訳註：知識・教養を光らかす気取り屋）な態度以外の何かをもたらすであろうと考えることは困難である。

同時代の「取り返しのつかない混乱」からのつかの間の逃避として、リーヴィス主義は、商業主義の利害関心に損なわれていない共有された文化が存在していた、文化の黄金時代、神話的な田園の過去を、懐かしく振り返る。シェイクスピアの劇場があったエリザベス時代は、一九世紀と二〇世紀に起こる文化の崩壊が始まる前の、文化的な一貫性があった時代としてしばしば引き合いに出される。F・R・リーヴィス（1933）は、シェイクスピアが「真の国民文化、劇場が教養ある人と庶民に対して同時に魅力を持つことが可能だった共同体に」属していたと書いている（216）。Q・D・リーヴィス（1978）は、『フィクションと読書する大衆』において、衰退と目されるものを描いている。大衆と教養ある人々をめぐる記述は、示唆に富んでいる。「大衆は上から自分たちの娯楽を受け取っていた……彼らは自分の上位にいる者たちと同じ娯楽を手に入れないと気が済まなかった……幸いなことに、彼らには選択肢がなかったのである」（85）。Q・D・リーヴィスによれば、

エリザベス朝の演劇を観ていた者は、偉大な悲劇の「思考」に詳細についていくことは無理かもしれないが、そうした悲劇の一節一節を生み出した精神と感受性から、自分自身の階級からではなく芸術家から、喜びを得ていた。その時代においては、現在の我々と違って、教養ある者の生活と一般の人々の生活のあいだが完全に分離しているということはなかったのである（264）。

彼らの過去の記述に関して興味深い点は、それが彼らの理想とする未来について露わにする内容である。黄金時代（the golden age）は、単に文化的な一貫性を特徴とするだけではない。リーヴィス派にとって幸せなことに、権威主義的で階層的な原則に基づく文化的な一貫性をも、その特徴としていたのである。それは、一方の極で知的刺激を与え、もう一方の極では情動的な喜びを与える共通の文化であった。これは、誰もが自分の場をわきまえ、つまり人生における持ち場を了解している神話的な世界であったのである。F・R・リーヴィス（1984）は、「一七世紀においては、

人々の本物の文化が……豊かな伝統的な文化が……今は消え失せた完全なる文化が存在していた」(188-89)と言ってゆずらない。リーヴィス派によれば、こうした文化は、産業革命のもたらした変化によってあらかた破壊された。しかしながら、有機的な共同体の最後の残滓は、一九世紀イングランドの田舎の共同体にいまだ見出すことができていた。リーヴィスはジョージ・ボーン(訳註:ジョージ・ボーンは、George Sturt のペンネーム)の『村の変容』(1912)および『車大工の工房』(1923)という二冊の本を、この証拠として引用している。[3]『文化と環境』冒頭部分において、F・R・リーヴィスとトムスン(1977)は、失ったものを思い出させるのである。

我々が失ってしまったのは、有機的な共同体と、そこに付随していた、その共同体が体現していた生きた文化なのである。民衆の歌、民衆の踊り、コッツウォルドのコテージ、手仕事による製品は、それにとどまらない何かの——つまり、秩序と型があって、社会の技法、社交の規則、そして記憶にもないほど昔からの経験から生じた、自然の環境と一年のリズムに対して敏感に調整していくことを伴う生活の術、生活様式といったものの——しるしであり表現なのである(1-2)。

リーヴィスとトムスンはまた、有機的な共同体の消失とともに、仕事の質もまた劣化したと主張している。余暇にますます重きが置かれるようになったことは、この消失のしるしである。過去において、労働者はみずからの仕事に生きていた一方で、今ではみずからの仕事の外で生きるために仕事をするのである。しかしながら、産業化の結果として、仕事の経験は劣化しており、挙げ句には労働者たちが実際には「仕事によって無能化されてしまっている」(69)ほどである。それゆえに、余暇は、レクリエーション(仕事で喪失したものを再度生み出すこと)の代わりに、単に「デクリエーション(decreation)」(仕事で経験する喪失を悪化させること)しか提供しないのである。こうした状況があるために、人々がその埋め合わせと受動的な気晴らしを求めてマス・カルチャーを求めるのも、さほど不思議なことではない。麻薬常習癖が身について、「代替としての生活」に溺れる中毒者になってしまうのである（第四章、マルクス主義の視点からおこなわれた同様の議論も参照）。田園のリズムの世界が、「郊外の生活様式（サバーバニズム）」の退屈さと凡庸さに負けてしまったのである（99）。有機的な共同体においては、日常の文化は、個人の健康をつねに支えるものであったのに対して、大衆文明においては、日常の文化の不健康な影響を避けるべく意識的かつ管理された努力をすることが必要なのである。リーヴィス派は、レイモンド・ウィリアムズ（1963）が述べるように、「窮乏、狭量な暴君、病や死亡率、無知や不満だらけの知性といった、これらもまた有機的共同体を構成する要素であるもの」に言及しなかったのである（253）。我々が提示されているのは、歴史の記述ではなく、喪失とされるものの性質に注意を惹くための文学的な神話であって、「古い秩序の記憶は、新しい秩序の誘因であるべき」なのである（Leavis and Thompson, 1977: 97）。

有機的な共同体は失われてしまったにもかかわらず、まだそのような共同体が持っていたさまざまな価値観や基準には、偉大な文学作品を読むことによって触れることができる。文学とは、人間の経験において大切にされねばならないものすべてを体現する宝なのである。不幸にも、文化という王冠にはめ込まれた宝石としての文学は、文化それ自体と同様、その権威を失ってしまった。先に述べたように、リーヴィス主義は、こうしたことを救済する計画を立てた。そのための方法とは、文化的宣教師を、つまり、少数のえり抜きの文学的知識人の集団を派遣して大学に前哨基地を築き、文学／文化の伝統を維持して「絶え間なく共同で更新」することを後押しすることである（Leavis, 1972: 27）。そして、マス・カルチャーと大衆文明（mass civilization）が総じて持っている野蛮さに対して戦いを仕掛けるべく、学校において学生を武装させることであった。文学の権威を再度確立したからといって、当然ながら、それが有機的な共同体の回帰の先触れとなることはないであろうが、マス・カルチャーの影響が拡がることを制御し、それによって、イングランドの文化的伝統の継続性を保護し、維持することにはなるであろう。要するに、文学の権威の再確立は、「教育を受けた公衆」を維持し、生産するのを後押しし、その人たちが「この世界で思考され、言葉にされた最上のもの」（今や偉大な文学の作品を読むことにある程度還元されているが）を流通させておくというアーノルドの企図を継続してくれるということなのだろう。

ポピュラー・カルチャーへのリーヴィス主義のアプローチを批判するのは、容易である。しかしながら、ベネット（1982b）が指摘するように、その場合でも、おそらく少々手ぬるいかもしれない。

一九五〇年代半ばになってすらもなお……ポピュラー・カルチャー研究に携わることができるとすれば、唯一の知的な領域として発展していたものは、「リーヴィス主義」だけであった。むろん、歴史的には「リーヴィス主義者たち」が生み出した仕事はのちのちに影響を及ぼす重要なものであって、それまでには「真面目な」作品のためのものであった文学的な分析技法を初めてポピュラーな形式に応用する試みとなっていた……。ことによるとそれより重要かもしれないのは、少なくともポピュラー形式の文化に対するのと同様に既存の「高級」文化や「（高尚だが理解できないほどむずかしくはない）ミドルブラウ」文化に対する批判も苛烈におこなうものとしての「リーヴィス主義」の広範な影響は、主流となっている美的な判断と評価の正典を動揺させる傾向があり、それは長期的には、きわめて根源的かつしばしば予測のつかない結果を伴っていたのである（5-6）。

第三章においては、リチャード・ホガート、レイモンド・ウィリアムズ、および初期のスチュアート・ホールの仕事に現れる、こうした根源的かつしばしば予測のつかない結果のいくつかについての考察を始めることにしよう。

アメリカにおけるマス・カルチャー――戦後の議論　Mass culture in America: the post-war debate

第二次世界大戦の終結に続く最初の一五年ほど、アメリカの知識人たちは、いわゆるマス・カルチャーをめぐる議論に関わっていた。アンドリュー・ロス（1989）の目するところ、「マス」は、「アメリカ的なもの／非アメリカ的なもの」の公式な区別を管理する鍵となる用語のひとつ」(42)である。ロスは、「この公式の区別の背後にある歴史は、多くの点で、近代以降の国家的な文化の形成をめぐる歴史にほかならない」(ibid.)としている。第二次世界大戦後、アメリカはつかの間ではあるが、文化と政治における合意(consensus)形成に成功した――おそらくリベラリズム、多元主義(pluralism)、および階級がないこと(classless)に基づいたものと思われる。黒人の公民権を求める運動、カウンター・カルチャーの形成、ヴェトナム戦争へのアメリカの関与に対する反対、女性解放運動、およびゲイ、レズビアンの権利を求める運動で崩壊するまでは、この合意は、アメリカの知識人が持つ文化的な権威にかなりの部分を依拠したものであった。ロスが指摘するように、「ことによると、アメリカの歴史上初めて、ひとつの社会的な集団としての知識人が、文化、道徳、および政治のリーダーシップに関する国家の代理人であると自認する機会を得た」(43)のである。このあらたに見出された意義は、部分的には「一九五〇年代後半に至るまで、ほぼ一五年近くにわたって知識人の関心を占めていた、「マス・カルチャー」をめぐる激しく、かなりの程度、公共に開かれた論争に拠るのである」(ibid.)。この論争についてロスが、もっぱら結びつけているのは、冷戦期の「封じ込め(containment)」イデオロギー、つまり健全な国家を、(文化が不毛になる危険から)国内、(ソ連の共産主義の危険から)国外を守り維持する必要性である。ロスは、議論における三つの立ち位置を以下のように述べている。

1. 美的リベラル派の立場であり、選んでよいとなると、人々の大半が高級文化のテクストと実践よりもいわゆる二流三流の文学テクストと文化実践のほうを好むという事実を嘆いている。
2. 企業リベラル派ないしは進歩的進化論者の立場であり、ポピュラー文化は、あらたな資本主義・消費主義の社会における消費の快楽へと人々を社会化する善い機能を提供するとしている。
3. ラディカルないしは社会主義者の立場であり、マス・カルチャーを社会的なコントロールの一形式ないしは手段と見なしている。

一九五〇年代終わり頃になると、この論争はますます最初の二つの立場を取る人々の牛耳るところとなった。これは部分的には、社会主義者の分析に似たものならばなんであれ、断ち切るべきであるというマッカーシズムの圧力が高まっていたことを反映していた。紙幅の限界もあるので、ここでは国体の健全さをめぐる論争にのみに焦点を当てたい。この論争を理解するには、一冊の書物が必読である――『マス・カルチャー――アメリカにおけるポピュラーな芸術』という一九五七年出版の論集である。そこに収められた論文の数々を読むと、この論争の変数が何か――つまり何がこの論集で問題となっており、誰が主たる参加者なのかといったことがわかってくる。

バーナード・ローゼンバーグ（デイヴィッド・マニング・ホワイトと共編者）によれば、アメリカ社会の物質的な富と幸福は、マス・カルチャーの人間性を奪うような効果ゆえに土台を掘り崩されつつある。ローゼンバーグは、おおいに憂え、以下のように述べている。「最悪の場合には、マス・カルチャーは我々の趣味を呆けたようにしてしまうのみならず、我々の感覚を野獣のようにもしてしまう。そしてその間に全体主義への道を敷いていくのである」(1957: 9)。彼の主張では、マス・カルチャーとはそもそも、あるいは先例を見ても、アメリカのものではないし、また民主主義にお定まりの文化でもない。マス・カルチャーとは、ローゼンバーグに言わせると、ソ連においてどこよりも普及している。それを作ったのは、資本主義ではなく、テクノロジーなのである。

同書に寄稿したホワイト（1957）も、同様の主張をしているが、その目的が違っている。ホワイトの見るところ、「マス・カルチャーを批判する人々は、現代アメリカ社会についてきわめて暗い見方をしている」(14)。彼のアメリカの（大衆(マス)）文化擁護は、それを過去のポピュラー・カルチャーのさまざまな様相と比べてみることである。彼は、批評家たちは、現在を酷評するべく過去を現実離れしたロマンティックなものにしてしまっていると主張している。「アメリカ文化を、まるで自分の手に死んだ害獣でも持っているかのように語り」(14) ながら、依然として、シェイクスピア演劇が世に出た頃の日常的な文化であった、犬をつないだ動物にけしかけてなぶらせる遊びがいかにサディスティックで残酷であったかという現実を忘却している人々のことを批判しているのである。彼の主張とは、つまり、どの時代にも「そこに暮らす大半の人たちの無知と不安定さを食い物にする輩」がいたのであって、「そうした輩が、今日存在していることにそれほどショックを受ける必要もない」（14）ということなのである。彼のアメリカ（大衆）文化擁護の次の部分は、アメリカでいかに高級文化が繁栄しているかをもっぱら列挙している。たとえば、テレビのシェイクスピア作品、図書館からの本の貸し出しが記録的な数字になったこと、イギリスのサドラーズ・ウェルズ劇場バレエ団ツアーが成功したこと、野球の試合よりも多くの人々がクラシック音楽のイヴェントに足を運んでいるという事実、シンフォニー・オーケストラの数が増加していることなどである。

この論争の鍵となる人物が、ドワイト・マクドナルドである。「マス・カルチャーの理論」は非常に影響力を持ったエッセイだが（訳註：オリジナルは一九五三年 *Diogenes 1* (3): 1-17. 発表、その後この論集に収録）、その中で、マクドナルドは、マス・カルチャーを数々の側面から攻撃している。まず第一に、マス・カルチャーは高級文化の活力を蝕んでしまう。マス・カルチャーは寄生する文化であって、高級文化を食い物にしながら何もお返しに与えることがない。

> フォーク・アートとは、草の根から出てきたものである。それは自発的であり、自然に生じた民衆の表現であり、彼ら自身によって形づくられ、高級文化からの恩恵はほぼなく、彼ら自身の欲求にかなったものとなった。マス・カルチャーは、上からの押しつけである。それは、ビジネスマンに雇われた技術屋がでっちあげたものであり、視聴するのは受け身の消費者であって、消費者の参加は買うか買わないかという選択に限られている。要するに、まがいもの（キッチュ）の王たちが大衆（mass）の文化的欲求を搾取しているのであるが、それは利益を得るため、および／あるいは自分たちの階級による支配を維持するためである……共産主義国家においては、第二の目的のみだけが当てはまる。フォーク・アートは、民衆自身が設立したもので、彼らの主人の高級文化の偉大なる形式的な大庭園から壁によって隔てられた私的でささやかな庭である。だが、マス・カルチャーは、その壁を突き崩し、

大衆を劣化した形の高級文化へ統合し、それにより政治支配の道具となってしまうのである（1998: 23）。

この論争の他の寄稿者と同様に、マクドナルドは、アメリカがマス・カルチャーの国であるという主張については即座に否定している。「事実としては、ソヴィエト社会主義共和国連邦の方がアメリカよりもずっとマス・カルチャーの国である」（23）。この事実を、ソヴィエト連邦のマス・カルチャーの「形式」にのみ焦点を当てる批評家はしばしば見逃してしまう、とマクドナルドは主張している。しかしながら、それはマス・カルチャーなのである（フォーク・カルチャーという民衆の表現でもなければ、個々の芸術家の表現である高級文化でもない）。そして、「そのクオリティが劣っている」という点、および「それが商業的な理由というよりもむしろ政治的な理由のために……大衆の文化的欲求を満足させるのではなく搾取してしまう」という点で、アメリカのマス・カルチャーとは異なるものなのである（24）。ソヴィエトのマス・カルチャーより優れているとはいえ、アメリカのマス・カルチャーはなおも問題を突きつける（「アメリカでは深刻である」）。「大衆（the masses）が政治の舞台にどっと押し寄せ……惨憺たる文化的な結果［をもたらした］」（24）のである。この問題は、「明瞭に定義された文化的エリート」（24）の不在によって、いっそう酷いことになっている。もしそのような存在があれば、大衆にはマス・カルチャー、そしてエリートには高級文化があるということにもなりえたであろう。しかしながら、文化的エリートがいないために、アメリカは文化的なグレシャムの法則からの脅威にさらされている。つまり、ひとつの社会に悪質なものと良質なものの両方が流通していれば、悪質なものが良質なものを駆逐するために、その結果は、単なる均質化された文化というだけではないということである。「すべてをその拡がっていく分泌物が飲み込んでしまいかねない均質化された文化」（27）でもあり、社会上層部のいわばクリームのような人々を追い散らし、アメリカの人々を幼稚な大衆へと変容させてしまうのである。彼の結論は控えめに言っても悲観的である。「マス・カルチャーは、より良くなるどころか、それがさらに悪くならなければ幸運というものであろう」（29）。

この幻滅した元トロツキー主義のマクドナルドからアーネスト・ヴァン・デン・ハーグ（1957）のリベラリズムへと目を転じると、分析は、また変わる。ヴァン・デン・ハーグは、マス・カルチャーは、大衆社会（mass society）と大量生産（mass production）の必然的な結果であると示唆している。

> 大量生産されたものは、低いところを狙う必要はないものの、平均的な趣味への狙いを外すわけにはいかない。いくつかの点ですべての（あるいは、少なくとも多くの）個人の趣味を満たすにあたり、大量生産品はその他の点においては人々ひとりひとりの趣味を冒瀆してしまう。というのも、従来、平均的な趣味を持つ平均的な人々などいないからである。平均とは、統計上合成されたものにすぎない。だから大量生産品は、ほとんどすべての人の趣味をある程度のところまでは反映しながらも、だれかひとりでも、その趣味を完全に体現することはありそうもないのである。この点が、趣味の冒瀆と感じる原因のひとつであって、これが意図的な趣味の水準の低下をめぐる理論において、はっきりとは言い切らないながらも正当化されているのである（512）。

ヴァン・デン・ハーグは、もうひとつの理由についても示唆している。それはマス・カルチャーが提示する高級文化（ハイ・カルチャー）への誘惑である。それによれば、二つの要因がことのほか魅惑的である。その二つとは、①マス・カルチャーの金銭上の報酬、および②潜在的に巨大な視聴者・観客層（オーディエンス）である。ヴァン・デン・ハーグは、有名なイタリア人詩人ダンテ・アリギエーリ（1265-1321）を例として取り上げている。ダンテは宗教と政治の圧力を感じていたかもしれないが、みずからの作品を平均的な趣味に訴えるよう形づくるという誘惑にはなびかなかった。もしも『スポーツ・イラストレイテッド』誌に文章を寄せるよう誘われたり、『リーダーズ・ダイジェスト』誌のために作品の短縮版を書くよう求められたり、あるいは「映画向けに翻案する」契約を持ちかけられたりしていたら、彼はその美と道徳の水準を維持することができたであろうか。ダンテは、運が良かった。彼の才能は、誘惑に負けて、創造性が辿る真の道筋からさまよい出ることはなかった。「みずからの才能の限り良い書き手でいること以外に、選択肢はなかった」(521) のである。

趣味をめぐる状況に関して、ヴァン・デン・ハーグは、大衆（マス）の趣味が劣化したというより、西洋社会において、大衆の趣味が文化の作り手たちにとってより重要になったのである、と述べている。デイヴィッド・マニング・ホワイトと同様に、ヴァン・デン・ハーグは、アメリカで消費される文化的なテクストと実践の複数性に目を向けている。しかしながら、さらに、彼はいかにして高級文化とフォーク・カルチャーがマス・カルチャーに吸収され、結果としてマス・カルチャーとして消費されるかにも着目している。「古典を読む人々がほとんどいないのは、新しいことでもなければ破滅的なことでもない。新しいのは、あまりにも多くの人々が古典を誤読していることである」(528)。最終的に、ヴァン・デン・ハーグは、マス・カルチャーが「人々が生そのものを経験する能力を縮減してしまう」(529) 一種のドラッグであると言い切らないではいられない。マス・カルチャーは、つまるところ貧困化のしるしである。マス・カルチャーは、生の脱個人化を、すなわちジークムント・フロイトが「代用による満足 (substitute gratifications)」と呼ぶものを終わることなく求めることのしるしとなるのである。[4] 代用の満足について問題なのは、このマス・カルチャー批評によれば、このような満足が「真の満足」を閉め出してしまうことである (532-35)。その結果として、マス・カルチャーの消費は、抑圧の一形式であると、ヴァン・デン・ハーグは示唆するに至る。マス・カルチャーの空虚なテクストと実践は、その内部の空虚さを埋めるべく消費されるが、その空虚さは、マス・カルチャーの空虚なテクストと実践が消費された分だけますます空虚になるのである。この抑圧のサイクルが働くことによって、「真の満足」を経験することがますます不可能になってしまう。その結果は、悪夢であって、その中で文化の「自慰行為者」、あるいは、マス・カルチャー中毒者は、充足のなさというサイクルに囚われ、退屈と気晴らしのあいだを目的もなく行ったり来たりすることになる。

退屈した人は何か起こって欲しくてしかたがないのだが、がっかりすることには、ものごとが起こったときには、その人は、ものごとを気晴らしとして使ってしまうために、自分が無意識のうちに望んでいた意味そのものを空っぽにしてしまうというのが実際なのである。ポピュラー・カルチャーにおいては、二度目の体験ですら、再度の「不毛な」興奮であり、コメディアンのミルトン・バールが登場するのを待つあいだテレビで見るものにすぎないということになってしまうであろう（535）。

ヴァン・デン・ハーグは、過去について確信していないという点で、現在を糾弾すべく理想化したかたちの過去を利用する「文化的懐古派」とは異なっている。彼によれば、「ポピュラー・カルチャーが、満足に導くことなく生を貧しくする」ことは理解できる。「しかしながら、はたしてポピュラー・カルチャーをその避けられない一部とする大量生産技術がない状態で「多数の人々」の気分がより良いかより悪いかに関しては、我々にはけっしてわからないであろう」（536）。

エドワード・シルズ（1978）には、ヴァン・デン・ハーグのような確信のなさはまったくない。さらに、シルズは、ヴァン・デン・ハーグが産業は生を貧しくすると述べているが、それは意味のないたわごとであると考えている。

現代の労働者階級と下位中産階級（lower middle class）の娯楽は、深遠な美的、道徳的、知的評価に値するものではないが、中世以降一九世紀に至るまで彼らのヨーロッパ人の祖先の娯楽となっていた残忍なことにくらべて劣るということはけっしてないのである（35）。

シルズは、以下のように言い切っている。

> 二〇世紀は深刻な知的劣化の時代であるとか、この劣化とされるものがマス・カルチャーの産物であるという考えは、完全に間違っている……。それどころか、マス・カルチャーは現在、下層階級に対しては、過去の世紀の陰鬱かつ過酷な生活に比べればずっと害が少ないと主張するほうがずっと正確であろう（36）。

シルズの見る限りにおいて、問題はマス・カルチャーではなく、マス・カルチャーに対する知識人たちの反応なのである。同じように、D・W・ブローガン（1978）は、ドワイト・マクドナルドの議論の大部分に同意しながらも、より楽観的な態度を保持している。ブローガンの考えでは、マクドナルドは「現在のアメリカに対してあまりにも容赦なく批判的であり、アメリカの過去と、そして、またヨーロッパの過去と現在に対して、あまりにも寛大である」（191）。このように、現在に関するマクドナルドの悲観的（ペシミズム）な態度は、過去に対するあきらかに楽観的（オプティミズム）な見方に支えられているにすぎないのである。要するに、マクドナルドは「アメリカの悪目立ちぶりを……大げさに述べている」（193）。レスリー・フィードラー（1957）は、同じ論集『マス・カルチャー――アメリカにおけるポピュラーな芸術』に寄せた「両端にたてつく中間」の中で、この議論に参加したその他の大半の寄稿者とは違って、以下のように主張している。

> ［マス・カルチャーは、］とりわけ、アメリカ的な現象である……。とはいっても……アメリカにしかないものであるということではなく、どこで見られるものであれ、マス・カルチャーは、まず我々の国からやってきて、そのすっかり成長した形式はやはり我々のあいだでしか見られない。この意味において、このような見方に沿った我々の経験は、アメリカを除いた世界にとっては、旧来の貴族的な文化が必然的に解体したあとには何が到来するはずなのかを見せる予告編なのである（539）。

フィードラーにとって、マス・カルチャーは「分をわきまえることを拒む」ポピュラー・カルチャーである。彼の説明はこうである。

現代の品のない文化は、野蛮であり不穏である。没個性的な都市に住む、住み慣れた土地を奪われ、文化を取り上げられてしまった人々による半ば自発的な表現であり、巧妙に作り出された神話は、昔の忠誠心やヒロイズムがとっくの昔に粉砕されてしまった世の中にあって、科学の脅威、際限ない戦争の恐怖、腐敗の蔓延をどうにか管理することが可能な形式へと縮小するのである（540）。

フィードラーの問いは、アメリカのマス・カルチャーの何が問題かというものである。彼は、国の内外を問わず、一部の批評家には、アメリカのものであるというだけで、非難するに足る理由であることを了解している。しかしながら、フィードラーにとっては、アメリカを経験することが避けられないなら、この議論は意味がないのである。言い換えれば、こうした議論に賛同する人々なら、産業化、大衆教育および民主主義にもまた反対しないのであれば意味がない、ということなのである。フィードラーの見るところ、アメリカは「奇妙な二つの前線を持った階級闘争のさなかにある」。真ん中には、「お上品な、中くらいの普通の精神」があり、最上層には、「アイロニーに満ちた貴族的な感性」がある。そして一番下には、「野蛮なポピュリストのメンタリティ」がある（545）。ポピュラー・カルチャーへの攻撃は、文化の問題に関して、臆病であるという徴候であり、また同調の表現である。すなわち「品のなさへの恐れは、卓越していることへの恐れの裏にあり、双方とも違っていることへの恐れの一面なのである。臆病で、センチメンタルで、頭も身体もないようなお上品な人々のレヴェルにおける同調への衝動の徴候なのである」（547）。お上品な中くらいの精神は、独自のかたちで文化的な平等を求めている。といっても、それはリーヴィス派のように文化への敬意（deference）を求めるということではなく、むしろ文化的な差異を終わりにすることを強く求めているのである。そういうわけで、フィードラーは、アメリカのマス・カルチャーを、均質化され、他と同じレヴェルにしようとするものではなく、むしろヒエラルキーがあり、多元的であると見ているのである。

シルズ（1978）も、同様のモデルを提案している――アメリカ文化は、三つの文化的な「階級」に分かれており、おのおのが異なる文化のタイプを具体化している。「「上位」ないしは「洗練された」文化が頂点をなし」、次に「「平凡な」文化」が中間に、そして「「野蛮な」文化」が一番下にある（206）。大衆社会（マス・ソサエティ）は文化の地図を書き換えて、「上位ないしは洗練された」の意義を縮減し、「平凡」な文化と「野蛮な」文化の双方の重要性を増したのである（209）。しかしながら、シルズはこのような推移を完全に否定すべきものとして見ているわけではない。「このことは、以前には、自分たちに渡されるものを受け取るか、あるいは美的な表現や受容が事実上なかったような階級の人たちのあいだで、洗練はされていないながら美的な目覚めがあることを示している（ibid.）。フィードラーと同様に、シルズはアメリカがマス・カルチャーのふるさとであると言うことをためらわない。アメリカを、「すべての大衆社会の中でも、最も巨大なもの」と称している（218）。しかしながら、シルズは楽観的な態度を崩さず、以下のように述べている。「実際のところ、知識人層の回復にもつながるかもしれないその活力、その個性は、おそらく大衆社会に本来備わっていた力と可能性が解き放たれた結果であろう」（226）。ロス（1989）が示唆するように、フィードラーのエッセイにおいて、また一九五〇年代および一九六〇年代初めのその他の書き手たちが残したものにおいて、「階級」の概念は、知の荒地に何年か滞留したのちに条件つきで戻ってくる。しかしながら、今回は、階級分析が戻ってきたとはいっても、一九三〇年代のときのように闘争や矛盾に注目させるためではなく、むしろ、世界のさまざまな政治概念が敵対することなく共存することについて合意を成立させる覇権的（ヘゲモニック）な契機に資するためである。他と交わらないでいる限りにおいては複数の文化階級が存在しうるであろう（58）。

文化的な選択と消費とは、どの階級に属しているかを示すものとなると同時に、階級の差異を表すものとなる。しかしながら、そこに階級対立はなく、階級の内部および外部の危険をめぐる一般的な合意の枠内においておこなわれた消費者の選択の多様性があるだけである。要するに、マス・カルチャーをめぐる議論は冷戦期の封じ込めイデオロギーを構築するための土台となったのである。結局のところ、メルヴィン・トゥミン（1957）（訳註：『マス・カルチャー――アメリカにおけるポピュラーな芸術』所収）が指摘するように、「アメリカおよびアメリカ人は、世界史上最も洗練された文化を造りあげ支援するための、精神的な資源、物質的な資源の双方の資源を利用可能にしている」（550）。これがまだ現実になっていないというのが事実ではあるが、トゥミンはそのことで気落ちしたりしていない。彼にとっては、それも、どうやって実現すればよいかという問いを触発するものでしかない。その回答として彼が頼みとするのは、アメリカの知識人層である。彼らは、「かつてないほどに……知識人としての機能を果たせる状況にうまくはまった」（ibid.）が、それはマス・カルチャーの議論のおかげであり、そのために彼らは先頭に立って、世界でもかつてないほど洗練されたポピュラー・カルチャーをうち立てるのを後押ししているのである。

その他の人々の文化 The culture of other people

「文化（culture）と文明化」の伝統によるポピュラー・カルチャーへのアプローチに、批判的であることは簡単である。文化理論の領域における近年のなりゆきを見れば、そのアプローチの語り（ナラティヴ）を提示しさえすれば、ポピュリストの批判にさらされることになるといってもよいくらいである。しかしながら、歴史的な観点から見れば、この伝統がおこなってきたことが、イギリスのカルチュラル・スタディーズにおけるポピュラー・カルチャー研究プロジェクトの明瞭な基盤をなしていたことは記憶にとどめておくべきである。さらに言えば、この伝統の与えた影響については、いくら評価しようとしても足りないほどである。一世紀以上にわたって、この伝統が文化を分析する際の支配的な枠組(パラダイム)みであったことは疑いをえないからである。それどころか、この伝統は、いまでも英米のある領域では、学問の世界の内外において一種の抑圧された「常識」となっている。「文化と文明化」の伝統は、とりわけリーヴィス主義のかたちをとって、ポピュラー・カルチャー研究のための教育空間を創出したものの、ポピュラー・カルチャーへのこのアプローチが「それがひとつの学問領域として発達することを積極的に妨げた」(Bennett, 1982b: 6)という感覚もまた実際にある。おもな問題は、ポピュラー・カルチャーが、つねに文化の衰退と潜在的な政治的な混乱の具体例とたいして変わらないくらいのものしか表象しないという作業仮説である。このような想定があると、理論的な探究と経験的な調査は、発見が予想されるものを予想どおりに発見して確認することを続けるばかりである。

この理論が想定するのは、ポピュラー・カルチャーにはなにか問題があるということであった。そして当然のことながら、ひとたびそうした想定がなされるや、残りのすべてがそれに従うのである。つまり、まさしく理論がこうした徴候が見つかることを要求しているがゆえに、探していたものを——衰退と劣化の徴候を——見つけたのである。つまり、ポピュラー・カルチャーの産物に与えられた唯一の役割はだまされやすい人という役割だったのである(ibid.)。

ここまで述べたように、ポピュラー・カルチャーは多くの点で批判されている。しかしながら、ベネットが指摘するように、「文化と文明化」の伝統は、ポピュラー・カルチャーのテクストや実践の詳細な分析で知られているわけではない。そうするかわりに、この伝統は高級文化(ハイ・カルチャー)の素晴らしき高みからポピュラー・カルチャーの商業的な荒地と見なすものを見下ろし、文化の衰退、文化の相違を裏づけ、さらに文化への敬意、文化の統制と支配の必要性を裏づけようとしていたのである。この伝統は、正真正銘「教養（culture)」のない人たちの文化に関する、「教養のある（cultured)」人たちの言説であった……要するに、ポピュラー・カルチャーには、遠くからおそるおそる、敬して遠ざけつつといった態度で、自分が研究する対象の形式に対する愛着の念もなければ参加もしていないことが明白な部外者がアプローチしていたのである（ibid.)。

【写真２・１】1950年代初頭の、ブラックプールの日帰り旅行。「大衆（mass）などというものは存在しない。単に、［他の］人々を大衆とする見方があるだけである」（Raymond Williams, 1963: 289）。

「文化と文明化」の伝統が抱えた不安とは、社会と文化の拡大をめぐるもの、すなわち、文化と社会の排他性への異議申し立てにいかに対処するかというものである。一九世紀が昔のことになり、伝統的に「文化（culture)」と「社会」の外部にいた人たちが自分たちも入れてくれと求めた際に、包摂し、かつ排除する戦略が採られたのである。彼らを受容することによって「上流社会（ハイ・ソサエティー）」と「高級文化（ハイ・カルチャー）」が生まれ、社会と文化、あるいはこう言ったほうがいいかもしれないが大衆社会（マス・ソサエティー）とマス・カルチャーから区別された。要するに、「大衆（マス）」【写真２・１】から二つの反応を――文化と社会の差異、および文化と社会への敬意――を要求し、期待していたのはひとつの伝統なのである。このあとで見るように（第一〇章および第一二章）、ポストモダニズムをめぐる議論の一部は、幾分、（大文字の）「文化」への包摂と排除をめぐる最新の闘争にすぎないと思われるようなものがあるのであるが、文化とは、どのつまり、テクストをめぐるものというよりは、むしろずっと人々と彼らの生きられた日常のさまざまな文化をめぐるものなのである。

註 Notes

（1）アーノルドは、「上からの革命」の教育的側面がほぼまっすぐに二〇世紀から二一世紀にかけての大半のトーリー党、保守党政府の自己理解につながっていると知れば喜んだことであろう。

（2）ジョン・ドッカー（1994）は、Q・D・リーヴィスのことを、「古いスタイルの植民地主義の民族誌学者で、未知の、解明が待たれる人々の野蛮な習わしを嫌悪感とともに見つめている」と述べている。

（3）F・R・リーヴィスは、ここでおこなっているように、過去を理想化して語るだけにはとどまらない。リーヴィスは、実際のところ、ボーン自身の記述を理想化してしまい、ボーンが田舎の生活を批判していることには言及していない。

（4）ヴァン・デン・ハーグとは逆に、フロイトはすべての芸術のことを指しているのであって、単にポピュラー・カルチャーのみを指しているのではないことには、注意しておきたい。

さらに知りたい人のための参考文献 Further reading

Storey, John (ed.), *Cultural Theory and Popular Culture: A Reader*, 5th edn, London: Routledge, 2019. This is the companion volume to the previous edition of this book. An interactive website is also available（www.routledge.com/cw/storey）, which contains helpful student resources and a glossary of terms for each chapter.

Baldick, Chris, *The Social Mission of English 1848–1932*, Oxford: Clarendon Press, 1983. Contains interesting and informed chapters on Arnold and Leavisism.

Bilan, R.P., *The Literary Criticism of F.R. Leavis*, Cambridge: Cambridge University Press, 1979. Although mostly on Leavis as a literary critic, it contains some useful material on his attitude to high and popular culture.

Bramson, Leon, *The Political Context of Sociology*, Princeton, NJ: Princeton University Press, 1961. Contains an illuminating chapter on the mass culture debate in America.

Gans, Herbert J., *Popular Culture and High Culture: An Analysis and Evaluation of Taste*, New York: Basic Books, 1974. The book is a late contribution to the mass culture debate in America. It presents a compelling argument in defence of cultural pluralism.

Johnson, Lesley, *The Cultural Critics*, London: Routledge & Kegan Paul, 1979. Contains useful chapters on Arnold and on F.R. Leavis.

Mulhern, Francis, *The Moment of Scrutiny*, London: New Left Books, 1979. Perhaps the classic account of Leavisism.

Ross, Andrew, *No Respect: Intellectuals and Popular Culture*, London: Routledge, 1989. An interesting book, with a useful chapter on the mass culture debate in America.

Trilling, Lionel, *Matthew Arnold*, London: Unwin University Press, 1949. Still the best introduction to Arnold.

Waites, Bernard, Tony Bennett and Graham Martin (eds), *Popular Culture: Past and Present*, London: Croom Helm, 1982. A collection of essays on different examples of popular culture. Chapters 1, 4 and 6 address popular culture and the historical context that gave rise to the anxieties of the 'culture and civilization' tradition.

Williams, Raymond, *Culture and Society*, Harmondsworth: Penguin, 1963. The seminal book on the 'culture and civilization' tradition: includes chapters on Arnold and F.R. Leavis.

第三章 文化主義からカルチュラル・スタディーズへ

3 Culturalism into cultural studies

本章では、リチャード・ホガート、レイモンド・ウィリアムズ、E・P・トムスン、およびスチュアート・ホールとパディ・ワネルが、一九五〇年代末から一九六〇年代初めにかけて生みだした業績を考察する。この一連の業績は、著者の間で一定の違いはあるものの、文化主義（カルチュラリズム）を創設したテクスト群をなしている。のちにホール（1978）が述べるように、「イギリスのカルチュラル・スタディーズの中で、「文化主義」は最も活気に溢れた、イギリス生まれの要素であり続けてきた」(19)。最後に、文化主義が現代文化研究センターにおいて制度化されて、カルチュラル・スタディーズになったことについて少々論じて本章の結びとする。

ホガートとウィリアムズは、双方ともリーヴィス主義への応答からその立場を作り上げる。第二章で述べたように、リーヴィス主義者たちは英国において、ポピュラー・カルチャー研究の教育的な場を開いた。ホガートとウィリアムズは、リーヴィス主義の基本的な想定の一部は共有しつつも、多くに異議申し立てをするというやり方でこの場を占めている。この矛盾をはらむ混ぜ合わせ状態——つまり「文化と文明化」の伝統を思い出しながらも、同時に文化主義およびポピュラー・カルチャーへのカルチュラル・スタディーズの方法の創設へと進んだこと――こそが、『読み書き能力の効用』、『文化と社会』、および『長い革命』が「断絶」と同時に「左派リーヴィス主義」でもあると呼ばれるようになった原因である（Hall, 1996a）。

他方、トムスンは、みずからの研究については、当時のみならず、つねに、マルクス主義者の仕事であると言うだろう。「文化主義」という用語は彼の研究を説明するため、またホガートとウィリアムズの研究を説明するため、現代文化研究センターの前所長のひとり、リチャード・ジョンソンによって造られたものである（1979）。ジョンソンは、三人の理論家をつなぐ一連の理論的関心の存在を示すために、この用語を使っている。三人それぞれが、それぞれのやり方で、自分が受け継いだ伝統の鍵となる側面と断絶している。ホガートとウィリアムズはリーヴィス主義と、トムスンは機械論的な経済学者的なタイプのマルクス主義と袂を分かっている。彼らをつないでいるのは、ある社会の文化を――ある文化のテクスト形式と文書として残る実践の数々を――分析することによって、社会のテクストや実践を生み出す人々が共有する一定のパターンの振る舞いや考え方の布置を再構成することが可能であるとする方法論である。それは文化の受け身な消費ではなく、むしろ「人間の行為主体性（エージェンシー）、積極的な文化の産出に力点を置く視座である。左派リーヴィス主義からの文化主義の形成を説明する際にいつも含まれているわけではないものの、ホールとワネルの『ザ・ポピュラー・アーツ』も、古典的な左派リーヴィス主義によるポピュラー・カルチャーへの焦点の当て方ゆえに、ここに含まれる。これをひとかたまりの業績と理解すると、ホガート、ウィリアムズ、トムソン、およびホールとワネルの業績は、現在ではポピュラー・カルチャーに対するカルチュラル・スタディーズのアプローチ法として知られるものの出現を明瞭に示している。これら複数の発展の制度的な本拠地は、とりわけ一九七〇年代から一九八〇年代初頭にかけては、バーミンガム大学の現代文化研究センターであった。

リチャード・ホガート『読み書き能力の効用』 Richard Hoggart: *The Uses of Literacy*

あまりにも長きにわたって、リチャード・ホガートの『読み書き能力の効用（*The Uses of Literacy*）』（1990）は、この分野の創設に関わるテクストと認識されながら、その貢献は大きくないし、過去のものであるとされてきた。つまり、リーヴィス主義への応答として起こりつつあったさまざまな変化の徴候であって、変化の重要な一部とは見なされてこなかったのである。しかし、それ以上に、その重要性が受容されたとしても、文化主義がカルチュラル・スタディーズへとさらに発展していく過程に及ぼした影響に関しては、ほとんど認識されていない。私は、その影響が、カルチュラル・スタディーズの理論的な知識（リテラシー）を形成した特定の基本的な想定にとって、とりわけカルチュラル・スタディーズのバーミンガム版とでも言えそうなものに関して、必須の重要なものであったことを述べたいと思う。

学問領域をあらたに創り出したと言える人はほとんどいないが、リチャード・ホガートは、そうしたひとりである。少なくとも、カルチュラル・スタディーズの共同創始者である。この主張については、二つの点から裏づけることができる。一点目は、『読み書き能力の効用』が、文化主義からカルチュラル・スタディーズ創設に関与した四冊のテクストの一冊として、一般に受容されているということである。これら四冊が、ともにアカデミックな「学問領域」としてカルチュラル・スタディーズの基礎を築いたのである。二点目として、また歴史的な観点から過小評価しがたい点としては、ホガートによるバーミンガム大学の現代文化研究センター（Centre for Contemporary Cultural Studies, CCCS）創設がカルチュラル・スタディーズの制度としての発展に対して計り知れない重要性を持っていたという点である。彼は、ＣＣＣＳの創設者および初代所長として、いかなるカルチュラル・スタディーズの歴史においても名誉ある地位にふさわしい。このようにバーミンガムから始まって、今では、世界中の学部、大学院にカルチュラル・スタディーズのプログラムがあり、カルチュラル・スタディーズの国際学会があり、国際的カルチュラル・スタディーズの協会があり、国際的カルチュラル・スタディーズの学術雑誌があり、人文学と社会科学の領域の本を出している国際的出版社の大半に、現在カルチュラル・スタディーズの本のリストがあるというわけである。

前章で見たように、リーヴィス主義によれば、労働者階級の文化は、文化産業が製造する商品でできあがっていた。したがって、労働者階級の文化を理解するために必要なのは、文化産業が製造する商品を分析することだけであった。『読み書き能力の効用』は、この二つの要素からなる想定に異議申し立てをおこなっている。ホガートの革新、つまり、あらたな「学問領域」の創設は、どの程度まで今述べた二つ、およびその他のリーヴィス主義の想定と彼が袂を分かったか、という点から評価できるのである。

ホガート（1992）によれば、『読み書き能力の効用』は、「最後から始めに向かって書かれた――最初はリーヴィス的な分析、次に労働者階級の生活の記述が書かれ、本はそこが始まりである」（5）。私もまた、第二部から始めてみようと思う。といっても、ホガートが第二部から書いたからではなく、それがその本の最も弱い部分であると考えるからである。私の見るところ、文化主義からカルチュラル・スタディーズへの過程にホガートがいかに貢献したか、またいかにこの本がラディカルな変革をおこなっているか、その大半が第一部に見出されるからである。

第二部によれば、労働者階級の文化は、マス・カルチャー（大半がアメリカ由来）の脅威にさらされている。ホガートは、以下のように論じている。

> 我々は大衆文化の創出に向かって動いている。少なくとも部分的には「民衆の（ポピュラー）」都市文化であったものの残りの部分は、破壊の途にある。そしてあらたなマス・カルチャーは、それが置き換えつつある粗野な文化に比べて、いくつかの重要な点で、健全ではない（Hoggart, 1990: 24）。

これに関してホガートが出す例は、彼が「ジューク・ボックス・ボーイズ」と呼ぶものである。これは、一九五〇年代ロンドンに出現した労働者階級の若者のサブ・カルチャーであったテディ・ボーイズに対するホガートによる呼び名である。ホガートは、以下のように説明している。

思い浮かべているのは、若者の一部が夕方きまってつるむ場になったようなミルク・バーである。少女たちが行くようなところもあるが、大半の客は一五歳から二〇歳までの少年で、ドレープ・スーツ（訳註：当時流行の肩幅広めでゆったりした丈の長い上着と細身のズボンのスーツ）、目新しいネクタイ、アメリカ風のソフト帽を身につけている……。彼らがそこにやってくる一番の理由は、レコード演奏の機械に次々と銅のコインを投入することである……。若者たちは、片方の肩を揺らし、あるいはハンフリー・ボガートよろしく絶望的なまなざしでパイプ椅子越しに目をやり……角を曲がったところのパブと比べても、これはまったくのところ、奇妙にも薄っぺらで、面白みのない気晴らしのかたち、沸かしたミルクの匂いのただなかで起こる一種の精神的な乾燥腐敗である。客の多くは——その服装、ヘアスタイル、表情のすべてが語るのだが——相当程度、彼らがアメリカの生活と思っているいくつかの単純な要素からなる神話的な世界に住んでいる（248）。

この事例、およびその他の事例において、労働者階級の文化とマス・カルチャーは区別がつかない。つまり、文化産業が商品を作り、それらが労働者階級に消費され、その結果が労働者階級の文化なのである。『読み書き能力の効用』の第二部がリーヴィス主義である理由とは、それが労働者階級の文化に対して批判的だからではなく、労働者階級の文化とマス・カルチャーが同じであると示唆する傾向にあるからである。第一部は、この想定への異議申し立てである。

『読み書き能力の効用』第一部全体をつうじて、第二部を裏打ちする議論とは逆に、労働者階級の文化とマス・カルチャーの間には明瞭な区別がある。言い換えれば、第二部においては、マス・カルチャー（商品、および文化産業が生産した商品化された実践）は労働者階級の文化であるが、一方、第二部においては、労働者階級の文化とマス・カルチャーは別個のカテゴリーである。両者の間に関係はあるが、同じではない。労働者階級の文化は文化産業が生産するテクストや実践のレパートリーの消費から積極的に作られているのである。

にもかかわらず、レイモンド・ウィリアムズ（1957）は、その区別は十分に明瞭ではないと考えていた。当時書かれた『読み書き能力の効用』の書評において、ウィリアムズが触れているのは、

「ポピュラー・カルチャー」（商業的な新聞、雑誌、エンターテインメントなど）と「労働者階級の文化」の極度に有害で、また、まったく真実ではない同一視である。それどころか、この「ポピュラー・カルチャー」のおもな材料は、完全に労働者階級の外部にある。というのも、それは商業ブルジョワジーによって制度化し、融資を受け、運営されており、その生産と流通の方法は典型的に資本主義的であり続けているからである。労働者階級の人々は、こうした素材の消費者の大多数を占めるかもしれないが、だからといって、実際のところ、このように安直に同じものとして扱っていいことにはならない（425）。

ウィリアムズは誤っている（あるいは、本の一部分に関してのみ正しい）と、私は思う。第二部は、確かにそのような解釈を促すと思うが、私の見るところ、『読み書き能力の効用』第一部は、第二部に対して暗黙のうちにも、明瞭な言い方でも、批判的である。そして第一部に焦点を当てるなら、［労働者階級の文化とマス・カルチャーの］区別はたいへん明瞭である。以下に示すように、ホガート（1990）は、繰り返し、マス・カルチャーと労働者階級の文化の間の明瞭な違いを述べようと試みているのだ。

こうした傾向［マス・カルチャーの流通］は抵抗を受けつつある（174）。

> そのようにする［これらの歌を歌ったり聴いたりする］人々がそうした歌を実際より良いものにするのはよくあることだ（231）。

> 人々は、それら［新聞や雑誌］を自分流に読むことがよくある。結果として、そのような場合でも、彼らは、どれほど購入したかということが示すほどには影響を受けていないのである（ibid.）。

> 人々は、こちらが彼らのことを書いたものを読んで思うほどには、想像力が乏しい生活を送っているわけではない（324）。

> 労働者階級の人々は自分たちよりも読んだものに影響されやすいというのは……よくある思い込みである（238）。

> ［ここまで見ようとしてきたのは、どのように］大衆出版物（マス・パブリケーション）が［たとえば］広く受け入れられている態度と結びつくのか、どのようにその態度を変えていくのか、またどのように、抵抗に遭うのかといったことである（19）。

> ［マス・カルチャーへの］抵抗は、私が繰り返し強調してきたことである（246）。

こうしたさまざまな主張を裏打ちするのは、マス・カルチャーが押しつけの一形式であり、労働者階級の文化がそれに対する抵抗の一形式であるという考え方なのである。

この区別は、ホガートにとって大変重要であった。ホガートはあらゆるところでその区別をおこなっており、しかも、それはカルチュラル・スタディーズの発展にとって重要である。バーミンガム大学教授就任の講演「英文学および現代社会学科」は、事実上のCCCSの設立の瞬間であったが、その講演においてホガートは、「望みがなさそうな材料から視聴者が実際に受け取るものについて、もうすこし謙虚」になることを求めた（Hoggart, 1970: 242）。自伝の第一巻においても、ホガートは、「人々がその材料から何を作り出す可能性があるのか」を考えることで多くのことがわかるであろう、と同じような主張を繰り返している（Hoggart: 1991: 135）。

リーヴィス主義者が、文化産業の製品を非難するのは、そうした製品の数々がそれらを消費する人々に対して何をするかが理由なのであるが、それに対して、ホガートは、『読み書き能力の効用』第一部において、実際の消費実践にそうした製品を位置づけている（Storey, 2017a 参照）。簡単に言うと、これこそが商品の影響を商品それ自体から読むことと、商品の影響をその商品がどのように消費されるかという点から読むことの違いなのである。ホガートの出した最も有名な事例である、海辺へのバス旅行を見てみよう。

そのあと、皆は三々五々でかけていく。とはいえ、お互いに遠く離れてしまうことはほとんどない。というのも、皆、町で自分たちがどの部分を占め、それからビーチでの自分たちの場所がどこかを了解しているからである。そこでならくつろげるのである……。楽しい散歩をし、さまざまな店を通り過ぎて行く。ちょっと一杯飲もう、アイスクリームを食べたり、ミント・キャンディをなめたりしながらデッキチェアーに座ろうか。ジョンソンさんちの奥さんがドレスをブルマーにたくし込んでボートに乗ると言い張ったとか、ヘンダーソンさんちの奥さんがデッキチェアーの係と「仲良し」になったとかに大笑いが起きる。あるいは、また女子トイレの長い列に並んでいるときにも大笑い。そのあと、家族にお土産を買ったり、たっぷりの量のミート・ティー（訳註：いわゆるハイティー。肉類中心の献立で夕食代わりとなるようなティータイムのこと）をいただいたりして、それから帰途につくが、途中で一杯……。運転手は、この暖かく、熱がむっとするほどこもった、歌うコミュニティを町へと連れ帰るべくハンドルを握っているときに何を期待されているかを正確に心得ている。それで彼は、その役割を果

マス・カルチャー（人々のために作られた）
労働者階級の文化（マス・カルチャーを元に人々によって作られた）
海辺のリゾート（施設その他）< >　人々が海辺ですること
マス・カルチャー　労働者階級の文化

【図3・1】マスカルチャー／労働者階級の文化

たすと、町に入って最後の数マイルを走行中に集められた沢山のチップをもらうのである（147-48）。

ホガートは、このような活動をテクストとして読み、その下にある意味作用パターンを探ることが可能であると主張する。ホガートは、その際に重要な点を三つ挙げる。一点目は、これが労働者階級によって作られた自前の文化であること。二点目は、したがってそれが共同（コミュナル）の文化であること。三点目としては、この文化が労働者階級の価値観と経験の表出であること——つまりこの文化は労働者階級性（working classness）を明瞭に語っているということである。ここでもまた、労働者階級のために生産されたマス・カルチャーと、マス・カルチャーのテクストおよび実践から労働者階級が生み出した労働者階級の文化の間には明瞭な区別がある。海辺のリゾート、その一般的な施設は、人々が海辺でおこなうことと混同してはいけない。つまりは、彼らが使えるように作られたものを元に彼らが作り出すものと混同してはいけないのである（【図3・1】参照）。

ホガートはまた、ポピュラー音楽の例も出している。ホガートは、労働者階級が歌を簒奪（アプロプリエーション）して自分のものとすることについて擁護するが、その際に用いる用語は、このあとすぐに、バーミンガム大学にとどまらずカルチュラル・スタディーズのプロジェクトで中心をなすことになる。ホガートの主張は、こうである。「ティン・パン・アレー［訳註：一九世紀末以降ニューヨークの一角に音楽作業が集中したためにつけられた呼び名。転じて、商業主義のポピュラー音楽（産業）を指す］がどんなにしつこく歌を売り込もうとも」（159）、労働者階級の聴衆の感情が求めるものを満たすように作られている場合にしか、歌は流行しない。文化産業の製品ではあるが、中には労働者文化の一部とされるものもある。その例として、ホガートの説明によれば、「舞踏会が終わってから」という歌は、「人々が簒奪したコマーシャル・ソングだが、ただし、自分たちの思うやり方でそうしているのだから、もしかしたらつまらないものになっていたかもしれない歌も、彼らにとってみれば、それほどつまらないものでもない」(162)。

しかしながら、文化産業によって提供される商品を聴衆が自分たちの目的のために、自分たちの思うやり方で簒奪するという発想は、『読み書き能力の効用』第二部においては十分な追究がなされていない。リーヴィス主義の影響のために、そうなったのである。そこで欠けているのは、何だろうか。人々が「舞踏会が終わってから」を簒奪したことと比較して、ジューク・ボックス・ボーイズが聴く曲に関して、何か似たものだがそこに欠けていると思われるものを考えてみれば見えてくる。ホガートは、「共鳴室が与える「中が空洞の宇宙」効果」が刻印された歌を彼らが聴いていると述べている (248)。このタイプの音楽の中で最も有名な例のひとつは、エルヴィス・プレスリーの「ブルー・スエード・シューズ」のレコーディングである。

この二曲の扱いが対照的であることからすれば、リーヴィス主義が『読み書き能力の効用』第二部に及ぼした負の影響はあきらかである。「舞踏会が終わってから」が労働者階級の文化へと作り変えることができるのに対し、「ブルー・スエード・シューズ」については、それは無理で、マス・カルチャーの一例であり続け、どうしようもないと信じるように要請されているのである。この二つの曲の違いを示したいと思うような点はいくつもあるであろうが、片方が労働者階級の文化で、もう片方がマス・カルチャーの例であるというのは、おそらく我々になしうる最も生産的ではない区別なのである。

とはいえ、ホガートの議論において肯定的な部分に寄り添うならば、ホガートが『読み書き能力の効用』第一部でおこなったマス・カルチャーと労働者階級の文化の区別は、カルチュラル・スタディーズの創設にとって、決定的に重要である。こうなると逆接的ではあるが、私が主張したいのは、まさに「非理論的」なホガートこそが、まさに理論的なカルチュラル・スタディーズに、その最初の文化分析の理論を提供したということなのである。ホガートの本のタイトルは、当初は『読み書き能力の乱用（*The Abuses of Literacy*）』であったが、これはたしかに第二部の議論には当てはまる。しかしながら、第一部のより洗練された分析のおかげで、「乱用」は余計になり、「利用・効用（Uses）」――実際のところ、この擁護によって文化という問題における人間の行為主体性(エージェンシー)があらたに強調されるようになった――の方が、その著作のタイトルにおいてはより適切なキーワードになったのではないだろうか。もっと簡単に言うと、「乱用」から「利用・効用」への理論的移行によって、カルチュラル・スタディーズ発展の道は拓かれたのである。

カルチュラル・スタディーズの教科書的な歴史でよく示唆されるのが、カルチュラル・スタディーズは、発展の途につくや、ホガートがその創設において果たした貢献を超えていったことである。私としては、それと少々違う議論として、「ホガートを超える」ことは、彼が創設において果たした貢献の手助けあってこそであると示唆しておきたい。言い換えれば、この動きは、すでにホガートが敷いた基盤があってこそ可能になったし、促進されたのである。CCCSにおいて私に優れた指導を施してくれたマイケル・グリーン（1996）は、彼が「ホガートからグラムシへ」（49）と呼ぶ変化について言及している。それによれば、この変化の根底にあったのは、グリーンが「ホガートによる、持続性にすぐれた定式化」と説明するものである。この記述の後に、グリーンはホガートを引用する。

そういうわけで、私は、労働者階級の人々の中からかなり同質的な集団をひとつ取り上げて、その人々の置かれた状況とものごとへの態度を記述することによって、彼らの生活の雰囲気や性質を浮かび上がらせようとした。こうした背景に照らしてはじめて、より広範囲に普及した大衆出版物(マス・パブリケーション)による訴えかけが、どれほどに皆に容認された態度と結びつき、どのようにそうした態度を変えていき、またどのように抵抗に遭うのかを見て取れるだろう（Hoggart, 1990: 18-19）。

グリーンが示唆しているのは（そしてこれについては私も全面的に同じ考えである）、ＣＣＳはアントニオ・グラムシと引き換えにホガートを拒絶したのではないということである。グラムシは、ホガートの研究がすでにセンターにあったからこそ容易にセンターの研究に溶け込んだのであった（第四章のヘゲモニーの議論を参照）。であるから、グリーンが、ホガートからグラムシへの移行について書く際には、グラムシがホガートに取ってかわったというよりむしろ、ホガートを礎にして導入されたのだということを述べているのである。別の言い方をするなら、ポスト・ホガート（彼を超えていくことに関わる）と、ホガート以降（ホガートの研究を元に積み上げること）という意味のポスト・ホガートを分けて考えなければならないということだ。私の言いたいのは、グラムシの仕事がＣＣＳに導入された際、そこにあったのは、ポスト・ホガートと説明するのが最もぴったりくるような動きがあったということなのである。

ホガートが『読み書き能力の効用』を執筆したのは、彼が学外授業の講師としてハル大学（University College of Hull）（訳註：一九五四年にUniversity of Hullとなる）で教鞭を執っていた一九四六年から一九五九年の期間であり、そこでは大人の学習者（現在では「成人学生（mature students）」と呼ばれている）を教えていた。私は、一九七〇年代にマンチェスター大学の学生だったころ、友人とともにマルクス主義と文化を扱う学外授業に出ていた。授業を取っている学生の中には学部生や大学院生もいたが、多くを占めていたのが、大人の人々で、ほぼ全員が労働者階級であり、大学へ通ったことのない人々であった。ディスカッションの時間には、英文科の学生だった私は「文学」の視点からトピックについて考える傾向があるのに対し、歴史学科の学生だった友人は、「歴史」の視点からアプローチしていた。しかしながら、大学に通ったことのない人々は、特定の学問領域の考え方の手続きや手順にそれほど縛られていなかった。この話をここで出したのは、ホガートもハルで教えていた際に、同じことに出会ったであろうと思われるからである。なぜこのことが重要であると思うかというと、ホガートが後押ししてできたポスト学問領域的な分野が加えられたのは、ひとつには彼が大学を出ていない、大半が労働者階級の学生と出会ったことによると考えるからである。それらの学生たちから受けた質問の数々と、彼らがはねつけた前提の数々によって、ホガート自身の学問実践において、学問領域に沿った考え方の縛りが緩んだかもしれないのである。

レイモンド・ウィリアムズ「文化の分析」 Raymond Williams: 'The analysis of culture'

レイモンド・ウィリアムズがカルチュラル・スタディーズに与えてきた影響は、きわめて大きい。その研究の幅だけでも、おそるべきものがある。彼は、文化理論、文化史、テレビ、出版物、ラジオおよび広告への理解に重要な貢献をしてきた。アラン・オコナー（1989）によって作成された、ウィリアムズの出版目録は、三九ページにも及ぶ。ウェールズの労働者階級（父は鉄道の信号手であった）出身で、学者としてはケンブリッジ大学で演劇の教授であったことを考えると、ウィリアムズの果たした貢献は、なおいっそう非凡なものである。とはいえ、本節では、彼が文化主義の創設に果たした役割、および文化主義がポピュラー・カルチャー研究に果たした役割にしぼって述べることにしたい。

ウィリアムズは「文化の分析」（2009）（訳註：もともとこのエッセイは『長い革命』（1961）に収められたものである）において、「文化の定義に関する三つの一般的カテゴリー」（32）の概略を描いている。第一に、「理想的なもの」すなわち「ある特定の絶対的ないしは普遍的価値に照らして、文化が人間の完成した状態、ないしはそこに向けての過程である」（ibid.）というものがある。この定義を用いるならば、文化の分析の役割とは、「本質的に、時代を超越した秩序を構成する、あるいは普遍的な人間の条件を恒久的に指し示していると見てとれるようなさまざまな価値を、人々や作品のなかに見出し、それを記述することである」（ibid.）。これはアーノルドから引き継がれ、リーヴィス主義が用いた定義であって、ウィリアムズが『文化と社会』で使った呼び方を借りるならば、「実践的な社会的判断の過程の上位に位置づけられながら、みずからを、人の辛さを和らげ元気を与える代替品として提示する」究極の「人間の上級裁判所」としての文化なのである（Williams, 1963: 17）。

第二に、「文書の」記録、言い換えれば、ひとつの文化の、現存するテクストや実践である。この定義においては、「文化は、知的、想像的な営みの集合体であり、その中には、詳細な方法で、人が考えたことや経験したことがさまざまなかたちで記録されている」（Williams, 2019: 29）。この定義を用いるならば、文化分析の役割は、批評的評価に属するものとなる。アーノルドの言うところの「この世界において思考され、言葉にされた最上のもの」（第二章を参照）を発見するまで批評して選別する行為になるということである。こうした分析はまた、それほど高邁ではない実践、すなわち、文化的なものの解釈を伴う説明や評価を批評対象とする可能性がある（文学研究は、この実践のわかりやすい例である）。最後に、この分析には、より歴史的で、文学的ではない評価機能、すなわち、「歴史文書」としての重要性を測定するような批評的な読解という行為も含まれるかもしれない（歴史研究は、この実践のわかりやすい例である）。

第三に、「文化の「社会的」定義がある。その定義においては、文化はある一定の生活様式を記述するものである」（ibid.）。文化の「社会的」定義は、カルチュラル・スタディーズの創設にきわめて重要である。この定義によって、文化をめぐる三つのあらたな考え方が導入されたのである。まず最初に、文化をある特定の生活様式の記述として見る「人類学的」立場、第二に、文化は「ある特定の意味と価値を表現する」という命題（ibid.）。第三に、文化分析の作業は「ある特定の生活様式、ある特定の文化にある明白な、そして暗に含まれた意味と価値をあきらかにする」必要がある（ibid.）ということ。ウィリアムズは、文化の「社会的」定義が必須とするような分析には、その生活様式の中でも、「最初の二つの定義に従う者たちにとってはけっして「文化」とはいえないような要素の分析が伴っている」（ibid.）ことが多いことを意識している。さらに言えば、そのような分析は、依然として「理想的なもの」と「文書」的な文化のタイプに対する評価の様式を使っていくこともあろうが、それだけにとどまらず、さらに拡張する。

その結果として、力点が置かれるのは、特定の意味と価値の検討に基づき、判断基準をうち立てる方法としてそうした意味や価値を比較するというよりむしろ、それらの変わり方を見ていくことによって、ある一定の一般「法則」ないしは「傾向」を見つけ出すことを目指すということである。そうすれば、社会的で文化的な発展が全体としてよりよく理解できるのである（ibid.）。

まとめると、文化の「社会的」定義においては、具体化される三つのポイント――ある特定の生活様式としての文化、ある特定の生活様式の表現としての文化、ある特定の生活様式を再構成する方法としての文化分析――こそが、カルチュラル・スタディーズの一般的な視座および基本的な手続きを定めているのである。

それにもかかわらず、ウィリアムズは、文化を理解する三種の方法のどれかひとつでも分析に含まれないことに関してためらいを見せる。「三種の定義のそれぞれに重要な関連があり……そうであれば、三種の定義の関係にこそ、我々の注意を向けるべきである」(30)。ウィリアムズによれば、その他の定義を含まないような定義は「不十分」であるし、「受け入れがたい」。すなわち、「実践としてはどれほど難しいものであろうと、文化のプロセスを全体として見ようとしなければならないし、また個別の研究を、少なくとも基本的にどこに関連するかをあきらかに言うことがないとしても、現実の、そして複雑な作り・組織に関連づけようとしなければならない」(30-31)。彼が説明するように、

だから私としては、文化の理論とは、生活様式全体における個々の要素間の関係を研究することであると定義したい。文化の分析は、複数のこうした関係が複合体となったものとしての組織（organization）の性質を見出そうとする試みなのである。この文脈において、特定の作品や機関・制度の分析とは、それらの本質的と言えるよう

な組織を分析すること、つまりそうした作品なり機関・制度なりが組織全体の部分として体現している諸関係を分析することなのである（33）。

特定の生活様式としての文化の「複雑な組織・作り」を扱うにあたり、文化分析の目的はつねに文化が何を表現しているのかを理解すること、つまり「ひとつの文化が生きられる、その媒介となるような現実の経験」、「重要な共通要素」、「ある特定の経験のコミュニティ」といったことを理解することなのである（33）。つまり、ウィリアムズが「感情構造」（ibid.）と呼ぶものの再構築を目的としているのである。感情構造という用語が意味しているのは、ウィリアムズによれば、ある特定の集団、階級ないしは社会に共有されたさまざまな価値感である。この用語の用途は、集団的な文化的無意識のように作用する言説構造の記述である。たとえば、ウィリアムズはこの用語を用いて、多くの一九世紀の小説がいかに「魔法の解決」を使って、その社会の中の「倫理と経験」の間の隔たりをなくそうとしているかを説明している。ウィリアムズは、以下のような例を挙げている。パートナーが都合よく死んだり、正気を失ったりした結果として、愛なき結婚から解放される。思ってもみないかたちで遺産がころがりこみ、経済的な苦境が克服される。悪漢が帝国で行方知らずになる。貧しかった人が大変な富をもって帝国から戻る。そして、自分の野心は今ある社会のあり方ではかなえられないだろうと思った人が、どこか別のところで夢を叶えるべく船に乗せられる。これらの（およびそれよりも多くの）例は共有された感情構造の例、つまりフィクションのテクストの内部で無意識的なものと意識的なものが作用して、一九世紀の社会が抱えた矛盾を解決する例として提示されている。文化分析の目的とは、「詩にはじまって、建築物やドレスのファッションに至るまで」文書的な記録をつうじて感情構造を読み取ることなのである（34）。彼がここであきらかにしているように、

我々が求めているのは、つねに組織・作り全体がそこにあって表現しようとしている現実の生活である。文書的

な文化の意義は、たとえば生きた証言者たちが口をつぐんでいるときでも、それがそのような生活を、他の何にもまして、直接的な言葉で表現してくれるからである（ibid.）。

とはいえ、状況がややこしいのは、文化がつねに三つの水準で存在しているという事実のせいである。

> 文化に関する、この三つの水準をめぐっては、最も一般的な定義であっても、区別しておく必要がある。まず、ある一定の時間と場所で経験された文化がある。これはその時と場所に生きていた人々にしか、完全なアクセスはできない。次に、芸術から最も日常的な事実に至るまで、あらゆる種類にわたる記録された文化がある。つまり、ある時代の文化である。さらにもうひとつ、生きられた文化とさまざまな時代の文化とをつなぐ要素である、選択的な伝統の文化もある（37）。

生きられた文化とは、ある特定の場所と、時間の中でもある特定の契機の、日々の生を生きている人々によって経験される文化のことである。この文化に存分にアクセスできるのは、実際にその感情構造を生きた人々である。ひとたび、その歴史的な契機が過ぎ去るや、その感情構造は崩壊の途につく。文化分析は、その文化の文書的な記録を介してしか、そこにアクセスできない。しかしながら、文書的な記録そのものも、「選択的な伝統」という過程のもとで断片化する（ibid.）。生きられた文化と、文化分析におけるその再構築との間で、あきらかに、多くの詳細が失われてしまう。たとえば、ウィリアムズが指摘するように、一九世紀の小説を余さず読んだなどと言える人は誰ひとりいない。その代わりに我々のもとにいるのは、ことによると何百、何千と読んだと主張することができる専門家、その冊数にはいくぶん及ばないものの高等教育機関に属していて、関心を持つ研究者、さらにその冊数には届かないながら「教育を受けた読者」なのである。このきわめて明瞭な選択性の過程のせいで、三つの読者の集団が一九世紀小説というものの性質について感覚を共有できないということにはならない。一九世紀の読者にしても、一九世紀のすべての小説を実際に読んだ人々は誰もいないであろうことについて、ウィリアムズは当然ながらわかっている。しかしながら、彼が言いたいのはこういうことである。一九世紀の読者は、「のちの時代の個人が全体を取り戻すことができない何かを、つまり小説が書かれ、今となっては選択されたものをつうじて近づく生の感覚を持っていた」のである(35)。ウィリアムズにとって、文化伝統の選択性を理解することはきわめて重要である。それは、つねに(必然的に)文化的な記録、つまり、文化伝統を生産するが、それらは「かつては生きた文化であったもののうち、かなりの数にのぼる領域を拒絶する」ことを徴づけられている(35)。さらに、ウィリアムズが『文化と社会』において説明するところによれば、「このような選択の過程には、支配的な階級の利害関心に関係する、それどころか利害関心によって左右される傾向がつねにあるだろう」(1963: 313)。

> ある特定の社会において、選択は、階級の利害関心をはじめとする、多くの種類の特殊な利害関心に左右されるであろう。現実の社会状況が同時代の選択に相当程度支配的な影響を及ぼすように、社会の発展、歴史的変化の過程もまた選択の伝統をかなりの程度規定することになるだろう。ある社会の伝統的な文化は、その同時代の利害関心と価値のシステムに応じる傾向がつねにあるのではないだろうか。というのも、伝統的な文化とは、作品の絶対的な集合体ではなく、たえまない選択と解釈であるからだ(2019: 35-39)。

これはポピュラー・カルチャー研究者にとって、きわめて重大な効果を持っている。この選択がかならず「同時代の利害関心」を元におこなわれるとするなら、そして「破棄されたり再発見されたり」することが多々起こるとするなら、「いかなる未来においても、過去の作品が妥当なものかどうかは、見通すことなどできない」ことになる(35)。こうしたことが実際の状況なのであれば、同時代の文化の内部で、何が優れていて何が劣悪なのか、何が高級で何が低級なのかをめぐる絶対的な判断は、圧倒的に確信の度が低い状態でなされなければならず、つまり、歴史の偶然性の渦に巻き込まれかねず、その渦の中で歴史的に再編成される可能性に開かれた状態であるということにもなる。すでに述べたように、ウィリアムズが提唱するのは、「文化的な伝統は、選択であるだけではなく解釈でもある」ことを念頭においた文化分析の形式である（ibid.）。文化の分析は、この過程を逆転させることはできないが、テクストや実践を歴史的な契機に差し戻すことによって、同時代の解釈ならびに「そうした解釈が基礎を置く同時代の特定の価値の数々」に対し、それとは別様の「歴史における別の可能性」を提示する可能性があるのである（36）。このようにして、「（文化的な作品）が表現される歴史的な組織・作り全体」と、「それが利用される同時代の組織・作り」との間の線引きができるのである（ibid.）。このように作業することによって、「真の文化的な過程が生じるであろう」（ibid.）。

ウィリアムズによる分析は、多くの点でリーヴィス主義とは袂を分かっている。まず、芸術向けの特別な場所はない――芸術はその他の人間の活動とともに人間の活動なのである。つまり、「芸術は、生産、通商、政治、家族を養い育てることとならんで、ひとつの活動として、そこにあるのである」（31）。ウィリアムズは、文化を民主主義的に説明すること、つまり、特定の生活様式としての文化という言い方を押し出している。『文化と社会』において、ウィリアムズは、「基本にある個人主義的な発想と、そこから生じた各種制度、風俗、考え方の習慣や意図」としての中流階級の文化と、「基本にある集団的な発想と、ここから生じた各種制度、風俗、考え方の習慣や意図」としての労働者階級の文化を区別している（1963: 313）。そのあとで、以下のように、労働者階級の文化が成し遂げたことについて説明している。

労働者階級は、その立場ゆえに、産業革命以降、狭い意味での文化を生産していない。労働者階級が生産してきた、認識することが重要である文化は、労働組合におけるものであれ、協同組合運動におけるものであれ、はたまた政党におけるものであれ、集団的な民主主義的な制度である。労働者階級の文化は、ここまでの段階で、まず第一に（それがさまざまな制度を創出してきたという点で）社会的なのであって（とりわけ知的ないしは想像的な作業において、そうであるように）個人的なものではない。労働者階級の文化は、その状況において考えると、きわめて創造的な達成だと見ることができるのである（314）。

最終的にリーヴィス主義と決定的に袂を分かつのは、ウィリアムズが「ふつうの」人々の「生きられた経験」、その人々のテクストや日常的な実践との日々のやりとりの中で作られるものとしての文化を主張するときである。ここに、文化の民主主義的な定義の基礎がある。ウィリアムズは、リーヴィスによる共通文化の要請を重大なものと受けとめている。しかしながら、この点に関するリーヴィスとウィリアムズの違いとは、ウィリアムズが共通文化を求めているのに対し、リーヴィス主義は差異と敬意の階層化された文化しか求めていないことである。ウィリアムズが書いた『読み書き能力の効用』の書評には、彼自身の立場とリーヴィス主義の伝統（ウィリアムズは部分的にだが、ホガートもこの中にいるとしている）との間の違いの中でも鍵となる違いの一部を示している。

新聞の日曜版、犯罪小説、およびロマンスの分析は……お馴染みのものである。しかしながら、あきらかにその読者と想定されている層から自分は出てきたのであり、いまだ縛りとなっているそのつながりが自分の中にあることを認識しているとなれば、少数の見識ある人々と劣化した大衆という旧来の公式で満足するなど無理な話である。最高度に「ポピュラーな文化」がいかに劣悪かは承知しながらも、かつてバーク（訳註：一九世紀の政治思想家エドマンド・バークのこと）が光輝と教養（learning）をゆくゆくは踏み潰してしまうであろうと予言した「豚のごとき大衆」の増加は、自分自身の仲間が相対的に力を持ち、その人々が相対的に正当に扱われる状態になることにほかならない。そして、その人々と縁を切ることなど、しようとしたところで無理な相談なのだから（1957: 424-25）。

ウィリアムズは、依然として「大半の「ポピュラーな文化」がいかに劣悪か」を認めながらも、この引用は、もはや「少数の見識ある人々と劣化した大衆という旧来の公式」によって枠組みが制御され、確信という魔法のかかった領域の内部からなされた判断ではない。さらに、ウィリアムズは、文化産業によって利用可能な商品と、人々がこうした商品から作り出すものとを区別するべきであると主張している。彼が名指しで特定するのは、以下のように呼ぶものである。

「ポピュラー・カルチャー」（商業新聞、商業雑誌、商業娯楽など）を、「労働者階級の文化」と同じものと見なしてしまうきわめて有害かつ真実とはかけはなれた営為。実際のところ、この「ポピュラー・カルチャー」の主たる生産元は、完全に労働者階級の文化の外側にあるのである。というのも、それは商業的ブルジョワジーが制度をつくり、融資をし、そして経営しているものであり、その生産と流通の方法は、以前から変わらず典型的な資本主義のものだからである。労働者階級の人々がおそらくは、このようなものの消費者の大部分を占めるとしても……実際のところ、その事実でこの安直な同一化が正当化されるものではないのである（425）。

別の言い方をするなら、人々を消費する商品と同じにしてしまうことはできないのである。ホガートの問題とは、ウィリアムズによれば、「マシュー・アーノルド」から「労働者階級の政治が劣化したとする昨今の保守派の考え方」に至るまで、「あまりにも多くの常套的やり方を引き継いでしまったことであり、結果として、「根本的な改訂」が必要な議論になってしまっている」（ibid.）。「文化の分析」の発表は『長い革命』のその他の章とともに、スチュアート・ホール（1980b）に言わせると、「イングランドにおける戦後の知的生活にあって、将来に大きな影響力を持つ出来事」（19）であり、非リーヴィス主義的なポピュラー・カルチャー研究の基礎を築くために必要な根本的な改訂を施すべく大きなはたらきをしたのである。

E・P・トムスン『イングランド労働者階級の形成』 E. P. Thompson: *The Making of the English Working Class*

『イングランド労働者階級の形成』の前書きにおいて、E・P・トムスンはこう述べている。

> 本書のタイトルは、タイトルとしては格好のいいものではない。しかしながら、目的にかなったタイトルである。形成（Making）としたのは、本書が生きた過程についての研究であり、それは条件づけと同様行為主体性（エージェンシー）によるところが大きい。労働者階級は、所定の時刻に太陽が昇るように勃興したわけではない。それは、みずからを形成する際に、存在してもいたのである（1980:8）。

イングランドの労働者階級は、いかなる階級とも同じように、トムスンにとっては「*歴史的な*現象」（強調はトムスンによる）であり、「構造」でも「カテゴリー」でもなく、「経験という未加工の材料および意識の双方において、まったく異なっていて一見関係なさそうなあまたの出来事が、一緒になること」であり、「人間関係の中で起こる（また起こるところを見せることができる）もの」（ibid.）なのである。さらに、階級は「もの」ではない。階級は、つねに統一と差異の歴史的な関係であって、あるひとつの階級は別の階級、あるいは別の複数の階級に対するものとして、その階級を取りまとめていく。彼の説明によれば、「階級が生じるのは、複数の人が共通の経験（それが受け継がれたものであれ、一緒になされたものであれ）の結果として、その利害関心が自分たちとは違う（そして、たいていの場合、自分たちの利害関心に反している）人々に対抗して、自分たちの間で共通の利害関心のアイデンティティを感じ、表明するときである」（8-9）。階級という共通の経験は、「人々が生まれた――あるいは自分の選択の余地なく参入した生産関係によってあらかた決定されている」(9)。しかしながら、階級を意識すること、経験を文化へと翻訳することは、「人々が自分自身の歴史を生きているその際に、彼らによって決定されるのであり、結局のところ、これが唯一の階級の定義である」(10)。となると、階級はトムスンにとって、「社会的文化的な形成過程(フォーメーション)であって、かなりの長さの歴史的な時間をつうじて形成されるが、そのさまを検討することが可能である」(11)。

『イングランド労働者階級の形成』は、イングランド労働者階級の政治的、文化的な形成を詳述しているが、この主題へのアプローチは三つの視点からなされており、それらは異なっているが関連している。まず第一に、この書物は、一八世紀末にイングランドの急進主義が持っていた政治的、文化的な伝統の数々、つまり、宗教的な異議申し立て、大衆の不満、フランス革命の影響といったものを再構築している。第二に、同書が焦点を当てるのは、産業革命の社会的、文化的な経験、しかも、織布工、農場労働者、紡績工、職人などさまざまな仕事をする集団に生きられた経験である。第三に、同書は労働者階級の意識の成長を分析している。それは、当時この流れに付随して成長した一連の政治的、社会的、文化的な「強力な基盤を持ち、なおかつ自己を意識した労働者階級のさまざまな制度」が明白に示すものなのである(212-13)。トムスンに言わせれば、「労働者階級は、作られもしたが、同じくらいにみずからを作ったのである」(213)。トムスンは、この調査から二つの結論を引き出した。ひとつ目が、「あらゆる点に注意を払った結果として、一七九〇年から一八三〇年の期間で傑出した事実は「労働者階級」の形成である」(212)。第二に、トムスンの論じるところでは、「これは、おそらくイングランド史上最も傑出したポピュラーな文化」である(914)。

『イングランド労働者階級の形成』は、「下からの歴史」の古典的な例である。トムスンの目的は、一八三〇年代に至る数十年の間に起こった産業資本主義社会の形成についていかなる理解をする場合にも、イングランドの労働者階級の「経験」を中心に据えるということである。グレゴール・マクレラン(1982)が示唆するように、それは二重の意味で下からの歴史である。労働者階級の経験を歴史的過程に再導入しようとしたという意味での下からの歴史であり、また、労働者階級がみずからの生成について意識をもった行為主体(エージェント)であると主張しているという意味でも下からの歴史である。[1] トムスンがみずからの仕事において念頭においているのは、人が歴史をつくるさまをめぐるマルクス（1977）の有名な主張、すなわち「人は自分自身の歴史を作るが、自分たちの望むかたちで作っているわけではない。自分がえらんだ状況のもとで作っているわけではなく、すぐ目の前にある与えられた、過去から受け渡された状況のもとでそうするのである」という主張である（10）。トムスンがおこなっているのは、マルクスの主張のうち最初の部分（人間の行為主体性〔エージェンシー〕）を、それまでマルクス主義の歴史家が強調しすぎていたと考える第二の部分（構造的な決定）に対抗するように強調することである。逆接的なことに、いや、もしかするとそうではないのかもしれないが、トムスン自身は人間の行為主体性という役割——つまり人間の経験、人間の価値観——を強調しすぎて構造的な要素を犠牲にしているという批判を受けている（Anderson, 1980 を参照）。

『イングランド労働者階級の形成』は、さまざまな点で社会史に記念碑的な貢献をしている（その厚さだけでも記念碑的である。ペンギン版は九〇〇ページを超える）。ポピュラー・カルチャーを研究する者にとって、その本が意義深い理由は、その歴史記述の性質である。トムスンによる歴史は、経済や歴史の抽象的なプロセスではなく、偉人や名士のおこないの記述でもない。それは「普通の」人々の、経験、価値観、考え方、行動、欲望を扱ったものなのである。要するに、みずからの利害関心のために産業革命を起こした人々に対する抵抗の場としてのポピュラー・カルチャーをめぐるものなのである。ホール（1980b）は、『イングランド労働者階級の形成』を「イングランドにおける戦後の知的生活にあって、将来に大きな影響力を持つ出来事」とし、いかに同書が「リーヴィス主義の伝統の中で神聖なものとされている、狭い意味でのエリート主義的な「文化」概念」に異議申し立てをしており、また、ときとしてウィリアムズの『長い革命』の特徴となっている進化論的なアプローチ」を取っているかを指摘した（19-20）。

トムスン（1976）は、『イングランド労働者階級の形成』の出版から一〇年ほど経ったころに受けたあるインタヴューで、みずからの採った歴史的な方法についてこう述べている。「もし一般化した記述を求めておられるなら、歴史家は、つねに耳を傾けていなければならないのであると申しあげなければならない」（15）。こう言ったからといって、トムスンはけっして人に耳を傾けた唯一の歴史家ではない。保守的な歴史家G・M・ヤングもまた、耳を傾ける人である。といっても、より選択的なやり方ではあるが。「[ヤングの主張によれば、]歴史とは重要な人々の会話である」(マクレラン、1982: 107に引用)。トムスンの耳を傾ける行為が根本的に違う点は、彼が耳を傾ける相手である。『イングランド労働者階級の形成』の前書きの有名なくだりで、トムスンは次のように述べている。

> 私は、まずしい靴下編み工、ラッダイト運動に参加している剪毛工、「時代遅れ」の手織り工、「空想主義の(ユートピアン)」職人、ジョアンナ・サウスコット(訳註:一九世紀イングランドで、預言者を自称していた人物)をすっかり信じこんでしまった信奉者ですら、子孫の代になって非道にも見下されることから救いだそうとしている。こうした人々の熟練と伝統は、瀕死の状態であったかもしれない。あらたな産業主義への敵対意識は、後ろ向きな態度だったかもしれない。その共同体主義(コミュニタリアン)の理想は空想だったかもしれない。彼らの反乱の企ては、無謀であったかもしれない。しかしながら、彼らこそがこのような社会が激しく動揺する時代を生き抜いたのであり、我々が生き抜いたわけではない。彼らが望んだものは、彼ら自身の経験からすれば正当であった。この人々が歴史の犠牲者だったというなら、みずからが生きた時代で犠牲者と判決を受けたからこそ、彼らもまた依然として犠牲者なのである(1980: 12)。

トムスンがポピュラー・カルチャー研究に果たした貢献をめぐる、この短い説明を締めくくるにあたり、指摘しておかねばならないのは、トムスン自身は、みずからの研究の説明として「文化主義(カルチュラリズム)」という用語を容認していないことである。この点およびその他の関連した点は、リチャード・ジョンソン、スチュアート・ホールおよびトムスン自身が参加したディベート「歴史のワークショップ」で白熱した議題となった(Samuel, 1981を参照)。サミュエルの本に寄稿されたこの議論を読む際に難しいことのひとつは、文化主義が二つのまったく異なる意味を担わされているということである。まず、ある特定の方法論を語るために使われる（私の使い方はこちらである）。他方、批評の用語としても使われる（たいていの場合、より「伝統的」なマルクス主義の立場から、あるいは、マルクス主義的構造主義の観点から使われる）。これは複雑な問題ではあるが、ホガート、ウィリアムズ、およびトムスンに関する議論の締めくくりとして、とても単純な説明をしておく。肯定的に言うなら、文化主義とは、文化（人間の行為主体性（エージェンシー）、人間の価値観、人間の経験）を、すでにある社会がいかに形成されているか、社会的、歴史的に完全な理解するために決定的に重要なものとして強調する方法論である。否定的に言うなら、文化主義という用語は、文化がそれ自体を超越した構造の効果であり、そうした構造が最終的には文化（人間の行為主体性（エージェンシー）、人間の価値観、人間の経験）を決定し、制約をかけ、ついには産出するにもかかわらず、そのことを完全に認識して受け入ることがないままに、文化に関して先のような想定をしてしまっていることを示唆するために使われる。トムスンは二番目のような意見には強く反発し、いかなる定義であれ、文化主義を自分自身の仕事に当てはめかねない考え方については断固拒否しているのである。

スチュアート・ホールとパディ・ワネル『ザ・ポピュラー・アーツ』 Stuart Hall and Paddy Whannel: *The Popular Arts*

『ザ・ポピュラー・アーツ』の「中心主題」は、「実際の質に関していえば……良質かつ価値のあるものと、粗悪かつ劣化したものとの間のせめぎ合いは、現代的なコミュニケーション形式に対しての闘争、ではなく、むしろこうしたメディアの内部におけるせめぎ合いである」という点である（Hall and Whannel, 1964: 15）。ホールとワネルの関心は、これらの間の区別をつけることの難しさにある。彼らは、ポピュラー・カルチャー研究において、「価値と評価の問題を……扱うための批評の方法」（ibid.）を開発することを課題に定めている。この課題において、二人はホガートとウィリアムズに特別な感謝を表明したが、リーヴィス主義者の代表的な人々に対する感謝はあっさりしたものである。

『ザ・ポピュラー・アーツ』という本は、学校の教室で、ポピュラー・カルチャーが影響力を持っていることに関する懸念を背景に執筆されたものである。一九六〇年、イギリス全国教員組合（National Union of Teachers, NUT）は、年次大会において部分的には以下のような一節を含む決議を通した。

本大会は、新聞、ラジオ、映画およびテレビの濫用による教育水準の低下に対応すべく決然たる努力が必要であると確信している……。マス・コミュニケーションのメディアを使い、とりわけそれを支配している人々に対し、また親たちに対して、教室で教えられるさまざまな価値と、若者たちが教室の外で出会うさまざまな価値の間に頻繁に起こる軋轢を防ごうとする教員の努力を支援するよう求めるものである（Hall and Whannel, 1964: 23 に引用）。

この決議が元になって、NUTは「ポピュラー・カルチャーと個人の責任」という特別会議を開催した。その席上、ひとりのスピーカー――作曲家のマルコム・アーノルド――が、こう述べた。「アダム・フェイスよりベートーヴェンの方が好きだからといって、そのせいで道徳的にであれなんであれ、より良い人間になるなどという人はいません……。もちろん、両方とも好きな人はとても幸せな立場にいます。他の多くの人にくらべて、人生においてより多くのものを楽しむことができるからです」（ibid.: 27）。ホールとワネル（1964）は、アーノルドの発言の「誠実な意図」は認めているものの、彼らの呼ぶところの「思いつきでアダム・フェイスを具体例として用いること」には疑問を呈している。というのも、二人に言わせれば「ポピュラー・ソングのシンガーとして、フェイスはいかなる真剣な基準をもってしてもリストの底辺にいる」からである。二人の説明によれば、さらに「真剣な基準という用語で意味しているのは、ポピュラー音楽に対して正当に、当てはめうる基準のことである――たとえば、フランク・シナトラないしはレイ・チャールズによって定められる基準である」(28)。ここでホールとワネルがおこなっているのは、すべての高級文化(ハイ・カルチャー)は良いものであり、すべてのポピュラー・カルチャーは悪いものであるとする、リーヴィス主義および(大半はアメリカの)マス・カルチャー批判の議論を否定し、大半の高級文化(ハイ・カルチャー)は良いものであるが、他方、リーヴィス主義やマス・カルチャー批判とは反対に、一部のポピュラー・カルチャーもまた良いものであるという議論を導入することである——つまるところ、それはポピュラーなものの識別の問題なのである。

そういうわけで、『ザ・ポピュラー・アーツ』の目的のひとつは、ポピュラー・カルチャーそのものの内部で、またその全域にわたってポピュラーなものの識別の促進を後押しすることによって、「ポピュラー・カルチャーに対する旧来の攻撃」が抱えていた「誤解を与えかねない一般化」を置き換えることである。ポピュラー・カルチャーの「影響」を心配する代わりに、「我々は、より要求のきびしい聴衆を訓練することを目指すべきなのである」(35)。ホールとワネルによれば、より要求のきびしい聴衆とは、その好みがポップスよりジャズ、リベラーチェ(訳註:アメリカ出身の大衆的人気を博したピアニスト。派手な衣装ゆえに、リベラーチェという名前自体、下品で悪趣味であることの代名詞になっていた)よりマイルス・デイヴィス、アダム・フェイスよりフランク・シナトラ、王道のハリウッド映画よりもポーランド映画、『南太平洋』よりも『去年マリエンバートで』を好むような人々のことであり、直観的に、そして本能的に、高級文化(「シェイクスピア、ディケンズ、ロレンス」)は、通常、いつでも最高であると了解しているような人々のことである。ホールとワネルは、クレメント・グリーンバーグの(グリーンバーグ自身はテオドール・アドルノから考え方を採ってきている)マス・カルチャーはつねに「あらかじめ消化されている」(我々の反応はテクストや実践との真の相互作用の結果というよりむしろあらかじめ決定されている)という考え方を取り込み、その考え方をポピュラー・カルチャーの良いものと悪いものを識別する方法としてだけではなく、高級文化(ハイ・カルチャー)の事例にも適用可能であると示唆する方法として用いている。「このような定義[「あらかじめ消化された」ものとしての文化」に関する重要な点は、この定義が普段の識別を横断するということである。それは映画に当てはまるが、すべての映画に対してではない。一部のテレビに当てはまるが、すべてのテレビに対してではない。この定義は、ポピュラーなものだけではなく伝統的な文化の一部も射程に入れているのである」(36)。

ホールとワネルは、こうしたアプローチを採ることで、教室でポピュラー・カルチャーを取り入れる場合にしばしば出会う二つのよくある教え方を却下している。ひとつは、防衛的な教育戦略であり、ポピュラー・カルチャーを二流の文化であると断罪するために導入するというものである。もうひとつは、「ご都合主義」とでも呼ぶべき戦略であり、ポピュラーなものへの学生の好みを容認しながらも、最終的にはもっと良質なものに導きたいと願うようなやり方である。彼らに言わせると、「どちらの場合も、ほんものの応答は得られないし、偽りなく正しい判断の基盤もない」(37)。どちらも、二人が必要であると主張する「識別のためのトレーニング」には結びつかないであろうからである(ibid.)。ただし、このときの識別は(繰り返しになるが)リーヴィス主義による古典的な識別方法として、「良き」高級文化(ハイ・カルチャー)を忍び寄る「悪しき」ポピュラー・カルチャーから護るものではない。むしろ、ポピュラー・カルチャーの中で「悪しき」ポピュラーカルチャーに対しておこなわれる識別、つまり「良き」ポピュラー・カルチャーを「悪しき」ポピュラー・カルチャーから選り分けるためのものなのである。しかしながら、ホールとワネルはポピュラー・カルチャーのテクストと実践を教育に導入することが「趣味のヒエラルキーにおける足がかりとして」、最終的にはいいほんものの文化に行き着くなどということは信じてはいないものの[2]、それでもなお(ホガートとウィリアムズと同様に)高級文化(ハイ・カルチャー)とポピュラー・カルチャーの間にはカテゴリーとしての根本的な違いが——価値の違いが——あると主張している。そうではあるが、その違いは必ずしも優越性/劣等性の問題ではない。むしろ満足の種類が違うのであり、たとえば、コール・ポーター(訳註：一九三〇年代から五〇年代にかけて活躍したアメリカの音楽家。映画やミュージカルの作曲で知られている)の音楽がベートヴェンの音楽に比べて劣っているというのはあまり意味がないということなのである。ポーターとベートーヴェンの音楽はけっして同じ価値ではないが、ポーターはベートーヴェンに匹敵する音楽を作ろうと無駄な努力はしていなかったのである(39)。

等しい価値ではないということではなく、異なる価値なのであるということは、あらたに提示するには難しい識別方法である。どうやらその意味するところは、「目的が異なっていることを理解し……明瞭な限界のあるさまざまな成果を評価する」(38) という、テクストなり実践なりをそれ自体の条件にしたがって判断しなければならないというものであるらしい。そうした戦略は文化的な活動の全域に対して識別行為を開き、また高級な文化活動をその他から護ってゲットー化することを防ぐのであろう。ホールとワネルは、リーヴィス主義の「パイオニアたち」に対して「大変多くを負っている」ことを認め、過去の有機的な文化というリーヴィス的な見方（ただし、ウィリアム・モリスを読んで修正を加えている）を一定程度受け入れているが、それにもかかわらず、いかにも左派リーヴィス主義者らしく、リーヴィス主義の保守主義と悲観主義を拒絶している。そして、現在の文化に対する「武装した意識の高い少数派による抵抗」(Q. D. Leavis) の求めに対抗し、「ほんもののポピュラー・カルチャーを再創造したいと望むなら、今ある社会の内部に成長点を見出さねばならない」(39) と主張している。「批評し、評価をおこなう態度」(46) を取り、また「このポピュラー・カルチャーに多くのものを求めることの愚かしさ」(40) を意識することによって、「「真面目」なものと「ポピュラー」なものとの間の、そして「エンターテインメント」と「価値」の間の……間違った識別の仕方と訣別する」(47) ことができると言うのである。

ここから、ホールとワネルは、彼らの主題の第二部とでも言えそうなものにはいっていく。それは、ポピュラー・カルチャーの内部に、二人が「ポピュラー・アート」と呼ぶ明瞭なカテゴリーを認識する必要性である。ポピュラー・アートとは、「本物の」アートであろうと努めたわけでもそれができなかったわけでもなく、ポピュラーなものの制約の内部において機能するアートである。ミュージックホールと呼ばれる大衆演芸場の中でも、最高のもの、とりわけマリー・ロイド（訳註：一九世紀末から二〇世紀初頭にかけてミュージックホールを舞台に活躍した流行歌手）を典型的事例として取り上げながら（また初期のチャーリー・チャップリン、『ザ・グーン・ショー』（訳註：一九五一年から六〇年にかけてBBCホーム・サーヴィスで放送されていたラジオのコメディ。スパイク・ミリガン、ピーター・セラーズ等が出演して人気を博していた）やジャズの演奏家についても考察を加えている）、ホールたちは以下のように定義している。

フォーク・アートと多くの共通点がありながらも、ポピュラー・アートはひとつのアートとなり、洗練された商業文化の内部に存在している。無名のフォーク・アーティストになりかわって、アーティストが登場し、そのスタイルも商業的なものというよりは演じる人（パフォーマー）のスタイルではあるものの、ある種の「フォーク」の要素はそのまま持ち越された。その関係性は、ここではより複雑である――このアートは、単に草の根の人々が創造しているものでは、もはやない――それでいながら、アートを見せること（プレゼンテーション）とそれを感じることの間のやりとりを介して、相互作用が、双方の親密さを再度うち立てるのである。このアートは、もはや「有機的な共同体」の「生活様式」の直接の産物ではないし、「人々によって作られた」わけでもないが、それでもなお、このアートは、高級芸術（ハイ・アート）にはあてはまらないかたちで、ひとつのポピュラーなアートであって、人々のためのものなのである（59）。

この議論にしたがうなら、良質のポピュラー・カルチャー（「ポピュラー・アート」）は、産業化と都市化の到来とともに失われた演者（パフォーマー）と観る人の間の関係（「親密さ」）を再度うち立てることができる。彼らの説明では、こうである。

ポピュラー・アートは……本質的には慣習の型にはまった芸（アート）である。それは力強い形式で、すでに知られた価値観や態度を語り直し、この慣習芸を評価、再確認しながら、そこに幾分かアートの驚き、そして認識のショックのようなものをもたらす。そのようなアートには、フォーク・アートと同様に、観客と演者（パフォーマー）との間にほんものの交流がある。しかしながら、フォーク・アートとの違いは、ポピュラー・アートの方は個人化されたアート、つまり名前を知られた演者（パフォーマー）のアートであることである。共同体としての観客はその演者の技能とその演者ならではのスタイルの力を頼みにし、共通の価値観をことばにし、その経験の解釈をおこなうのである（66）。

アートとポピュラー・アートに関して、ホールとワネルがおこなう識別に関するひとつの問題は、「驚き」があるかないかで、それをあきらかにしようとしている点である。しかしながら、これはモダニズムの用語で規定された芸術（アート）のことだ。モダニズムの革命がアートに起こる以前には、ここでポピュラー・アートのものだとされている性質すべては、アート一般に同じように言えたことであろう。ホールらは、さらに「マス・アート」も含むべく、さらに識別をおこなう。ポピュラー・アート（良いもの、悪しきもの）、アート（良いものとそれほど良くないもの）、そしてマス・アートがあるのである。マス・アートは、ポピュラー・アートの「堕落」版である。この部分で、ホールたちは、マス・カルチャーに関する標準的な批評を無批判に採り入れている。つまり、それが型にはまっており、現実逃避で、美的には価値がなく、感情面でも満足いかないというものである。

ホールとワネルは、マス・カルチャー批評に正面から向かい合うのではなく、ポピュラー・カルチャーの一部のテクストと実践を特権的に取り扱い、それによってマス・カルチャー批評家のそしりからそれらの作品を遠ざけようとしている。このようにするため、あらたなカテゴリー——ポピュラー・アーツが導入される。ポピュラー・アートとは、マス・カルチャーから生じていながら、原点を超え出たものである。「並の映画や音楽が加工品のマス・アートである」のとは異なり、ポピュラー・アートは、たとえば、「最高の映画」、「最先端のジャズ」（78）なのだ。ホールたちは、「ひとたびポピュラー・アートとマス・アートの違いがわかれば、「マス・カルチャー」に関して、より粗雑な一般化を避けられたということであり、メディアから提示されたすべてのものに向かい合える」（ibid.）と主張する。

『ザ・ポピュラー・アーツ』が中心に据えるのは、ポピュラー・カルチャーのテクストとしての質である。しかしながら、若者文化の問いに取り組むにあたって、ホールとワネルは、テクストとそれを鑑賞する者（オーディエンス）との相互作用を考察する必要があるとしている。さらに、この関係を完全に正当に評価するためには、一〇代の生活のその他の側面、すなわち「仕事、政治、家族との関係、社会や道徳に関する信念、その他」（269）も考慮に入れるべきであると認識している。このように言うと、当然ながら、ポピュラー・カルチャーのその他の側面を考察するときにもこれは必要ではないのかという問いを招くのであるが。ポップ・ミュージックの文化——歌、雑誌、コンサート、フェスティヴァル、コミックス、ポップ・スターのインタヴュー、映画など——は、若者の間にアイデンティティの感覚を確立するのに役に立つ。

> 商業的なエンターテインメント市場が提供する文化は……決定的な役割を果たしている。すでにある態度や感情を映し出しつつ、同時に、こうした態度を投影する媒介となる表現の場や一連のシンボルも提供するのである（276）。

さらに、ポップ・ソングは、

> 感情や性にまつわる問題が混乱した状態に若者が対処する難しさを反映している。こうした歌は、人生を直接的かつ濃厚に経験する必要を喚起する。不確実かつ変わりやすい感情の世界の中で安全を求める気持を表しているのである。これらの歌が商業的な市場のために制作されているという事実が意味するのは、このような歌やその背景は一定の真正性を欠いているということである。それでいながらも、こうした歌は真正な感情を劇的に表現している。若者がかかえた感情的なジレンマを生き生きと表現するのである（280）。

ポップ・ミュージックは、ある種の感情的リアリズムを示している。若い人々は、「このような集団的な表象に自分を重ね合わせ……それらを、自分を導いてくれるフィクションとして利用する。そのような象徴的なフィクションがフォークロアであり、ティーンエイジャーは、部分的にそれを使いながら頭の中に自分なりの世界像を描き、構成していく」(281)。ホールとワネルはまた、ティーンエイジャーがその固有のしゃべり方、固有の踊り方、そして固有の服の着こなし方をして、大人の世界から距離を置こうとしているやり方についてもあきらかにした。その説明によれば、たとえば、服装のスタイルは「ささやかなポピュラー・アートであり……今現在の姿勢を、たとえば、社会に迎合しないとか反抗するといった強力な風潮を表現すべく利用されている」(282)。こうした系列の研究は、その後一九七〇年代に、ホール自身が所長であった時期の現代文化研究センターの研究において完全に実を結ぶことになる。しかしながら、この時点では、ホールとワネルは、自分たちの探求が開いた可能性が持つ力を最大限に発揮させることなく後退してしまうのである。「人類学的な……緩い相対主義」でポップ・ミュージック文化の機能性に焦点を当てていたことで、好み(「この好みで十分か」)、ニーズ(「このニーズは健康的なものか」)および趣味(「趣味はもっと拡がる可能性があるであろう」)(296)に関して、価値と質を問うことができなくなるのではないかと案じてしまったのだ。

ポップ・ミュージック文化の議論において、ホールとワネルは、ポップ・ミュージック産業に搾取される「若い人々という像」は「あまりにも単純化されたものだ」(ibid.)と認めている。ホールたちは、こうした考え方に反対の立場から、テクスト、あるいはテクストへと転化された商品(この差異に関する議論は一二章を参照)のオーディエンスによる利用のしかたと、制作側の意図した使い方の間には、しばしば軋轢があると論じている。彼らは、「この軋轢はとりわけティーンエイジャー向けのエンターテインメントの領域に顕著である……[もっとも]商業的な背景を持つマス・エンターテインメントの全域にある程度共通するが」(270)と述べたが、これは重要である。商品とその使い方の間に生じうる軋轢を認識したことによって、ホールとワネルは、本章の冒頭近くで扱ったホガートの議論を足場にして「一〇代の文化は、美的なものと製造されたものが矛盾含みで混じり合ったものなのである。それは若者にとっては自己表現の場だが、それを商売として提供する者にとっては豊かな牧草地である」(276)という定式化に至るが、これは(ホール自身が牽引した)カルチュラル・スタディーズによるグラムシのヘゲモニー概念(第四章を参照)

の利用にきわめて似通っている。

すでに触れたとおり、ホールとワネルは、ポップ・ミュージックとジャズを比べて、ジャズに軍配を上げている。ジャズは「美的にも、感情的にも……豊かさが無限に勝っている」(311)。二人はまた、この両者の比較は、双方ともにポピュラーな音楽であるということから、よくあるポップ・ミュージックとクラシック音楽の比較よりも「ずっと実りが多い」と述べている。さて、こうした主張すべては正しいかもしれないが、それにしてもこの比較が最終的に目指すものは何であろうか。クラシック音楽をポップ・ミュージックにぶつけて比べる場合には、つねにポップ・ミュージックの陳腐さと、それを消費する人々についてひとこと言うためである。ホールとワネルによる比較は、これと根本的に違うのであろうか。彼らは、以下のように自分たちがおこなう比較がいかに正当であるかを述べている。

このような比較の背後にある考え方は、単に一〇代の若者をジューク・ボックスのヒーローから引き離すことではなく、そうした音楽が限界に縛られ、またその質も一過性のものでしかないことに警鐘を鳴らすことであるべきである。というのも、そのような音楽は、決まったパターンに支配され、商業的な市場が設定した水準にそのまま合わせたものだからである。目指すべきは、感受性と感情の幅を真に拡張すること——喜びの拡張にも繋がりうる趣味の拡張をすることなのである。ポップ・ミュージックに関して言いたいことの中でも最悪なことは、それが俗悪であるとか道徳的に劣悪であるとかいうことではなく、より簡潔に、その多くがたいして良くないということなのである(311-12)。

ホールとワネルの分析の多くが理論的な示唆に富む(とりわけ若者文化がはらむ矛盾の指摘)にもかかわらず、そして、そんなことはないと本人たちが言うにもかかわらず、ポップ・ミュージックの文化に対する二人の立ち位置は、リーヴィス主義の理論の制約から自由になろうと悪戦苦闘する立場である。ティーンエイジャーは、その趣味が嘆かわしいものであり、ポップ・ミュージックよりもジャズを聴くことによって、押しつけられ、またみずからに押しつけた制約から解き放たれ、感受性を拡げ、感情の範囲を拡大し、ことによるとその喜びも増すことができるというのだから。つまるところ、ホールとワネルは、大半の生徒は、さまざまな理由で、この世界において思考され、言葉にされた最上のものにアクセスできないのであるから、その代わりに、あらたなマス・メディアのポピュラー・アーツの内部でこの世界において思考され、言葉にされた最上のものに批評というかたちでのアクセスを与えればよいではないか、言い換えればジャズと良質の映画はベートーヴェンとシェイクスピアの不在を補ってくれるであろう、と示唆しているように見えるという点で、その立場は、どうやらいつの間にか彼らが「ご都合主義」だと批判していた教え方の戦略に近づいていたようである。彼らが説明するように、

> このプロセス――社会の中で、ある集団や階級が、その文化の中で過去から現在において生み出されてきた最善のものからなる選択的な伝統から、事実上排除されること――は、とりわけ民主主義社会にとって痛手であるし、またこの過程は、伝統的な高級美術（ハイ・アート）とあらたな形式の高級美術双方にもあてはまる。しかしながら、こうした問題があるからこそ、まじめで意義あるタイプの作品を伝えることができるメディアの一部が、開かれ、利用可能であり続けることが、またそこで伝えられるポピュラーな作品がそれ自体の基準で、可能なかぎりの高度なものであることは、なおいっそう重要になるのである（75）。

ホールとワネルがリーヴィス主義から大きく離れていくのは、ポピュラー・カルチャー*に対して*身を護る方策としてではなく、ポピュラー・カルチャーの*内部で*良いものと劣悪なものの識別をする方策として批評的意識を持つ訓練を提唱することにおいてである。その一手があってこそ、ホールとワネル、およびホガート、ウィリアムズ、トムスンらの考え方がバーミンガム大学現代文化研究センターにて相まみえたとき、リーヴィス主義と決定的なかたちで訣別

することになるのである。

現代文化研究センター The Centre for Contemporary Cultural Studies

『長い革命』の序章において、レイモンド・ウィリアムズ（1965）は、「自分が関心を持っている問題を追及できるような科目がない。いつの日かそうしたものができてくれるといい」（10）と現状を嘆いた。これを述べた三年後、ホガートは、バーミンガム大学に現代文化研究センターを設立した。設立記念の講演「英文学および現代社会学科」において、センターを設立したホガートは（1970）こう述べた。「ポップソングの番組を聴いて……魅力と嫌悪が複雑にまざった気持にならないでいるのは難しい」（258）。とはいえ、マイケル・グリーン（1996）が述べるように、とりわけホールが所長だった時代に、ひとたびセンターの研究が、「ホガートからグラムシへ」（49）と移行しはじめると、ポップ・ミュージックの文化や、ポピュラー・カルチャー全般に対し、それまでとは相当異なる姿勢が出てくるようになる。[3] ホガートを追いかけてセンターに行った（私もその一人である）研究者の多くが、ポップ・ミュージックが不快であるなどとはみじんも思わなかった。むしろその逆で、非常に魅力的であると思ったのである。我々は、違うホガートに焦点を当てた。言われたことを表面上の意味で取ることに批判的なホガート、最終的にはカルチュラル・スタディーズの読みの実践全般に響き渡っていくことになる手順を提唱した批評家としてのホガートである。

我々は、習慣のさらに向こうに目をやり、習慣がいったい何を表しているのかを見て取り、発言を見通してその発言が真に意味するもの（もしかすると発言そのものの逆を行く意味かもしれない）を見抜き、慣用句や儀式のしきたりの裏に、いかにさまざまな感情の圧力があるのかを見抜くことをしなければならない……。［そしてどのように］大衆出版物（マス・パブリケーション）［といった例］が、一般に受け入れられている態度と結びつくのか、またどのようにこうした態度を変えていくのか、そしてどのように抵抗に遭うのか［を見てとらなければならないのである］（1990: 17-19）。

文化主義者が文化的なテクストや実践を研究するのは、経験、価値観など――特定の集団や階級、あるいは社会全体の「感情構造」を再構成ないしは再構築するためであるが、それはその文化を生きた人々の生活をよりよく理解することを目的としている。それぞれ違うやり方で、ホガートの例、ウィリアムズによる文化の社会的定義、トムスンによる歴史の救済という行為、ホールとワネルによるリーヴィス主義の「民主主義的」拡張は――すなわち、ここで論じてきたそれぞれの貢献が論じるのは、（ふつうの人々の生きられた文化として定義される）ポピュラー・カルチャーは研究に値するということなのである。文化主義に関する、これらも含めたさまざまな想定に基盤を置いて、英文学、社会学および歴史学の伝統の道筋とつながりながら、イギリスのカルチュラル・スタディーズは始まった。しかしながら、センターでの研究はほどなくして、文化主義を、フランスの構造主義という輸入品との、複雑で、しばしば矛盾を含み、葛藤を抱えた関係へと持ち込み、今度は、この二つのアプローチに「西洋のマルクス主義」、とりわけルイ・アルチュセールとアントニオ・グラムシと批評的な対話をさせたのである（第四章を参照）。イギリスの「ポスト・ディシプリーナリー（訳註：ディシプリンとはひとつひとつの学問領域を指す。ポスト・ディシプリンとは、そうした学問領域の境界を否定する態度の学問をイメージした用語）」な領域が生まれたのは、まさしくこの複雑かつ批評的な混合物からなのである。

註 Notes

（1）「下からの歴史」のもうひとつ別のすぐれた例として、チョーンシー（1994）を見るとよい。チョーンシーの説明によれば、「街場でのジェンダーの管理に焦点を当てたことが示唆するように、本書の基盤をなすもうひとつの議論は、ホモセクシュアリティの——および、より広くセックスとセクシュアリティの——歴史は、エリートの言説に依拠しすぎによる悪影響をこうむってきた。アメリカ社会の最も力ある要素が、公式の文化地図を考案した……本書はそうした地図にしかるべき価値は置きながらも、都市において日々の習慣によって刻まれた地図、人々の日常実践を導いた道筋といったものを、それらがたとえ出版されたり、それ以外に正式なかたちを与えられることがなかったとしても、再構築することにより多くの関心がある……本書が分析しようとするのは……ポピュラー・カルチャーにおいてホモセクシュアリティ表象がいかに変遷するか、また街場の社会的な日常実践や動態（ダイナミクス）が、いかにホモセクシュアルとして活動する男性のレッテルの貼れかた、自己理解のしかた、他者との関わりかたを形作るかといったことである」(26-27)。

（2）学校で、ある先生が音楽の授業にビートルズやディラン、ストーンズのレコードを持ってくるように背中を押してくれたことを覚えている。しかし、その授業は、いつでも同じように終わるのだった（彼の文化的なものだったのであろう）——その先生は、我々若者の音楽の趣味が根本的に間違っているということを納得させようとするのであった。

（3）マイケルは、二〇一〇年一二月に亡くなった。バーミンガム大学現代文化センターにおける私の指導教官であった。私の学者としての成長（CCCS、そしてその後）において、彼には多大な恩がある。けっして感謝してもしきれない。

さらに知りたい人のための参考文献　Further reading

Storey, John (ed.), *Cultural Theory and Popular Culture: A Reader*, 5th edn, London: Routledge, 2019. This is the companion volume to the previous edition of this book. An interactive website is also available (www.routledge.com/cw/storey), which contains helpful student resources and a glossary of terms for each chapter.

Chambers, Iain, *Popular Culture: The Metropolitan Experience*, London: Routledge, 1986. An interesting and informed survey – mostly from the perspective of culturalism – of the rise of urban popular culture since the 1880s.

Clarke, John, Chas Critcher and Richard Johnson (eds.), *Working Class Culture: Studies in History and Theory*, London: Hutchinson, 1979. Some good essays from a culturalist perspective. See especially Richard Johnson's 'Three problematics: elements of a theory of working class culture'.

Eagleton, Terry (ed.), *Raymond Williams: Critical Perspectives*, Cambridge: Polity Press, 1989. Essays in critical appreciation of the work of Raymond Williams.

Hall, Stuart and Tony Jefferson (eds), *Resistance Through Rituals*, London: Hutchinson, 1976. The Centre for Contemporary Cultural Studies' seminal account of youth subcultures. Chapter 1 provides a classic statement of the CCCS's version of culturalism.

Hall, Stuart, Dorothy Hobson, Andrew Lowe and Paul Willis (eds), *Culture, Media, Language*, London: Hutchinson, 1980. A selection of essays covering almost the first ten years of the CCCS's published work. See especially Chapter 1, Stuart Hall's important account of the theoretical development of work at the CCCS: 'Cultural studies and the Centre: some problematics and problems'.

Jones, Paul, *Raymond Williams's Sociology of Culture: A Critical Reconstruction*, Basingstoke: Palgrave, 2004. An interesting account, but its relentless insistence on claiming Williams for sociology distorts his place in cultural studies.

Kaye, Harvey J. and Keith McClelland (eds), *E.P. Thompson: Critical Perspectives*, Oxford: Polity Press, 1990. A collection of critical essays on different aspects of Thompson's contribution to the study of history; some useful references to The Making of the English Working Class.

O'Connor, Alan (ed.), *Raymond Williams: Writing, Culture, Politics*, Oxford: Basil Blackwell, 1989. Provides a critical survey of Williams's work. Excellent bibliography.

第四章 マルクス主義の流派

4 Marxisms

古典的マルクス主義 Classical Marxism

マルクス主義とは、難解で論争を呼び起こす著作の集合体である。しかし、マルクス主義はそれ以上のものでもある。世界を変化させる目的を持った革命理論の集合体なのである。よく知られているように、マルクス（1976b）は「哲学者たちは単に世界をさまざまに解釈していたにすぎない。重要なのは、それを変えることである」（65）と述べている。これは、マルクス主義分析を非常に明確な方法で政治的にしている。しかし、他の方法やアプローチが政治に無関係であると示唆しているわけではない。それどころか、マルクス主義は、そうしたものを含むすべてが最終的に政治的であると主張する。アメリカのマルクス主義文化批評家フレドリック・ジェイムソン（1981）は、「政治的なものの見方とは、すべての読みとすべての解釈をおこなう際の絶対的な思考と判断のおよぶ範囲なのである」（17）と述べている。

マルクス主義アプローチは、文化は、テクストと実践が生産された歴史の諸状況（ある解釈では、消費と受容の変化しつつある状況）との関連で分析されなくてはならないと主張する。マルクス主義アプローチを他の文化に対する「歴史的」なものから区別するのは、その歴史概念である。歴史に対するマルクス主義アプローチの最も完全な宣言は、『経済学批判』の前書きと序言に含まれている。ここでマルクスは、今ではよく知られた「土台（base）と上部構造（superstructure）」という説明に基づいて社会的歴史的発展を概略化している。第一章では、異なったイデオロギー（ideology）との関連で、この構成を簡潔に説明した。本章では、構成をさらに説明し、どのようにポピュラー・カルチャーの生産と消費に影響する「決定」の理解に利用できるかを示していく。

マルクスは、特定の「生産様式（mode of production）」を中心にして、重要な歴史段階それぞれが構築されたと論じている。生産様式とはつまり、食や住などの生活必需品の生産において社会が組織化される（奴隷制、封建制、資本主義といった）方法である。一般的に言えば、おのおのの生産様式は、①生活になくてはならないものを手に入れる具体的方法、②労働者と生産様式を支配する者との間の具体的な社会的諸関係、③（文化的なものを含む）具体的な社会諸機構、を生み出す。分析の中心は、（具体的「生産様式」である）存在手段をどのように社会が生み出すかが、究極的に政治的、社会的、文化的な社会形態および可能な将来の発展を決定するという主張にある。マルクスが説明するように、「物質的生活の生産様式は、社会的、政治的、精神的生活プロセス一般に条件を与える」（1976a: 3）。この主張は、「土台と上部構造」に関する、ある特定の前提に基づいている。まさに「土台と上部構造」の関係こそが、古典的マルクス主義の文化に関する説明のよりどころとなっているのである。

「土台」は、「生産諸力（forces of production）」と「生産諸関係（relations of production）」の組み合わせから成り立っている。生産諸力は、原材料、道具、技術、労働者と彼らの熟練などを指している。生産諸関係は、生産に従事する人々の階級諸関係を指す。おのおのの生産様式は、たとえば、農業あるいは工業生産の基盤で異なることに加えて、特定の生産諸関係を生み出すという点でも異なっている。奴隷制度は主人と奴隷という関係を生み出し、封建制度は領主と領民という関係を生み出し、資本主義制度は資本家と労働者という関係を生み出した。こうした意味で、ある人の階級的立場は、その人の生産様式に対する諸関係によって決定される。

（具体的な生産様式との関連で発展する）「上部構造」は、（政治的、法律的、教育的、文化的等の）機構から成り立っており、（政治的、宗教的、倫理的、哲学的、美学的、文化的などの）明確な社会意識の形式はこれらの機構によって生成されている。土台と上部構造の関係は、二重である。上部構造は土台の正当化をおこなうと同時に挑戦する一方で、土台は上部構造の内容と形式の限界に「条件を与える」、あるいは「決定する」とされる。この関係は、異なった方法の領域で理解が可能である。上部構造で起こったことを土台で起こっていることの受け身的反映と考えるならば、原因と結果という力学的関係（「経済決定論（economic determinism）」）として理解できる。この結果生じるのが、しばしば無教養なマルクス主義者による文化に関する「反射理論」であり、その場合には、テクストや実践の政治学は生産の物質的な状況から切り離されて読まれたり、それに還元されたりしてしまう。あるいは、その関係は、限界の設定であり、ある発展には見込みがあっても、他の発展は見込み薄であるという具体的な枠組みを提供すると見ることもできる。もしも土台を（静態的な経済機構の）一枚岩的経済に還元してしまい、マルクスにとっては土台もまた社会諸関係と階級対立を含んでいることを忘れてしまうのならば、どのようにその関係を見るにせよ、完全な理解はできないのである。

一八八三年のマルクスの死以後、友人で共著者のフリードリヒ・エンゲルスは、革命への熱意のあまりマルクス主義を経済決定論に還元してしまいかねない若年世代のマルクス主義者に向けて、数々の書簡をつうじて、多くのマルクス主義の副次的主題を説明しなくてはならないと気がついた。以下は、彼がジョセフ・ブロックに宛てた有名な手紙の一部である。

> 唯物史観［マルクス主義］によれば、歴史における最終的な決定要因は実生活の生産および再生産である。マルクスも私も、これ以上のことを主張したことはない。それゆえに、もしも誰かが曲解して経済的要因が唯一の決定要因であると言うのならば、その人は、命題を無意味で抽象的で馬鹿げた言い方に変化させているのである。経済状況は土台だが、上部構造のさまざまな構成要素もまた……歴史闘争の行方に影響力を行使し、多くの場合には、その形態を決定する。我々は自分自身の歴史を作るが、第一に、明確な仮定と条件の下においてなのである。中でも、経済的なものが最終的に決定的である。しかし、政治的なものやその他も、実のところ、人々の心につきまとう伝統でさえ、決定的ではないにしてもある役割を演じている（2019: 55）。

エンゲルスは、土台は上部構造の領域（この領域とそうでない部分）を生み出すと主張している。しかし、そこで起こる活動形式は、土台によって領域が生産されて（あきらかに境界を設定して結果に影響を与えるにもかかわらず）再生産されるという事実のみによってではなく、機構と参加者が領域を占めるときの彼らの相互作用によっても決定される。それゆえに、テクストと実践はけっして歴史における「最重要の力」でないとしても、歴史的変化における行為主体（エージェント）、あるいは社会的安定の奉仕者になりうる。

イデオロギーについて短い考察をすることによって、土台と上部構造の関係をもう少しあきらかにしたい。マルクスとエンゲルス（2019a）は、「支配階級の考えは、すべての歴史的時代の支配的な考えである。つまり、社会における支配的な*物質的*な力である階級は、同時に支配的な*知的*な力なのである」（54）と主張している。二人が意味するのは、支配階級は物質生産の手段（生産様式）の所有権と支配に基づき、実質的に知的生産の手段を支配することも保証されているということである。しかし、このことは、支配階級の考えが単純に被支配階級に押しつけられることを意味してはいない。支配階級は、「自分の既得権益がすべての社会の成員の共通利益を代表しており……その考えに普遍的形式を与え、彼らが唯一の理性的であまねく正当な代表者でいることを余儀なくされるのである」（55）。もしも（支配的考えと強制、とくに一番目を正当化する二番目の方法を含む）この二つの構造化を含まないならば、階級闘争が社会的規制に取って代わられ、人々が奮闘努力して目指さなくてはいけない何かではなく単純に押しつけられる何かといった非常に単純化された権力観念に到達してしまう。社会改革期には、イデオロギー的闘争は慢性的となる。マルクス（1976b）が指摘するように、人々が「対立を……意識するようになり戦いによって解決する」のは（ポピュラー・カルチャーのテクストと実践を含む）「イデオロギー形式」としての上部構造においてである（4）。

ポピュラー・カルチャーへの古典的マルクス主義アプローチは、テクストや実践を理解したり説明したりするには、生産の歴史的局面に位置づけ、それを生産する歴史状況との関係で分析されなければならないと何よりも主張するであろう。ここには、危険がある。歴史状況が生産様式に還元されてしまうことと、上部構造が土台の受け身的反映になってしまうことである。エンゲルスとマルクスが警告し、トムスン（第三章を参照）が強調するように、「行為主体性（agency）」と「構造」の間のとらえがたい弁証法の継続がきわめて重要なのである。たとえば、（最初の文化産業のひとつの）一九世紀の劇場メロドラマの完全な分析は、劇場メロドラマの聴衆を成立させた生産様式の変化とその形式を生み出した演劇の伝統の両方への焦点が織り込まれなければいけないであろう。同様のことは、（別の文化産業である）演芸場の完全な分析にも当てはまる。こうした変化こそが、『マイ・ポール』や『マイ・パートナー・ジョー』(1)などの演劇パフォーマンスやマイア・ロイドの演芸場パフォーマーの勃興と成功を成立させうる状況を最終的に作り出したと、マルクス主義分析なら論じるであろう。このように、マルクス主義分析は、どれだけ間接的であったとしても、劇場メロドラマの出現と演芸場の間には実際の基本的諸関係と資本主義生産様式で起こった変化があると最終的に主張するであろう。私は一九世紀の「伝統的」英国クリスマスの創造に関して、同様な議論をしてきた（Storey, 2008, 2010a, 2016）。

E・P・トムスン（1976）によれば、ウィリアム・モリスこそ英国最初のマルクス主義者である。デザイナーおよび詩人として最もよく知られているモリスは、晩年には革命的社会主義者であった。彼は一八八三年、英国最初のマルクス主義政党である民主主義連盟（Democratic Federation）に入った。翌年、彼は社会主義同盟（Socialist League）をカール・マルクスの末女エレノア・マルクスと共に創設した。彼の大義への関わりは徹底的で、政治キャンペーンから新聞『公共の福祉（*The Commonweal*）』の販売まですべての活動に専心した。モリスのマルクス主義思想への貢献は多岐にわたる。ここでは芸術と疎外における彼の資本主義社会批評ならびに、それが、ポピュラー・カルチャーとは何かということに、どのように暗黙のうちに註釈を与えたかだけを論じることにしよう。

マルクスやエンゲルスと同様、モリスも創造的労働は、享受されたり回避されたりするだけの活動でなく、我々を人間ならしめる必須の部分だと論じている。長時間労働に加え、創造性を否定する反復によって、産業資本主義はマルクスが「労働疎外（alienation of labour）」と呼ぶものを生じる。マルクスが説明するように、労働者は「仕事で自分自身を満たすのでも……身体的、精神的活動力を自由に発展させるのでもない。身体的に疲弊し、精神的に堕落するのである」（1963: 177）。この状況は、仕事が「ある必要性を満たすのではなく、その他の単なる必要を満たす手段にすぎないという事実によっていっそうひどくなる」（177 強調はモリスによる）。仕事の中に自分自身を見つける（つまり、自分の自然な創造性を表現する）能力を欠くために、人は仕事外にそれを求めることを余儀なくされる。「労働者は、それゆえに、彼自身が余暇を取っている間だけくつろぐ一方、仕事中はホームレスのように感じる」（177）。言い換えれば、人は（産業的仕事に否定された）自然な創造性を消費パターンで表現するために賃金を稼ぐのである（Storey, 2017a を参照）。

この分析に基づけば、芸術をおこなうことは、どのように作品が経験されるべきかの理想的モデルとみることができる。モリスの芸術の定義はそれにふさわしく、たとえば、美術史の伝統形式で用いられるような狭い定義ではない。彼にとっては、創造的な人間の生産のすべてが含まれる。「私は芸術ということばを、通常用いられているより広い意味で使おう……。社会主義者にとって、家、ナイフ、コップ、蒸気エンジン、あるいは……いかなる……人間によって作られ形を持つものも、芸術作品または芸術に破壊的であるかのどちらかに違いないのである」(1979: 84)。究極的に、モリスにとって芸術とは、「生産労働における快楽の表現なのである」(84)。産業資本主義下では、「大部分の人々の芸術が欠如しているか、不幸な労働で成り立っている」(85)が、芸術家だけがそうした快楽を達成できる。社会主義の基本前提は、それがこの快楽を全人類にまで広げるだろうということである。組み立てライン方式の生産(「フォード方式」)を拒否する社会主義下の労働は、「多くの人々の少しずつの部分でなく、一人のすべてをある品物の生産に」使うのである(87)。モリスにとって芸術とは、それゆえに、日常生活への装飾的追加でなく、我々をまさに本当に人間ならしめる本質なのである。

共産主義的社会諸関係の疎外のない世界では、労働者は自分自身に(つまり、労働において自然な創造性を表明する能力に)回帰する。マルクスとエンゲルスも、モリスのようにポピュラー・カルチャーに関して、このことを理解している。「特定個人の芸術的才能の独占的集中と密接な関係を持つ広範な大衆の抑圧は、分業という結果となる……。共産主義社会では、画家はいなくなり、せいぜい数ある活動の中で絵画に従事する人たちがいるだけである」(1974: 109)。資本主義の終わりが意味するのは、分業の終わりである。「共産主義社会では……誰も閉鎖的範囲の活動を持たずに、各人が望む分野で自分自身を訓練できて……今日あることをしたら、次の日は別のことができるようにする。猟師、漁師、牛飼い、あるいは批評家をずっとすることなしに、私は好きなように、朝に狩りを、午後に釣りを、夕方に牧畜を、夕食後に批評をするのである」(McLellan, 1982: 36 からの引用)。

言い換えれば、疎外の存在しない共産主義社会では、すべての男女は芸術家のように働くだろう。なぜならすべての仕事が創造的なので、すべての仕事は実質的に大衆芸術を生産するからだ。モリスが主張するように、「もしもすべての人々が共有できないならば、そもそも我々は芸術とどのような関係を持てるのであろうか」(1986: 139)。さらに、「大衆芸術(ポピュラー・アート)の現代からの欠如は、その他のなによりもこの理由で、耐えがたく人々の不安をかき立て痛ましいため、競争的商業(資本主義)が生み出して育くむ、人を教養階級と堕落階級とに分ける致命的な分断の前兆となる」(139)。疎外の終わりこそ、文化とポピュラー・カルチャーが区別されることの終わりを意味するであろう。

モリス(2003)の一八九〇年の小説『ユートピアだより』は、革命後の二一世紀の英国を描いている。主人公の「わたし(Guest)」は、一八八〇年代に眠って二一世紀に目覚めると、英国が一九五二—五四年に革命を経験し、今や疎外の存在しない共産社会になっていることを発見する。利益のために販売用に作られていた商品は、労働者の満足と共同体の必要性のために製造される商品に取って代わられている。同様に、私有は共通用途に取って代わられている。さらに、独立した範疇としての芸術は姿を消し、芸術と創造性は今や完全に日常生活のお決まりの仕事として統合されていた。

この小説は、未来社会を文字どおりに描写したものとして読まれるべきでない。そうではなく、「主人公のゲスト」が二一世紀英国で見つけた社会を作るための政治的誘いとして読まれるべきである。この小説の目的は、「欲望の教育」である(Thompson, 1976)。つまり、人々に疎外の存在しない社会の可能性を気づかせ、そのような社会を作る欲望を人々に教えるためである。モリスが述べるように、資本主義は、「労働者をやせこけた哀れな存在に貶めた結果、労働者は、今耐え忍んでいるよりはるかによい生活への欲望を、どのように形作ればよいかをほとんどわからない」(1986: 37)。モリスは、「はるかによい生活」への欲望を育むことを望んで、人々がそのような生活を考えることを許されることが、そのような生活の達成への欲望を創造すると期待したのである(Storey 2019 および Storey 2021 を参照)。

『ユートピアだより』は、モリス、マルクスとエンゲルスが疎外の存在しない共産主義社会を思い描いたときに、彼らが心に思ったものの見事な例を提示している。この小説は、スターリン主義下のソヴィエト連邦の恐怖から百万マイルも離れた世界を描写している。さらに文化とポピュラー・カルチャーの区別も、それに伴う社会階級の分断も、もはや存在しない社会なのである。

フランクフルト学派　The Frankfurt School

フランクフルト学派（Frankfurt School）は、フランクフルト大学社会研究所に関係を持つドイツの知識人集団に与えられた名称である。研究所は、一九二三年に創設された。一九三三年にアドルフ・ヒットラーとナチ党が政権の座に就いたために、ニューヨークに場所を変えてコロンビア大学に移転し、一九四九年にドイツに戻った。「批判理論（Critical Theory）」は、研究所のマルクス主義と精神分析の批判的融合に与えられた名称である。研究所によるポピュラー・カルチャーに関するおもな仕事は、テオドール・アドルノ、ヴァルター・ベンヤミン、マックス・ホルクハイマー、レオ・レーヴェンタール、ヘルベルト・マルクーゼの著作物であった。

一九四四年、テオドール・アドルノとマックス・ホルクハイマー（1979）が、マス・カルチャーの商品とプロセスを指し示す「文化産業（culture industry）」という用語を造りだした。彼らの主張では、文化産業の商品は二つの特徴によって特色づけられる。ひとつ目が同質性（homogeneity）であり、「映画、ラジオと雑誌が全体的に均一なシステムを作り上げて、いかなる部分でも……すべてのマス・カルチャーはそっくりである」（120-21）。次の特徴が、予測可能性（predictability）である。

> 映画が始まるやいなや、それがどう終わるか、誰が報いられ、罰を受け、あるいは忘れ去られるかがきわめて明瞭になる。軽音楽（大衆音楽）では、いったん訓練された耳がヒット曲の出だしの音符を聞けば、何が次に来るか予想できて、それが来たときには得意になれる……。結果は、継続的な同じものの再生産である（125, 134）。

アーノルドやリーヴィス主義がポピュラー・カルチャーは文化的、社会的権威に対する脅威を示すと憂慮してきた一方、フランクフルト学派は、実際には、「ポピュラー・カルチャーは、文化的、社会的権威を維持する」という逆の効果を生み出すと論じている。アーノルドとリーヴィスが「無秩序（anarchy）」を見るところに、フランクフルト学派は単に「順応（conformity）」しか見出さない。こうした状況において、「欺かれた大衆」（133）は「システムの統一がこれまでなかったほど強化されるような操作と遡及効果のある必要性の循環に」（121）囚われている。

以下は、アドルノが（いつの世も代わり映えしない）安月給の若い教師が繰り返し校長から罰金を科せられるアメリカの連続ホームコメディを読み解いたものである。結果として、彼女は金がなく、それゆえに食べるものもない。筋立ては、彼女が友人や知り合いを犠牲にして、食事を確保しようとするさまざまなユーモラスな試みから構成されている。この読解では、「審美的（authentic）」文化作品の誤りようのない「メッセージ」の確立は、不可能でないにしてもつねにむずかしいのに対して、マス・カルチャー作品の「隠れたメッセージ」の識別はまったくむずかしくないという前提にアドルノは導かれている。アドルノ（1991a）によれば、「脚本は暗示する」。

> もしもあなたが、彼女のように愉快で、性格がよく、機知に富み、魅力的なら、食料も買えないような低賃金しかもらえないことを悩むことはない……。言い換えれば、脚本は、自身の不適切な立場をいかなる憤りもなしに、明白な楽しみの対象として体験する人物を描写することで、恥ずべき状況に対する適応を促進する狡猾な方法である 143-44)。

これは、このテレビコメディのひとつの読み解き方である。しかし、けっして唯一の方法ではない。ドイツのマルクス主義劇作家ベルトルト・ブレヒトなら、もっと受け身でない聴衆を暗示する別の読解を提示したかもしれない。彼自身の演劇『肝っ玉お母とその子供たち』に関連して、ブレヒト（1978）は、「肝っ玉お母が他に何も学んでいなかったとしても、私の考えでは、聴衆は彼女を観ることで何かを学べる」(229)と述べている。同様の点が、学校教師の行動に関連して、アドルノにも指摘できる。彼が、テレビコメディの意味にそれほど確信を持てるのは、テクストが受け身の聴衆に対する意味を決定づけるという前提から始める場合においてのみである。

レオ・レーヴェンタール(1961)は、文化産業は、「規格化、ステレオタイプ、保守主義、不正直さ、操作された消費財から生み出される文化市場によって」(11)、抑圧的で搾取的な資本主義社会の枠組み内で実現しうる政治経済目標の範囲を制限することで、労働者階級から政治的要素を取り除く(depoliticize)ように働いてきたと断言している。「革命傾向がおっかなびっくりの頭を見せるとかならず、そうした傾向は富、冒険、情熱的愛、権力と一般的な扇情主義のような願望の虚偽的充足によって緩和され、切り詰められる」と、彼は主張している(ibid.)。簡潔に言えば、文化産業は、「大衆」が現在閉じ込められているところを超えて考えるのをやめさせようとする。ヘルベルト・マルクーゼ(1968a)は、『一次元的人間』で以下のように主張している。

> 娯楽と情報産業(文化産業)による抵抗しがたい生産物は、あらかじめ規定された態度と習慣、ある種の知的、感情的反応を伴っており、それによって消費者は多かれ少なかれ心地よく生産者に、そして生産者をつうじて全体に縛りつけられる。商品は教え込み、操作をすることで、その欺瞞に拒絶反応を起こさない虚偽意識を促進する……。それは生活様式となる。それは、良い生活様式である——それ以前よりずっとよい生活様式であり——よい生活様式として、質的変化に逆らうよう作用する。それゆえに、一次元的人間の思考と行動パターンが勃興し、確立した言説と行動の領域をその内容によって超越するような考え、熱望、目的は拒絶されるか、この領域の条件にまで減じられてしまう(26-27)。

言い換えれば、ある必要性を満たす手段を提供することによって、資本主義は、より基本的な欲望の形成を阻害できるのである。文化産業は、そのようにして政治的想像力を妨げてしまう。

アーノルドやリーヴィス主義と同様に、芸術あるいは高級文化は、それとは異なるやり方で機能しているように見られている。それは、資本主義によって否定された理想を具体化する。そのようなものとして、資本主義の暗黙の批判を、つまり代替物である理想郷（ユートピア）的展望を提供する。ホルクハイマー（1978）によれば、「真正な（authentic）」文化は、現在の制約を超えてよりよい世界への欲望を生き続けさせるという宗教の理想郷的な展望を引き継いできた。それは、資本主義文化産業によるマス・カルチャーの発展によって確立した獄舎を開く鍵を運ぶ（5）。しかし、文化産業のプロセスは、「真正な」文化の過激な潜在能力をなおいっそう脅かす。文化産業が、ますます同じ水準に置いてしまうものは、以下のものの残存物である。それは、

> 文化と社会的現実とのあいだの対立関係の残存物である。この対立関係は、より高位の文化が別次元の現実を構成するための対立的で相容れない超越的要素を取り去ることによって平らにならされてしまう。二次元文化の粛正は、「文化価値」の否定や拒絶をつうじて起こるのでなく、確立した秩序への大規模な取り込みと大規模な再生産と展示をつうじて起こるのである（Marcuse, 1968a: 58）。

それゆえに、「真正な」文化によって約束されるよりよい未来は、もはや不幸な現実と矛盾しない――よりよい未来を作る拍車である。これこそ今やよりよい未来であると追認する文化である――今、この場が――唯一のよりよい未来なのである。それは、「欲望」の促進の代わりに「充足」を提供する。マルクーゼは、「最も進んだ真正派文化のイメージと立場」ならば、今も「吸収されること」に反発し、よりよい明日における「再生の可能性を絶えず意識につきまとわせ続ける」かもしれないという希望を持っている（60）。文化産業の手には収まりきらない社会周縁にいる人々、「追放者と部外者」（61）がいつの日か敗北をなかったことにし、希望を満たし、資本主義を超越した社会で資

本主義にすべての約束を守らせることを、彼はまた希望している。さもなければ、ホルクハイマー（1978）が述べるように、

いつの日か、我々は知るかもしれない。大衆は……失神状態の末にだけ何も失っていないことを知らせる緊張病患者のように、心の奥底では真実を秘かに知っており、嘘を疑っていたことを。それゆえに、容易に理解してもらえない言語を話し続けるのも、まったくの無意味ではないかもしれない（17）。

しかし、アドルノ（1991b）が指摘するように、マス・カルチャーは異議申し立てをしづらいシステムである。

今日、定められた形式において話せない人ならば、すなわち、あたかも彼自身のものであるかのように、マス・カルチャーの決まり文句、慣習や判断を難なく再生産することができないような人ならば誰でも、まさにその存在が脅かされてしまう。愚か者であるか、そうでなければ知識人であると疑われてしまうからである（79）。

文化産業は、利益と文化的均質性を求める中で、「正統的」文化の批評的役割と否定様式を奪う「大いなる拒絶（Great Refusal）」をおこなう（Marcuse, 1968a: 63）。商品化（commodification）（他の批評家によっては、ときに「商業化（commercialization）」と理解される）は、「真正な」文化を別の販売可能な商品に作り替えることで、あまりにも容易に手に入るようにしてしまい、その価値を貶めてしまう。

左翼のマス・カルチャー批評家を批判する新保守主義批評家は、台所のバックグラウンドミュージックとしてのバッハ、ドラッグストアのプラトン、ヘーゲル、シェリー、ボードレール、マルクスやフロイトに対しての左翼

批評家の抗議をあざ笑う。その代わりに、古典が大霊廟を離れて復活し、人々が単に以前よりずっと教育を受けているという事実認識を主張している。それは、そのとおりかもしれない。しかし古典として復活することで、それら自身以外のものとして復活してしまう。それらは拮抗力や、まさにその真実の次元であった疎遠さを奪われてしまう。これらの作品の意図や機能は、このようにして根本的に変化してしまった。もしも彼らがかつては現状に反対していたとしても、その反対はいまや平準化されてしまっているのである（63-64）。

（こうした左翼、あるいは新保守主義者のどちらかとまったく同様に読み解くかどうかにかかわらず）このプロセスの例を思い浮かべることはむずかしくない。一九六〇年代には、チェ・ゲバラのポスターが貼られていないワンルームアパートはほとんど家具備え付きではなかった。ポスターは、革命的政治への深い関与、あるいは最新の流行への傾倒（それとも複雑な両方の混ざり合い）の証だったのであろうか。一九七四年『タイム』にはめ込まれた広告をわかりやすい例として、ベネット（1977）は、以下のように語っている。

丸ごと一ページカラー写真のマティスによる橋の絵からなる広告。絵の下に、「ビジネスは人生だが、人生すべてがビジネスではない」という説明文がある。深い矛盾であるが、表向きは経済的人生に反対するものが、その一部にされている。区別されていたものが、取り込まれてしまっている。なぜならば、マティスの絵画に関連するかもしれない、いかなる批判的次元も、金融資本商品の広告の新奇で押しつけがましい機能によって覆い隠されているのである（45）。

また、パンから高価な自動車に至るすべてのものを売るためにオペラとクラシック音楽がどのように用いられているかを考えてもいいかもしれない（【図表4・1】の例を参照）。たとえば、ホーヴィスのパンのイメージを思い浮か

Bach: Suite No. 3 in D - Hamlet cigars
Bach: Sleepers Awake! - Lloyds Bank
Bach: Harpsichord Concerto in F minor -NASDAQ
Beethoven: Symphony No. 6 in F - Blueband margarine
Beethoven: Fur Elise - Heinz spaghetti/Uncle Ben's rice
Bellini: Norma - Ford Mondeo
Boccherini: Minuet - Save and Prosper building society
Britten: Simple Symphony Opus 4 - Royal Bank of Scotland
Debussy: Suite Bergamasque - Boursin cheese
Delibes: Lakmé - British Airways/basmati rice/Ryvita/IBM computers/Kleenex tissues
Delibes: Coppelia - Jus-Rol pastry
Dukas: The Sorcerer's Apprentice - Fiesta kitchen towels/Sun Liquid/Royal Bank of Scotland/Philips DCC
Dvořak: New World Symphony - Hovis bread
Fauré: Requiem Opus 48 - Lurpak butter
Gluck: Orfeo ed Euridice - Comfort fabric softener
Grieg: Peer Gynt - Nescafé/AEG/Alton Towers
Handel: Serse - Rover cars
Handel: Solomon - Woolworths
Holst: The Planet Suite - Dulux Weathershield
Khachaturian: Spartacus - Nescafe
Mascagni: Cavalleria rusticana - Kleenex tissues/Stella Artois/Baci chocolates
Mozart: Piano Concerto No. 21 - Aer Lingus
Mozart: The Marriage of Figaro - Citroën ZX
Mozart: Cosí Fan Tutte - Mercedes-Benz
Mozart: Horn Concerto No. 4 - Vauxhall Carlton
Mussorgsky: Night on a Bare Mountain -Maxell tapes
Offenbach: Tales of Hoffmann - Bailey's Irish Cream
Offenbach: Orpheus in the Underworld - Bio Speed Weed
Orff: Carmina Burana - Old Spice/Carling Black Label/Fiat Marea
Pachelbel: Canon in D - Thresher wines
Prokofiev: Peter and the Wolf - Vauxhall Astra
Prokofiev: Romeo and Juliet - Chanel L'Egoiste
Puccini: Madama Butterfly - Twinings tea/Del Monte orange juice
Puccini: Gianni Schicchi - Philips DCC
Puccini: La Bohème - Sony Walkman
Puccini: Tosca - FreeServe
Ravel: Boléro - Ryvita
Rimsky-Korsakov: Tsar Saltan - Black and Decker
Rossini: The Barber of Seville - Ragu pasta sauce/Fiat Strada/Braun cordless shavers
Saint-Saëns: Carnival of the Animals - Tesco
Satie: Gymnopédie No. 3 - Bournville chocolate/Strepsils lozenges
Schumann: Scenes from Childhood - Chocolate Break
Smetana: Ma Vlast - Peugeot 605
J. Strauss: Morning Papers Waltz - TSB
Tchaikovsky: The Nutcracker Suite - Reactolite sunglasses/Cadbury's Fruit and Nut/Hellmann's mayonnaise
Verdi: Aida - Diet Pepsi/Michelob/Egypt
Verdi: Il Trovatore - Ragu pasta sauce
Verdi: La Forza del Destino - Stella Artois
Verdi: Nabucco - British Airways
Verdi: Rigoletto - Ragu pasta sauce/Little Caesar's pizza
Vivaldi: The Four Seasons - Chanel No. 19 perfume/Kingsmill bread/Citroën BX/Braun

【図表4・1】「真正的」文化の批判機能が奪われた例：
オペラとクラシック音楽が使われている宣伝

べずに、アントニン・レオポルト・ドヴォルザークの交響曲『新世界より』第二楽章を聞くことが可能であろうか。

マルクーゼや他のフランクフルト学派メンバーは、文化の「民主化（democratization）」に反対したのでなく、文化産業の取り込みは歴史的に未熟で、支配を維持する一方で、文化の平等性を確立すると単に信じたにすぎないのである（Marcuse, 1968a: 64）。簡潔に言えば、文化の民主化は、完全な民主主義の要求を妨害し、優勢な社会秩序を安定化してしまう。

フランクフルト学派によれば、資本主義下の労働と余暇は強迫的な関係を形成している。労働の性質によって文化産業の効果は保証されており、労働プロセスが文化産業の効果を保証する。それゆえに、文化産業の機能は、最終的に産業化が労働時間を体系づけるのと同じように、余暇時間を体系づけることである。資本主義下の労働は、感覚をまひさせるが、文化産業はそのプロセスを継続するのである。「文化産業が約束する日常の骨折り仕事からの逃避は……繰り返される単調な骨折り仕事という……楽園であり、逃避は……出発点に導き戻すようにあらかじめ設計されている。快楽は、忘却を手助けするあきらめを促進する」(Adorno and Horkheimer, 1979: 142)。簡潔に言えば、労働はマス・カルチャーに導き、マス・カルチャーは労働に導き直す。同様に、文化産業によって流通する芸術、あるいは「本格的」文化も同じように機能する。文化産業の制約の外部で機能する「真正な」文化のみが、その循環を破る希望となりえるのである。

こうした一般的論点を具体的にするため、ポピュラー・カルチャーに対するフランクフルト学派のアプローチの具体的例であるアドルノ(2019)の論文「ポピュラー音楽について」を吟味していこう。この論文で、彼はポピュラー音楽に関する三つの具体的主張をしている。最初が、「規格化されている(standardized)」という主張である。「規格化」は、アドルノによれば、「最も一般的な特徴から最も特殊な特徴にまで及んでいる」(57)。いったん曲と歌詞、あるいはどちらかのパターンが売れ線と証明されると、まったく同じものの繰り返しによって頂点に達し、商業的に使い尽くされるまで利用される(ibid.)。さらに、ひとつのポピュラーソングのある部分が他の曲の部分と互いに入れ替え可能である。おのおの部分が全体を表す「芸術本位の音楽(serious music)」の有機的構造と異なり、ポピュラー音楽は全体の構成にいかなる実際的影響ももたらさずに、一定部分がある曲から別のある曲に置き代え可能であるという意味で機械的である。規格化を隠蔽するために、音楽産業はアドルノが「疑似個性化」と呼ぶものに従事する。「ヒット曲を規格化するとは、いわば、顧客の聴取を代行することによって、彼らを正しい状態に保つことである。ヒット曲の疑似個性化は、その一方で、顧客が聴いているものは、すでにそれらに代わって聴取されており、「あらかじめ消化しやすいように作られている(pre-digested)」ことを忘却させ、彼らを正しい状態に保たせることなのである」(61)。

アドルノの第二の主張は、ポピュラー音楽は受け身の聴取を助長するということである。すでに述べたように、資本主義下における労働は面白くないため、逃避を求めることを促す。しかし、同時にそれは鈍感にさせることでもあるため、真の逃避――「正統的」文化への要求――を求める活力をほとんど残してはいない。その代わり、避難所はポピュラー・カルチャーの形式で求められる――その消費はつねに受け身で、際限なく反復的で、あるがままの世界を追認する。「芸術本位の」音楽（たとえば、ベートーヴェン）がありえる世界への没頭の提供で想像力の喜びをかき立てる一方で、ポピュラー音楽はオフィスの中や工場の床の上の生活に対する「非生産的な相互関連物（non-productive correlate）」（64）である。労働の「緊張と倦怠」は、男女を余暇時間における「努力の回避」へと導く（64-65）。アドルノは、（彼がひどく嫌う探偵小説から取ったかのように）まるで麻薬常習者の絶望的な習慣行為に聞こえる発言をしている。労働時間の「新規性」を否定されて、それゆえに疲弊のあまり余暇時間に新規なものは無理なため、「労働者は刺激物を渇望し」、ポピュラー音楽はその渇望を満足させる。

> ポピュラー音楽の刺激は、同一なものにずっと努力を注入する不可能性と分かちがたくなっている。これは再び退屈を意味する。それは逃避を不可能にするような循環である。逃避の不可能性は、ポピュラー音楽に対する無頓着さという広く見られる態度を引き起こす。認知の契機は、努力を必要としない興奮の契機である。この契機と結びついた唐突な注意力は、直ちにそれ自体が燃え尽きてしまい、聴取者を気散じと気晴らしの領域へと追いやる（65）。

ポピュラー音楽の消費は、消費者の無頓着さと気散じを求める一方で、無頓着さと気散じを生み出すという、ある種のあいまいな弁証法の中で機能している。

第三のアドルノの主張は、ポピュラー音楽が「社会を固めるセメント」として機能することである（ibid.）。その「社会心理学的機能」は、ポピュラー音楽の消費者の中に優勢な権力構造の必要性への「精神的順応」を達成することである（ibid.）。「この「順応（adjustment）」は、二つの主要な大衆の振る舞いの社会心理的類型で具体化するが……、その類型は、「リズム」服従型と「情緒」型である」（ibid.）。最初の型の聴取者は、気散じの中で彼や彼女自身の搾取と抑圧のリズムに合わせてダンスを踊る。第二の型の聴取者は、感情的苦痛に溺れ、存在の現状に気がつかない。

アドルノの分析に関しては、主張すべき点がいくつもある。第一に、彼が一九四一年時点で書いていることを認識しなくてはならない。それからポピュラー音楽は、大きく変化を遂げた。しかし、そうは言っても一九六九年の死まで、彼はポピュラー音楽に起こった変化に従って分析を変えようとはけっして考えなかった。ポピュラー音楽は、彼が信じさせようとしているように、完全に一枚岩であろうか。たとえば、疑似個人化で、一九五六年のロックンロール誕生、一九六二年のビートルズ登場、一九六五年の対抗文化音楽が本当に説明できるのであろうか。それは、一九七〇年代のパンクロックや人種差別反対ロックの運動、一九八〇年代のアシッドハウス（訳註：単調なリズムのシンセサイザー音楽）、一九九〇年代のレイヴ（訳註：ダンス音楽を大音響で一晩じゅう流す音楽イヴェント）やヒップホップの説明になるであろうか。

また、ポピュラー音楽の消費は、はたしてアドルノが主張するほど受け身なのだろうか。サイモン・フリス（1983）は、売り上げの数字を出して、そうではないと示唆する。「計算の困難さにもかかわらず……発売されたレコードの約一割（シングル盤ではやや少なく、LP盤ではやや多い）しかもうかっていないことに、ほとんどの商業評論者は同意している」（147）。さらに、別の約一割が経費をまかなえているにすぎない（ibid.）。これは、約八割のレコードが実際に損を出していることを意味している。さらにポール・ハーシュは、少なくとも発売されたシングルの六割はけっして誰にもかけてもらえないと見込んでいる（Frith, 1983 に引用：147）。これは、簡単に消費者を操作することができる全能の文化産業の作業現場を示唆してはいない。それよりはむしろ、死に物狂いで批判的で識別力ある公衆にレコードを売ろうとする文化産業のように聞こえる。そのような数字は、アドルノの議論がほのめかす以上に消費は積極的であることを確かに示唆している。音楽の下位文化（サブ・カルチャー）的使用は、明瞭にそのような積極的識別の最前線にあるが、けっ

文化	マス・カルチャー
真正（real）	偽物（false）
ヨーロッパ風（European）	アメリカ的（American）
多次元的（multi-dimensional）	一面的（one-dimensional）
積極的消費（active consumption）	受動的消費（passive consumption）
個人的創造（individual creation）	大量生産（mass production）
想像力（imagination）	気をそらすもの（distraction）
否定（negation）	社会的接合剤（social cement）

【図表4・2】　フランクフルト学派による「文化」と「マス・カルチャー」の区別

して唯一の例ではない。

最終的にポピュラー音楽は、本当に社会を固めるセメントとして機能しているのだろうか。下位文化や音楽趣味の文化は、たとえば、アドルノの「芸術本位の音楽」の消費様式とは似ても似つかない方法でポピュラー音楽を消費しているように見えるのだろうか。リチャード・ダイアー（1990）は、ゲイによるディスコ音楽消費に関して、確かに当てはまると論じている。彼は、俗世や日常生活とつねに対立する生き方を生かし続ける、確かなロマン主義をディスコ音楽に見て取っている。彼が説明するように、「仕事と家庭生活の限界は経験の限界ではない、とロマン主義は断言する」（417）。

フランクフルト学派の大多数によって提供される分析は、文化とマス・カルチャーの間に想定される基本的相違に保持される一連の二項対立構造によって機能する（【図表4・2】を参照）。

ヴァルター・ベンヤミン（1973）の論文「複製技術時代の芸術」は、資本主義の革命的変化の可能性に関して、はるかに楽天的である。資本主義は、「最終的に……資本主義それ自体を無効にする状況を生み出す」（219）であろう、と主張している。ベンヤミンは、文化の技術的複製の変化は、社会における文化機能を変化させていると信じている。「技術的複製は、オリジナル自身が手の届かないであろうという状況にまでオリジナルのコピーを置くことができる」（222）。複製は、そのようにしてベンヤミンがテクストと実践の「アウラ」と呼ぶものに挑戦する。

以下のように述べることで、一般化できるかもしれない。複製技術は、複製される

> 対象を伝統の領域から切り離してしまう。多くの複製を作り出すことで、複数の複製を固有存在の代わりにしてしまうのである。そして、観衆や聴取者の特定状況に見合うように複製を許容することで、複製された対象を再び活性化する。こうした二つのプロセスは、伝統をひどく打ち砕くことにつながっていく……。その最も強力な代理人は、映画である。その社会的意味は、とくに最も明瞭な形式においては、文化遺産の伝統的価値の一掃という破壊的でカタルシス的な側面なしには思いもよらない（223）。

テクストや実践が持つ「アウラ」とは、「真正性（authenticity）」、「権威（authority）」、「自律（autonomy）」、「隔たり（distance）」といった感覚である。アウラの凋落は、テクストや実践を伝統的儀式や権威から切り離してしまう。再解釈の多様化や、他の文脈で他の目的のために使用されることに解放する道を開いてしまう。もはや伝統にはめ込まれるのではなく、今やその意義は論争に開かれている。意味は消費の問題となり、受け身の（アドルノにとっては心理的な）というよりは能動的（政治的）な出来事となる。技術的な複製は生産を変える。「かつてなかったほど巨大な範囲まで、複製された芸術作品は、複製可能性のために設計された芸術作品となるのである」（226）。消費も、また変化する。宗教儀式における場所から美学的儀式の場所へ、消費は今や政治的実践に基づいている。文化は、マス・カルチャーになってしまったかもしれない。しかし、消費は大量消費になってはいない。

> 芸術の機械的複製は、芸術に対する大衆の反応を変化させる。ピカソの絵画に対する反動的態度は、チャップリン映画に対する進歩的な反応に変化する。進歩的な反応は、専門家の方向づけに助けられた直接的で親密な視覚と感情の喜びの融合をその特徴とするようになる（236）。

意味と消費に関わる問題は、受け身的瞑想から積極的政治闘争へと転移していく。ベンヤミンの「機械的複製」の積極的潜在性の祝福は、すなわち「アウラ」文化から、意味がもはや唯一のものとは見なされず、疑問に対して開かれており、利用し動員することに開かれた「民主的」文化へと移行するプロセスを開始させるとする考え方であるが、それは、文化理論とポピュラー・カルチャーに（しばしば一般には認められていないとしても）深遠な影響を与えてきた。スーザン・ウィリス（1991）は、ベンヤミンのこの論文について、「マルクス主義ポピュラー・カルチャー批評の発展における唯一最大の論文といえるだろう」（10）、と語っている。アドルノが生産様式に意味を位置づけようとする（どのように文化的テクストが生産されるかが消費と意味を決定する）のに対し、ベンヤミンは、意味は消費の瞬間に生産されるのであり、生産様式に関係なく消費プロセスの中で決定されると示唆している。フリスが指摘するように、アドルノとベンヤミンの「討論」[2]は、生産決定力と結びついた消費の社会心理学的議論と、消費を政治問題とする議論の間のもので、現代のポピュラー音楽論でも議論が続くと予想している。「アドルノからは娯楽の経済と……商業音楽制作のイデオロギー的効果に関する分析が生まれてきたが……ベンヤミンからは消費行動におけるそれら自体の意味を作り出す……闘争を説明するような下位文化理論が生み出されてきたのである」（57）。

マルクス主義の高度な知的素養と賞賛に値する政治的意図にもかかわらず、フランクフルト学派のポピュラー・カルチャーへのアプローチは（ベンヤミンを例外として）いくつかの点で、第二章で説明した「文化と文明化」の伝統に容易に当てはまる。アーノルド、リーヴィス主義やその他アメリカのマス・カルチャー理論家が発展させた視点と同様に、フランクフルト学派のポピュラー・カルチャーに関する視点も、本質的には他者に対する上からの言説（「我ら」と「彼ら」を区別する言説）である。フランクフルト学派が、「純粋な」自律的文化の消滅や、それに対する脅威を嘆く保守的文化批評家それ自体に非常に批判的であることは確かである。J・M・バーンスタイン（1978）が指摘するように、アドルノは、「上位文化の保守的擁護が、経済的な現状を守ろうとする文化の省察的ではない実体化を反映していると見なしている」（15）。しかし、「文化と文明化」の伝統とフランクフルト学派の関心に共通項があるという事実は残っている。彼らは、まさに同じものを別の理由で糾弾したのである。「文化と文明化」の伝統は、文化の水準と社会的権威を危機にさらすという理由でマス・カルチャーを攻撃するが、フランクフルト学派は、文化の水準を危機にさらし労働者階級を脱政治化し、それによって社会的権威を鉄のごとく強く把握しているから、すなわち「鉄壁な制度のリズムに対する服従……資本主義の絶対的権力」を維持しているからという理由でマス・カルチャーを攻撃する。（Adorno and Horkheimer, 1979: 120 強調はストーリーによる）。絶対的権力の状況の中で、政治的行為主体の可能性を想像することは非常に難しいのである。

アルチュセール主義　Althusserianism

ルイ・アルチュセールの思想は、文化理論とポピュラー・カルチャーに大きな影響を与えた。ホール（1978）が示唆するように、「アルチュセールの介入と結果として生じた展開は、カルチュラル・スタディーズという領域を大きく形成した」（21）。この領域へのアルチュセールによる最も重要な貢献は、イデオロギーという観念を理論化するさまざまな試みである。それゆえに、彼の仕事のこの部分に議論を限定しよう。

アルチュセールは、土台と上部構造の形成という機械的解釈の拒絶から始まり、その代わりに社会編制（social formation）という概念を主張している。アルチュセール（1969）によれば、社会編制は三つの活動から成り立っている。つまり、経済的、政治的、イデオロギー的活動である。土台と上部構造の関係は表出の関係ではない。すなわち上部構造は土台の表現や受け身的反映であるというよりも、上部構造が土台の存在に必要なものとして見られている。このモデルは、上部構造の相対的な自律性を容認している。決定性は残るが、それは「最終審級（the last instance）」におけるものなのである。これは、彼が「支配的な構造」と呼ぶものの中で機能している。つまり、経済はつねに最終的「決定要因」（determinant）ではあっても、特定の歴史的巡り合わせでは必ずしも支配的審級となることを意味していない。たとえば、封建制度下では、政治活動が支配的レヴェルにある。しかし、それでも特定の社会編制における支配的活動は、特定の経済生産様式に依存している。資本主義の経済的矛盾はけっして純粋な形態を取ることはなく、「最終審級の孤独な時間はけっして出現しない」(113)、と彼は論じている。経済活動は、その他の審級が付帯現象であるという理由でなく、どの活動が支配的であるかを決定するという理由から、最終審級において決定的なのである。マルクス(1976c)は、『資本論』第一巻で、批評としてのマルクス主義的な分析の到達範囲に明白な限界があることを示唆する批判への反論で、同様の議論をしている。

[批判者は言う。マルクス主義は、]物質的利害が優勢な我々自身の時代にはすべてよく当てはまるが、カトリック信仰が支配的な中世や政治が支配的なアテネやローマ時代に関しては、そうではない……。ひとつのことが明白である。中世がカトリック信仰に依存していたわけではないし、古代世界が政治に依存していたわけでもない。そうではなくて、ある場合になぜ政治が、またある場合になぜカトリック信仰が主要な役割を演じるかという理由になるのが、人々がいかにして生計を得ていたかなのである……。そして、ドン・キホーテ。彼は、ずっと昔に騎士の遍歴がすべての社会的経済様式と互換性があると誤って想像したことに対する代償を払ったのである(176)。

アルチュセールは、イデオロギーの三つの定義をした。そのうちの二つは、とくにポピュラー・カルチャーを学ぶ学生に有意義であると証明された。ある意味で二番目と重複する最初のイデオロギーの定義は、「(それ自体の論理と厳格さを保持する)ひとつの体系の(イメージ、神話、観念や概念の)諸表象」(1969: 231)で、人々がそれをとおして存在の真の条件に対する関係を生きる「実践」なのである。「私の定義では……実践とは、一定の労働による一定の(「生産」)手段を用い、一定の所与の原材料を一定の製品へと変容するいかなるプロセスも意味している」(166)。それゆえに、経済的、歴史的に特定の生産様式が、一定の生産諸関係で原材料を製品に変容させるように、イデオロギー的実践も個人の社会編制に対して生きた関係を形作る。このようにして、イデオロギーは生きられた経験における矛盾を払いのけてしまう。虚偽ではあるが、一見真実に見える現実問題に対する解決を提供することで、これを遂行する。これは「意識的」プロセスではない。イデオロギーは機能形式として「深く無意識的」(233)である。

イデオロギーにおいて、人は、自分たちと存在条件の間の関係ではなく、いかにして自分たちと存在条件の関係を生きるのかを表現する。これは、現実の関係と「想像的」で「生きられた」関係の両方を前提としている。イデオロギーとは……人々と「世界」の間の関係、すなわち、人々と、その人々の実際の存在諸条件との間の、真の関係および想像的関係との(重層決定された(overdetermined))統一性の表明なのである(233-34)。

この関係は、(神話、概念、観念、イメージ、言説などの)表象レヴェルで実際の存在条件に対する関係を生きる方法がイデオロギーであるという意味において、現実でもあり想像的でもある。つまり、現実の条件があり、我々自身と他者に対してこうした条件を表象する方法がある。これは、支配階級と被支配階級の両方に当てはまる。イデオロギーは、抑圧されている集団に、世界はすべてうまくいっていると納得させるだけでなく、支配している集団にも実際に搾取と抑圧をかなり異なったもの、すなわち、普遍的必要性の行動として納得させる。(アルチュセールのマルクス主義である)「科学的」言説だけが、イデオロギーを見通して真の存在条件を見極められるのである。

アルチュセールにとって、イデオロギーとは閉じた制度であるために、つねにそれ自体が答えられる問題に向けてのみ設定が可能である。つまり、(矛盾のない神話領域の)範囲に留まるには、領域を越えさせるよう脅かす質問には沈黙しなければならない。この定式化は、アルチュセールを「問題構制(problematic)」という概念に導く。この概念を、彼は最初一八四五年のマルクスの著作に現れるとする「認識論的断絶(epistemological break)」の説明として使っている。マルクスの「客観的な内部基準方式……すでに与えられた回答を操る質問方式」(67)である問題構制は、彼が活用できる質問と回答だけではなく、彼の仕事における問題と概念の不在も決定する。

アルチュセールによれば、問題構制とは、テクスト（たとえば、広告）が作り出される前提、動機、根底にある観念などから成り立っている。このようにして、存在するもの（語られたもの）と同じくらい、不在なもの（語れなかったもの）によってテクストが構成されると論じられる。テクストの意味を完全に理解しようとするなら、テクストに何があるかだけではなく、（率直な方法ではテクスト内には現れないかもしれないが、テクストの問題構制としてだけ存在する）その情報を与える前提も意識しなくてはならない、とアルチュセールは論じている。テクストの問題構制があきらかになるように思われるひとつのかたちは、テクストが正式には提起していない問いに答えているように見えるかもしれない場合においてである。質問は、テクストの問題構制において提示されてきたと論じられる。アルチュセール主義批評家の実践の責務とは、問題構制をあきらかにするためにテクストを脱構築することである。それは、アルチュセールが「徴候的読解」と呼ぶものの遂行である。

『資本論を読む』で、アルチュセールは、マルクスがアダム・スミスの著作を読む方法を「徴候的」と性格づけている。

> なぜならば、その読解は、それが対象とするテクストに隠蔽された出来事の秘密を暴露し、同じ動きの中でそのテクストを異なったテクストに関連づけるが、これは最初のテクストにおける必然的不在としてそこにあるのである。第一の読解のように、マルクスの第二の読解は二つのテクストの存在、および第二のテクストに照らして第一のテクストを判定することを前提としている。しかし、新しい読解を古い読解から区別するのは、新しい読解においては、第二のテクストが最初のテクストにおける過失によって明確に述べられるという事実なのである（Althusser and Balibar, 1979: 67）。

スミスの徴候的読解（symptomatic reading）をとおして、マルクスは「提示されたいかなる質問にも合致しない回答という逆説に含まれた見えない問題構制に照らし合わせることで、彼の著述に当初に可視化された問題構制」を分析のために構築できた（28 強調はストーリーによる）。「実際には彼は解決していないが、自分自身矛盾することによって露呈している問題を含んでいるという理由で、アダム・スミスの矛盾は重要なのである」（146）と、マルクス（1951）自身が述べている。

テクストを徴候的に読み解くことは、それゆえに、二重の読解の遂行である。まず最初は明示されたテクストを読み、次にその中の過失、歪曲、沈黙や不在（提示を求めてもがく問題の「徴候」）をとおして隠れたテクストを作りだし読むことである。たとえば、映画『タクシー・ドライバー』の徴候的読解は、「ヴェトナムの帝国主義的悪夢の後で、退役軍人はいかにしてアメリカに帰還するのだろうか」という、ほとんど名づけられない質問に回答を提起する問題構制をあきらかにするであろう。映画の問題構制の中心にあるのは、ファンタジーの探求と血まみれの解決に変形させられ、変容させせられていたとしても、現実の歴史問題に関連する質問である。『タクシー・ドライバー』の徴候的読解は、潜在する病の証拠を見つけるための徴候的読解であって、回避、沈黙、説明不可能な暴力、お伽噺的結末という映画の矛盾から、ヴェトナムにおけるアメリカの戦争という中心的で構造的な不在を構築するであろう。

別の例を、自動車だけを自然の中においた最近の広告に見ることができる。この宣伝様式を、自動車所有に加えられてきた否定的宣伝の増大（とくに、汚染と道路渋滞）への応答と論じてみよう。自動車の売り上げに悪影響を持つ宣伝を防ぐにはこのような批判に、反論しなければならない。直接的な対立は、広告されている自動車と潜在的購買者の間に批判がはいりこむことを許容する危険を、つねに犯すことになるだろう。したがって、（汚染されていない）自然と（混雑していない）空間の両方における自動車を示すことで、自動車が危険で不必要であることを可視化せずに主張と対決する。このように、質問自体正式に提起されないままに、批判は回答されてしまう。それゆえに自然と空間に強調が置かれることは、（広告自体では隠されたままになっているが、広告をまとめる前提、テクストの「問題構制」に存在する）一対の質問に反応している。自動車の購入は、汚染と道路渋滞を増やすのか。質問されることなしに与えられる回答は、こうした自動車なら、あたかも魔法のように、汚染もなく、道路渋滞を増やしたり、それを経験したりすることもないのである。

ピエール・マシュレ（1978）の『文学生産の理論』は、アルチュセール主義の徴候的読解の技術を文化テクストに応用した、疑いもなく最も持続した試みである。書名が示唆するように、マシュレの焦点が文学生産であるとしても展開されているアプローチは、ポピュラー・カルチャーを学ぶ学生におおいに重要である。

アルチュセールの徴候的読解法を精緻化するにあたり、マシュレは「解釈に関する誤謬（interpretative fallacy）」と呼ぶものを拒否している。その誤謬とはつまり、テクストはただひとつの意味を持ち、それをあきらかにすることが批評の役割であるという見方である。彼にとって、テクストとは、意味を隠すパズルではなくて重層的意味を持つ構成物である。テクストを「説明する」とは、これを受け入れることである。そのために、テクストが調和の取れた統一体で、圧倒的意図性の契機から螺旋状に前に進むという考えから離れることが必要である。この点に対して、マシュレは、文学テクストはそれ自体では不完全であり、「脱中心化されている（decentered）」、と主張している。こう言うことで、全体を形作るには何かが追加される必要があると意味しているわけではない。すべての文学テクストは、（著者の意図に中心化されておらず）「脱中心化」されており、具体的意味では数々の明示的、暗示的な存在と不在の言説の対立から成り立っている、というのが論点なのである。したがって、批評実践の責務とは、テクストの一貫性、調和の取れた全体性、美的統一を測ったり評価したりすることではなく、その代わりに意味の対立を指摘するテクスト中の差異を説明することである。

この対立は、作品の不完全さのしるしではない。それがあきらかにするのは、作品に刻印された他者性であり、作品はそれをつうじてみずからとは異なるものであり、周辺で起きるものとの関係を維持している。作品を説明することとは、見かけと異なってそれが独立しておらず、作品のアイデンティティの原則でもある**決定的不在**（*determinate absence*）の刻印を題材の実質に留めていることを示すことである。この本は、この本の背景となるその他の本の暗示的存在によって溝が刻まれている。押さえ込まれたものの回帰することばの不在に取り憑かれて、語ることのできないものの不在の周辺を循環している。この本は、意味の拡張ではない。意味は、さまざまな意味の不一致から、すなわち緊張をはらんだ絶えず更新される対立状態にあり、作品を現実に結びつける最も強い結びつきから生み出されているのである（79-80 強調はストーリーによる）。

あるテクストは、意味の生産を制御しようと試みるかもしれないが、つねに意味作用（signification）の余剰が、つまり、最重要な意味の権威を押しのけようと脅す他の意味がある。このさまざまな意味の対立こそが、テクストを構造化する。それは対立を提示するが、決定的不在を語ることはできない。伝統的に、批評はみずからの役割を、テクスト内の暗黙の内容をあきらかにすること、すなわち、ささやきでしかないもの（つまり、ひとつの意味）を聴こえるようにすることと見なしてきた。マシュレにとって、批評とは、テクストの意味を最終的に確実にするため、より明瞭に語らせるという問題ではない。テクストの意味は「内部的でもあり不在でもある」（78）のだから、テクストの自己認識を単に繰り返すことは、テクストを本当に説明することにしくじることなのである。完全に優れた批評実践の責務とは、ささやきを聞こえるようにすることでもなければ、テクストが言わずにおいたものを完成することでもなく、テクストに関するあらたな知を生み出すことなのである。その知とはつまり、沈黙、不在、構造化の不完全さといったイデオロギー的必要性を説明することで——語れないものの**上演**なのである。

知るという行為は、すでに構成された言説や、翻訳さえすればよい単なるフィクションに耳を傾けることではない。それよりもあらたな言説を詳細に述べることであり、沈黙を明確に表現することである。知とは、忘却され

> たり隠蔽されたりして隠れている意味の発見でも再構築でもない。あらたに立ち上げられるものであり、知の出発点となる現実に追加される何かなのである（6）。

ジークムント・フロイトの夢に関連した著作から借用して（第五章を参照）、なにかが語られるには他のものが語られないままにおかれなくてはならない、とマシュレは主張する。取り調べられなくてはならないのはテクスト中の不在や沈黙の理由である。「作品中で重要なものは、作品が語らないものである」（87）。患者の問題の意味は、意識的言説に隠れているのでなく、荒れ狂う無意識の言説内で抑圧されているため、語られたものと示されたものの違いに鋭敏な、洞察力のある分析形式を必要とすると信じるフロイト同様に、ここでもまた、マシュレのアプローチは**語ること**と**見せること**の異なったニュアンスの間で踊るのである。これはテクストが語りたいことと実際に語ることの間に「乖離（gap）」、つまり「内部的距離化（internal distanciation）」がある、という主張に彼を導く。テクストを説明するには、それを超えることが必要で、「それが言おうと欲するものを言うには、言わざるをえない」（94）ものを理解することが必要である。テクストの「無意識」（アルチュセールの問題構制に対応するマシュレの用語）が構成されるのはここである。そして、テクストの無意識においてこそ、テクストがみずからの存在のイデオロギー的、歴史的状況に対してとる関係があきらかにされる。テクストは、まさしく対立する言説によって空洞化された不在の中心において、特定の歴史的局面、ならびにその局面に流通する具体的なイデオロギー言説とに関連づけられる。テクストの無意識は、歴史的矛盾を反映するのではない。それよりもそうした矛盾を喚起し、俎上に載せ、表示して、我々にイデオロギーの「科学的」知識でなく、「それ自体と矛盾したイデオロギー」を意識することを許容する。回答できない問いを前に瓦解し、イデオロギーはそれがおこなうと想定されること――「イデオロギーは、矛盾のすべての痕跡を消去するために存在しているのである」――に失敗する（130）。

公式な意味において、テクストとは、つねに解決されるべき問題の提起から始まる。テクストは、問題の最終解決に向けた物語的展開が広がるプロセスとして存在する。マシュレは、提起された問題と提供された解決の間に、連続性ではなくつねに断絶がある、と主張する。この断絶を吟味することで、我々はテクストと、イデオロギーと歴史との関係を発見する。「一瞬隠れているが、まさにその不在によって雄弁な言語のイデオロギーを、我々はテクストの縁において、つねに、最終的に見つけるのである」(60)。

すべての物語(narrative)は、イデオロギー的企てを含んでいる。つまり、何かに関する「真実」を語ることを約束する。情報は、これからあきらかになるという約束で最初は控えられている。物語は、開示に向けての運動を構成している。それは約束された真実で始まり、あきらかにされた真実で終わる。やや図式化されているが、マシュレは、テクストを三つの審級(instances)に分けている。最初がイデオロギー的企て(約束された「真実」)、次が具現化(あきらかにされた「真実」)、最後が抑圧された歴史的「真実」の帰還という(徴候的読解行為によって生み出された)テクストの無意識である。「科学は、イデオロギーを排除し、消し去ってしまう。文学は、それを使うことでイデオロギーに挑戦する。もしもイデオロギーを意味作用の組織化されていない集合体と見なすなら、意味作用の読み解きを徴候としてひとまとめにすることを作品は提唱する。批評は、こうした徴(しるし)を読み解くことを教える」(133)、と彼は主張している。このように、マシュレ的批評実践は、イデオロギー形式を与えることによって、テクストがイデオロギーをそれ自体と矛盾する状態で提示するさまの説明をすることを目指すのである。

マシュレは、フランスのSF作家ジュール・ヴェルヌ作品の議論で、いかに彼の作品が一九世紀末のフランス帝国主義の矛盾を演劇化していたか、を具体的に示している。マシュレによれば、ヴェルヌ作品のイデオロギー的企ては、地球の植民地征服というフランス帝国主義の冒険の空想的演出である。おのおのの冒険は、英雄による自然(不思議な島、月、海底、地球の中心)の征服に関わっている。こうした物語を語る際、ヴェルヌは別の物語を語るように「余儀なくされる」。すなわち、ヴェルヌの主人公は、他者が以前そこにいたことがあるか、すでにいるかを発見するために、征服の旅はどれも再発見の旅になってしまうのだ。このことについてのマシュレにとっての重要性は、「表象（representation）」（意図されたこと、物語の主題）と「比喩的表現（figuration）」（どのようにそれが理解されるか、どのようにそれが物語に刻印されているか）の間に感じる不均衡にある。ヴェルヌは、フランス帝国主義のイデオロギーを「表象し」、同時に（小説の形式で材料を作った）比喩的表現という行為をつうじ、土地はつねにすでに占有されているという事実を継続的に演出し、中心的神話を弱体化させる（同様に、本書初版はメディア―その他―の言説的崩壊のまっただ中で書かれた。アメリカが一四九二年に発見されたという主張は、一万五千年以上前から住んでいた人々がいたという事実を無視している）。「表象レヴェルから比喩的表現レヴェルへの過程において、おそらくいかなるイデオロギーも比喩的表現の試練に生き残れるほどには堅牢ではないので……イデオロギーは完全な修正を遂げる」（194-95）。そのために、ヴェルヌ作品は、「意図された意味に逆らって読み解く」（230）と、帝国主義のイデオロギーに小説形式を与えることによって、その神話と現実の矛盾を演出する。これらの小説は、帝国主義への「科学的」非難（「厳密な意味における知識」）を提供しないにしても、「内部的に崩壊させる」徴候的読解行為によって、おのおののテクストが構成される、すなわち「生まれ、湯を使われ、それ自体から分離されて……指し示す」、イデオロギー的言説のおそろしい矛盾を「我々に見させ」、「気づかせ」、「感じさせる」（Althusser, 1971: 222）。ヴェルヌのSF小説は、意図した方法ではないかもしれないが、テクストの勃興のイデオロギー的かつ歴史的条件を我々に啓示するものとなりうる。

一九世紀には、若い女性にふさわしい行動を忠告するために書かれた大量の書籍があった。たとえば、以下は、トマス・ブロードハーストの『心と人生の行動を改善する若い女性へのアドヴァイス』（1810）からの引用である。

> 哲学的な思索や文学的思索に日常すっかり心を奪われたり、あるいは小説や空想的な物語のうっとりする領域のまっただ中で高く舞い上がったりする、最重要の義務をおろそかにする不行き届きな女性より、妻と娘、母と友人などのさまざまな務めを果たすよう誠実に努めている女性は、はるかに役に立つ立場にある（Mills, 2004: 80 からの引用）。

これを女性の抑圧の直接的徴候と見るのではなく、マシュレ主義の分析ならば同時に、どの程度までこのテクストは、伝統的に要求される立場を占めることに対する女性の拒絶を示すものであるかを探索するであろう。言い換えるなら、もしも女性が哲学的、文学的思索に夢中になっていなかったなら、それに対する忠告の必要さえないであろう。それゆえに、実際に哲学的、文学的思索に従事している女性は、（おそらくそれよりもずっと）決定的不在のテクストとなるのである。同様に、一九世紀の女性の旅行記で、旅が女性の強さと責任を超えた何かであると示唆する女性らしさの言説に絶えず言及しなければいけなかったさまを、サラ・ミルズ（2004）は指摘している。たとえば、アレキサンドラ・デヴィッド―ニールという女性のチベット旅行記には、「一九時間もの間、私たちは歩いた。おかしなことに、私は疲れを感じなかった」（Mills, 2004: 90に引用）、と書いてある。「おかしなことに」という言い回しが、決定的不在を示している。それは、無意識のテクストにつきまとう、疑いという男性的言説である。

【写真4·1】海岸の二人

最後に、【写真4・1】は二人だけしかいない海岸を示している。二人は、寒そうで不快そうに見える。この写真が意味するものを決定しようとするときには、リラックスして楽しむ行楽客の場所という、海岸に寄せる規範的な期待という具体的歴史の決定的不在によって、その理解は組織されて形づくられるであろう。まさに決定的不在が、具体的歴史の契機における写真の「意味」を位置づけているのである。一八四〇年代に海辺の休日が隆盛する前には、この規範に基づく期待は解釈の枠組みとしては通用しないものであっただろう。言い換えれば、我々が作る意味とは、

歴史的であると同時に、不在によって構造化されているのである。(3)

アルチュセールの第二の公式化では、イデオロギーはやはり個人の存在条件に対する真の関係の想像力の表象ではあるが、もはやイデオロギーは単なる観念の集合体としてではなく、儀式、慣習、行動様式、実施形態の思考方法など、生きられた物質的実践として、教育、宗教組織、家族、政治組織、メディア、文化産業といったイデオロギー的国家装置(Ideological State Apparatuses, ISAs)の活動と生産をつうじて再生産されると見なされている。この第二の定義によれば、「すべてのイデオロギーは、(それを定義する)主体としての明確な個人を「構成する」機能を持っている」(2019: 410)。イデオロギー的主体は、「呼び止め」たり「呼びかけ」たりという行為によって作り出されるのである。アルチュセールは、ある個人に警官が呼び止める「ちょっと、そこのあなた!」というたとえを用いる。ある個人が呼応して振り向いたときには、彼または彼女は呼びかけられている。すなわち警官の言説の主体となるのである。このように、イデオロギーとは主体を創り出す物質的実践であり、その主体は、今度は具体的な思考形態と行動様式に隷属化されるのである。

このイデオロギーの定義は、カルチュラル・スタディーズとポピュラー・カルチャー研究分野に重要な効果を与えてきた。たとえば、ジュディス・ウィリアムスン(1978)は、影響力のある研究『広告を解読する』で、アルチュセールの第二の定義を展開させている。彼女は、我々の真の存在条件に対する想像的関係を表象するという意味において、広告はイデオロギー的であると論じている。広告は、生産プロセスの役割に基づく階級区分よりもむしろ、本当に大事なのは特定商品の消費に基づく区分であると継続的に暗示する。そうして社会的アイデンティティは、我々が何を生産するかではなく、何を消費するかという問題になる。すべてのイデオロギーと同様に、広告は、今度はその意味と消費様式に隷属化された主体を作り上げる呼びかけ(interpellation)によって機能する。消費者は、意味を創り出すために、最終的には購入して消費するために、再び購入して消費するために呼びかけられる。たとえば、「あなたのような人々」はあれこれの商品に注意を向けているというようなことばで呼びかけられるときに、私は集団のひとりとして、もっと重要なのはその集団の中の「あなた」として呼びかけられている。私は、「あなた」という代名詞によって開かれた想像的空間に、私自身を認識できる個人として呼びかけられている。このように、私は広告の中で話しかけられている想像的「あなた」になるように招待される。しかし、アルチュセールにとって、そうしたプロセスはイデオロギー的「誤認（misrecognition）」行為である。まず、広告が機能するには、「あなた」（おのおのがその言説の真の「あなた」と考えている）の中に自身を認識する多くの他者を惹きつけなくてはいけない。次に、私が受け入れる「あなた」は、実は広告によって創り出された「あなた」であるというまた別の意味でも誤認なのである。スラヴォイ・ジジェク（1992）が指摘するように、呼びかけは以下のように働く。「私は呼びかけられる側だからといって、その中に私自身を承認するわけではない。私は、その中に私自身を認めることを契機に呼びかけられる側になるのだ」（12）。この見方によれば、広告が我々をうれしがらせ、言説中の特別な「あなた」と思わせ、また、そうすることで我々は消費行動という物質的実践の主体となり、またそれに隷属化させられてしまう。広告とは、このようにそれが機能する方法とそれによって生み出される効果の両方でイデオロギー的なのである。

アルチュセールのイデオロギーの定義および、その文化理論への応用の問題のひとつは、あまりにうまく機能しすぎるように見えることである。人々は、資本主義の生産様式に要求される必要なイデオロギー的習慣をすべてそなえてつねに首尾よく再生産される。いかなる対立、奮闘や抵抗という観念は言うまでもなく、失敗という感覚はない。大衆文化に関して、たとえば、広告はつねに我々を消費する主体としてうまく呼びかけるであろうか。さらに、それが機能したとして、以前の呼びかけが現在の呼びかけの妨げになることはないだろうか（矛盾したり働くのを邪魔したり）。つまるところ、もしも私が人種差別は間違いだとわかっているなら、人種差別を伴う冗談は私への呼びかけには失敗するであろう。こうした関心事を背景に、カルチュラル・スタディーズ分野の多くの人々がイタリアのマルクス主義者アントニオ・グラムシの著作を参照したのである。

ヘゲモニー（覇権）　Hegemony

カルチュラル・スタディーズによるグラムシの我有化の中心をなすのは、ヘゲモニー概念である。彼にとって、（搾取的・抑圧的性格の資本主義を前提とする）西洋資本主義型民主主義国家において社会主義革命が起こらないことを説明する政治概念である。ヘゲモニー概念は、グラムシ（2019）が、支配階級（他の階級やその分派と協力関係にある）が「知的、道徳的な指導力」（69）の行使をつうじて社会を単に支配するだけではなく導くプロセスにおける状態を指すために用いたものである。ヘゲモニーは特殊な合意に関わっている。すなわち、ある社会集団がそれ自身の特定の利害関係を、社会全体としての一般的な利害関心として提示しようとするのである。こうした意味で、この概念は、抑圧と搾取にもかかわらず、高度な合意と大いなる安定性がある社会を示すために用いられる。そのような社会においては、従属的集団と階級が、価値、理想、目的、文化的、政治的意味を能動的に支持し、承認し、それによって彼らは支配的な権力構造に縛りつけられ、「組み込まれ（incorporate）」ていく。たとえば、二〇世紀のほとんどの期間をつうじて、英国総選挙は現在の二大政党である社会党と保守党によって争われてきた。それぞれの選挙で、対決は、誰が（通常、「資本主義」よりも政治的にやや負荷の少ない用語「経済」によって言及される）資本主義を統治するのに最適かという問題に終始してきた。つまり、より弱い公的所有権か、より強い公的所有権か、減税か増税かなどである。そして、それぞれの選挙では、主流メディアは同一歩調を取る。この意味で、選挙討論の範囲は、資本主義の特定の必要性と利害関係によって究極的に支配され、社会全体の利害関係および必要性として提示されてしまう。いったん選挙に勝利したなら、あらたな首相のすべての海外歴訪には大人数の資本家が、それぞれ新しいビジネスの機会がやってくることを期待しつつ随行するだろう。同様に、新政府の諸政策は、どのように「市場」（すなわち資本主義一般）が反応するかによって正当化され、吟味される。あきらかにこれはひとつの力を持った社会部門の利害諸関係が、社会全体の利害関係として「普遍化（universalized）」してきた状況の例なのである。状況は、実質的に真剣な論争はやりようがないほど完璧に「自然」に見える。しかし、つねにこのようであったわけではない。資本主義のヘゲモニーは、およそ五百年間にわたって起こってきた徹底的な政治的、社会的、文化的、経済的変化の結果なのである。ついに一九世紀後半までは、資本主義の立場はまだ不安定であった(4)。ようやく二一世紀において、とりわけソヴィエト連邦および東欧の政治経済的崩壊や中国の「開放」政策と「市場社会主義」の導入によって、資本主義が勝利した、少なくとも勝利しつつあるように見える。資本主義は多かれ少なかれ、今や国際的ヘゲモニーなのである。

ヘゲモニーが高度な合意のある社会を示唆していたとしても、すべての対立が取り除かれた社会のことを指していると理解すべきではない。この概念が暗示するとされているのは、対立がイデオロギー的に安全な港にイデオロギー的に封じ込められ、向かわせられるような社会である。つまり、ヘゲモニーとは、支配的な集団と階級が従属的な集団と階級と「折衝して(negotiating)」、譲歩することにより維持される(しかも継続的に維持されなければならない。それは進行中のプロセスである)。たとえば、カリブ海における英国のヘゲモニーを歴史的な例として考えてみよう。先住民族および奴隷として連れてこられたアフリカ人の男性、女性、子どもに対する支配を英国が確保しようとした方法のひとつは、英国文化のひとつの型を押しつけるという手段(植民地に対する常套手段)であった。プロセスの一部は、英語を公用語として制定することであった。言語学的に言えば、その結果は英語の強制というよりは、大多数の住民にとっては新言語の創出であった。新言語の支配的要素は英語であるが、言語自体は単に英語であるというだけではない。勃興したのは、あらたな強勢とあらたなリズムを持ち、ある語群は失われある語群が(アフリカ言語やその他の言語)導入され、変容した英語であった。新言語は、支配文化と従属文化の「折衝」の結果であり、「抵抗(resistance)」と「取り込み(incorporation)」の両方が刻みこまれた言語である。つまり、上から押しつけられたものでも下から自発的に起こってきたものでもなく、二つの言語文化の闘争の産物として生まれた言語であり、「抵抗」と「取り込み」の両方を伴う、支配言語文化と複数の従属言語混成文化の間のヘゲモニー的闘争の結果なのである。

ヘゲモニーは、けっして単なる上から押しつけられた権力ではない。それはつねに支配集団と従属集団の「折衝」

の産物であり、「抵抗」と「組み込み」の両方によって徴づけられたプロセスである。もちろん、折衝や譲歩には限界がある。グラムシがあきらかにするように、それらは階級権力の経済基盤に挑むことはできない。さらに危機の時期には、道徳的、知的指導権では切れ目なく続く権威を確保するのに十分ではないとき、ヘゲモニーのプロセスは、一時的に軍隊、警察、刑務所といった「抑圧的国家装置（repressive state apparatus）」の抑圧的な権力によって置き換えられる。

ヘゲモニーは、グラムシが「有機的知識人（organic intellectuals）」と名づける人々によって「組織化」される。グラムシによれば、知識人は、社会機能によって区別される。すなわち、すべての人々は知的企てをする能力を持っているが、ある特定の人々だけが、社会での知識人機能を持っている。グラムシが説明するように、各階級はそれ自身の知識人を「有機的に」創り出すのである。

> ひとつまたはそれ以上の知識人階層が、階級に均質性を与え、またそれ自身の役割に関して、経済領域だけではなく社会と政治の領域においても、自覚を与える。（たとえば）資本主義起業家は、彼自身の傍らに、工業技術者、政治経済専門家、あらたな文化やあらたな法制度の組織者を創り出す（2019: 77）。

有機的知識人は、（この用語の最も広い意味で）階級の組織者として機能する。彼らの責務とは、道徳的、知的生活の再形成を形作り、組織化することである。私は他でも論じてきたが、[5] マシュー・アーノルドは、有機的知識人として理解するのが最もしっくりくる、つまりアーノルドは、グラムシが「文化エリート」の一人とする人物であり、文化的、ならびに、一般的なイデオロギー的性質の指導を提供する役割を持っている（Storey, 1985: 217; Storey, 2010a）。グラムシは、有機的知識人を個人として語る傾向があるが、アルチュセールのかろうじて認知されたグラムシからの借用に従うなら、カルチュラル・スタディーズでこの概念が動員されてきた方法は、集団的な有機的知識人に関して——家族、テレビ、新聞、教育、宗教組織、文化産業など、いわゆる「イデオロギー的国家装置」である。

ヘゲモニー理論を用いれば、ポピュラー・カルチャーとは、文化産業のテクストと実践の積極的消費から人々が創り出すものである。若者下位文化（サブ・カルチャー）は、おそらくこのプロセスの最も注目に値する例であろう。ディック・ヘブディジ（1979）は、若者下位文化が、商業的に提供された商品を彼ら自身の目的と意味のために自分のものにする（appropriate）プロセス（「ブリコラージュ（bricolage）」）を明瞭かつ説得的に説明している。製品は設計者によって意図された方法ではなく、組み合わされ変容されて、商品は「対抗的」意味を生み出すように節合しなおされる。このようにして、また行動様式、話し方、音楽嗜好等をつうじて、若者下位文化は象徴的な形式で支配的な文化と親の文化の両方への反抗に参加する。このモデルによれば、若者文化は、文化産業が下位文化の抵抗を一般消費と利潤という目的のために市場化することに最終的には成功するので、つねに独創性と反抗から商業的取り込みとイデオロギー的拡散へと動く。ヘブディジが説明するように、「若者文化のスタイルは、象徴的挑戦を打ち出すことから始まるかもしれないが、あらたな商品を創り出し、あらたな産業を生み出したり古い産業を回復させたりすることで、あらたな慣習の確立で終わるほかはないのである」(96)。

この主題に対してこれまでのアプローチの多くがこの主題の効力を無にするような分析をしていたが、ヘゲモニーの概念は、そこからポピュラー・カルチャーを研究する人々を解放する。ポピュラー・カルチャーは、もはや歴史を停止させた、押しつけられた政治操作の文化（フランクフルト学派）でなく、社会の衰退や低俗化の徴候（「文化と文明化」の伝統）でもなく、下から自発的に勃興してくる何か（文化主義のいくつかの誤った読み解き）でもなく、受け身的主体に主体性を押しつける意味作製マシン（構造主義のいくつかの流派）でもない。これらや他のアプローチに代わって、ヘゲモニー理論は、ポピュラー・カルチャーが「上」からと「下」からの両方から作られ、「商業的」でも「真正派」でもある物が「折衝された」混合物であり、抵抗と取り込みという二つの力の間の揺れる均衡であると考えられるようにする。これは、階級、ジェンダー、世代、エスニシティ、「人種（race）」、宗教、障害、セクシュアリティなど、さまざまなかたちで分析できる。この見方からすれば、ポピュラー・カルチャーとは、競合する複数の利害関係と価値観の矛盾した混合物である。中産階級でも労働者階級でもなく、人種主義者でも非人種主義者でもなく、性差別主義者でも非性差別主義者でもなく、同性愛嫌悪でも同性愛愛好でもなく……つねにその間で揺れる調和――グラムシが「妥協の釣り合い（a compromise equilibrium）」（2019: 69）と呼ぶものなのである。文化産業が商業的に提供する文化は、しばしば生産者に意図されていなかったり、予見さえされなかったりする方法で選択的消費という戦略的な行為、および読解と節合という生産的な行為によって、再定義され、再形成され、再方向づけされるのである。

ポスト・マルクス主義とカルチュラル・スタディーズ Post-Marxism and cultural studies

ソヴィエト連邦が社会主義的であり、マルクス主義が必然的に還元主義的であると受け入れるかどうかが問題となる議論において、アンジェラ・マクロビー（1992）は以下のように述べている。

英国カルチュラル・スタディーズのプロジェクト全体の主要な評価基準であったマルクス主義は、その目的論的立場、大きな物語としての地位、本質主義、経済主義、欧州中心主義、啓蒙のプロジェクト全体の中での立場が、ポストモダン批評家の視点からだけでなく、もちろん東ヨーロッパでの出来事の結果として、社会主義運動の多くが評判を落としたことからも弱体化してきた（719）。

彼女が説明するように、確実なのは、「フレドリック・ジェイムソン（1984）やデヴィッド・ハーヴェイ（1989）のような批評家が境界を定めたポストモダン・マルクス主義以前への回帰はできないということである。なぜなら、そのような回帰の条件は、文化や政治諸関係を機械的で内省者的な役割に位置づけ、経済諸関係と経済決定論を優先することが前提となっているためである」(ibid.)。しかし、それ以上に、カルチュラル・スタディーズはつねにすでに(always-already)ポスト・マルクス主義的であることが実感としてある。ホール(1992)は、以下のように指摘している。

> これまで、けっしてカルチュラル・スタディーズとマルクス主義が完全な理論的一致を示したときなどなかった。最初から……つねにすでに理論的にも政治的にも大きな欠如、鳴り響く沈黙として、マルクス主義が避けてきた大きなことという問題があった――それはつまり、我々が特権化する研究対象である文化、イデオロギー、言語、象徴をマルクスは語らなかったし、あるいは理解しているようには思われなかったということである。文化、イデオロギー、言語、象徴はむしろ、つねにすでに、マルクス主義をひとつの思考様式、批評実践として――その正統性、教義的性格、決定論、還元主義、不変の歴史法則、大きな物語としての地位を――閉じこめるものであった。言うなれば、英国カルチュラル・スタディーズとマルクス主義との出会いは、理論ではなく、問題構制でさえもない、問題への関与とまず理解されなければならないのである(279)。

ポスト・マルクス主義は、少なくとも二つのことを意味しうる。エルネスト・ラクラウとシャンタル・ムフ(2001)が、ポスト・マルクス主義に深い影響力を持つ貢献をした『ポスト・マルクス主義と政治(原題『ヘゲモニーと社会主義戦略』)――根源的民主主義のために』で指摘するように、「もし本書における私たちの知的プロジェクトがポスト・マルクス主義的であるとするなら、それはあきらかにポスト・マルクス主義的でもありえる」(4)。マルクス主義以後であることはマルクス主義をよりよい何かのために置き去りにする一方で、マルクス主義以降という意味でポスト・マルクス主義であることは最近の理論的展開、とくにフェミニズム、ポストモダニズム、ポスト構造主義やラカン派の精神分析を追加することで、マルクス主義の変容を求めることである。ラクラウとムフは、マルクス主義以後である以上にマルクス主義以降という意味でポスト・マルクス主義的である。彼らは、マルクス主義と「新しいフェミニズム、民族的、国家的、性的マイノリティによる抵抗運動、社会の周縁層による反組織的環境闘争、反核運動、資本主義の周縁にある国家における型にはまらない社会闘争」(1) の間のパートナーシップを想像している。私の考えでは、ラクラウとムフが提唱する肯定的意味で、カルチュラル・スタディーズはポスト・マルクス主義的である。

言説 (discourse) は、ポスト・マルクス主義の展開にとって中心的な概念である。ラクラウ (1993) が説明するように、「言説的アプローチの基本的仮説は、認知、思想と行動の可能性それ自体が、いかなる事実的即時性よりも前から存在しているある種の意味を持つ場の構造化に依拠する点である」(431)。言説が意味するものを説明するため、ラクラウとムフ (2019) は、壁を建築する二人の例を挙げる。最初の一人が、二人目にレンガを受け取ってくれと頼む。レンガを受け取るとすぐに、二人目はそれを壁に加える。この作業の全体性は、言語的契機 (レンガを要求すること) と非言語的契機 (レンガを壁に加えること) によって成り立っている。ラクラウとムフによれば、言説は言語と非言語の全体性にある。言い換えれば、彼らは言説という用語を使うことで、「すべての社会形態に意味があるという事実を強調している。仮に私が球面体を街頭で蹴るか、あるいはサッカーの試合でボールを蹴るとして、物理的事実は同じでも意味はまったく異なる。物体は、他物体との関係の体系の構築範囲でのみサッカーボールであるが、そうした関係はその物体の単なる指示的な物質性によって与えられるのではなく、むしろ社会的に構築されるのである。この一連の関係の体系が、言説と呼ばれるものなのである」(126)。さらに、

物体の言説的性格といっても、けっしてその存在を疑問視することを含意しない。社会的に構築された規則体系に溶け込んでいる限りにおいてのみ、サッカーボールはサッカーボールなのだという事実は、それが物理的物体でなくなってしまうことを意味していない。同じ理由で、社会的行為者の主体としての立場を構成するのは言説であり、したがって、言説の源としての社会的行為者ではないのである。つまり、球面体をサッカーに溶け込ま

せるのと同じ規則体系が、私を選手にするのである（126-27）。

このことを理解するには、客観性（objectivity）（文脈や利害関係抜きに判断を下す想定能力）と、経験や思考と独立して存在する客観的世界（the objective world）を区別しなければならない。言い換えれば、客体は言説的接合（articulation）の外部に存在しているが、言説内部でしか意味のある対象として存在できない。たとえば、地震は現実に存在するが、はたしてそれらが

「自然現象」あるいは「天罰の表明」として構築されるかどうかは、言説の場の構成にかかっている。否定されているのは、対象が思考外部にあることではなく、それらが出現するためのいかなる言説条件の外部にも、客体としてみずからを構成しうるという、前者とは異なった主張なのである（Laclau and Mouffe, 2001: 108）。

ただし、グラムシ（2007）が指摘するように、「東洋と西洋が……分析の結果「歴史的」あるいは「慣習として認められた構築」にすぎないと判明しても、「客観的現実」でなくなることはけっしてないのである」（175）。

地球上のすべての場所は同時に東でも西でもあるため、東洋と西洋が恣意的で慣習的な（歴史的な）構築であることはあきらかだ。西洋人だけでなくカリフォルニア側のアメリカ人にも、日本人自身にも、英国政治文化をつうじてエジプトを中近東と呼ぶ人々にとって日本はたぶん極東である……それでも、これらの指示内容は現実であり、現実の事実に対応しており、だからこそ陸路や海路で旅したり、あらかじめ決められた目的地に到達したりすることが可能である（176）。

言い換えれば、東洋と西洋とは、西洋の帝国主義権力と直接に結びついた歴史的構築物である。しかし、社会実践において現実化し、埋め込まれた意味作用の形式でもある。それらは文化的構築かもしれないが、現実の地理上の位置を指し示して、現実の人の動きを導くのである。

グラムシの例があきらかにするように、言説内部で作り出された意味は、社会活動の性格づけをし、体系化する。たとえば、言説においてのみ「従属関係」は「抑圧関係」となりうるので、それゆえに、それ自体を闘争の場として構成する（Laclau and Mouffe 153）。ある人々は「客観的には」弾圧されているかもしれないが、従属が抑圧として認識されていないなら、関係はそもそも敵対的にならないため、変革の可能性が開かれることは起こりそうにはない。ラクラウ（1993）が説明するように、ヘゲモニーは敵対を単なる差異に変化させることで機能するのである。

> 階級は、どの程度まで残りの社会に画一的な世界概念を押しつけることが可能であるかという点でなく、むしろどこまで潜在的な敵対を中立化するようさまざまな世界観を節合できるのかという点で、ヘゲモニー的である。一九世紀の英国資本家階級が、ヘゲモニー階級に変容したのは、他階級に押しつけた統一的イデオロギーをつうじてではなく、敵対性を除外するヘゲモニー的試みに対するさまざまなイデオロギーの節合に成功した範囲においてであった（161-62）。

「節合（articulation）」は、ポスト・マルクス主義カルチュラル・スタディーズのキーワードである（訳註：さまざまなものが分かれ、つまり分節化し、また結びつく、つまり節合することを指す。分節＝節合と訳すこともある）。ラクラウとムフ（2001）の説明によれば、「節合の実践は、意味の部分的調節……から成り立っている」（113）。ホール（1996b）は、文化がいかにイデオロギー闘争の領域かを説明するべくこの概念を発展させた。ラクラウとムフ同様、ホールは、テクストと実践に意味は刻み込まれておらず、意味はつねに節合という行為の結果であると論じている。彼が指摘するように、「意味は社会的生産、実践である。世界は、何かを意味するようにされねばならないのである」（2019a: 104）。彼は、ロシアの理論家ヴァレンティン・ヴォロシノフ（1973）の著作にも依拠した。ヴォーシノフによれば、テクストと実践は多重強勢（multi-accentual）である。つまり、異なる人物によって、異なる言説と異なる社会的文脈において、異なる理由のために異なる「強勢」で「語られるのである」。たとえば、黒人パフォーマーが制度的人種差別を攻撃するために「ニガー」という語を使うとき、このことばは、たとえばネオナチによる人種差別的言説で「強勢」が与えられるときとは、非常に異なった「強勢」で「語られる」。もちろん、単なる意味論をめぐる言語闘争の問題ではなく、誰が社会的現実の意味を（部分的に）定める権力と権威を主張できるかという政治闘争の徴なのである。

節合プロセスの興味深い事例は、ラスタファリアン文化のレゲエ音楽である。たとえば、ボブ・マーリーは、ラスタファリ運動実践者の価値観と信念を節合する歌によって国際的名声を得た。この成功には、二つの見方ができる。この成功は、一方で、世界中の膨大な数の聴衆に、彼の宗教的確信の「メッセージ」が流通していることを伝えている。疑いもなく、多くの聴衆にとって、その音楽は啓蒙、理解とおそらく信仰への教義への転向の効果さえ果たし、すでにそれを確信していた人々にとっては絆となった。他方で、音楽産業（興業主、アイランドレコード、他）に対して巨額の利益をこれまでも生み出してきたし、今も生み出し続けている。目の前にあるのは、ラスタファリ運動の反資本主義が資本主義の経済利益と節合しているという逆説（paradox）である。音楽が、まさに糾弾する制度の再生産を手助けしてしまっている。つまり、ラスタファリ運動が、最終的には支配文化の（利益のため流通する商品として）経済的利潤となるような形式で表現されているのである。それにもかかわらず、その音楽は対抗的な（宗教的）政治学の表現であるし、そのように流通するかもしれず、一定の政治的、文化的効果を生じるかもしれない。それゆえに、ラスタファリ運動のレゲエは、まさに転覆を目指す権力を、逆説的に（少なくとも経済的に）安定させるような変化の力なのである。

ある意味でレゲエよりもっと切実な別の例は、アメリカの対抗文化（カウンター・カルチャー）音楽である。その音楽は、徴兵に抵抗し、ヴェトナムにおけるアメリカの戦争（Amerika's war）（訳註：アメリカ合衆国がファシストであることを、ドイツ風の'k'を使って意図した対抗文化の政治部門に用いられた綴り）に対する組織化を人々に啓発した。同時に、ヴェトナム戦争の取り組みを支援しかねない（この事態に対し、対抗文化の音楽は、いかなる制御もできない）利潤を上げてしまった。ジェファーソン・エアプレインが、「あなたの全所有物／それは敵に狙われている／そしてあなたの敵は／私たち」[6]と歌えば歌うほど、RCAレコードはもうけたのである。ジェファーソン・エアプレインの反資本主義の政治学が拡散したことが、資本主義者のレコード会社の利益を増やしてしまったというわけである。繰り返すと、これは節合のプロセスの例であり、社会の支配的集団が、対抗的な声と「折衝」して社会支配的集団が引き続き指導的立場を確保できる領域へと導くことを試みるやり方である。対抗文化の音楽は表現を否定されなかった（そして、この音楽が特定の文化的、政治的効果を生み出したことには疑問の余地がない）が、同時に、この音楽が戦争を支持する資本主義音楽業界の経済的利益と節合していたことも本当なのである。[7]ローリング・ストーンズのキース・リチャーズは、述べている。

何年間もわからなかったが、デッカレコードのためにもうけた金の全部がくそったれ北ヴェトナムを爆撃する米空軍爆撃機に流れ込むブラック・ボックスに入っていたことがわかったんだ。奴らは、俺たちがもうけさせた金を受け取り、奴らの商売のレーダー部門につぎ込んでいやがった。俺たちがそれを発見したときは、ぶっとんだね。それでおしまいさ。まったく忌々しいが、見当もつかないが、どれだけたくさんの人殺しを実は知らずに手助けしてきたかを知っちまったんだ（Storey, 2010a: 28-29 からの引用）。

第三章では、ウィリアムズ（2019）の文化の社会的定義を吟味して、それがどのように文化の定義を広げたかを論じた。単に「支配層（エリート）」のテクストと実践（バレエ、オペラ、小説、詩）としてだけの文化を定義する代わりに、ウィリアムズは、たとえばポップ・ミュージック、テレビ、映画、広告、休暇をとることも、文化として含むよう文化を再定義した。しかしながら、彼の社会的定義の別の側面がカルチュラル・スタディーズ、とくにポスト・マルクス主義カルチュラル・スタディーズにとって、より重要と判明した――それは、彼による意味と文化の結びつけである。

> 文化の「社会的」定義がある。文化とは特定の生活様式の描写であって、芸術と教養だけでなく、制度や日常的なふるまいにおいても*意味と価値観を表明する*。文化分析は、そのような定義からすると、特定の生活様式で暗黙のうちに含意される*意味と価値観を明瞭にする*ことなのである（32）。

特定の生活様式の重要性は、それが「ある意味と価値観を表明する」からである。この定義の視点による文化分析は、「特定の生活様式において暗黙のうちに含意される意味と価値観を明瞭にすること」である。さらに、意味作用の制度としての文化は「特定の生活様式」に還元できず、それよりも特定の生活様式を形成し、それをばらけないようにすることにとって本質的である。とはいえ、こう言ったからといってすべてを「上向き」に意味作用としての文化に還元するということではなく、そのように定義された文化は、「社会活動の全形式に本質的に関わる」（Williams, 1981: 13）と理解すべきなのである、とウィリアムズは主張している。生活には意味作用の制度以上のものがある一方で、「社会制度について、その実践の中心的な部分である意味作用の制度を除外して論じることは、その意味作用の制度に社会制度が制度として依拠しているからには誤りである」（207）ということは、やはり事実なのである。

この定義と、ラクラウとムフの言説理論にしたがえば、ポスト・マルクス主義カルチュラル・スタディーズは、文化を意味の生産、流通、消費と定義する。たとえば、ホール（1997a）が説明するように、「文化は……小説と絵画、あるいはテレビ番組と漫画といった一連のものではなく、むしろプロセスであり一連の実践である。主として、文化とは、意味の生産と交換――意味のやり取り――に関するものなのである」（2）。この定義によれば、文化は、たとえば、書物によって構成されているのではなく、意味作用の移り変わるネットワークであり、その中でたとえば書物が重要な対象として意味を持たされている。たとえば、もしも誰かに中国で名刺を渡したとするなら、丁寧な方法は両手で渡すことである。もしも私が片手で渡したとするなら、それは相手の気分を害するかもしれない。これは、あきらかに文化の問題である。しかし、「文化」とは単に社会行為の中や、単に名刺の物質性の中に存在するものではない。行為と名刺の両方の、「実現した」意味の中にある。言い換えれば、両手を使うことには本質的な丁寧さは何もない。両手を使うことが、丁寧さを示すようにされてきただけである。しかし、意味作用は、物質性の実践に具現化されてきたのであり、それが今度は物質的効果を生み出すのである（これに関しては、第一一章で詳述）。同様に、マルクス（1976c）が述べるように、「ある男が王であるのは、単に他の男たちが彼に対して従属する関係でいるからである。それに対して、彼らの側は、彼が王であるから従属するのだと思っている」（149）。この関係は無意味なように思われることだろう。王であることは、それゆえに、自然の恵みではなく、文化的に構築されたものである。自然ではなく、文化がその関係に意味を与えているのである。

したがって、ある文化を共有するということは、それとわかるような同じ方法で世界を解釈することである――世界を意味あるものにし、世界を有意義なものとして経験することである。いわゆる「カルチャー・ショック」は、根本的に異なった意味のネットワークに遭遇したときに起こる。我々の「当たり前」、あるいは「常識」が、誰か他人の「当たり前」、あるいは「常識」に出会ったときである。しかし、文化はけっして共有された意味ネットワークの単純な移り変わりではない。それどころか文化はつねに、同時に共有されながら争われる意味のネットワークなのである。文化とは、我々が我々自身の意味、互いの意味、我々が住む社会世界の意味を共有したり争ったりするところなのである。

ポスト・マルクス主義カルチュラル・スタディーズは、文化に関するこのような思考方法から二つの結論を導き出す。まず、すべての権限付与と制約的な物質性が文化の外部に存在するのだとしても、世界が意味あるものにされうるのは文化内部においてのみである。言い換えれば、文化は説明づけるだけに見える現実を構築する。次に、同じ「テクスト」（意味作用をするようにされるいっさいのもの）に異なった意味が属することが可能なのだから、意味を作り出すこと（すなわち、文化を作り出すこと）はつねに潜在的戦い、あるいは折衝の場である。たとえば、男らしさは「生物学的」と我々が考える実際の物質的存在状況を持つが、文化の中で男らしさを表象する方法はさまざまである。すなわち、「男らしくある」方法はさまざまなのである。さらに、これらの異なった方法が主張する「真正性（authenticity）」や「正常性（normality）」も同じわけではない。それゆえに、男らしさは生物学的な存在条件に依拠するかもしれないが、それが何を意味するかということ、および、それが何を意味するかをめぐる戦いは、つねに文化の内部で起こってくる。これは、世界を異なって解釈する問題、意味論的差異の問題ではなく、文化と権力関係に関する問題であり、だれが社会的現実を定義する権力と権威を主張するのか、世界（およびその内部にあるもの）が特定の方法で意味するようにさせるのかに関わっている。

文化と権力は、ポスト・マルクス主義カルチュラル・スタディーズの最重要の対象である。ホール（1997a: 4）が説明するように、「意味［つまり、文化］は……我々の行動と実践を統制して、体系化する。規則、規範、しきたりといった社会的生活を秩序だて治めるものを作る手助けをする。意味は……それゆえに、他の人々の行動と観念を治めて制御することを望む人たちが、構造化して、形成しようとするものなのだ」。意味は、異なる男らしさや中国における名刺の渡し方の例で認識したように、実践の体系化を手助け、行動規範を確立するという点で物質的存在を持つのである。

言い換えれば、自分たちの意味を世界に流通させる権力を持つ人々によって作られた、世界に意味を持たせる支配的方法で「ヘゲモニー言説（hegemonic discourse）」を産出するのである。それは、我々が世界において見て考えてコミュニケーションして行動する方法に関する権威を担うようになり、行動を統括して指導する「常識」あるいは、我々の行動を方向づけする際の尺度としての「常識」になるかもしれない。しかし、ポスト・マルクス主義カルチュラル・スタディーズは、文化産業が強力なイメージ、説明、定義、世界理解の基準枠を構築するイデオロギー生産の主要な場であるとは認めても、生産を消費する「人々」が「アップデート版の人々の阿片」の犠牲者であり「文化的にだまされやすい人たち（cultural dupes）」であるという見方は拒絶する。ホール（2019b）が主張するように、

> その判断をすれば、我々は、大規模な操作と欺瞞をおこなう代理人（エージェント）を非難することに関して、我々が正しく、まともで、満足であると感じるかもしれない。しかし、長期間にわたって、文化諸関係の適切な説明として生き残ることができる見方とは思われないし、労働者階級の文化と性質に対する社会主義的な見方としては、なおさらである。結局のところ、人々が純粋に受け身で外形的な力であるという考えは、ひどく非社会主義的な見方なのである（568）。

ポスト・マルクス主義カルチュラル・スタディーズの特徴は、人々は、ポピュラー・カルチャーを文化産業によって提供されたレパートリーから**作る**という前提である。ポピュラー・カルチャーを**作る**こと（「使用中の生産」）は、従属する者に力を与え、世界の支配的理解に対しては抵抗になりえる。とはいえ、これは、ポピュラー・カルチャーがつねに力を与え（エンパワリング）、抵抗になるということではない。消費の受け身性の否定は、消費がときに受け身的であることを否定するわけではない。消費者が文化的にだまされやすい人々であることの否定が、文化産業が操作を追求することを否定するわけでもない。そうではなくて、ポピュラー・カルチャーが、利潤を生み出し、社会支配を確保するために上から押しつけられた、単なる商業的、イデオロギー的に操作された低俗化した風景にすぎないことの否定なのである。ポスト・マルクス主義カルチュラル・スタディーズの主張は、こうした事柄を判断するには人々がポピュラー・カルチャーを作るかもしれないし作らないかもしれない、この材料となる商品の生産、流通と消費された瞬間に対する警戒と注意が必要だということである。これらは、（歴史と政治の偶然性の外部で）エリートの一瞥および鼻であしらうよ

うな冷笑で、最終的に決定できる問題ではない。あるいは、生産された瞬間に（さまざまに、意図、生産手段、あるいは生産自体における意味、快楽、イデオロギー効果、取り込みの可能性、抵抗可能性を突きとめる）読解ができるものでもない。これらは「使用中の生産」の文脈のいくつかの一面にすぎず、最終的には、「使用中の生産」において、意味、快楽、イデオロギー効果、取り込みと抵抗は（偶然に）判断できるのである。

ユートピア的マルクス主義　Utopian Marxism

トマス・モアは『ユートピア』を一五一六年に出版したときに、新しい語を造り出した（More, 2002）。彼の造語は、outopia（「どこにも無い」）とeutopia（「幸福な場所」）という二つのギリシア語を融合させている。ユートピアは両方の意味を持つようになったが、おもに（絶望的に否定的ニュアンスを持った）最初の意味である。『オックスフォード英語大辞典』によれば、「ユートピア」（訳註：「理想郷」とも訳される）という語は、「今のところどこにも存在しない幸福な場所」というモアの意図したと思われるものを単純に意味していた。一五五一年の英訳版の出版に続いて、「ユートピア」ということばはゆっくり追加的に否定的意味を獲得するようになった。たとえば、「ユートピアにしか見合わない夢」（1685）や、「ロマンチックで実現不可能なユートピアなどではない」（1738）である。これら両方の表現が想定しているのは、「ユートピア」が「非実用的、実現不可能（unpractical）」で「非現実的（impractical）」であるというモアの原本の物語によっては承認されていなかった意味である。言い換えれば、それらはある特定の本の読み解き方、ある特定の読解の政治学に依拠している。似たようなことが、「ユートピア的（utopian）」という語に起こる。それは、「想像上の島ユートピアに属する」と意味することで始まる。しかし、一九世紀初期までには、「私を興奮させたその所感は、ユートピア的であると嘲笑されるかもしれない」（1806）などのように、不可能性をしっかりと暗示するようになった。

すべてのユートピアは、想像の世界と今、ここの世界との間に一線を画すが、たとえあったとしても、モアの『ユートピア』ほど明確にしているものはほとんどない。この本の批判的焦点は、想像上の島の社会的配置ではなく、ユートピアが想像されるようになった社会である。このようにして、この本は「ユートピア的異化（utopian defamiliarisation）」というある特定の政治的方法論の基礎を築いた（Storey, 2019, 2021）。この本の真の論点は、一六世紀英国と想像世界ユートピアにおける生活を一六世紀英国にとっては不利なかたちで対比させることであるように、私には思われる。

J・H・ヘクスターが立証してきたように、モアは第二巻を最初に書いた。彼は第二巻と、第一巻のほんの一部をフランドルで書いた。彼がロンドンに戻ったとき、友人で原稿を見ていたピーター・ジャイルズは、「数週間で……推敲された版を見ることを期待していた。（しかし、）ほぼ一年間にわたり推敲の跡を見ることはまったくなかったが、その後、彼が見たものは彼がその本について知っている以上のものであった」（Hexter, 1965: 99）。このことを知ると、人はなぜ彼が第一巻を必要としたのかといぶかる。答えは、私の考えでは、第一巻が作品の真の中心だからである。しかし、きわめて明瞭なのは、モアは第一巻だけでは出版できなかったであろうことだ。一六世紀英国に対する苛烈な批判は、想像上の島の物語から切り離されて、たちまち彼に対する真剣な政治的問題になったであろうからである。

第二巻は、第一巻の世界を異化しており、そのような世界の存在に関して「自然」あるいは「必然的」なものなど何もないことをきわめて明瞭にしている。今や有名である第二巻は、私が作品の真の中心であると見なす第一巻で描写されているものに関して、我々に異なった考えをさせるために存在していると私は考えている。言い換えれば、第二巻の焦点は完璧な世界の青写真なのではなく、一六世紀英国に関して何が問題かということである。想像上の島の目的は、それゆえに、将来ではなく、現代に向けられているのだ。その目的は、モア自身の社会の持つ腐敗を当たり前と見なすことを取り除くことである。この本の政治的活力とは、討論の空間——解答ではなく質問から構成される空間——を開くことにある。『ユートピア』とは、単純に陳述的で想像上の島の説明するのでもなければ、命令的で将来の青写真がここにあると主張するのでもない。それは、すべての複雑性と疑問において、一六世紀英国に関する問いを投げかけているのである。別世界を可能にするために必要な人間の行為能力(エージェンシー)を供給できるのは読者しかいないのだから、こうした質問に答えなくてはならないのはまさに読者なのである。

カール・マルクスとフレデリック・エンゲルスが一八四八年に『共産党宣言』を書くようになるときまで、「ユートピア的」という用語はおもに非現実的で不可能であることを意味するために使われていた。彼らはこの語を社会主義のある形式（空想的社会主義）――精神的努力のみと「資本家階級の感情と財源」（1998: 56）への訴求によって達成可能と考える社会主義――を説明するために用いた。しかし、空想的社会主義（Utopian Socialism）には、マルクスとエンゲルスが承認し、尊重するもうひとつの側面があった。すなわち、人々に世界を異なったやり方で想像するよう奨励する力である。彼らが説明するように、『共産党宣言』においても、「彼ら［空想的社会主義者］は、現存社会のすべての原則を攻撃する。それゆえに、彼らは労働者階級を啓蒙するための最も貴重な材料に満ちているのである」（54）。

一八六六年に書かれた手紙の中で、マルクスはさらにこの形式のユートピア主義への情熱を詳細に述べている。「［チャールズ・］フーリエや［ロバート・］オーエン等が主張したユートピアにおいては、新世界への期待とその想像的表現がある」（Marx and Engels, 1977: 31）。マルクスはみずからが「将来の小料理店のための調理法」（1976c: 99）と呼ぶものを書くことを拒絶はしたが、私の考えでは、彼とエンゲルスは、ユートピア主義になにかしら肯定的なものを見る最前線に――私が「急進的ユートピア主義（radical utopianism）」（Storey, 2019）と呼んできたものに――いたのである。つまり、青写真を越えて、日常的で見慣れた今、ここを異質なものに変化させ、ユートピア的欲望を生産する能力を持つようなユートピア主義である。彼らによる空想的社会主義への批判は、それゆえに、ユートピア主義それ自体への攻撃ではなく、どのように社会主義を達成するかを望んでいるかに関してなのであった。言い換えれば、マルクスとエンゲルスの社会主義批判は、ユートピア主義の一般的な放棄として非常に誤って受け取られてきた。しかし、一見したところこの用語の蔑称的な使い方の裏側には、急進的ユートピア主義が階級社会と私有財産に対する戦争における貴重な武器を提供するという認識が残っていた。彼らは、空想的社会主義者によって提示された社会主義と、彼らの分析の貴重なユートピア的活力の間の重要で基礎的な違いを指摘する。空想的社会主義者は、支配的権力構造における社会階級という場が単純に願ってなくせるものではないと見ることができず、真剣に関与しないにもかかわらず、資本主義社会の階級分析へ貴重な貢献をするような多くの問題をあきらかにし、それゆえに意図せずして階級意識の発展に寄与しているのである。

したがって、我々はマルクスとエンゲルスの批判の範囲に関して明瞭でなければならない。マルクスらは空想的社会主義者の方法を社会主義を達成する方法としては拒絶する一方で、その「ユートピア的」資本主義批判の教育的な力は歓迎したのである。言い換えれば、空想的社会主義の政治の力とは、未来への青写真にあるのではなく、見慣れた資本主義的な現実主義と資本主義的な常識を異質なものに変容させる方法にあった。そのようにすることで、マルクスのことばを再度引用するならば、それは「新世界への期待とその想像的表現」(Marx and Engels, 1977: 31) を提示したのである。また我々は、将来の共産主義社会に関するマルクスの簡潔な説明の多くが空想的社会主義者の作品に見られる説明に非常に似通っていることも忘れるべきではない。これによって、マルクスの異論が彼らの目標にあるのではなく、それらを達成する方法にあることが明確になる。彼はこのおおいに有用な政治的方法論の著者としてトマス・モアをおそらく挙げたであろう。(8) 最終的に、私が示してきたユートピア的青写真とユートピア的異化の間の相違はマルクスが一八四三年に書いた手紙に現れており、マルクスはその中で「我々は、独善的な考え(dogma)を持った世界を期待するのではなく、その代わりに旧社会の批判をつうじて新世界を発見しようとするのである」(Marx, 1992: 207) と、述べている。

註　Notes

（1）ストーリー（1992）および（2010a）を参照。
（2）『ニュー・レフト・レビュー』（1977）を参照。
（3）ジョゼフ・コンラッド『闇の奥』の兆候的読解については、ストーリー（2009 および 2010a）を参照。
（4）ステッドマン・ジョーンズ（1988）を参照。
（5）ストーリー（1985）および（2010a）を参照。
（6）「ウィ・キャン・ビー・トゥゲザー」。アルバム『ヴォランティアーズ』（1969）所収。
（7）ストーリー（2010a）および（1988）を参照。
（8）マルクスの『資本論第一巻』（1976）において、モアの著書が広く引用されている。

さらに知りたい人のための参考文献　Further reading

Storey, John (ed.), *Cultural Theory and Popular Culture: A Reader*, 5th edn, London: Routledge, 2019. This is the companion volume to the previous edition of this book. An interactive website is also available (www.routledge.com/cw/storey), which contains helpful student resources and a glossary of terms for each chapter.

Barrett, Michele, *The Politics of Truth: From Marx to Foucault*, Cambridge: Polity Press, 1991. An interesting introduction to 'post-Marxism'.

Bennett, Tony, *Formalism and Marxism*, London: Methuen, 1979. Contains helpful chapters on Althusser and Macherey.

Bennett, Tony, Colin Mercer and Janet Woollacott (eds), *Culture, Ideology and Social Process*, London: Batsford, 1981. Section 4 consists of extracts from Gramsci and three essays informed by hegemony theory. The book also contains similar sections on culturalism and structuralism.

Hebdige, Dick, *Subculture: The Meaning of Style*, London: Methuen, 1979. The seminal account of youth subcultures: an excellent introduction to hegemony theory and popular culture.

Holloway, John, *Change The World With Taking Power: The Meaning of Revolution Today*, London: Pluto, 2010. An interesting attempt to rethink Marxism.

Holloway, John, *Crack Capitalism*, London: Pluto Press, 2010. An excellent attempt to rethink Marxism.

Laing, Dave, *The Marxist Theory of Art: An Introductory Survey*, Hemel Hempstead: Harvester Wheatsheaf, 1978. A very readable introduction to Marxist theories of culture. Contains an interesting section on popular culture. Further reading 93

Marx, Karl and Frederick Engels, *On Literature and Art*, St Louis: Telos, 1973. A useful selection of the writings by Marx and Engels on matters cultural.

Merryfield, Andy, *Magical Marxism*, London: Pluto, 2011. An interesting attempt to rethink Marxism.

Nelson, Cary and Lawrence Grossberg (eds), *Marxism and the Interpretation of Culture*, London: Macmillan, 1988. An interesting collection of essays on Marxism and culture.

Showstack Sassoon, Anne (ed.), *Approaches to Gramsci*, London: Writers and Readers, 1982. A collection of essays on Gramsci. Contains a useful glossary of key terms.

Sim, Stuart (ed.), *Post-Marxism: A Reader*, Edinburgh: Edinburgh University Press, 1998. Interesting collection of essays on the question of post-Marxism.

Simon, Roger, *Gramsci's Political Thought: An Introduction*, London: Lawrence & Wishart, 1982. A very readable introduction to Gramsci.

Slater, Phil, *Origin and Significance of the Frankfurt School: A Marxist Perspective*, London: Routledge & Kegan Paul, 1977. The book provides a critical overview of the work of the Frankfurt School. Chapter 4, on the culture industry, is of particular interest to the student of popular culture.

Storey, John, *Culture and Power in Cultural Studies: The Politics of Signification*, Edinburgh: Edinburgh University Press, 2010. A collection of essays examining culture from the perspective of Gramscian cultural studies.

Storey, John, *Radical Utopianism and Cultural Studies: On Refusing to be Realistic*, London: Routledge, 2019. The book explores radical utopianism from the perspective of a Gramscian cultural studies.

Wayne, Mike, *Marxism and Media Studies*, London: Verso. An excellent overview of what should be the focus of Marxist media studies.

第五章 精神分析

5 Psychoanalysis

本章では、精神分析をテクストと実践の読解方法論として探っていく。どのように精神分析が人間行動を理解するかに関して、ある程度説明するが、カルチュラル・スタディーズにおける文化分析に適応可能な場合にのみおこなう。そのため、議論に選ぶ精神分析の側面はかなり限られたものとなる。

フロイト派精神分析　Freudian psychoanalysis

ジークムント・フロイト（1973a）は、文明の創造を基本的本能の抑圧をもたらすと論じている。さらに、「人間社会にあらたな参加をする各個人は、共同体全体の利益のため、本能的充足を犠牲にすることを繰り返す」（47）。最も重要な本能的欲動は、性的なもの（sexual）である。それらの欲動が、無意識下の昇華（sublimation）に方向づけし直されるように文明は要求する。（訳註：本章では、精神分析の基本用語の訳出にあたり、ジャック・ラプランシュ、J・B・

ポンタリス『精神分析用語辞典』（みすず書房、一九七七年）に準拠している。）

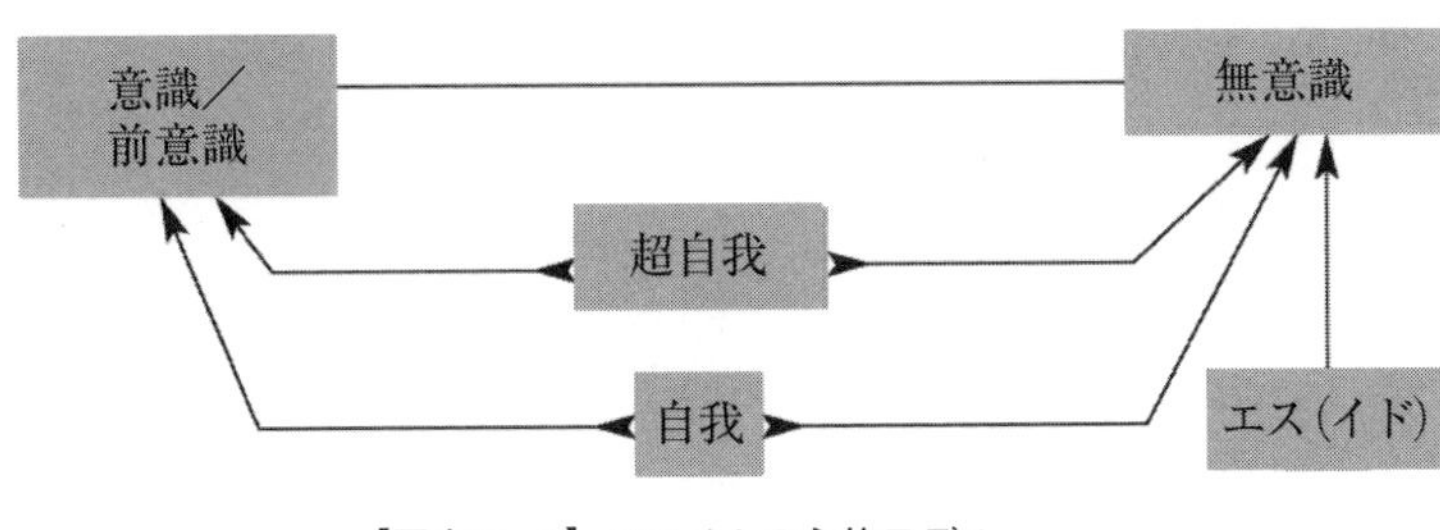

【図表5・1】フロイトの心的モデル

> つまり、それらは性的目標からそらされ、社会的に上位で、もはや性的ではない他者に対して向けられる。しかし、この手配は不安定である。性的なものは不完全に手なずけられており、文明化の仕事に参加すると期待されるあらゆる個人の場合、性的欲動はそのような用途に向けられるのを拒絶するかもしれない。仮にも性的欲動が解放されて原初目標に戻ってくるのなら、文明化に対するそれ以上の脅威は起こりえないと、社会は信じているのである（47-48）[1]。

議論の中心にあるのは、フロイトによる無意識の発見である。彼は、最初に心的なものを意識（the conscious）と無意識（the unconscious）という二つの部分に分ける。意識は、外部に関連した部分である一方で、無意識は、本能的衝動と抑圧された願望の場所である。彼は、この二項対立モデルに前意識（the preconscious）を加える。いかなる所与の瞬間に思い出せなくても、精神的努力によって思い出せるものは前記憶から呼び出される。無意識の中にあるものは、検閲と抑圧の結果、つねに歪んだ形でのみ表明される。我々は、意識的な行為としては、なにかを無意識から意識へと呼び起こすことができない[2]。最後のフロイトの心的モデルは、自我（ego）、超自我（super-ego）、エス（id）（訳註：イドともいう）という新しい用語を導入する（【図表5・1】を参照）[3]。

エスは、我々の存在の最も原初的な部分である。これは、「非個性的で、いわば、自然法則に従属する我々の本性（our nature）」の一部（Freud, 1984: 362）である。「我々の人格の手の届かない闇の部分……混沌であり、渦巻く激情で満ちた大釜である……。そこに達する本能から来るエネルギーに満ちているが、いかなる組織だったものも集団意識も生み出さず、快感原則の遵守をさせられている本能的必要性の充足をもたらすことに血道を上げているばかりである」（Freud, 1973b: 106）。

自我は、エスから発達する。「自我は、最初から個人の中に存在できない。自我は、発達させられねばならない」（1984: 69）。フロイトがさらに説明するように、自我は、

> 外界の直接的影響により修正されてきたエスの一部である……。さらに、自我は、エスとその傾向に対する外界の影響を集中させることを求めて、エスの中で支配する快感原則（pleasure principle）を、現実原則（reality principle）に代えさせる努力を惜しまない。激情を含んだエスに対し、自我とは、理性や常識と呼べるかもしれないものを表す（363-4）。

フロイト（1973b）は、エスと自我の関係を騎乗する人に似ているとたとえている。「馬が移動のエネルギーを提供するのに対し、騎乗者は行き先を定め力強い動物の動きを導く特権を持つ。しかし、あまりにもしばしばエスと自我の間では、馬自体が行きたい進路に沿って馬を導かねばならないという、騎乗者にとってそのまま理想的ではない状況が起きる」（109-10）。実際に、自我は「外界（external world）」、「エスのリビドー（libido of the id）」、「超自我の厳格さ（severity of the super-ego）」（1984: 397）という三つの主人に仕えるために奮闘しているのである。

エディプス・コンプレックス（本章でのちに論じる）の解消に伴って、超自我が現れる。超自我とは、子どもが親、とくに父親の権威を内在化、あるいは取り込んだものである。この最初の権威は、次に、他の権威の声にかぶせられ、我々が「良心（conscience）」と見なすものを生み出す。超自我は、いろいろな意味で文化の声であるにしても、依然

としてエスと提携したままである。フロイトは、「自我は、本質的に外界や現実を代表するが、超自我はそれに対峙して内面やエスを代表する」(366)、と説明している。「そうして、超自我はつねにエスの近くにいて、エスの代表として自我と向かい合う行動をすることができるのである。エスの奥底近くに達するが、その理由によって、自我以上に意識から遠ざかる」(390)。加えて、「分析は最終的に、自我には知られないままになっていたプロセスによって超自我が影響を受けていることを示すのである」(392)。

フロイトの心的モデルに関して、述べておくべき二つの特別なことがある。まずひとつは、我々はエスと共に生まれるが、自我は文化との接触をつうじて発達し、次に超自我を生み出す。言い換えれば、我々の「性質」は、文化によって支配されているのである(ときにはうまく、あるときにはそうでなく)。「人間の本性」(human nature)と呼ばれるものは、「本質的に」自然な何かではなく、文化によって性質が支配されたものなのである。これは、人間の本性が生来的で不変的な何かではなく、少なくとも部分的に外から導入された何かであることを意味している。さらに、文化とは、つねに歴史的で可変的なものであるために、それ自体、つねに変化に対して開かれているのである。[4]

エス ←------→ 自我(超自我)
「快感原則」←------→「現実原則」

【図表5・2】フロイトの葛藤モデル

おそらく精神分析にずっと中心的な二つ目の点は、心を永遠の葛藤の場と見なしたことである(【図表5・2】を参照)。最も基本的な葛藤は、エスと自我の対立である。エスは、どのように文化が主張するかにかかわらず、欲望充足を求める一方で、自我は、ときにゆるやかな同盟を超自我と組みながら、社会の主張と決まりごとに応じることを強いられている。この葛藤は、ときに「快感原則」と「現実原則」の戦いと表現される。たとえば、(快感原則によって支配される)エスは「私は、それが欲しい」(「それ」がなんにせよ)と要求するかもしれないが、(現実原則によって支配される)自我は「それ」に関して考えるのを、どのようにして「それ」を手に入れるべきかを熟考するために先送りさせなくてはならない。

フロイトによれば、「抑圧（repression）の本質とは、単に何かを意識から離れさせ、距離を取らせ続けることにある」（147）。このように、抑圧は、特殊形態の記憶喪失であるといえる。抑圧は、我々が対処できないか、あるいは対処したくないすべてのものを取り除くのである。しかし、フロイト（1985）が明確にするように、我々はこうしたものを抑圧されてきたかもしれないが、それらは立ち去ってしまったわけではないのである。「実際のところ、我々はけっして何も捨て去ったりはしない。単に、あるものを他のものと交換するだけである。放棄したように見えるのは、実は代理物や代償物の形成をしたからである」（133）。こうした「代理の形成（substitutive formation）」は、「抑圧されたものの回帰（return of the repressed）」（Freud: 1984: 154）を可能にする。夢は、おそらく最も劇的に、抑圧されたものの回帰の舞台となる。[5]フロイト（1976）が主張するように、「夢解釈は、無意識を理解する王道なのである」（769）。

夢の基本機能は、「かき乱すものを取り除く睡眠の守護者」（Freud, 1973a: 160）になることである。夢は、外的刺激、最近の出来事、「表現を見つける機会を油断なくうかがう抑圧された本能的衝動」（45）の三つの方向へ脅かされている。夢は、潜在的妨害を物語へ取り入れることで睡眠を守護する。たとえば、もしも睡眠中に雑音がしたとしたら、夢は雑音を物語構造に含もうとする。同様に、睡眠者が身体的な乱調（消化不良が最もあきらかな例）を経験したときには、夢見る者の睡眠を妨げないように適応しようとするであろう。しかしながら、こうした種類の外部と内部の刺激は、つねに変容を受ける。彼が説明するように、「夢は単純に刺激を再生産するのではない。作り直し、暗示をおこない、ある文脈に含み、他の物に置き換えてしまうのである」（125）。たとえば、目覚まし時計は、日曜日には朝日の当たる教会の鐘の音、あるいは痛烈な炎の景色に向かう消防隊として現れるかもしれない。それゆえに、どのように外部刺激が何かを夢に貢献しうると認識できたとしても、なぜ、あるいはどのように何かが作り直されるのかは説明できない。同様に、夢は、「その日の残留物」（264）など、最近の体験にも内容を与えられる。これらは、フロイトが主張するように、しばしば夢内容の多くを決定するかもしれないが、雑音や身体的な乱調についてと同様に夢を組織立てる単なる材料であり、無意識の願望と同じではない。彼が説明するように、「無意識的衝動は、夢の真の創造者であり、夢構築の心的エネルギーを作り出す」(1973b: 47)。

フロイトによれば、夢は、つねに「妥協の構造 (compromise structure)」(48) である――つまり、エスから発出する願望と自我によって実行される検閲 (censorship) との妥協物なのである。「もしも夢の意味が、通常はっきりしないものに留まっているとしたら……恥ずかしい願望を［含んでいる］からなのである。そうした願望は、我々自身から隠されなければならないし、結果として抑圧され、無意識に追いやられている。この種の抑圧された願望と派生物は、非常に歪められた形式でしか表現を許されない (1985: 136)。検閲は起こるが、願望は表現される。つまり、検閲を逃れようとする試みの中で暗号化 (coded) されてしまう。フロイト (1976) の有名な公式によれば、「夢は、(抑制され、抑圧された) 願望の (偽装された) 充足なのである」(244)。

夢は、潜在的夢思考 (無意識) と顕在内容 (夢見る者が夢を見ていたことを思い出す) の二段階の間を移動する。夢分析は、夢の「真の意味」を発見するため、顕在内容を解読しようと試みる。そうするには、潜在的夢思考を顕在内容に翻訳する異なる機制 (mechanism) を解読しなくてはならない。フロイトは、この機制を「夢の作業 (dream-work)」(2019: 342) と呼んでいる。夢の作業は、圧縮 (condensation)、置き換え (displacement)、象徴形成 (symbolization)、二次加工 (secondary revision) という四つのプロセスからなっている。それらは、次々と「思考の幻覚体験への変容」(1973a: 250) を生み出すのである。

顕在内容は、いつでも潜在内容よりも小さくなる。これは「圧縮」の結果であり、三つの異なったやり方で働く。まず、①潜在内容は省略化される。②潜在内容のほんの一部分だけが顕在内容に達する。③なにかしら共通性のある潜在構造が「合成構造」に圧縮されるのである (2009: 247)。「圧縮の結果として、明白な夢の一要素が潜在的な夢思考のさまざまな要素に対応するかもしれないが、同様に、その逆に、夢思考の一要素が［明白な内容の］夢のさまざまなイメージに表象されるかもしれない」(1973b: 49)。フロイトは、次のような例を提示している。

異なった人々が一人に圧縮された例を、あなた自身の夢から思い出すことに、何の苦労もないだろう。このような折衷された人物は、おそらくAさんのように見えるのに、Bさんのような装いをしているかもしれず、Cさんがしていたと覚えている何かをするかもしれず、そして同時に彼がDさんだと知っているかもしれないのである(2009: ibid.)。

潜在的な要素は、フロイトが置き換え(displacement)と呼ぶ連想や隠喩の連鎖をつうじても、明白な内容に現れることのプロセスは二つの方法で働く。

まず第一に、潜在要素が、それ自体の構成要素によってではなくより離れた何か——つまり、隠喩によって置き換える。次に、物理的強勢が重要要素から別のとくに重要ではない要素に移動する。それによって、夢は異なるものに中心を置き、奇妙なものに見えるようになるのである(248)。

このような置き換えの第一の側面は、明白な内容、潜在的な夢思想における何かをほのめかす(allude)ような連想の連鎖に沿って機能している。たとえば、もしも誰かが教師として働いていると知っていたら、彼女は夢の中には学生かばんとして現れるかもしれない。このように、情動(affect, ある象徴に付着した感情的激しさ)は、源泉(source, 教えている彼女)から彼女の教職に結びついた何かに移動するのである。あるいは、クラーク(Clarke)と呼ばれる誰かを知っていたとしたら(訳註:似た発音のclerkは、Claekの語源であり、「会社員」の意味なので)、彼女はオフィスで働く誰かとして夢に現れるかもしれない。ここでもまた情動が連想のつながりに沿って、知っている誰かの名前から彼女の名前に結びついた活動に移動したのである。私は、オフィスにいる夢を見るかもしれず、そこでは誰かがデスクで働く(それは女性でさえないかもしれない)のを見るのかもしれないが、夢の「本質」は私が知るクラークと呼ばれる女性なのである。こうした例は、圧縮（contraction）に基づく類似性との関連で換喩的（metonymically）に働く。部分が、全体を代表しているのである。置き換えの第二の作用は、夢の焦点を変えてしまう。明白な内容に現れたものは、「夢思想とは焦点が異なっている――その内容は異なる要素をその中心として持っているのである」（1976: 414）。「置き換えの助けを借りて、夢の検閲は、代替構造を創り出す。それは暗示であり、にわかにはそれとはわからず、またそこから本物（genuine thing）に戻る道は簡単にはたどれないし、本物とは最も独特な外的な連想によって結びついている」（1973a: 272）。フロイトは、この置き換えの第二側面を、ある冗談で解説している。

死罪に相当する罪を犯した鍛冶屋が、ある村にいた。法廷は、罪は罰せられねばならないと決定したが、その鍛冶屋は村に住む唯一の鍛冶屋で必要不可欠であり、他方で仕立屋は三人住んでいたので、その内の一人が代わりに縛り首にされた（2019: 344-45）。

この例では、連想のつながりと情動が劇的に移動する。一人の仕立屋の運命から鍛冶屋に戻るには多大な分析を必要とするだろうが、中心的アイディアは以下のようなものに思われる。「刑罰は、容疑者の元に降りかからなかったとしても、実行されねばならない」（1984: 386）。

別の置き換えの例を見てみよう。連想の連鎖によって機能する冗談である。ライフル銃を持った男がドナルド・トランプ大統領を暗殺しようと試みる。着任したばかりの大統領護衛官が踏み出し、「ミッキーマウス」と叫ぶ。その叫びは、暗殺しようとしていた男を驚かせ、彼は逮捕される。その後、大統領護衛官の上司は、「なぜ「ミッキーマウス」と叫んだのか」と、彼に尋ねた。「緊張してしまったんです。私は「ドナルド・ダック」と叫ぶつもりだったんです」と、赤面して護衛官は答えた。

さらに、フロイトが説明するように、「他のいかなる夢の作業も、これほどまで夢見る者に夢を奇妙で理解不能なものにする原因になってはいない。置き換えとは、（潜在的）夢思想が検閲影響下で服さなくてはならない夢の歪曲（dream-distortion）に用いられる主要手段なのである」（1973b: 50）。

夢の作業の第三の側面が、最初の二つの中で働く象徴形成であり、これは「夢思想を絵画に似た原始的表現へと翻訳すること」（1973a: 267）である。そこでは、「潜在的な夢思想が……ドラマとして演出され、例証される」（1973b: 47）。象徴形成は、「ことばで表される潜在［夢］思想を、知覚上のイメージ、しかもほとんど視覚的イメージへと変容する」（1973a: 215）。しかし、フロイトが明確にしているように、すべてがこのように変容されるわけではなく、ある要素は別形態で存在する。それにもかかわらず象徴は、「夢の基礎的本質から構成されている」（2009: 249）。さらに、彼が断言しているように、「夢におけるまさに大多数の象徴が、性的なものである」（1973a: 187）。だから、たとえば、男性器は、夢では「ステッキ、傘、ポスト、木」など突き出て直立しているものや、「ナイフ、短剣、鍬、軍刀……ライフル、ピストル、回転式連発拳銃」のように貫通することができるものといった一連の「象徴的代理（symbolic substitutes）」（188）で象徴される。女性器は、「へこみ、体腔、……空洞、船舶と瓶、……容器、箱、トランク、ケース、収納箱、ポケット等」のように「なにかをそれ自身に取り込める空洞を包み込む性質」（189）を共有するもので象徴されるのである。

こうした象徴的代理は、象徴のつねに変化し続けるレパートリーから引き出されてくる。いかに重力の法則に逆らえる物体を用いて男性の勃起を象徴するのかに関する議論において、彼はこれを明確にしている。一九一七年の著作では、ツェッペリン型飛行船がそうした物体の最新レパートリーに加わった事実を指摘している（1976: 188）。こうした象徴は、神話、宗教、お伽噺、冗談や日常言語の使用から選ばれるが、対象は意識的にレパートリーから選択されることはない。「象徴体系の知識は、夢見る者にとっては無意識であり、……彼の精神生活に属しているのである」（1973a: 200）[6]。

フロイトは、「夢見る者の夢に対する連想を思いどおりにすることができない限り、夢を解釈することは不可能である」(1973b: 36) ということについて、完全に明快である。象徴は、「この夢はどういう意味なのか」という質問に予備的解答を与えるかもしれない。しかし、それは単に予備的な解答にすぎず、確認されているにせよそうでないにせよ、夢の作業のその他の面の分析を、夢分析の対象となっている人が働かせた連想を分析することを連結させておこなうことが必要である。彼が述べているように、「夢解釈において象徴の重要性を過大評価する、夢の翻訳作業を単に象徴の翻訳に限定する、夢を見る人の連想を利用する技法を捨て去ることに対しては明瞭な警告を発したいと思う」(477)。さらに、象徴は「しばしばひとつ以上、あるいはさまざまな意味さえ持つことがあり……正しい解釈にはおのおのの文脈 (context) からしか到達できないのである」(1976: 470)。ここでもまた、文脈とは、夢見る者によって構築される何かになる。

最後の夢の作業プロセスが、「二次加工」である。夢見る者によって、夢の象徴性に物語 (narrative) が与えられる。これは、二つの形式を取る。ひとつ目が、夢の言語的説明である。象徴が、言語と物語に翻訳される――「隔たりを埋め、関連性を導入し、そうすることで、我々は、しばしばはなはだしい勘違いを犯してしまう」(1973b: 50)。さらにもっと重要なことは、二次加工は、(無意識的) 検閲において意味を成して首尾一貫させる自我の最終的取り締まりであり、方向づけ戦略なのである。

夢解釈後のフロイトは、おそらくエディプス・コンプレックス理論によって最も知られている。彼は、そのコンプレックス (訳註：感情の複合) をソフォクレス悲劇の『オイディプス王の神話』(c. 427BC) から発展させた。ソフォクレスの劇では、エディプスは (彼の父親と知らずに) 実の父親を殺し、(彼の母親と知らずに) 実の母親を娶る。真実を知ると同時に、エディプスは自分自身で両目をつぶし、さまよい出ていく。フロイトは、男の子用と女の子用に二通りのエディプス・コンプレックスを発展させる。三歳から五歳の頃、母親 (あるいはその象徴的役割を演じる人) は、男の子の欲望対象になる。この欲望の観点から、父親 (あるいはその象徴的役割を演じる人) が母親の愛と好意を得るライバルと見なされるようになる。結果、男の子は父親の死を望む。しかし、男の子は、父親の権力、とくに父が去勢を実施する権力を恐れている。そのために、男の子は母親に対する欲望をあきらめ、父と同一化しはじめ、いつか彼が、彼自身の妻を娶る（象徴的母親の代替品）ことを含む、父親の権力を手にすると知り、自信を持つ。

フロイトは、どのように女の子にエディプス・コンプレックスが働いたかに関して、確信がなかった。「以下のことを、認めなくてはならない……一般に、女の子のこうした発達プロセスに関する洞察は満足のいくものではなく、不完全で、曖昧である」（1977: 321）[7]。結果として、彼はこの主題に関する考えを修正し続けた。あるバージョンでは、父親（あるいは、その象徴的役割を演じる人なら誰でも）を求める女の子から議論が始まる。母親（あるいは、その象徴的役割を演じる人なら誰でも）は、父親の愛と好意を得るライバルと見なされる。女の子は、母親の死を望む。コンプレックスは、いつか彼女のようになることを女の子が承認し、母親との同一化で解決される。しかし、母親には権力が欠落しているために、怒りに満ちた同一化なのである。別パターンでは、エディプス・コンプレックスが、母親の地位を超えたり父親に対する女性的態度を取ったりすること以上になることはほとんどない、と論じられている(ibid.)。すでに彼女は去勢されていることに気づいており、補償を求める。「彼女はペニス願望を棄て、子どもへの願望をその場所に置く。**その目的を念頭におい**て父親を恋愛対象として受け入れる」（340 強調はフロイトによる）。父親の子が欲しいという彼女の欲望は、だんだんと衰えていく。「エディプス・コンプレックスは、欲望がけっして充足されないため、だんだんとあきらめられる印象を与える」（321）。不可解な論理（paradox）は、以下のような部分である。「男の子においては、エディプス・コンプレックスは去勢コンプレックスによって破壊されるが、女の子においては、存在可能となり、去勢コンプレックスによって導かれる」（341）[8]。

フロイト派精神分析は、少なくとも二通りの方法でテクスト分析に使用可能である。最初のアプローチは、作者中心的（author-centred）であり、テクストを作者の夢に相当するものとして扱う。フロイトは、「夢見られたことがない類の夢」と称するものを特定している――それは、「想像的作者によって創造され、物語展開で創り出されたキャラクターたちに帰する夢」（33）である。テクストの表層（ことばとイメージなど）は明白な内容と見なされる一方で、潜在内容は著者の秘密の欲望である。テクストはこのように、著者の空想を発見する方法として読み解かれる。これらは、テクストの真の意味として見なされる。フロイト（1973a）によれば、

芸術家は……内省的人物であり、神経症からはるかに隔たっているわけではない。彼は、強力な本能的必要性によって過度に抑圧されている。その結果、その他の不満を抱えた男と同じように、彼は現実から目を背けてすべての興味と、またリビドーを、神経症に導くかもしれない空想的人生という欲望に満ちた構築へ転移（transfer）させる（423）。

芸術家は、彼または彼女の欲望を昇華させる。そうすることで、彼女または彼の空想は他の人々に利用可能となり、それにより「そうした空想の喜びが他人にも共有されるようになるのである」（423-24）。彼または彼女は、「他の人々が……自分たちの手の届かない無意識における安らぎと喜びを引き出すことを可能にする」（424）。テクストは、「最初に創造的芸術家自身、その次に彼の聴衆や観客において、満たされない欲望を和らげるのである」（1986: 53）。フロイトが説明しているように、「芸術家の最初の目標とは、まず彼自身を解放することで、そして彼の作品を同じ停止させられた欲望に苦しんでいる他人に伝えることによって、彼らに同じ解放を与えるのである」（53）。

第二のアプローチは、読者中心的（reader-centred）であり、作者中心アプローチの第二側面から派生する。このアプローチは、読者が読んだテクストの欲望と空想を象徴的に展開することを、どのようにテクストが許すかに関わっている。このようにして、テクストは、夢の代理物のように働く。フロイトは、「より深い精神的源泉から起こってくる、さらに大きな快楽の解放を可能にする」テクストの快楽を説明するため、「前駆快感（fore-pleasure）」（1985: 141）という観念を展開している。言い換えれば、虚構のテクストは、無意識の快楽と満足の可能性を提供する空想を演出するのである。さらに彼が説明するように、

私の意見では、創造的作家が提供するすべての美学的快楽は、前駆快感の性質を持っている。……創造的仕事の実際の喜びは、我々の心の緊張を解放する所からさらに進み、……その時点から先は自責や恥を感じることなしに、覚醒夢を楽しむことを可能にしてくれるのである（ibid）。

我々は、テクストの美学的性質から快楽を引き出すかもしれないが、実際には、無意識の空想のより奥深い快楽への接近を可能にする単なるメカニズムにすぎないのである。

赤ずきんちゃん

昔、彼女を見さえしたならば、誰にでも好かれるかわいい少女がいました。とりわけ、おばあさんは彼女をかわいがって、いつでも新しい贈り物をあげることを考えていました。いったん彼女が少女にベルベットの布でできた小さな赤い頭巾をあげると、それがとても似合っていて、もう二度とはそれ以外のものを着ようとしなかったので、少女は赤ずきんちゃん（Little Redcape）として知られるようになりました。ある日、彼女のおかあさんが言いました。「おいで、赤ずきん、ケーキがちょっととワインが一瓶ある。おばあさんに持って行っておくれ。病気で弱っているから、とても喜んでくれるだろうよ。暑くなる前に出発して、いい子だから道すがら足下には注意して、小道を離れるんじゃないよ。さもなければ、転んで瓶を割ってしまって、おばあさんは何も手にすることができなくなる。それから、彼女のお家に入るとき、おはようございますと言うのと、最初に部屋に入ってじろじろ見回さないようにするのを覚えておくんだよ」。

「心配しないで。言われたとおりに、すべてするわ」と、赤ずきんはおかあさんに答えて、固く約束しました。さて、おばあさんは、村から三〇分かかる森の中に離れて住んでいます。そして、赤ずきんが森に入ったとき、オオカミが彼女に出会いました。しかし、赤ずきんは悪賢いけだものだということを知らなかったので、彼を怖がりませんでした。「おはよう、赤ずきんちゃん」と、彼は言いました。「ありがとう、オオカミさん」。「こんなに早くどこに行くんだい、赤ずきんちゃん」。「おばあさんのところへよ」。「エプロンの下に何を運んでいるんだい？」。「昨日焼いたケーキとワインよ。おばあさんが病気で弱っているので、何かまた元気になるものをあげないといけないの」。「赤ずきんちゃん、おばあちゃんはどこに住んでいるんだい？」。「たっぷり一五分森の中を歩いたところよ。三本の大きな樫の木の下、そこにお家があるの。ハシバミの生け垣に囲まれているわ。その場所なら、きっと知っているわね」と、答えました。オオカミはひそかに考えました。このおいしそうなちびちゃん、まるまるとして、ごちそうになるぞ。おばあさんより、ずっとおいしい味がするだろう。だが、ずるがしこく立ち回らないといけないぞ。そして、二人とも手に入れてやる。そこで、彼はしばらくの間、赤ずきんの側を歩いてから、言いました。「赤ずきんちゃん、周りにかわいらしいお花が咲いているよ。見てごらん。鳥たちもかわいいさえずりをしているのに気づいているのかい。まるで君は学校に行くみたいにまっすぐ歩いている。でも、森の中にはそんなに楽しみがあるんだよ」。

赤ずきんは顔を上げました。そして、お日様の光が木漏れ日の中であちらこちらに踊ったり、かわいい花がそこら中に咲いたりしているのを見て、思いました。もしも摘んだばかりのお花をおばあさんに持って行ってあげたら、それにもきっとおばあさんは喜ぶわ。まだとても早いから、それでもまだ十分間に合うわ。そこで彼女は、小道をはずれて花を探しに森の中に入っていきました。そして、彼女が花を摘むたびに、さらにかわいい花が咲きほこっているのを見つけるようでした。彼女は、花を摘むために走って、森の奥へ奥へと入っていきました。しかし、オオカミはおばあさんの家にまっすぐ向かって、ドアをノックしました。「誰だい？」。「赤ずきんよ。ケーキとワインを持ってきてあげたわ。ドアを開けて」。「掛け金をおろせば開くよ」とおばあさんは言いました。「弱っていて、ベッドから出られないのでね」。オオカミは、掛け金を押して、ことばを発することもなくおばあさんのベッドに一目散に向かうと、彼女を食べてしまいました。それから、彼はおばあさんの服と帽子を着けてベッドに横たわると、カーテンを閉めました。

しかし、赤ずきんは、花を摘むために走り回って、もうそれ以上運べないほどの花を集めたとき、おばあさんのことを思い出して、再び彼女の家に向かいました。彼女は、ドアが開いているのを見てびっくりしました。部屋に入ると、すべてがとても変な様子なので、思いました。いったいなんてことなの。なんだか今日はイヤな感じがするわ。でも、おばあさんのお家を訪ねるのはいつでも楽しいのに。彼女は大声で言いました。「おはようございます」。でも、返事がありません。そこで、彼女はベッドまで行ってカーテンを戻して開けました。そこでは、おばあさんは縁なし帽を低く下げていて顔が見えないように寝ていて、とても奇妙な様子です。「どうして、おばあちゃんの耳はそんなに大きいの」。「お前の声をもっとよく聞こえるようにさ」。「どうして、おばあちゃんの目はそんなに大きいの」。「お前の姿をもっとよく見えるようにさ」。「どうして、おばあちゃんの手はそんなに大きいの」。「お前の身体をもっとよくつかめるようにさ」。「だけど、おばあちゃんのお口はどうしてそんなにひどく大きいの」。「お前のことをもっとよく食べられるようにさ」。そう言うとすぐにオオカミはベッドから飛び上がって、かわいそうな赤ずきんを一飲みにしてしまいました。

食欲を満たすと、オオカミはベッドに再び横たわり、眠りにつき、大きないびきをかき始めました。ちょうどそのとき、家の側を通り過ぎようとしていた狩人は思いました。いったいどうして、おばあさんがいびきをかいているんだろう。なにかがおばあさんにあったのではないかどうか、見てみよう。そういうわけで彼は部屋に入りました。ベッドに近づいて見たとき、オオカミが寝ているのを見つけました。「このとおり、お前を見つけたぞ、この老いた罰当たりめ。お前をずっとわたしはさがしていたんだ」と、彼は言いました。今にも銃で目的を達成しようとした、そのとき、オオカミはおばあさんを飲み込んでしまったかもしれないなら、まだ助けられるかもしれないという考えが彼に浮かびました。そこで、銃で撃つ代わりにハサミを手に取ると、寝ているオオカミのお腹を切って開き始めました。彼がチョキンと切ったとき、あざやかな少女の赤ずきんが見えました。さらに、切り進めると、彼女が飛び出してきて叫びました。「なんとこわかったことでしょう。なんとオオカミのお腹の中は真っ暗だったことでしょう」。その後、おばあさんも同じように外に出てきました。ほとんど息をすることもできませんでしたが、まだ生きていました。しかし、赤ずきんはすぐに大きな石を何個か持ってきて、オオカミのお腹をいっぱいにしました。目覚めたときに、彼は走って逃げようとしましたが、石があまりにも重かったのですぐに転んでしまい、転倒のために死んでしまいました。

こうして三人は幸せになりました。狩人は、オオカミの毛皮を剥がして家に持って帰りました。おばあさんは、赤ずきんが持ってきたケーキを食べ、ワインを飲んで、ずっと元気になりました。しかし、赤ずきんは心の中で思いました。生きているかぎりは、おかあさんがしてはいけないと言ったときには、道をそれたり、一人で森の中に入っていったりはけっしてするまい。

右記の物語は、ジェイコブとヴィルヘルムのグリム兄弟が一九世紀初頭に収集した童話である。この物語の精神分析的アプローチは、エディプス・コンプレックスが演出される代償夢（夢の作業のプロセスを探す）として、分析することかもしれない。赤ずきんは、父親（最初の場合には、狼によって演じられる）を欲望する娘である。母親（母親と祖母の合成人物に凝縮されている）を排除するため、赤ずきんは狼を祖母の家へと導くのである。ことばがとても省略されており曖昧な物語全体で、祖母の住む家の描写だけが物語の中で詳細に描写されたリアルな場面であることは重要である。狼の質問に、彼女は答える。「たっぷり一五分森の中を歩いたところよ。三本の大きな樫の木の下、そこにお家があるの。ハシバミの生け垣に囲まれているわ。その場所なら、きっと知っているわね」。叙述の最終節は、この場所を狼が非常によく知っていることを明確にしている。

狼は祖母を食べてから、次に、赤ずきんを食べる（性行為の置き換え）。物語は、狩人（エディプス後の父親）が、「普通の（normal）」家族関係が回復されたエディプス後の世界（a post-Oedipal world）に、（祖）母と娘を送り届けることで終わっている。狼は死に、赤ずきんはけっして二度と「おかあさんがしてはいけないと言ったときに、道をそれたり、一人で森の中に入っていったり」はしないと約束するのである。最後の部分は、怒りに満ちた同一化（resentful identification）に関するフロイトの考えを示唆している。これらの圧縮と置き換えの例に加えて、この物語は多くの象徴形成の事例を含んでいる。たとえば、花、森、小道、赤い頭巾、エプロンの下のワインの瓶（もしも彼女が小道を外れたら、「瓶を落として割ってしまう」かもしれない）など、これらのすべてが物語にはっきりとした象徴的意味を加えている。

夢解釈に関してフロイトが言ったことを、読者の活動を考慮する際に心に留めておくべきである。あなたは思い出すであろうが、「夢見る者が働かせた連想を思いどおりにする権利を持っているのではない限り」（1973b: 36）、夢の解釈には不可能性がある、と彼は警告している。これはテクストの意味に関して、非常に重要な理論的な問題を引き起こす。テクストの意味が単にテクスト自体の内部においてだけではなく、むしろ読者がテクストに持ち込んで影響を与える連想を知ることが必要となるのである。言い換えれば、読者は受け身的にテクストの意味を受諾するのではなく、彼あるいは彼女はテクストとの遭遇に持ち込んだ言説を利用し、能動的に意味を生み出すのだということを、フロイトは明確に指摘している。赤ずきんに関する私の特定の読み解きにしても、フロイト派精神分析の知識があって初めて可能なのである。この知識なしには、私の解釈はかなり異なったものになったであろう。さらに、私の分析はこの童話についてよりも、私についてより多くのことを語るかもしれない。

フロイト派精神分析のテクスト分析への応用は、荒削りな様式の精神的伝記から始まり、どのように意味が作られるかというかなり洗練された説明で終わる。しかし、読解の真の快楽に関してフロイトが示唆することは、精神分析批評に、その力を減じるような一定の効果を持つかもしれない。すなわち、もしも意味が、読者がテクストに持ち込む連想に依存しているとするなら、どのような価値観がテクストの精神分析においてありえるだろうか。ある精神分析批評家が、テクストは実際にはXを意味していると語るときには、フロイト派精神分析の完全な論理は、これが唯一あなた（you）にとって意味することだと語るであろう。

ラカン派精神分析　Lacanian psychoanalysis

ジャック・ラカンは、構造主義が発展させた理論的方法を用いてフロイトを読み直す。ラカンは、生物学より文化において、精神分析をしっかり位置づけようとしている。彼が説明しているように、その目的は、「フロイトの仕事の意味を、彼が望んだであろうように生物学的基盤から遠ざけ、すでに精神分析には入り交じっているが、文化的な関連の方にむけて」（1989: 116）転換させることである。フロイトの発達構造を取り上げ、構造主義の批判的読解をつうじてそれを再分節化し、脱構造主義的精神分析を生み出した。ラカンの人間「主体（subject）」の発達に関する説明は、カルチュラル・スタディーズ、とくに映画研究に、大きな影響力を与えてきた。

ラカンによれば、我々は「欠如（lack）」の状態に生まれつき、結果として、残りの人生をこの状況を乗り越えようとして過ごす。「欠如」は、異なった方法で異なったものとして体験されるが、つねに、人間でいる意味の基本的な状況の表象不可能な表出である。その結果は、想像上の完全な瞬間を追求する終わりなき探求となる。ラカンは、これを彼が「小文字の他者（l'objet petit a, the object small other）」（訳註：対象aとも呼ばれている）と名づけるものへの追求として考える。それは、欲しても永久に手が届かないものであり、失われた対象であり、我々が欠けるもののない全体であったときの想像的瞬間を意味している。この対象を手にすることはできないため、我々は我々自身を転位戦略と代償的な対象によって慰めるのである。

ラカンは、我々が三つの決定的な発達段階を旅すると論じている。第一段階が、「鏡像段階（mirror stage）」であり、第二段階が「いないいない／ばあ」遊び（"fort-da" game）であり、第三段階が「エディプス・コンプレックス」である。人生は、ラカンが「現実界（the Real）」と呼ぶ領域で始まる。ここで、我々は単に存在している。現実界においては、我々は、どこで自分が終わるのか、どこでその他すべてが始まるのかを知らない。現実界は、あたかも象徴化（つまり、文化的な分類）以前の〈自然〉（Nature）のようである。「客観的現実（objective reality）」と呼べるかもしれない外部に存在すると同時に、フロイトが欲動と呼ぶものの内部にも存在している。「象徴界（the Symbolic）」による媒介以前には、現実界がすべてである。象徴界は、現実界を分断してばらばらにしてしまう。もしも象徴界を乗り越えることが可能ならば、現実界はすべてがひとつのかたまりに融合していくものとして見えるであろう。たとえば、我々が自然災害と考えるものは、現実界の侵入である。しかし、それをどのように分類するかは、つねに象徴界内部からなのである。我々が自然災害と呼んでいるときでさえ、我々は現実界を象徴化してきた。別の言い方をすれば、〈自然〉としての自然はつねに文化の分節化なのである。現実界は存在しているが、つねに文化によって構築された（つまり、生じさせられた）現実、つまり象徴界としてなのである。ラカンが説明しているように、「文化の王国」は「自然の王国」に重ね合わされている（73）。「ことばの世界が……ものの世界を創り出すのである」（72）。

現実界の領域において、母親（あるいは、この象徴的役割を演じる人）との結合は、完璧で完全なものとして体験される。我々は、切り離された自我を持たない。唯一無二の存在としての個人という感覚とは、ラカン（2019）が「鏡像段階」と呼ぶもので、初めて現れ始める（【写真5・1】参照）。ラカンが指摘しているように、我々は、皆、不完全状態で生まれてくる。自分の動きを掌握し調整できるようになるまでには、時間を要するのである。乳幼児が初めて

【写真5･1】鏡像関係

自分を鏡で見るとき（六ヵ月から一八ヵ月の間）には、これは完全には達成されていない[9]。乳幼児は、「まだ運動能力の欠如と、幼児としての依存の中に沈んでおり」(352)、鏡像との同一化を形成する。鏡は、いまだ存在しない制御と調整を示唆する。それゆえに、乳幼児がそれ自身を鏡の中に見るとき、現在の自身だけではなく、より完全なそれ自身になれるという約束を見ることになる。まさしくこの約束において、自我が現れ始めるのである。ラカンによれば、「鏡像段階とは、内的推進力が不十分な状態から期待へと促進された劇であり、そして、それは、空間的な同一化という誘惑に囚われている主体に対して、寸断された身体のイメージから全体性のフォルムへと延びていく一連の幻想を作り出す」(353)。こうした認識、あるいはより適切には（それ自身ではなく、それ自身のイメージの）「誤認（misrecognition）」を基盤に、我々自身を切り離された個人として見なすのである。つまり、主体（見る自身）と、客体（見られる自身）の両方としてである。「鏡像段階」は、ラカンが想像界（the Imaginary）と呼ぶ主観性の秩序へ入場する契機の到来を告げる。

ラカンにとって、想像界とは、我々は同一化するが、まさにその行為によって我々自身の誤知覚と誤認識に導かれるというイメージの領域である。子どもは成長するにつれて、そのような客体との想像的同一化を継続していくが、このようにして自我は積み上げられていくのである。ラカンにとって、自我とは、同一化できる何かを世界で発見することによって、統一的自我という仮想の感覚を強化する単なるナルシスティックなプロセスなのである（Eagleton, 1983: 165）。

新しいイメージおのおのによって、我々は「欠如」以前の時へ回帰し、自身ではないものの中に自分を見つけようと試みて、そのたびに失敗する。「主体とは……欠如の場であり、同一化によるさまざまな試みが埋めようとする空っぽな場所なのである」（Laclau, 1993: 436）。言い換えれば、欲望は、想像界や象徴界に出会う前にそうであったように、欠如しているものを、再度全体となった我々自身を発見したいという欲望である。すべての同一化行為は、つねに誤同一化である。我々が認識する我々自身ではけっしてなく、単なる別の潜在的イメージにすぎない。「欲望は、換喩（metonymy）なのである」（Lacan, 1989: 193）。つまり、別の部分を見つけさせはするが、けっして全体でありはしないのである。

第二の発達段階は、「いないいない／ばあ」遊びであり、もともとは、自分の孫が糸巻きを投げた（「いなくなった」）後、それが付けられた糸によって巻き戻される（「ここにいた」）のを見たフロイトによって名づけられた。彼は、子どもが母親不在に折り合いをつける行為であると理解した。糸巻きは母親を表象しており、子どもはそれを使いこなしていた。言い換えれば、子どもは状況を管理することで、母親の不在を補償しているのである。彼は、彼女をいなくならせる（いない）が、再度、現前させる（いた）。ラカンは、これを子どもが象徴界への参入を開始する、とくに言語（language）の中への導入の表象として読み直す。「欲望が人間になる瞬間は、子どもが言語の中に産まれ落ちる瞬間でもある」（113）。「いないいない／ばあ」遊びのように、言語は「不在から作られた存在」（71）である。いったん我々が言語の中に入ったなら、現実界の完全さは永久に失われる。言語は、「存在（being）と意味するもの（meaning）の間に疎外をもたらす分裂を導入する。言語以前には、我々は存在（自己完結の性質）だけを持っていた。言語以降には、我々は客体と主体の両方であるようになる。このことは、私自身（客体）について私が考える（主体）たびに、明白になる。言い換えれば、「私は言語において自分を特定するが、客体のように私自身を言葉の中で失うことによってのみそうなのである」（94）。私はあなたに語りかけるときのみ「私」であり、あなたは私に語りかけるときのみ「あなた」なのである。ラカンが説明しているように、「私が何者であるかに一致する方法で、私が私自身について語るのかを知っているかどうかという問題ではなく、それよりも、私に語られる私と私が同一であるかを知っているかどうかという問題なのである。この分断を説明しようと、ラカンはルネ・デカルト（1993）の「我思う故に我あり（I think therefor I am.）」を、「我無きところで思う故に我の思わぬところに我あり（I think where I am not, therefore I am where I do not think.）」と書き直している（Lacan, 1989: 183）。この構成において、「我思う」が発話の主体（想像界／象徴界の主体）の宣言であり、「我あり」が発話された主体（現実界の主体）である。それゆえに、つねに語る私と語られる私には乖離がある。象徴界への参入は、ラカン（2001）が「去勢（castration）」と呼ぶものをもたらす。それは、意味に入るために必要な、存在の象徴的な喪失である。文化に関与するために、我々は自然との同一性をあきらめてきた。「「私」が語るとき、私は語られる「私」とはつねに異なっており、つねに差異と失敗に滑り落ちていく。「主体がどこかに意味あるものとして現れるとき、彼は違うところで「消えていく」もの、消滅として表されるのである」（218）。

象徴界は、意味の間主観的ネットワーク（intersubjective network）であり、我々が参入しなければならない構造として存在している。そのようなものとして、象徴界はポスト・マルクス主義カルチュラル・スタディーズが文化を理解するようなやり方に非常に似ている（第四章を参照）。それゆえに、それは、我々が現実として体験するもので、現実界の象徴的体系化である現実である。象徴界にいったん入れば、我々の主体性は使用可能になる（物事を進められる意味を作れる）と同時に、拘束される（物事を進めることと、どうやって意味を作るかには限界がある）。象徴界の秩序は、我々が誰であるかを承認する。私は自分が誰々であるか考えるかもしれないが、もしも承認されていなければ、もしも私と他人が象徴界でこのことを承認できなければ、それは実際に本当のことにはならない。私が博士号を授与された日に、私はその日以前よりも知的であったわけではないが、象徴的意味においてはそうであった。私は、今や博士号を持ち、私自身を博士と呼ぶことができたのである。象徴界の秩序は私を承認し、それゆえに、私と他人は私のあらたな知的立場を承認することが許されたのである。

発達の第三段階は、性的差異との遭遇「エディプス・コンプレックス」である。エディプス・コンプレックスの正常な終了は、想像界から象徴界への移行を実施する。それはまた、我々の「欠如」の感覚を構成する。充足の不可能性は、今や、シニフィアン（signifier）からシニフィアンへの移行、けっしてシニフィエ（signified）に結びつかないものとして経験される（訳註：シニフィアンは指すもの、意味するものという意味で、語の音声イメージ、記号表現の側面を指す。シニフィエは指されるもの、意味されるものという意味で、語の概念や意味内容の側面を指す。詳しくは第六章を参照）。ラカン（1989）にとって、欲望とは、固定されたシニフィエ（「他者」、「現実界」、充実の瞬間、母体）の絶望的追求であり、つねに永遠に別のシニフィアンになることであり、「シニフィアンの下におけるシニフィエの絶え間のない横すべり」（170）である。欲望は、我々が「欠如」するものを補うために――自身と他者の乖離を閉じることの不可能性の中に存在している。我々は、言語と象徴界の介在以前の「自然」（母体から切り離せない）の中にすべてのものが単純にそれ自体であった場に存在していたときを渇望している。我々は人生の物語をつうじて前に進むとき、その状況を乗り越える欲望によって動かされている。そして、我々は振り返るとき、母親（あるいは母親の象徴的役割を演じる人）との結合が、「欠如」へ落ち込む前の充実の契機であったと依然として「信じるのである」（これは、ほとんど無意識的プロセスである）。「エディプス・コンプレックス」の「教訓（lesson）」とは、以下のようなものである。

> 子どもは……禁じられた母体への……いかなる直接的接触もけっしてできないという事実を、観念して受け入れるしかない。エディプス的危機の後では、たとえ人生すべてを費やして手に入れようとしても、この貴重な対象の達成はけっしてできないであろう。その代わり、……我々の存在のまさに中心の乖離を埋めるためにむなしい努力をし、代替物で間に合わさなくてはならないのである。我々は、代替物のための代替物、比喩のための比喩の中を動き回り、（もしも虚構としても）純粋な自己同一性と自己完結をけっして回復できない……。ラカン理論

において、母体という原初喪失の対象こそが、人生の物語を前に進め、終わりなき欲望の換喩運動において失楽園の代替物の追求を推進するのである（Eagleton, 1983: 167, 168, 185）。

「愛」こそ、すべての問題の最終的解決であるというロマンティック・ラヴの言説は、この終わりなき追求の例として挙げることができるだろう。私が言いたいのは、言説実践（第六章のフーコーと第四章のポスト・マルクス主義の議論を参照）としてのロマンスが、いかに、愛は我々をひとつにする、我々の存在を完結すると見ているのかということである。愛は、実際、母体から切り離せない、祝福された完全な瞬間である現実界に、我々が回帰することを約束してくれる。これがうまく展開されているのを、男らしいロマンス映画『パリ、テキサス』に見ることができる。これは、トラヴィス・ヘンダーソンが完全な瞬間に戻ろうとする実現不可能な奮闘の比喩表現として、無意識のロード・ムービーとして読むことができる。この映画は、回帰への三つの試みを演出している。まず最初に、トラヴィスは母親の先祖を求めてメキシコへ行く。次に、彼は、テキサス州の町パリに、彼の母親の胎内に宿った契機を求めて訪れる。最後に、「転位（displacement）」行為において、彼自身の探求は失敗する運命にあるという象徴的認識として、彼はハンターをジェーンに（息子を彼の母親に）戻している。

映画の精神分析　Cine-psychoanalysis

ローラ・マルヴィ（1975）のエッセイ「視覚的快楽と物語映画」は、おそらくフェミニズム精神分析の観点から見たポピュラーな人気映画に関する古典的議論である。このエッセイは、いかに人気映画が、彼女が「男性のまなざし（male gaze）」と呼ぶものを生産し、再生産するかを扱っている。マルヴィは、自身のアプローチを「政治的精神分析」として説明する。精神分析理論は、「父権社会の無意識が映画形態を構造化してきた方法［を論証する］政治的武器として……簒奪されているのである」(6)。

この映画という制度内の女性イメージの刻印は、二重になっている。ひとつは、女性は男性の欲望の対象であるということであり、もうひとつは、女性は去勢脅威のシニフィアンだということである。大衆映画の「視覚的快楽の操作」に異議申し立てするために、マルヴィは、彼女が「過激な武器としての快楽の破壊」(7)と呼ぶものを求めている。彼女は、この点に妥協がない。「快楽や美の分析は、それを破壊するといわれる。これこそが、この論文の意図なのである」(8)。

それでは破壊されるべき快楽とは何なのだろう。彼女は、二つをあきらかにする。ひとつ目は、視覚快楽嗜好(スコポフィリア)(scopophilia)すなわち、見る快楽である。フロイトを引用しながら示唆されるのは、それはつねに単なる見る快楽以上のものであるということである。すなわち、視覚快楽嗜好は、「他人を客体として捉え、支配的まなざし(controlling gaze)のもとに置く」(ibid.)ことに関わるのだ。支配的まなざしという観念は、彼女の議論に極めて重要である。しかし、性的客体化(sexual objectification)も同じく重要である。視覚快楽嗜好は性的なものでもあり、「別の人間を、視覚をつうじた性愛的な刺激対象として利用する」(10)。大衆映画は、それ自体を見るべきものとして明瞭に提示するが、それは慣習として、「聴衆の存在には無頓着に、魔法のようにほどけてゆく密閉されて封がなされた世界」(9)を暗示するとマルヴィは論じている。聴衆の「窃視症的な空想(voyeuristic fantasy)」が、映画の暗闇とスクリーン上の光の変化パターンの対比によって奨励されるのである。

人気映画は、第二の快楽である「ナルシシズムにおける視覚快楽嗜好の発展」(ibid.)を促進し、満足させる。ここでマルヴィは、ラカン(2019)の「鏡像段階」(前節を参照)の説明を引いて、子どもの自我形成と映画における自己の同一化快楽との間に類似があると示唆している。子どもが鏡の中に自身を認識し、誤認するように、観客はスクリーン上に自身を認識し、誤認する。彼女は、以下のように説明している。

鏡像段階が起こるのは、幼児が自分の運動能力以上を望み、鏡の中に現れた自分の姿が、幼児自身の身体体験に比べて、より完全でまとまったものであると想像し、結果として、この鏡の中の認知が喜びにみちたものになる、そのときである。こうして自己認識は、自己の誤った認識を基に形成される。つまり、認知されたイメージは、まず自分の身体の反映されたイメージと見なされる。しかし、この反映されたイメージをより完全な自己イメージとして見なす誤認は、自分の身体の外部に存在するこの身体イメージを理想自我として投影する。そして、この隔絶された主体は理想自我としてまた再投入され、将来における他者への同一化の生成への準備となる（9-11）。

マルヴィは、人気映画は二種類の矛盾した視覚的快楽を生み出すと論じている。最初の快楽は、視覚快楽嗜好の誘因となり、二番目はナルシシズムを促進する。「映画的には、前者からは、主体の性愛的な自己同一性のスクリーン上の客体からの乖離（能動的な視覚快楽嗜好）が示唆されるが、後者は、観客が自分のような人物に魅了された状態とその人物への認識をつうじ、自我とスクリーン上の対象との同一化を要求する」（10）という矛盾が起こってくるからである。フロイト派のことばで言えば、乖離は、「視覚快楽嗜好の衝動（他人を性愛対象として見る喜び）」と「自我リビドー（同一化プロセスを形成する）」（17）の間にある。しかし、「性的不均衡」によって構造化された世界では、視線の快楽は、見る男性と「見られること（to-be-looked-at-ness）」を見せる女性という、二つのはっきり区別できる立場によって分離されている。両者は、男性の欲望の前で演じて、男性の欲望を意味する（11）。それゆえに、女性は、（男性の）まなざしの快楽にとってきわめて重要である。

従来の約束事では、呈示された女性は二つのレヴェルで機能してきた。まず第一に、物語の中の登場人物の性愛的対象としてであり、もうひとつは、劇場の中の観客にとっての性愛的対象であり、この二種類の視線が画面の前と中で交差しながら緊張関係を呼ぶのである（11-12）。

マルヴィは、両方の視覚のために踊るところを見られるショーガールの例を挙げている。女性主人公が服を脱ぐときには、それは、物語の中の男性主人公とホールの観客の両方の性的なまなざしの対象としてである。彼と彼女が結果的に愛を交わすときにおいてのみ、二つのまなざしの間に緊張が生じる。

人気映画は、二つの契機を中心に構造化されている。物語的契機と観客的契機である。最初の契機は、能動的な男性と結びついていて、第二の契機は、受動的な女性と結びついている。男性の観客は、自我形成を満足させるために視線を男性主人公（「まなざしの担い手」）に固定し、その男性主人公をつうじて女性主人公にまなざしを向けて（性愛のまなざし）、リビドーを満足させる。最初の視線は、鏡の前の認識と誤認の瞬間を思い出させる。第二の視線は、女性が性愛対象であることを裏づけるが、以下のような主張によってより複雑になる。

> つまるところ、女性の意味は性的差異であり……彼女は、そのまなざしがそのあたりをさまよいつつ否認するものを暗示的に示している。それは彼女にペニスが欠如していることであり、去勢の脅威と、それゆえの不快を示唆している……。こうして、能動的な視線を統御する者としての男性の楽しみとまなざしのために晒された偶像的（アイコン）記号としての女性は、彼女がもともと意味した（去勢）不安をつねに喚起する脅威となるのである（13）。

快楽を救い出し、根源的な去勢コンプレックスの不愉快な再演をうまく避けるため、男性の無意識は安全への二つの道筋を取る。最初の逃げ道は、精神的外傷（trauma）のもともとの契約の詳細な調査をつうじ、通常は、「罪深い対象をおとしめるか、罰するか、あるいは救う」ことになる（ibid.）。マルヴィはフィルム・ノワールの物語（訳註：一九四〇年代後半から五〇年代前半にかけての虚無的傾向を持つ犯罪映画）を、この不安制御の典型的な方法として引き合いに出している。第二の逃げ道は、「去勢そのものを完全に否認してしまうこと」で、「フェティッシュな対象（fetish object）の代用によるか、または表象された形象そのものをフェティッシュ化することによって去勢が脅威的なものではなくもっと安心を呼ぶものに変える」（13-14）。マルヴィがその例として挙げるのは、「女性スターのカルト的崇拝であり……［そこでは］フェティッシュ的な視覚快楽嗜好が対象の身体的な美を増強し、それ自体で充足するものに変容させる」（14）。これはしばしば、もはや男性主人公のまなざしに担われるのではない、観客の性愛的まなざしへと行き着き、カメラが女性の身体（しばしば身体の特定部分に焦点を当てる）を観客による無媒介な性愛的まなざしのために捉えるとき、純粋な性愛的スペクタクルの瞬間を生み出す。

マルヴィは、女性を「（能動的）男性視線のための（受動的）原材料にする」（17）搾取と抑圧から解放するため、人気映画の快楽は破壊されなくてはならないと示唆して議論を締めくくっている。彼女は、映画制作においてブレヒト革命に及ぶものを提唱している。[10] もはや「男性的自我の神経症的必要性に強迫的に従属」（18）しない映画を作るためには、カメラを物質的なものにし、聴衆の中に「弁証法的、情熱的分離」（ibid.）を生み出し、錯覚を起こす技法と断絶する必要がある。さらに、「この目的（男性的まなざしの体調視線の対象）のためにその映像をつねに盗用されてきた女性にとって、伝統的映画形式の斜陽は、せいぜい感傷をかきたてられるだけなのである」（ibid）（マルヴィのフェミニズム批評に関しては、第八章を参照）。

スラヴォイ・ジジェクとラカンの幻想 Slavoj Žižek and Lacanian fantasy

テリー・イーグルトンは、スロヴェニアの批評家スラヴォイ・ジジェクを、「ここ何十年の間に欧州に現れた精神分析、それどころか文化理論一般の恐ろしく燦然と輝く解説者」と形容している（Myers, 2003: 1に引用）。他方、イアン・パーカー（2004）によれば、「ジジェクの仕事には、なんの理論的体系もないが、しばしば何かがあるかのように思わせる……。ジジェクは他の理論家になにか具体的概念を付け加えるのではなく、他人の概念を節合し、混ぜ合わせる」(115, 157)。ジジェクの仕事に影響を与えた三つの主要なものは、ゲオルク・ヴィルヘルム・フリードリヒ・ヘーゲルの哲学、マルクスの政治学、ラカンの精神分析である。しかし、ラカンの影響こそが、彼の仕事におけるマルクスとヘーゲルの空間を体系づけている。イーグルトン、あるいはパーカーのどちらに同意するにしても、真実は、ジジェクがテクストの興味深い読み手であるという点である(たとえばŽižek, 1991, 2019を参照)。この短い論述では、彼によるラカンの幻想(fantasy)観念の精緻化にほとんどの話を絞ってみたい。

幻想は、錯覚(illusion)と同じではない。幻想はむしろどのように現実を見て理解するかを組織化する。まるで枠組みとして機能し、それをつうじて我々は世界を見て理解するのである。幻想は、周囲の世界をどのように見て経験するかを組織化する見方を提供することで、我々を唯一無二の存在にしてくれる。ポップミュージシャンのジャーヴィス・コッカー(元パルプのリードシンガー)は、BBCラジオ4の長寿番組「デザート・アイランド・ディスクス」(24 April 2005)に登場して、次のコメントを残している。「どこでものごとが起こるかは、本当にどうでもいいことなんだ。人生を面白くさせるのは、君の頭の中で何が起こっているかなのさ」。これは、幻想の組織化機能のすぐれた例である。

ジジェク(1989)は、「「現実(reality)」とは、我々の欲望の現実界(the Real)をおおい隠す幻想的な構築である」(45)、と論じている。フロイト(1976)は、亡くなった息子が夢の中に出てきて「僕が燃えているのが見えないの?」と訴えられた男の夢に説明を与えている。フロイトの考えでは、父親はものの焼ける強烈な臭いで目覚めている。言い換えれば、夢に取り込まれた外部刺激(燃焼)が、夢に収めるにはあまりにも強すぎたのである。ジジェク(1989)によれば、

> ラカン派の読解は、これと真っ向からぶつかる。主体は外部の刺激が耐えがたいものになったときに目覚めるのではない。彼の目覚めの理屈(logic)は、まったく異なる。最初、彼は睡眠を長引かせ、現実に引き戻されるこ

とを避けるべく夢を構築する。しかし、彼が夢の中で出会ったもの、欲望の現実、すなわちラカン派の現実界が——あるいは、この場合、子どもの父親に対する非難「僕が燃えているのが見えないの?」は、父親の根源的な罪が——いわゆる外的現実そのものよりも、より恐ろしいことを示唆している。そのために、彼は目覚めるのである。ぞっとする夢の中で現れる、彼の欲望の現実界を避けるためである。彼は、眠り続けるため、彼の無知を維持するため、彼の欲望の現実界に目覚めることを避けるため、いわゆる現実に逃げ出すのである(45)。

息子の死を防ぐために十分なことができなかったという彼のやましい気持ちが、夢が隠そうとした現実界なのである。言い換えれば、彼が目覚める現実は、彼が夢で遭遇したものよりもより〈現実〉ではないのである。

ジジェク(2019)は、幻想的な現実構築の他の例をポピュラー・カルチャーから挙げている。欲望を充足するのではなく、幻想は欲望を演劇化する。彼が説明するように、

幻想が演劇化するものは、我々の夢が充足されたり、完全に充足されたりする場面ではなく、それどころか、欲望をそれ自体として現実化、演劇化する場面である。精神分析の要点は、欲望とはなにかしら事前に与えられるものではなく、なにかしら構築されなくてはならないものということである。そして、まさに欲望主体の座標を与え、その対象を明確化し、主体が引き受ける立場を位置づけることが幻想の役割なのである。幻想をつうじてのみ、主体は欲望するように構成される。幻想をつうじて、我々はどのように欲望するかを学ぶのである(335)。

このようにして、「幻想空間は、欲望を投影するためのスクリーンの空っぽの表面として機能する」(336)。彼は、パトリシア・ハイスミスの短編「黒い天使の目の前で(The Black House)」を例として挙げる。ある小さなアメリカの町で、老人たちが過去を懐かしんで毎晩バーに集まる。彼らの記憶は、さまざまなかたちで、町外れの古い黒い家の話

がつねに焦点になるように思われる。おのおのの男女は、まさしくこの家で、とくに性的な冒険が起こったことを思い出すことができる。しかし、今では男たちには、あの家に戻ることは危険であろうという約束事があった。ある町の若い新顔が、その古い家を訪ねるのは怖くないと伝える。彼が実際、家を探索してみると、ただの荒廃して朽ち果てただけのものであった。彼はバーに帰ってきて、黒い家は他の古家とちっとも変わらない、崩れかけの建物だったと伝える。男たちは、発言に激怒する。彼が立ち去るときに、老人の一人が彼を襲って、殺してしまう。なぜ老人たちは、若い新入りの行動にそこまで激怒したのであろうか。ジジェクは、このように説明している。

「黒い家」は、懐古の念にとらわれた欲望や、歪められた記憶を投影できる空っぽの空間として機能するゆえに、老人たちには禁断の存在だったのである。「黒い家」がただの廃屋であると公に宣言することで、若い侵入者は彼らの幻想空間を日常の当たり前の現実におとしめてしまった。彼は、現実と幻想空間の相違を無効化して老人たちから欲望を分節化できる場所を奪ってしまったのである（337）。

欲望は、けっして充足されたり、完全に満足されたりするものではない。それは、幻想の中で延々と再生産される。「不安（anxiety）は、欲望の消失によって引き起こされる」（336）。言い換えれば、不安は、我々が欲望しているものに近づきすぎる結果として、「欠落」それ自体を取り除き、欲望を終わらせてしまう脅威から起こってくる。これは、欲望の遡及性という性質によって、さらに複雑化される。ジジェクが述べているように、「欲望の逆説(パラドクス)は、その原因を遡及的に決定することである。つまり、対象 a［小文字の他者］は、欲望によって「歪められた（distorted）」視線によってのみ認知されうる対象であり、「客観的」視線にとっては存在しない対象なのである」（336）。言い換えれば、私が欲望するものは、対象を固定し、対象に対して私を牽引してきたように思われる欲望を生成する幻想のプロセスによって体系化される。しかし、実際には欲望は、その対象に、私が最初に視線を固定するまで存在しないものである。前に進む運動のように見えるものは、つねに遡及的なのである。

註 Notes

（1）映画『ヒューマンネイチュア』は、この観念の非常に奇妙な演出を提示している。フロイト（1985）は、西暦七九年のポンペイの火山噴火を、抑圧とどのようにその仕事を元に戻すかを説明する手段に用いている。「抑圧は心的なものを近寄りがたくすると同時に、それをそっとしまいこんでしまうのだが、ポンペイが犠牲となり、そして鋤で掘り下げていくうちに、その中からふたたびこの町が蘇ってきたその埋もれた廃墟ほど、じっさいこの抑圧に酷似したものはない」（65）。さらに言えば、フロイトの無意識をひとつのものと考えるべきではない。それは、我々が外界との間に持っている関係なのである。無意識は我々の成長とともに成長する。

（2）別の見方は、抑圧（repression）と抑制（suppression）の違いを考えてみることである。前者では、何かが意識から封鎖されているが、後者では、何かについて考えないようにする意識的努力である。

（3）ドイツ語原文では、自我、超自我、エスは、"Ich"（英語のIに相当）、"über-Ich"（英語のover-Iに相当）、"es"（英語のitに相当）となる。

（4）フロイトの「人間の本性（human nature）」の考えは、カール・マルクスが発展させたものに近い。『資本論』第一巻で、マルクスは「一般的な人間の本性」と「おのおのの歴史的な時代に、歴史的に修正された人間の本性」（1976c: 759）を区別している。一般的な人間の本性は、諸必要性と諸能力から構成されている。これらは、「生来（natural）」のものと我々の「種族特有（species being）」に属するものとに分けられる。「生来」の諸必要性と諸能力とは、他の動物と共有されるもの（食、住、生殖、等）であり、「種族特有」なものは、我々人間に特有で、それらの具体的な顕在化は歴史的、社会的に異なる可能性がある。言い換えれば、多くの保守的説明に反して、人間の本性は固定化された不変なものではなく、なにかしら備え付けられたものでもなく、つねに生成していく状態にある。現代社会において人間であることは、五千年前や一万年前にそうであったこととは、非常に異なっている。将来においても、またそれは異なっているであろう。

(5) 失錯行為 (parapraxes) および「不気味なもの (uncanny)」(Freud 1985) は、抑圧に接近するもうひとつの主要手段を提供する。不気味なものについての急進的ユートピア主義と関連づけた議論は、フロイト (1975) とストーリー (2014) を参照。

(6) 文化の働きの精神分析の別の例は、言語である。患者が何かに結びつける連想は、彼または彼女が話すかもしれない言語によって可能にもされ、拘束されもする。さらに、文字どおりの意味以外の何かの代わりとなることばの、フロイト (1976) が提示するさまざまな例もまた、患者が理解する言語 (language(s)) に限定されている。

(7) フロイトが女の子のエディプス・コンプレックスを議論する方法は、とくに彼が用いる言語は、そのプロセスの真の理解はあまり彼にとって重要でないと示唆しているように思われる。

(8) フロイト (1977) がエディプス・コンプレックスを通過するには二つの方法があると信じていたことに注意しておくのも重要である。異性愛好を生じさせる「肯定的」なものと、同性愛好を生じさせる「否定的」なものである。男の子は、「母親の場所を受け入れ、父親に愛される」かもしれない (318)。

(9)「機知に富んだ詩人がとても適切に言うように、我々のイメージを我々に返す前に、鏡はほんの少しだけ多く映し出すであろう」(Lacan, 1989: 152)。

(10) ブレヒト的美学に関しては、ブレヒト (1978) を参照。

さらに知りたい人のための参考文献 Further reading

Storey, John (ed.), *Cultural Theory and Popular Culture: A Reader*, 5th edn, London: Routledge, 2019. This is the companion volume to the previous edition of this book. An interactive website is also available (www.routledge.com/cw/storey), which contains helpful student resources and a glossary of terms for each chapter.

Belsey, Catherine, *Culture and the Real*, London: Routledge, 2005. A very clear account of Lacan and Žižek.

Easthope, Antony, *The Unconscious*, London: Routledge, 1999. An excellent introduction to psychoanalysis. Highly recommended.

Evans, Dylan, *An Introductory Dictionary of Lacanian Psychoanalysis*, London: Routledge, 1996. Indispensable for understanding Lacan.

Frosh, Stephen, *Key Concepts in Psychoanalysis*, London: British Library, 2002. An excellent introduction.

Kay, Sarah, *Žižek: A Critical Introduction*, Cambridge: Polity Press, 2003. An excellent introduction. I particularly like the way she acknowledges that sometimes she just does not understand what Žižek is saying.

Laplanche, J. and J.-B. Pontalis, *The Language of Psychoanalysis*, London: Karnac Books, 1988. A brilliant glossary of concepts.

Mitchell, Juliet, *Psychoanalysis and Feminism*, Harmondsworth: Pelican, 1974. A classic and groundbreaking account of how feminism can use psychoanalysis to undermine patriarchy. As she claims, 'psychoanalysis is not a recommendation for a patriarchal society, but an analysis of one'.

Myers, Tony, Slavoj Žižek, London: Routledge, 2003. A very accessible introduction to Žižek's work.

Parker, Ian, *Slavoj Žižek: A Critical Introduction*, London: Pluto, 2004. Another very good account of Žižek's work. The most critical of the recent introductions.

Richards, Barry, *What Holds Us Together: Popular Culture and Social Cohesion*, London: Routledge, 2018. An interesting attempt to bring popular culture and psychoanalysis together.

Wright, Elizabeth, *Psychoanalytic Criticism*, London: Methuen, 1984. A very good introduction to psychoanalytic criticism.

Žižek, Slavoj, *Looking Awry: An Introduction to Jacques Lacan through Popular Culture*, Cambridge, MA: MIT Press, 1991. An excellent introduction to Žižek and popular culture.

第六章
構造主義とポスト構造主義

6 Structuralism and post-structuralism

構造主義は、本書で論じられている他のアプローチとは異なり、テリー・イーグルトン（1983）が指摘するように、「対象物の文化的価値にはきわめて無頓着であり、『戦争と平和（*War and Peace*）』から『ときのこえ（*The War Cry*）』（訳註：救世軍広報）までいかなるものも扱う。その方法論は分析的であり、評価的ではない」（96）。構造主義は、スイスの言語学者フェルディナン・ド・ソシュールの理論的業績から派生した、テクストと実践にアプローチするための方法である。おもな主唱者は、マルクス主義におけるルイ・アルチュセール、文学、文化研究におけるロラン・バルト、哲学、歴史におけるミシェル・フーコー、精神分析におけるジャック・ラカン、文化人類学におけるクロード・レヴィ＝ストロース、および文学理論におけるピエール・マシュレなどのフランス人である。彼らの書いたものは、しばしばとても異なっており、ときに難解である。こうした著者をひとつにまとめるのは、ソシュールの影響であり、彼の仕事から引き出された特定語彙の使用である。となると、彼の言語学の業績の考察から我々の探索を始めることがよいだろう。その最善のアプローチは、いくつもある鍵となる概念を吟味することである。

フェルディナン・ド・ソシュール　Ferdinand de Saussure

ソシュールは、言語を二つの構成要素に分けている。「ネコ」という語を書くとき、「ネコ」という銘刻（inscription）を生み出し、また四つ足のネコ科の生き物である猫の精神的イメージの概念も生み出す。彼は、前者を「シニフィアン（signifier）」（訳註：「意味するもの」、「記号表現」とも訳される）、後者を「シニフィエ（signified）」（訳註：「意味されるもの」、「記号内容」とも訳される）と呼ぶ。それらは（一枚のコイン、あるいは紙の両面のように）組み合わさって、「記号（sign）」を構成している。彼は続けて、シニフィアンとシニフィエの関係は完全に恣意的（arbitrary）であると論じている。たとえば、「ネコ」という言葉はいかなる猫的性質も持っておらず、「ネコ」というシニフィアンが四つ足のネコ科の生き物「ネコ」というシニフィエを生み出すべきいかなる理由も存在しない（他の言語は、同じシニフィエを生み出す異なったシニフィアンを持っている）。二者の関係は、文化的に同意されたこと――単なる約束事の結果にすぎない（【図表6・1】を参照）。「ネコ」という記号表現は、四つ足のイヌ科の生き物「イヌ」という記号内容を生み出すことも同様に簡単にできるはずなのである。

中国語	mao
英語	cat
フランス語	chat
ドイツ語	katze
日本語	neko
スペイン語	gato
ロシア語	koska

【図表6・1】　さまざまな言語における「ネコ」という言葉

この主張に基づいて、彼は、意味はシニフィアンとシニフィエの必然的対応の結果ではないと示唆している。むしろ、それは差異（difference）と関係（relationship）の結果なのである。言い換えれば、ソシュール理論とは、言語の関係性の理論である。意味は、世界におけるものの一対一の関係をつうじて生み出されるのではなく、差異を設定することによって生み出される。たとえば、「母」は、「父」、「娘」、「息子」、その他との関連で意味を持つ。交通信号は、四つの信号というシステム内で機能している。赤なら止まれ、青なら進め、黄色は赤に備えよ、黄色と赤は青に備えよ。記号表現「青」と記号内容「進め」の関係は恣意的であり、青という色を「進め」という動詞に自然に結びつけるなにものも存在していない。交通信号は、赤が「進め」で青が「止まれ」を意味したとしても、まったく同様に機能するであろう。

このシステムは、自然な（natural）意味を示すことで機能するのではなく、差異と関係のシステム内の区別である差異（difference）を作り出すことで機能する。実質性ではなく関係論的意味の主張の正しさを示すため、ソシュールは列車システムの例を挙げている。たとえば、一二時一一分にボーフムからブレーメンに向かう列車は、毎日同じ時間に運行する。これらの電車のそれぞれに、我々は（「一二時一一分ボーフム発ブレーメン行き」という）同じ固有性を割り当てる。しかし、機関車、車両、職員が毎日同一であることはほとんどありえない。列車の同一性は、実質性によってではなく、別時刻に走る、別路線を走る他の列車との関係論的な区別によって確立している。ソシュールの別の例は、チェスというゲームである。たとえば、表象のされ方が他の駒との違いを明瞭にしるしているという条件で、ナイトは、駒のデザイナーが望ましいと考えるいかようにも表象できる。

ソシュールによれば、意味はまた結合（combination）と選択（selection）のプロセスで作られており、統辞的な軸（syntagmatic axis）に沿って水平に、範列的な軸（paradigmatic axis）に沿って垂直に作られる。たとえば、「ミリアムは、今日、チキンブイヨンを作った」という文は、ミリアムは／作った／チキンブイヨン／今日という異なる部分の組み立てをつうじて意味をなしている。意味は、最後の単語が話されるか、記されるかして初めて完全なものになる。ソシュールは、このプロセスを言語の統辞的な軸と呼んでいる。有意味性（meaningfulness）は、「ミリアムは恋人のことを夢見ながら、今日、チキンブイヨンを作った」のように、他部分を付け加えることによって延長可能である。意味は、このように言語の統辞軸に従って蓄積される。このことは、文が中断されたときに完璧に明瞭になる。たとえば、「私は、以下のことを言おうとしたが……」、「私には、デイヴィッドがすべきなのは明白だが……」、「あなたは……に関して語ると約束したが……」などである。

また、文のある部分を、あらたなものに代替することによって意味は変わりうる。たとえば、「ミリアムは彼女の恋人を夢見ながら、今日、サラダを作った」、あるいは「ミリアムは彼女の新車を夢見ながら、今日、チキンブイヨンを作った」と書くことが可能だ。そのような代替は、言語の範列軸に従って機能していると言われている。より政治色が濃い例を考えてみよう。「テロリストが、今日、陸軍基地を攻撃した」。範列軸の代替は、この文の意味をはなはだしく変更できる。もしも「テロリスト」という言葉を、「自由の戦士」や「反帝国主義的志願兵」で代替したなら、文意をとても異なったふうにしたことになるだろう。これは文自体の外にある対応する現実へのいかなる言及もなしに、達成されるであろう。文意は選択と結合のプロセスをつうじて生み出されるのである。これは「記号（sign）」と「指示対象（referent）」（先の例でいえば、現実世界の実際の猫など）の関係が、「慣習的（conventional）」でもあるためである。それゆえに、我々が話す言語は、物質的世界の現実を単純に反映（reflect）してはいない。むしろ、我々が見たり経験したりするものに一定の秩序を押しつける概念的な地図を提供することで、我々の話す言語は、我々にとっての物質世界の現実を構成するものを形成することに重要な役割を果たしているのである。

構造主義者は、言語は、我々の現実感覚を体系づけ、構築すると論じている。異なった言語は、実質上、現実についての異なった地図作製を生み出す。たとえば、ヨーロッパ人が雪景色を眺めるとき、彼または彼女は雪を見ている。他方、雪と氷を表す三〇以上の単語を持つイヌイットは同じ雪景色を見ても、それよりもずっと多くのものを見るであろうと想定される。それゆえに、一緒に立って雪景色を見るイヌイットとヨーロッパ人は、とても異なった二つの概念的景色を実際には見ていることになるだろう。同様に、オーストラリア先住民族は砂漠を表す多くの単語を持っている。こうした例が構造主義者にあきらかにするのは、世界を概念化する方法は、究極的には我々が話す言語に依存しているということである。また、類推すれば、それは我々が居住する文化に依存しているということになるだろう。言語によって可能になる意味とは、すなわち、結合と選択、類似と差異の関係のネットワークの相互作用の結果なのである。意味は、言語外の現実に対する言及によっては説明されえない。ソシュール（1974）が主張するように、「言語には、決定的な辞項のない、差異があるだけである……。言語は、言語システム以前に存在する観念や音声のどちらも持っておらず、システムから生じた概念的差異と音声的差異だけを持つのである」（120 強調はソシュールによる）。イヌイットが雪景色に異なった名前をつけるのはその名を持つものが日常経験に基づいているからであると示して、我々はこの想定に疑問を呈したくなるかもしれない。また、言語システムによっては純粋に説明されない意味が、「テロリスト」を「自由の戦士」で代替することで生じているという反論もあるかもしれない（第四章を参照）。

ソシュールは、構造主義の発展に必須と証明とされてきた別の区別も生み出している。言語のラング（langue）とパロール（parole）への分割である。ラングは、言語のシステム、すなわち言語を体系化するルールと慣例を指している。これは社会制度としての言語であり、ロラン・バルト（1967）が指摘するように、「本質的には、人がコミュニケーションしようと望むのであれば、そのまま受け入れなければならない集団的協約（collective contract）である」（14）。パロールは、個々の発話、個々の言語の使用を指している。この点をはっきりさせるため、ソシュールは言語をチェスというゲームにたとえている。ここではチェスというゲームのルールと、実際のゲームを区別できる。ルールのまとまりなしに実際のゲームはありえないが、ルールが目に見える形になるのは実際のゲームにおいてのみである。それゆえに、ラングとパロール、すなわち構造とパフォーマンスが存在する。パフォーマンスの異質性（heterogeneity）を可能にするのは、構造の同質性（homogeneity）なのである。

最後に、ソシュールは言語学の二つの理論的アプローチも区別している。所与の言語の歴史的発展を研究する通時的アプローチ（diachronic approach）と、ある特定の時点における所与の言語を研究する共時的アプローチ（synchronic approach）である。彼は、言語学研究を確立するには、共時的アプローチの採択が必要であると論じている。一般的に言って、構造主義者は、テクストや実践の研究に共時的アプローチを取ってきた。テクストや実践を本当に理解するには、構造的特性にだけ重点的に取り組むことが必要である、と彼らは論じている。当然のことながら、これは、構造主義に敵対的な批評家が、構造主義による、文化に対する歴史に無関心なアプローチを批判する余地を与えている。

構造主義者は、ソシュールの業績から二つの基本的考えを取り入れる。ひとつ目は、意味を可能にするテクストと実践の基盤にある関係、意味を可能にする「文法」への関心であり、もうひとつは、意味がつねに基盤をなす構造によって可能になる結合と選択の相互作用の結果であるという見方である。言い換えれば、テクストと実践は、言語に類似したものとして研究される。たとえば、一九九九年五月、宇宙からやって来た生命体がバルセロナに降り立ったと仮定してほしい。地球からの歓迎の意を示すため、彼らがマンチェスター・ユナイテッド対バイエルン・ミュンヘンのチャンピオンズリーグ決勝戦に招かれたとする。彼らは、いったい何を目撃するであろうか。一方は赤色で、他方は銀とえび茶色という異なった色彩のコスチュームに身を包んだ二組の男たちが、異なったスピードで異なった方向に、白線で囲まれた緑の表面のあちこちで動いているのに気がつくであろう。彼らはどこかから発射された白い球体が協力や競い合いのパターンに相当な影響を与えているらしいことに気づくだろう。また、笛を吹いてプレーの結合を止めたり始めたりする濃緑の服を着た男にも気づくだろう。また、笛を持った男の制限された権威に手助けするため旗を使って、中心的な行為の場の両側に一人ずついる、これもまた濃緑の服を着た他の二人の男に彼が手助けされているのにも気づくだろう。最終的に、運動場のおのおのの奥に部分的にネットで構成されたものの前に立つ二人の男の存在に気づくだろう。これらの男が、白い発射物の接触に関わる曲芸的動作に定期的に従事することを見るだろう。地球を訪問した宇宙人は状況を観察し、自分たちが見たものをお互いに語り合うことができるだろうが、もしも誰かがサッカー協会のルールすなわち構造（structure）を説明しなければ、マンチェスター・ユナイテッドが史上初のチャンピオンズリーグ、プレミアリーグ、FA杯「三冠」を達成する英国チームになったチャンピオンズリーグ決勝戦は、彼らにはほとんど何も意味をなさないだろう。文化テクストと実践の基盤となるルールが、構造主義者の興味を惹くのである。意味を可能にするのは構造であろう。構造主義者の責務とは、それゆえに、意味（パロールという行為）の生産を支配するルールとしきたり（構造）をあきらかにすることなのである。

クロード・レヴィ=ストロース、ウィル・ライト、西部劇
Claude Lévi-Strauss, Will Wright and the American Western

クロード・レヴィ=ストロース（1968）は、ソシュールをいわゆる「未開」社会の文化の「無意識的基盤（unconscious foundations）」（18）を発見する手助けに用いている。料理、マナー、ドレスのモード、審美的活動やその他の文化と社会の実践を、言語システムに類似したものとして分析している。それぞれは、それぞれの方法で、コミュニケーションの様式であり表現の形式なのである。テレンス・ホークス（1977）が指摘するように、「彼の追求する獲物は、手短に言えば、すべての文化のラングであり、そのシステムと一般法則である。彼は、パロールの特定の多様性をつうじてラングを追跡するのである」（39）。狙ったものの追求において、レヴィ=ストロースは数々の「システム」を調べている。しかし、彼の神話（myth）の分析こそ、ポピュラー・カルチャーの研究者にとっての中心的関心となる。神話の多様性の下には、同質性の構造が発見されうる、というのが彼の主張である。言い換えれば、個々の神話は、パロールの例であり、潜在的構造またはラングの明確な表現なのである。この構造を理解することで、個別の神話の「機能的価値（operational value）」（Lévi-Strauss, 1968: 209）である意味を真に理解できるようになる。

レヴィ=ストロースによれば、神話は、言語の個別単位である「形態素（morphemes）」と「音素（phonemes）」に類似した、個々の「神話素（mythemes）」からなっており、言語のように機能する。形態素と音素のように、神話素は特定のパターンで結合するときにのみ意味を獲得する。このように見ることで、人類学者の責務は、神話が意味を持つことを可能にするルールと規制、すなわち基盤となる「文法」の発見となる。彼はまた、神話は「二項対立（binary oppositions）」に関連して構造化されている、と述べている。たとえば、文化と自然、男と女、黒と白、善と悪、我々と奴らなどのように、世界を相互に排他的な範疇に分けることで意味を生み出すのである。彼は、ソシュールを参考にして、意味は類似と差異のプロセスの相互作用の結果であると見ている。たとえば、何が悪いかを言うために

は、我々は何が善かという概念を持たなければならない。同様に、男であることが何を意味するかは、女であることが何を意味するかに対して定義されるのである。

レヴィ＝ストロースは、すべての神話は似かよった構造を持つと主張している。さらに、けっしてこれは彼の主眼ではないが、すべての神話は社会内で似かよった社会文化的機能を持っているとも主張している。つまり、神話の目的とは、魔法のように問題と矛盾を解消し、世界を説明可能にすることなのである。彼が強く主張するように、「神話的思考は、つねに対立の意識から解決に向かって進行する……。神話の目的は、矛盾の克服が可能な論理的モデルの提供である」(224, 229)。神話は、矛盾を払いのけて、世界を理解可能にすることで居住可能にするべく、我々が文化として語る物語である。すなわち、我々自身と我々の存在の間に平和をもたらすことを目指しているのである。

ウィル・ライト(1975)は、『リボルバーと社会(*Sixguns and Society*)』で、レヴィ＝ストロースの構造主義的方法論を用いてハリウッド西部劇(Hollywood Western)を分析している。彼の議論では、西部劇が持つ物語の力の多くは、二項対立構造から生じる。しかし、ライトの関心は、「精神構造をあきらかにすることではなく、ある社会の神話がどのようにその構造をとおして概念的な秩序を社会の成員に対して伝えているかを示す」(17)という点で、レヴィ＝ストロースとは異なっている。簡潔に言えば、レヴィ＝ストロースの主眼が人の精神構造である一方で、ライトは西部劇が「アメリカの社会信念の単純であるが、驚くほど深い概念化を象徴的に提示する」(23)方法に焦点を置いている。ライトは、西部劇が「古典」(彼が「報復物(vengeance)」と呼ぶものを含む)、「移行主題」、「プロフェッショナル」という三段階を経て進化してきたと主張する。西部劇というジャンルの中の異なるタイプにもかかわらず、彼は【図表6・2】のような構造化にかかわる対立の基本的組み合わせをあきらかにしている。しかし、彼が(レヴィ＝ストロースを超えて)断言するように、神話の社会的意味を十分に理解するには、二項対立の構造だけではなく

社会の内部	社会の外部
善	悪
強い	弱い
文明	荒野(Wright 49)

【図表6・2】西部劇における対立の構造化

「イヴェントの進行と対立の解決」(24) という物語構造の分析も必要となる。「古典的 (classic)」西部劇は、ライトによれば、一六の物語的「機能」に分けられる (Propp, 1968 を参照)。

1. ヒーローは、ある社会集団に入る。
2. ヒーローは、社会では見知らぬ人物である。
3. ヒーローは、並外れた能力を持っていることがあきらかになる。
4. 社会は、彼ら自身とヒーローの違いを認識する。ヒーローに、特別な地位が与えられる。
5. 社会は、ヒーローを完全には受け入れるわけではない。
6. 悪漢と社会の間に利害の対立が存在する。
7. 悪漢は社会よりも強く、社会は弱い。
7. ヒーローと悪漢の一人の間には、強い友情または尊敬が存在する。
8. 悪漢は、社会を脅かす。
9. ヒーローは、対立に関わることを避ける。
10. 悪漢は、ヒーローの友人を危険にさらす。
11. ヒーローは、悪漢と戦う。
12. ヒーローは、悪漢を打ち破る。
13. 社会は、安全になる。
14. 社会は、ヒーローを受け入れる。
15. ヒーローは、彼の特別な地位を失うか、あるいはあきらめる (165)。

『シェーン』（1953）は、おそらく古典的西部劇の最高傑作である。荒野から馬に乗ってやって来た流れ者が、農民の集団を助け、力を持った牧場主をやっつけ、馬に乗って再び荒野に去って行く。古典的西部劇では、ヒーローと社会は社会の外部に位置する悪漢に対抗するために（一時的に）手を組むのである。

ライトは、一九三〇年代、四〇年代、五〇年代の大半に支配的だった古典的西部劇と、六〇年代と七〇年代のプロフェッショナル西部劇との間を「移行主題（transition theme）」西部劇が橋渡しをしていると主張している。この移行主題西部劇においては、二項対立が逆さまになる。そこでは、社会外部に位置するヒーローが、力を持つが腐敗し、人を堕落させるような文明と闘うさまを、我々は見る（【図表6・3】）。また、多くの物語機能も反転している。ヒーローは、外部に位置する代わりに、当初は社会の価値ある成員である。しかし、社会が、ヒーロー、および社会と文明の外部の人々に敵対する真の「悪漢」であることがあきらかになる。社会と文明の外部にいる人々を助け、彼らと最終的には連帯し、彼自身が内部から外部へ、文明から荒野へと踏み出していく。しかし、結局、社会はその外部の人々に対して強すぎる力を持っており、その力に対しては彼らは最終的に無力である。彼らにできるのは、せいぜい荒野に逃れることである。

ヒーロー	社会
社会外部	社会内部
善	悪
弱い	強い
荒野	文明（Wright, 1975:48-49）

【図表6・3】「プロフェッショナル」西部劇における対立の構造化

ライトによれば、最後の「移行主題」西部劇は一九五四年製作の『大砂塵（*Johnny Guitar*）』だが、彼自身の二項対立と物語機能を用いると、一九九〇年製作の『ダンス・ウィズ・ウルブズ（*Dances with Wolves*）』がこの形式の完璧な例になっていることはあきらかであるように思われる。勇猛さを讃えられた騎兵士官が、東部（「文明」）を拒否し、西部（「荒野」）の任務に就くことを望む。この映画の宣伝が述べるように、「一八六四年、ある男が未開拓領域（フロンティア）を探索に行き、彼自身を発見したのである」。彼は、またスー族に社会（society）を発見している。どのように「彼が強い絆で結ばれた愛情深く誇り高い集団であるスー族に惹かれていき……最終的に、白人入植者たちが先住民族の土地に暴力的で容赦のない旅を継続するときに、彼は重大な決断をしなければならなくなるか」という物語を、映画は語っている（Guild Home video, 1991）。主人公の決断は、彼が拒否してきた「文明」に対抗してスー族側に立って戦うことである。最後に、騎兵隊に裏切り者と見なされたことで、スー族を虐殺する理由を与えないように彼は部族を離れる決心をする。しかし、最後の場面が見せるのは、旅立ちのとき、彼もスー族も知らないが、部族を大虐殺するべく騎兵隊が迫っているということである。

もしも『ダンス・ウィズ・ウルブズ』を「移行主題」西部劇として受け入れるのならば、神話としての映画にいくつかの興味深い質問を投げかける。ライト（1975）は、それぞれの西部劇タイプは、アメリカ合衆国の最近の経済発展の異なった契機に「対応する」と主張している。

> 古典的西部劇のプロットは、市場経済の基盤にある社会の個人主義概念に対応している……。報復のプロットは、そのヴァリエーションのひとつで、市場経済における変化を反映し始める……。「プロフェッショナル」西部劇のプロットは、計画的な企業経済に固有の価値観と態度に対応するあらたな社会概念をあきらかにしている（15）。

それぞれのタイプは、さらにまた、どのようにアメリカの夢（American Dream）を達成するかという、それ自体の神話形式を分節化している。

> 古典的西部劇のプロットは、友情、尊敬、威厳といった人間的報酬を達成する方法が、他者から自分自身を切り離し、彼らを援助するために自律的個人として自分の強さを使うことであると示している……。報復のヴァリエーションは……尊敬と愛への道が、他者から自分自身を切り離し、多くの強力な敵と個人的に戦いながらも、結婚と謙虚さという、より穏やかな価値観を思い出してそこへ回帰するよう努力することだと示すことで、個人

と社会の互換性が弱くなっている。移行主題西部劇は、あらたな社会的価値観を予期することで、社会の不寛容と無知に対して社会的追放者になる犠牲を払ってでも確固たる態度で公明正大に立ち向かう個人に対しては、愛と仲間が手に入ると論じている。最終的に、プロフェッショナル西部劇のプロットは……仲間づきあいと尊敬が、専門職エリート集団に加わり、提供された仕事を受け入れ、チームの統合性にだけ忠誠心をもって他の競合する社会や共同体の価値にはいっさいこだわらない熟練技術者になることによってしか達成されないと論じている(186-87)。

『ダンス・ウィズ・ウルブズ』の批評的および商業的成功(アカデミー賞七部門受賞、一億九〇〇ポンドと一一億二五〇〇億ドルという英国と米国の両方における公開初年度の興行収益)を受ければ、(もしもライトのやや還元主義的な対応理論を受け入れるのなら)この映画は、より金目当てではない社会的共同体的価値観への回帰という、それまでとは逆方向への移行——実際に社会と共同体の時代への回帰の始まりを記す「移行主題」西部劇を代表するというのも当然であろう。

ロラン・バルト『神話作用』 Roland Barthes: *Mythologies*

ロラン・バルトのポピュラー・カルチャーについての初期作品は、意味が生み出されて、流通し始める仕組みである意味作用(signification)のプロセスに関わっている。『神話作用』(1973)は、フランスのポピュラー・カルチャーに関する論文集である。彼は、数多くのテーマの中からプロレス、粉石けんと洗剤、おもちゃ、ステーキとフライドポテト、観光、および科学に対する大衆の態度を論じている。彼の指針は、つねに「虚偽的に明瞭なもの」(11)を問いただし、ポピュラー・カルチャーのテクストと実践の中であまりにもしばしば暗黙のものとして留まっているものを明示化することである。彼の目的は政治的で、ターゲットにするのは「資本家階級（ブルジョワ）的規範」である。一九五七年版の「序文」で述べるように、「いたるところで〈自然〉と〈歴史〉が混同されるのを見ては憤慨した。そして私は、言わずもがなものの装飾的な陳列の中に、私に言わせれば、そこに潜んでいるイデオロギー的濫用を突きとめたいと思ったのである」(11)。『神話作用』は、ポピュラー・カルチャーの分析方法として記号学を用いる最も重要な試みである。記号学の可能性は、最初にソシュール(1974)によって想定された。

> 言語は、考えを表明する記号のシステムで、それゆえに、表記システム、ろうあの者のアルファベット、象徴的儀式、儀礼的定型句、軍事信号などに相当する……。社会内部における記号の生命を研究する学問と考えることができて……これを記号学(semiology)と呼ぶことにしよう(16)。

『神話作用』は、「現代の神話(Myth today)」という重要な理論的論文で幕を閉じている。[1] 論文中で、バルトはポピュラー・カルチャーの読解のための記号論モデルの概要を説明している。彼は、ソシュールのシニフィアン／シニフィエ＝記号(sign)という図式を取り入れ、さらに二次段階の意味作用を付け加えている。

すでに述べたように、シニフィアン「ネコ」は四つ足のネコ科の生き物であるシニフィエ「ネコ」を生み出す。バルトは、これは単に第一次の意味作用を示しているにすぎないとする。一次段階の意味作用で生み出された記号「ネコ」は、二次段階の意味作用において利用可能で、シニフィアン「ネコ」になる。そうすると、二次段階では、格好良くていかした奴(someone cool and hip)というシニフィエ「ネコ」を生み出すかもしれない。【図表6・1】で示されているように、一次的意味作用の記号は二次意味作用のプロセスにおいてシニフィアンになるのである。『記号学の原理(*Elements of Semiology*)』で、バルト(1967)は、一次的意味作用を「明示的意味(denotation)」、二次的意味作用を「暗示的意味(connotation)」というよりなじみ深い用語で置き換えている。「最初のシステム［明示的意味］は、

1. シニフィアン＞シニフィエ＝記号
＼
2. シニフィアン＞シニフィエ＝記号

（1．一次的意味作用（primary signification）、あるいは明示的意味（denotation））
（2．二次的意味作用（secondary signification）、あるいは暗示的意味（connotation））

【図表6・1】 意味作用（Signification）

二番目のシステム［暗示的意味］の表現水準、あるいはシニフィアンとなる……。暗示的意味のシニフィアンは、明示的なシステムの記号（記号表記と記号内容が組み合わさったもの）から成り立っている」（89-91）。

彼は、消費のための神話が生み出されるのは、二段階目の意味作用、あるいは暗示的意味においてであると主張している。神話という用語でバルトが言おうとしているのは、社会の支配集団の価値観と利害関心を積極的に促進することで、優勢な権力構造を擁護する観念と実践の集合体として理解されたイデオロギーである。議論のこの部分を理解するには、記号の多義的性質（polysemic nature）を理解する必要がある。つまり、記号は複数の意味を示す潜在能力を持っている。ひとつの例で、論点が明瞭になるかもしれない。第一章で、保守党が「社会主義（socialism）」という単語を、刑務所の赤い鉄格子の向こうに置いて終える党政治の放送を提示したことを論じた。これは疑いもなく、「社会主義」という単語の持つ二次的意味作用、あるいは暗示的意味を抑圧的で、監禁的で、自由に反すると意味するように固定化する試みである。バルトなら、これを神話生産におけるあらたな暗示的意味を固定化する例で、イデオロギーの生産として見るだろう。すべての暗示的意味形式は、このように機能することを示すことができる、と彼は論じている。暗示的意味が機能する最も有名な例とは、フランスの雑誌『パリ・マッチ（*Paris Match*）』（1955）の表紙から取られたものである（次頁の【写真6・1】を参照）。彼は、一次段階の意味作用が色彩と形象のパッチワークからなることを確認することから分析を始める。これは、「フランス国旗に敬礼する黒人兵士」というシニフィエを生み出すのである。それらは、一緒になって一次的な記号を生み出す。この一次的な記号は、次に、「フランス国旗に敬礼する黒人兵士」というシニフィアンとなり、二次段階の意味作用において「フランスの

【写真6·1】国旗に敬礼する黒人兵士

帝国性（French imperiality）」というシニフィエを生み出す。以下に示すのは、彼が雑誌表紙と遭遇したときの説明である。

> 私は床屋で、グラフ週刊誌『パリ・マッチ』を手渡された。表紙では、フランスの軍服に身を包んだ若い黒人が、視線を上に、おそらく三色旗の折り目に固定して敬礼していた。これが写真のすべての意味である。しかし、無邪気にそうしているのかはともかく、私にはそれが何を意味するのかとてもよく見える。フランスは偉大な帝国であり、そのすべての息子は肌の色による差別なしに国旗の下、忠実に国に仕えており、植民地主義ではないかと中傷する人々に対しては、いわゆる圧制者に仕えるこの黒人が示す熱意以上に適切な答えはない。私は、それゆえに、以下のさらに大きな記号論的システムに直面する。すでにそれ自体が既存システムによって形成された（黒人兵士がフランス式敬礼をしている）シニフィアンがあって、（意図的に、フランス的なるものと軍事が混同されている）シニフィエがあり、最終的には、そのシニフィアンをつうじたシニフィエが存在しているのである（2019: 367-68）。

一次段階にあるのは、フランス国旗に敬礼している黒人兵士である。二次段階にあるのは、フランス帝国主義の肯定的イメージである。表紙イラストは、それゆえに、『パリ・マッチ』によるフランス帝国主義の肯定的イメージを生み出す試みを表象すると見なされる。ヴェトナムにおける（1946-54）敗戦（訳註：第一次インドシナ戦争。敗戦によりフランスのインドシナ半島での支配権は失われた）とその後のアルジェリアの直近の戦争（1954-62）を受けて、そのようなイメージは多くの人々に政治的緊急性を持っていると思われるだろう。バルトが示唆するように、「神話は……指摘し、告知するという二重機能を持つ。我々に何かを理解させ、それを押しつけるのである」（368）。これが可能になるのは、バルトと『パリ・マッチ』読者の両方が利用できる共有された文化的コード（cultural codes）ゆえである。したがって暗示的意味は、単にイメージの作者によって作られるだけではなく、すでに存在する文化レパートリーから活性化される。言い換えると、イメージは、文化的レパートリーの中からくみ上げられると同時に、追加されるのである。さらに、文化的レパートリーは同質的なまとまりを形成しない。神話は、継続的に対抗的神話（counter myth）に直面させられる。たとえば、ポップ・ミュージック文化への言及を含むイメージは、若い聴衆には自由と異質性（heterogeneity）の指標と見なされるかもしれない一方で、年配の聴衆には操作と均質性（homogeneity）を示唆するかもしれない。どちらのコードが動員されるかは、テクストの位置、歴史的契機、読者の文化的形成という三重の文脈に大きく依拠するだろう。

「写真のメッセージ（The photographic message）」で、バルト（1977a: 26）はさらなる考察を多数紹介している。すでに述べたように、出版時の文脈は重要である。もしも国旗に敬礼する黒人兵士の写真が『社会主義評論（*Socialist Review*）』に載ったものなら、その暗示的意味は非常に異なったものになっただろう。読者は、皮肉を見つけようとしただろう。写真は、フランス帝国主義の肯定的イメージより、むしろ帝国主義的搾取と操作の記号として読まれたと思われる。それに加えて、もともとその写真が載っていた『パリ・マッチ』を社会主義者が読み解いたら、フランス帝国主義の肯定的イメージではなく、フランスのヴェトナム敗北やアルジェリアでの迫りくる敗北にというより広い歴史の文脈を前提として、肯定的なイメージを投影しようとする絶望的な試みと見なしたであろう。しかし、これらすべてにもかかわらず、この画像の背後にある意図はあきらかである。

神話は、避けられない命令（imperative）と人を引き留める性質を有している……。その用語の物理的および法律的双方の意味で、［それは停止させる］。フランス帝国主義は、敬礼する黒人に手段としての記号表現にすぎないことを強制して、黒人はフランス帝国主義の名の下に、突然、私を呼びとめる。しかし、同時に、黒人の敬礼は濃度を増し、ガラス状になり、フランスの帝国性を確立するための永続的な参照物へと凍結していくのである（2019: 368）[2]。

バルトは、このイメージを読み解きうる三つの可能な立場を思い描いている。最初の立場は単純に、敬礼する黒人兵士をフランスの帝国性の「模範（example）」であり、その「象徴（symbol）」として見るだろう。そのような神話を生み出す人々の立場である。第二の立場は、このイメージをフランスの帝国性の「アリバイ（alibi）」として見るだろう。これは、すでに論じられた社会主義者の立場である。最後の読解の立場は、「神話の消費者（myth-consumer）」（370）のものである。彼または彼女は、イメージを模範や象徴としてもアリバイとしても読まない。国旗に敬礼する黒人兵士こそ、「まさにフランスの帝国性の現前（presence）なのである」（ibid. 強調はバルトによる）。つまり、国旗に敬礼する黒人兵士は、自然と（naturally）フランスの帝国性概念を呼び起こすと見なされている。議論するべきものは何もない。一方がもう一方の存在を暗示することが明瞭なのである。国旗に敬礼する黒人兵士とフランスの帝国性の間の関係は、「自然化（naturalized）」されてきたということである。バルトが説明するように、

読者が神話を無邪気に消費することができるのは、その読み手が神話を記号論的制度としてではなく、帰納的な体系（inductive system）として見るからである。等価な物だけが存在するところで、読み手はある種の因果関係を見ている。読み手の目には、シニフィアンとシニフィエは自然な関係を持っているのである。この混乱は、別様に表明できる。つまり、いかなる記号論的制度も、価値の制度であり、今や神話の消費者は、意味作用

（signification）を事実的制度として理解する。神話は、記号論的制度にすぎないのに、事実的制度として読まれるのである（371）。

もちろんバルト自身の神話学者（mythologist）の立場という、第四の読解の立場も存在している。この読解は、彼が「構造的叙述（structural description）」と呼ぶものを生み出す。それは、歴史を自然へと変容する、イメージのイデオロギー的生産手段を究明する読みの立場である。バルトによれば、「記号が我々に教えたのは、神話が歴史的意図に自然な正当化を付与し、偶然性を永続性に見せかける責務を持つということである。今や、このプロセスはまさに資本階級（ブルジョワ）的イデオロギーなのである」（ibid.）。「神話は、物事の歴史的性質の喪失によって構築されている。その中で、物事は、かつて作られたという記憶を失った」（ibid）というのが、彼の議論である。これは彼が「脱政治化された（depoliticized）」演説と呼ぶものである。

> 黒人兵士の例で……取り除かれたのはけっして、フランスの帝国性ではない（それどころか、現実化されなければならないのはその存在である）。そうではなく、それは、偶然で歴史的で、ひとことで言うなら、でっち上げられた植民地主義の性質である。神話は、物事を否定しない。それどころか、その機能はそれらを語ることである。単純に、神話は物事を浄化し、無垢にし、自然で永続的な正当化を付与し、説明としてではなく事実の陳述としての明瞭さを与えている。もしも説明なしにフランスが帝国であるという現実を述べるのなら、そのことが当たり前で言うまでもないことであると考えているも同然なのである……。歴史を通過して自然に行き着くにあたり、神話は経済的に無駄なく活動する。それは、人の活動の複雑さを廃棄する……神話は深みがないゆえに矛盾のない世界、開け放たれた、明白なものに耽溺する世界を組織する。神話は至福の明瞭さを確立する。すなわちものごとは、それ自体で何かを意味するように思われるのである（371-72）[3]。

イメージが何らかの言語テクストを伴わずに現れることはめったにない。新聞写真は、たとえば、タイトル、キャプション、記事、ページ全体の配置などに囲まれているだろう。それはまた、すでに述べたように、特定の新聞や雑誌の文脈にはめ込まれている。『デイリー・テレグラフ（*Daily Telegraph*）』（その読者層と読者の期待）によって提供されるコンテクストは、『社会主義労働者（*Socialist Worker*）』によって提供されるものとはかなり異なっている。イメージに伴うテクストは、そのイメージの暗示的意味の生産を制御するのである。

かつては、イメージがテクストの説明となっていた（より明瞭にした）ものであった。今日では、テクストの方がイメージを充填し、そこに文化、道徳、想像力を担わせている。かつては、テクストはイメージへと還元されていた。今日では、一方から他方への拡大がある。暗示的意味は、今では写真的類似によって構成された基礎的な明示的意味が自然に共鳴したものとしてのみ経験されるのであり、我々はこのようにして文化的なものの自然化の典型的プロセスに直面しているのである（Barthes, 1777a: 26）。

言い換えれば、イメージがテクストを説明するのではなく、テクストこそが、イメージの暗示的潜在性を増幅するということである。バルトは、このプロセスを「中継（relay）」と呼ぶ。この関係は、もちろん別のやり方でも機能する。たとえば、「写真にすでに与えられている一連の暗示的意味を拡大する」のではなく、「テクストは、遡及的にイメージへと投影される、結果としてそこに明示されているように見えるまったく新しい記号内容を生み出す（創造する）」（27）。例としては、二〇一九年に撮られた元々はラヴソング「恋人が僕をひどく扱った」の売り込みに使われた、物思いにふけるロックスターの写真がよいかもしれない。二〇二〇年の終わり頃、この写真は、ドラッグ過剰摂取で死亡したロックスターの親友の一人の新聞記事に添えられて再使用された。そこには、「ドラッグが僕の親友を殺した」というあらたなキャプションがつけられた。キャプションは、その画像に流れこみ、喪失、絶望、ロック音楽文化におけるドラッグの役割に関する思慮という暗示的意味を生み出す（創造する）だろう。バルトは、このプロセスを「投錨（anchorage）」と呼んでいる。ロックスターの同じ写真が作り出す異なった意味の例があきらかにするのは、すでに述べたように、すべての記号の多義的性質、つまり、多様な意味作用の潜在性である。言語テクストの追加なしには、イメージの意味を確定するのは非常に困難である。言語メッセージは、二通りに働く。ひとつ目が、イメージの明示的意味を読者があきらかにする手助けであり、これが物思いにふけるロックスターである。もうひとつが、イメージの暗示的意味の潜在的増殖の限定であり、これが親友の一人のドラッグ過剰摂取ゆえにロックスターが物思いにふけっていることである。したがって、ロックスターはロック音楽文化におけるドラッグの役割を思慮している。さらに、写真は明示的意味の水準に、実際に暗示的意味が存在しているように読者を信じさせようとしている。

明示的意味から暗示的意味への移動を可能にするのは、読者がイメージを読んだときに、読者が利用できる社会的知識（文化的レパートリー）の蓄えである。この共有されたコードへのアクセス（意識的か無意識的かは別にして）なしには、暗示的意味の機能は可能にならないであろう。もちろん、そのような知識は、つねに歴史的であり、文化的でもある。つまり、ある文化と他の文化や、ある歴史的時点と他の時点において異なってくるかもしれない。文化的差異は、また、階級、エスニシティ、ジェンダー、世代やセクシュアリティの違いでも示されるかもしれない。バルトが指摘するように、

入念に読むことは、私の文化に、世界に関する私の知識に依存している。おそらく、よいマスコミ写真（それらはすべて選び抜かれた、よいものである）は、読者の側にあると想定される知識と戯れることができるようにするのであり、この読解が満足のいくものになるように、最大限の情報で構成された写真が選ばれているのである(29)。

【写真6・2】『ウサギが原因となった夢』
Source: Courtesy of Diana Chan.

ここでもまた、彼が説明するように、「しかし、読みにおける多様性は無秩序というわけではない。それは、［読者によって］イメージにつぎ込まれたさまざまな種類の——実践的、国家的、文化的、審美的——知識に依存しているのである」（Barthes, 1977b: 46）。ここで、再び言語との類似が見てとれる。個々のイメージはパロールの例であり、共有されたコード（文化的レパートリー）はラングの例なのである。この読解モデルの異なった要素を結びつける最善の方法は、実際にやってみせることである。

『ウサギが原因となった夢』（【写真6・2】を参照）は、中国人芸術家ダイアナ・チャンの絵画である。黄色い月灯りだけの暗闇の中で、ウサギが貝殻から出て、あおむけに寝そべる裸の女性の足の間で止まるさまを示している。タイトルが示唆するように、はたしてウサギが横たわった女性を守っているのか、あるいは彼女と性行為をした後で休んでいるのかどうかははっきりしない夢の光景になっている。多義的なイメージの意味は、さまざまな解釈に開かれている。我々がどのような意味に行き着くかは、バルトによれば、我々がイメージに持ち込む文化的記号によるだろう。たとえば、精神分析的あるいはフェミニズム的なものは、おそらく非常に異なったやり方でイメージを分節化することだろう。

ポスト構造主義　Post-structuralism

ポスト構造主義は、意味が確保され、保証されうる基盤となる構造という考えを拒絶している。意味は、つねに過程の中にある。テクストの「意味」と呼ぶものは、そもそも解釈に次ぐ解釈の継続した流れにおける瞬間的停止にすぎない。ソシュールは、すでに述べたように、言語をシニフィアン、シニフィエ、記号の関係から構成されたものと想定している。ポスト構造主義の理論家は、状況はそれ以上に複雑であると示唆している。つまり、シニフィアンはシニフィエを生み出すのではなく、さらにシニフィアンを生み出すのである。意味はその結果、きわめて不安定なものとなる。いまやポスト構造主義者のバルト（1977c）は、「作者の死（The death of the author）」において、テクストは、「ひとつとして独自のものはない、書かれた多様なものが混ざり合い衝突する多次元空間（multi-dimensional space）なのである。テクストは、文化の無数の中心から集められた引用の織物である」（146）と主張する。読者だけが、テクストに一時的な統一をもたらすことができるのである。図書館の棚や本屋に一見して完全な状態で置かれているのを目にする作品とは違い、テクストは「生産活動においてのみ経験される」（157）。テクストは、多くの読解の積極的なプロセスから切り離すことができないと見なされる作品（work）なのである。

ジャック・デリダ　Jacques Derrida

ポスト構造主義とは、実質的にジャック・デリダの業績と同義語である。すでに述べてきたように、記号（sign）は、ソシュールにとって、差異のシステムにおけるその位置によって意味を持たされている。この見解に対し、デリダは、意味はまたつねに先送りされて、けっして完全に現前することがなく、つねに不在と現前の両方であると付け加えている（第一章のポピュラー・カルチャーの定義の議論を参照）。デリダ（1973）は、記号の分断された性質を説明するため、延期する（defer）と異なる（differ）の両方を意味する「差延（différance）」というあらたな用語を発明した。

ソシュールの差異モデルは空間的（spatial）である。意味が自己制御構造の内部でしっかり固定された記号の関係の中で作られる。しかし、デリダの差延モデルは、意味は構造的差異と同時に、前後の時間的関係にも依存しており、構造的であり時間的でもある。

たとえば、もしもある語の意味を辞書で追跡するならば、絶え間なく続く意味の繰り延べに遭遇する。もしも"letter"というシニフィアンを『コリンズ英語辞典（*Collins Pocket Dictionary of the English Language*）』で調べるならば、五つの可能なシニフィエがあることを発見する。書かれたか印刷されたメッセージ、アルファベットの文字、合意の厳密な意味、正確に（「文字どおり」などのように）、ポスターなどに文字を書き入れる、である。もしも、次に、これらのうちのひとつである「[書かれたか印刷された]メッセージ」というシニフィエを調べるならば、それもまた、さらに四つの記号内容を生み出すシニフィアンであるとわかる。その四つとはすなわち、ある人物あるいは集団から他へのコミュニケーション、芸術作品にあるような暗示的意味、だれかが他者に伝えようとする宗教的あるいは政治的信念、および理解すること（「メッセージを受け取る」のように）、である。

このように辞書をつうじた追跡調査は、絶え間なく続く意味の間テクスト的な繰り延べ（intertextual deferment）、「意味されたもの（シニフィエ）に何の小休止も与えない意味するもの（シニフィアン）から意味するもの（シニフィアン）への無限の照会は……そうしてつねに意味することを繰り返す」（1978a: 25）を裏づける。言説に位置づけられ、コンテクストの中で読まれるときのみ、シニフィアンからシニフィアンへの終わりなき戯れにつかの間の停止が生じる。たとえば、「何も配達されなかった」という表現を読むか聞くかしたのなら、それが小説の幕開けの言葉、詩の一節、言い訳、小売店主のノートに書き留めたメモ、唄の一節、慣用表現集の例、演劇の独白の一部、映画の演説の一部、あるいは差延の説明の実例であるかによって、かなり異なったものを意味するであろう。しかし、文脈でさえ、絶え間なく続く意味の間テクスト的繰り延べを完全には制御できない。「何も配達されなかった」という表現には、他の文脈からの意味の「痕跡（trace）」がつきまとうだろう。もしもその一節がボブ・ディランの唄からのものだと知っていたのなら、私が小売店主のノートでこれを読んだら、唄が心に鳴り響くだろう。

デリダにとって、構造主義に非常に重要な二項対立は、けっして単なる構造関係ではない。それはつねに権力関係なのであって、一方の項が他方との関連で支配的立場にある。さらに、一方の他方への支配（たとえば、優先権や特権の問題）は「自然に」関係から生じる何かなのではなく、関係が構築されるやり方で作られる何かである。白と黒は、二項対立に存在し、どちらかの項が定義されるとき、一方がつねに不在のもう片方として存在していると論じることはできるだろう。しかし、多くの影響力を持つ言説においては、どのように白が肯定的言葉として、黒に対して優先権と特権を持つかを見るのはむずかしくない。たとえば、二〇一一年の、テレビ歴史家デイヴィッド・スターキーによるBBC2『ニュースナイト（*Newsnight*）』（二〇一一年八月一三日放送）での英国都市の暴動に関するコメントは、この論理を述べている。起こったことを批判する際に、彼は「白人たちが黒くなってしまった」と言い、さらに「典型的な成功した黒人デイヴィッド・ラミー［トッテナムの労働党下院議員］に耳を傾けろ。もしも画面をオフにして、彼をラジオで聴いている状態になれば、明瞭に白人だと思うだろう」と付け加えて、この論理の度合いをさらに増したのである。どちらの例でも、白は肯定的で、黒は否定的である。人種差別を脇に置いてさえ、黒が否定的暗示を持ち、白が肯定的暗示を持つ長い歴史が存在しているのである（さらに第九章の議論を参照）。

『ウサギが原因になった夢』は、ウサギと女性という一対の組み合わせの中に、デリダ（1978b）が「暴力的な階層」（1978b: 41）と呼ぶものを含んでいる。もしもこのイメージを読み解くように言われたなら、デリダはおそらく我々に、ウサギと女性、能動的と受動的といった、対のうちの一方が他方に対して特権化されるさまに対し注意を促すであろう。一方は、他方に対して地位ある立場を主張する。しかし、デリダが指摘するであろうように、それらは純粋な対立項ではない——それ自体の存在と意味を、他方に究極的に依存する形で、それぞれが他方に動機づけられている。言い換えれば、ウサギの行為が女性によって駆動されているという意味において、能動的なウサギと受動的な女性は逆転可能なのである。つまり、彼女の側が、誘惑されたい、ないしは護られたいという夢の願望の中でウサギを呼び起こしているのである。デリダならこう言うだろう。「対立を脱構築するには、階層を転覆する［ことが必要である］」（ibid.）。「脱構築的」読解は、能動と受動のエロティックなドラマとして夢を受け入れるかわりに、ある種の「暴力（violence）」――女性とセクシュアリティに関するうさんくさい一連の前提――によってのみ固定できるようになっていることを示すために、対の解体を望むだろう。

脱構築的読解は、また（本章で先に論じた）『ダンス・ウィズ・ウルブズ』にもおこなうことができる。映画を、ライトのモデルの二項対立と物語機能を反転させるものとして見る代わり、我々はおそらくそのモデルに潜在する階層にいかに映画が挑んでいるのかを考えることができるかもしれない。デリダ（1976）が指摘するように、

> ［脱構築的］読みは、書き手が使用する言語のパターンの中の、書き手が支配しているものと支配していないものの間にある、書き手の気づかないある種の関係をつねに狙わなければいけない。この関係は……批判的［すなわち脱構築的］読みが産出すべき意味作用の構造である。……［それは、］見えないものを見えるように試みる産出なのである（158, 163）[4]。

言説と権力――ミシェル・フーコー　Discourse and power: Michel Foucault

ミシェル・フーコーの主要な関心事のひとつは、知と権力（knowledge and power）の関係性であり、どのようにこの関係性が言説（discourses）と言説編成（discursive formations）の中で機能するのかである。フーコーの言説の概念は、アルチュセールの「問題構制（problematic）」の観念に似ている。つまり、両方ともに特定の実践（話し方、考え

経済学	=	商品
文学研究	=	文学テクストに類似した芸術的テクスト
歴史	=	歴史的文書
美術史	=	視覚文化の例
カルチュラル・スタディーズ	=	ポピュラー・カルチャーの例
映画研究	=	テクスト的研究対象
メディア研究	=	特定のタイプのメディア

【図表6・4】　研究対象としての映画

方や行動方法）を支配するようなルールと統制をともなう、組織化された、そして組織化する知の集合体なのである。

言説は、可能にする、制約する、構成するという三つの方法で機能する。フーコー（1989）が説明するように、言説とは、「語る対象を組織的に形成する実践である」（49）。たとえば、言語はひとつの言説であり、私に語ることを可能にし（enable）、何を語ることができるかを制約し（constrain）、語る主体として構成（constitute）する（すなわち、私の主体性を位置づけ生産する。私は、私自身を言語で知り、言語で考え、言語で独り言を言うのである）。学問領域も、また言説である。言語のように、可能にし、制約し、構成する。【図表6・4】は、映画が研究されうる異なった方法の要点を述べている。各領域は、映画に関して特定の方法で語り、そうすることで、映画に関して何が言えるのかを可能にし、制約する。しかし、単に映画を語るだけではなく、映画を特定の研究対象として構築することで、映画を特別な現実（「映画の真の意味」）として構成するのである。ネットボールの競技も、また言説である。ネットボールに参加するには（個人的才能に関係なく）、ゲームのルールに精通していなければならず、それらはパフォーマンスを可能にし、制約する。しかし、ルールは参加者をネットボール選手として構成しもする。言い換えれば、その人はネットボールに参加する限りにおいて、ネットボール選手なのである。ネットボール選手であることは「所与」ではない（つまり、「生まれつきの性質」ではない）。言説の中で、可能にされ、制約され、構成されるのである（つまり、「文化」の生産物）。

このような方法で、言説は我々が占めるように要請された（言語共同体の成員、映画研究者、ネットボール選手などの）主体の立場を産出する。言説とは、それゆえに、我々が従事する社会実践であり、（意識的・無意識的に）遂行する社会的「台本」のようなものである。我々が「経験」と考えるものは、つねに特定の言説内部における、その言説の経験なのである。さらに、我々が「自身」と考えるものは、言説の多様性の内面化（internalization）である。言い換えれば、我々であることのすべては、言説の中で可能にされ、制約され、構成されているのである。

言説編成は、特定の言説の階層的交差（hierarchical criss-crossing）から構成されている。先に触れた映画を研究するさまざまな方法は、言説編成を生み出す。『知への意志（性の歴史Ⅰ）（*History of Sexuality*）』において、フーコー（1981）はセクシュアリティの言説編成の発展を跡づけている。そうすることで、彼が「抑圧の仮説（repression hypothesis）」（10）と呼ぶものを拒絶している。つまり、ヴィクトリア朝の人々が抑圧したなにか「必須な（essential）」ものとしてのセクシュアリティという考えである。その代わりに、彼はそれとは違う一連の問いを追求している。

> なぜセクシュアリティはそれほどまでに広く論じられ、それについて何が語られてきたのか。語られたことによって、いかなる権力の効果が生成されたのか。これらの言説、権力の効果、そしてそれらによって賦与された快楽の関連は何なのか。その関連の結果、どのような知（savoir）が形成されたのか（11）。

フーコーは、セクシュアリティに関する言説について、医学、人口統計学、精神医学、教育学、社会福祉事業、犯罪学、統治などの一連の言説領域（discursive domains）をつうじて跡づけている。彼は、沈黙の抑圧より、むしろ「性について語る政治的、経済的、技術的誘因（incitements）」（22-23）に遭遇している。セクシュアリティに関する異なる言説は、セクシュアリティに**ついて**ではなく、実際にはセクシュアリティの現実を**構成している**、と論じる。言い換えれば、ヴィクトリア朝の人々はセクシュアリティを抑圧したのではなく、実際には、創造したのである。こう述べたからといって、セクシュアリティが、非言説的には存在しないという意味ではない。セクシュアリティについての「知」と「権力と知（power-knowledge）」の関係は言説によるという主張なのである。

言説は知を生産し、知はつねに権力の武器である。「言説においてこそ、権力と知はひとつに融合するのである」（Foucault, 2019: 418）。ヴィクトリア朝のセクシュアリティの創造は、単にセクシュアリティに関する知を生産しただけではなく、セクシュアリティを支配する権力も生産しようとした。これは、行動を分類して体系化し、セクシュアリティを「正常（normal）」なものと容認不可能なものへとふり分けていくために配置されうる知であった。つまり、このようにして「権力は、知を生産する……権力と知は、直接的に互いを含意する……知の領域の相関した構築なしには、いかなる権力関係も存在せず、同時に、権力関係を想定したり構成したりすることを伴わない、いかなる知も存在しない」（1979: 27）。しかしながら、権力を、否定し、抑圧し、否認する何か否定的な力（negative force）として想定するべきではない。権力は、生産的（productive）なのである。

> 我々は権力の効果を、「排除する」、「抑圧する」、「検閲する」、「抽象化する」、「覆う」、「隠す」などの否定的な用語で表すのを、これっきり止めなくてはならない。実際には、権力は産出する。それは現実を生み出し、対象の領域と真実の儀式を生み出すのである（194）。

権力は、現実を生産する。言説をつうじて、行動指針となる「真実」を生み出す。「それぞれの社会は、それ自身の真実の体制である真実の「一般政治学（general politics）」を持っている――つまり、それが受け入れ、真実として機能する言説タイプである」（Foucault, 2002a: 131）。彼の中心的目的は、それゆえに、「どのように男性［と女性］が、真理の生産（……真理と虚偽の実践が同時に秩序づけられ、適切化されうる領域の確立）によって（彼ら自身と他人を）統治するのか」（2002b: 230）を発見することなのである。

フーコーが「真実の体制（regimes of truth）」と呼ぶものは、「真実」である必要はない。それらは「真実」と思われて、「真実」であるかのように行動の基準になりさえすればよい。もしも考えが正しいと思われれば、それは特定の真理の体制を確立し、正当化する。たとえば、つい一七世紀まで支配的な真理体制は宇宙の中心に地球を置いていた。一六三二年にガリレオ・ガリレイ（1564-1642）は、地球が太陽の周りを回るというニコラス・コペルニクス（1473-1543）の理論を支持したために異端の罪に問われ、ついには、今ではあきらかな自然の事実として教えられていることのために終身刑を宣告された。第九章では、オリエンタリズムを強力な真実の体制として吟味することにしよう。

言説とは、しかし、権力の押しつけにのみ関するものではない。フーコー（2019）が指摘するように、「権力あるところ抵抗あり（Where there is power there is resistance.）」（416）なのである。

> 言説が、権力は決定的に従属的であるわけでもないし、それに抗して立ち上げられたりするものでもないのは、沈黙と同じである。言説は、権力の道具と効果の両方でありえるが、また妨害、障害物、抵抗の基点、対抗戦略の起点でもあるという複雑で不安定なプロセスを考慮に入れなくてはいけない。言説は、権力を伝達し、産出する。権力を強化するだけではなく、弱体化させ、さらけ出し、脆弱な状態に、それを挫折させることを可能にしたりもするのである（419）。

一望監視装置　The panoptic machine

パノプティコン（panopticon）は、一七八七年にジェレミ・ベンサムが設計した監獄の建築である（【写真6・3】を参照）。建物の中央には、囚人が看守に実際に監視されているかどうかを知られずに円形の窓から監視できる塔がある。ベンサムによれば、パノプティコンは、「これまでに例をみない量で、しかもまた同じように例をみない程度で人の精神を支配する精神の権力を手にいれるあらたな様式なのである」（1995: 31）。ベンサムはまた、パノプティコン構造は、「救貧院、感染症病院、ハウス・オヴ・インダストリー（訳註：救貧院の一形態で収容者は労働を義務づけられていた）、工場、病院、ワーク・ハウス（訳註：ハウス・オヴ・インダストリーと同様の救貧院）、精神病院、学校を含む、いかなる種類の人々も観察対象としておかれることになる施設」（29）にも利用が可能かもしれないと信じていた。

フーコー（1979）によれば、

パノプティコンの主要な効果とは、権力が自動的に機能することを確実にするよう、収監者を意識的で永続的な可視化状態に誘導することである……監視（surveillance）は、もしもその働きが断続的であったとしても、効果は永続的である。権力が完全になれば、実際の行使が不要になる方向に行くはずである……収監者は、彼ら自身が担い手になる権力状態に囚われる……。可視性の領域に従属させられ、それを知る囚人は、権力による制約に責任を持ち、自発的に彼自身にその制約を働きかけるようにし、両方の役割を同時に演じる権力関係を彼自身に刻みこむことで、彼は、彼自身の従属の作用原理となるのである（201, 202-3）。

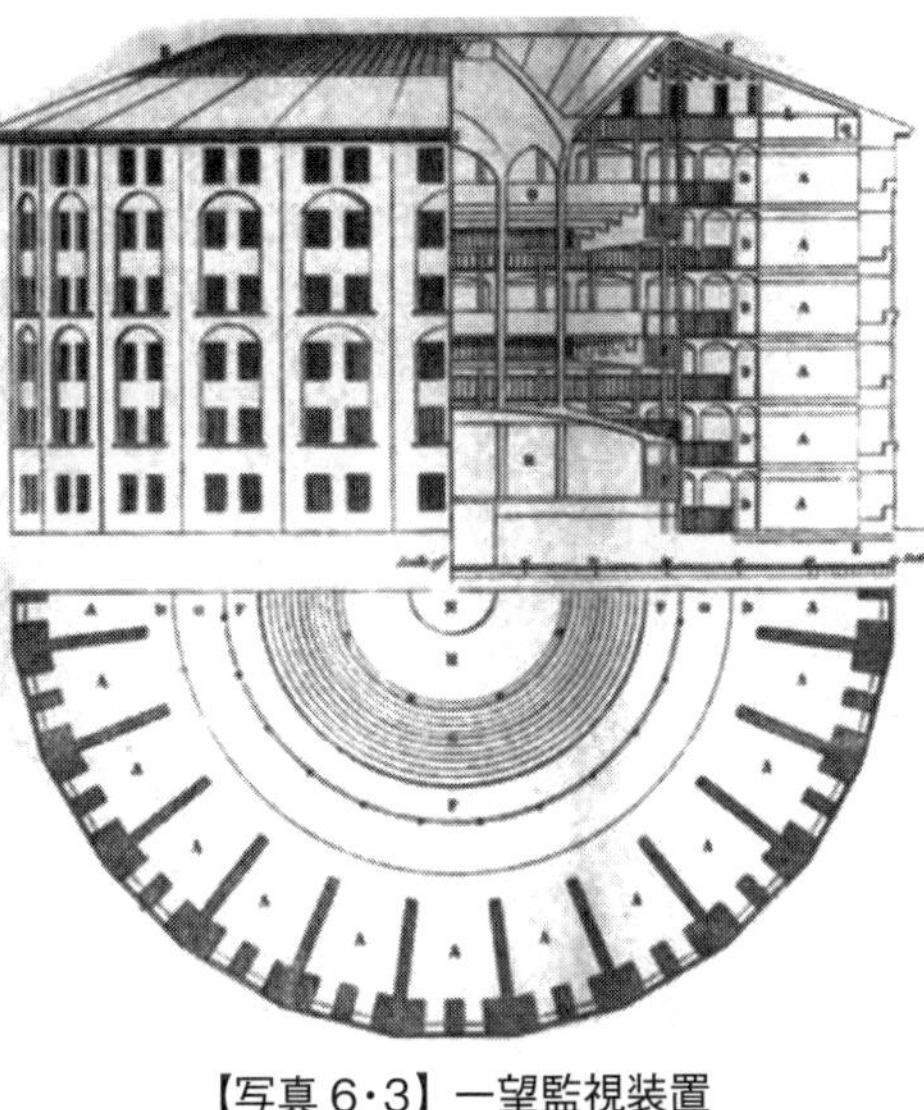

【写真 6·3】一望監視装置

言い換えれば、収監者は、実際に見張られているかどうかわからない。それゆえに、まるでつねに見張られているかのように行動することを学ぶ。これが、パノプティコンの権力である。一望監視方式（panopticism）とは、社会全体に対するこの監視制度の延長である。

したがって、ベンサムのパノプティコンは、社会支配の方法に関する一八世紀以降の歴史的移行の核心に関わる兆候である。フーコーによれば、これは、(公開の絞首刑や拷問など、権力の劇的な展示をつうじて行動規範を強制する)刑罰(punishment)から(監視をつうじて行動規範を強制する)規律・訓練(discipline)への動きであり、「例外的な規律・訓練から一般化された監視へ……規律・訓練的な社会と一般に呼ばれるかもしれないものの形成」(209)への変化である。フーコーが説明するように、パノプティコンは、「日常生活との関係で権力を定義している……一般化可能なモデルである……。理想的形式に縮約された権力機構の略図(diagram)」(205)なのである。見せ物から監視への移行は、「社会体全体を知覚の領域」(214)へと転換させる。交差する権力のまなざしの数々が社会体を交錯し、人間存在のますます多くの側面を視覚的領域へと、引き込んでいる。しかし、権力が注視で我々を捉えるという単純なことではなく、むしろ注視を認識するときに権力が機能するのである。フーコーがあきらかにするように、演劇の比喩を用いれば、「我々は野外劇場にいるのでもその舞台にいるのでもなく、一望監視装置の中にいるのであり、しかも我々がその装置の一部であるゆえに、我々がみずからにもたらすその権力効果によって包囲されているのである」(217)。このようにして、監視は、権力が機能する支配的様式になってきたというのが、フーコーの議論である。「一望監視方式は、権力の一形式であり……何が正常で何がそうではないか、何が正しくて何がそうではないかに関して人が何をしなくてはならず何をしてはいけないかに関して、規範(norm)を中心に体系化されている」(2002c, 58-59)。これが、彼が「正常化=規範化(normalization)」(79)と呼ぶものの基本的側面なのである。

彼の主張の明白な立証になるのは、現代社会における広範囲にわたる監視技術の使用である。たとえば、二〇一三年には、おおよそ一一人に一人の割合に当たる六〇〇万台の閉回路テレビ監視カメラ(Closed Circuit Television Surveillance, CCTV)が英国内に存在するとされている。[5] これはベンサムのパノプティコンと直接関連している。しかし、監視の規律は、ポピュラー・カルチャーにも深い影響を与えてきた。少なくとも四つの監視メディアの例を思いつくことができる。おそらく最もわかりやすい例は、『ビック・ブラザー(*Big Brother*)』、『私はセレブ、ここから出て行け（*I'm a Celebrity, Get Out of Here*）』などのリアリティ・テレビ番組である――監視は、これらの番組がどのように機能するかの基盤をなす特徴である。多くの点で『ビッグ・ブラザー』は最も目に見えるかたちでパノプティコンのテレビ番組である。疑いなくこの番組の魅力の一部のひとつは、観察されることなく観察する、巻きこまれることなく関わる、審査されることなく審査する能力の喜びを享受するという点で、ベンサムの想像上の監守の役割を我々が演じることができると思われる点である。しかし、真理の生産に関するフーコーの議論に照らすなら、本当に自分が『ビッグ・ブラザー』が促進し、正当化する基準と規範の及ぶ範囲外にいると思うべきではない。つまり、そのまなざしは、我々の見ている前で出演者が規律・訓練をされていくのと同様に、我々も規律・訓練を施されている、つまり我々は、独房の中にいるのであって監守の塔にはいないのである。

『リヴィール（*Reveal*）』、『クローサー（*Closer*）』、『ヒート（*Heat*）』、『ニュー（*New*）』など、ますます多くのセレブ監視雑誌が、同様に機能している。セレブは、とくに身体サイズ、および性的、社会的行動に関して、我々の匿名の快楽と娯楽とされるもののためにモニターされ、精査されている。しかし、ここでも、セレブを批判し、からかうのに用いられる規範と基準は、我々を規律に従わせられるのと同じ規範と基準なのである。同様に、『ジェリー・スプリンガー・ショー（*Jerry Springer Show*）』、『ジェレミー・カイル・ショー（*Jeremy Kyle Show*）』、『ホワット・ノット・トゥ・ウエアー（*What Not to Wear*）』、『テン・イヤーズ・ヤンガー（*Ten Years Younger*）』などの「イメージ・チェンジ（make-over）」型、「トーク・ショウ（talk-show）」型の監視番組では、アドヴァイスが無制限にののしりやあざけりとごちゃ混ぜになり、その主体は、しばしば過激に、また司会者の独善的な自己満足のために、現在受け入れられている美と行動の正常性（normality）に合うように自己訓練することを奨励される。(6) テレビ画面のこちら側にいるという事実があるからといって、我々が同調への要請を免れているということでもなければ、一望監視のしくみの外側に安全な状態でいるということでもないのである。

註　Notes

（1）バルトの「現代の神話」とウィリアムズの「文化の分析（The analysis of culture）」は、英国カルチュラル・スタディーズの基盤テクストの二つである。

（2）バルトの理論構成は、数年後ルイ・アルチュセールによって発展させられた「呼びかけ（interpellation）」という概念に驚くほどよく似ている（第四章の議論を参照）。

（3）神話は、フーコーの権力の概念とほとんど同じように機能する。抑圧するのではなく生産するのである（本章の後半を参照）。

（4）これはピエール・マシュレの議論に非常に類似している（第四章を参照）。

（5）この数字は、二〇一三年七月二一日の日曜日朝のＢＢＣライヴ・ニュース番組で放送された。

（6）もしもジェレミー・カイル／ジョン・カルショウと YouTube のサーチエンジンに入れれば、ジョン・カルショウによるジェレミー・カイルの素晴らしいパロディを見つけるだろう。カルショウは、こうした番組の攻撃性、社会階級の言説と独りよがりの自己満足を非常に鮮やかに捉えている。

さらに知りたい人のための参考文献　Further reading

Storey, John (ed.), *Cultural Theory and Popular Culture: A Reader*, 5th edn, London: Routledge, 2019. This is the companion volume to the previous edition of this book. An interactive website is also available (www.routledge.com/cw/storey), which contains helpful student resources and a glossary of terms for each chapter.

During, Simon, *Foucault and Literature: Towards a Genealogy of Writing*, London: Routledge, 1992. Although the focus is on literature, this is nevertheless a very useful introduction to Foucault.

Eagleton, Terry, *Literary Theory: An Introduction*, Oxford: Basil Blackwell, 1983. Contains an excellent chapter on post-structuralism.

Easthope, Antony, *British Post-Structuralism*, London: Routledge, 1988. An ambitious attempt to map the field. Useful chapters on film theory, cultural studies, deconstruction and histo rical studies.

Hawkes, Terence, *Structuralism and Semiotics*, London: Methuen, 1977. A useful introduction to the subject.

McNay, Lois, *Foucault: A Critical Introduction*, Cambridge: Polity Press, 1994. An excellent introduction to Foucault's work.

Norris, Christopher, *Derrida*, London: Fontana, 1987. A clear and interesting introduction to Derrida.

Sarup, Madan, An Introductory Guide to Post-Structuralism and Postmodernism, 2nd edn, Harlow: Prentice Hall, 1993. An excellent introduction to post-structuralism.

Sheridan, Alan, *Michel Foucault: The Will to Truth*, London: Tavistock, 1980. Still the most readable introduction to Foucault.

Silverman, Kaja, *The Subject of Semiotics*, Oxford: Oxford University Press, 1983. An interesting and accessible account of structuralism, semiotics, psychoanalysis, feminism and post-structuralism. Especially useful on Barthes.

Sturrock, John (ed.), *Structuralism and Since: From Lévi-Strauss to Derrida*, Oxford: Oxford University Press, 1979. Contains good introductory essays on Lévi-Strauss, Barthes, Foucault and Derrida.

Thwaites, Tony, Lloyd Davis and Mules Warwick, *Tools for Cultural Studies: An Introduction*, Melbourne: Macmillan, 1994. Presents an informed account of the place of semiotics in the field of cultural studies.

Weedon, Chris, *Feminist Practice and Poststructuralist Theory*, Oxford: Basil Blackwell, 1987. An interesting introduction to post-structuralism from a feminist perspective. Helpful chapter on Foucault.

第七章 階級と階級闘争

7 Class and class struggle

階級とポピュラー・カルチャー Class and popular cultur

文化理論とポピュラー・カルチャーの本で、なぜ社会階級（social class）を問題にするのか。ひとつの答えは、階級はこれまでつねに本書の関心事であったからである。今や階級だけで独立した一章があるという点が依然と変わった点である。また別の答えは、「経済的」範疇であっても階級はつねに文化的に生きられており、その存在を我々が認識する場所のひとつがポピュラー・カルチャーだからである。わかりやすく言えば、ポピュラー・カルチャーは、階級の承認（recognition）と自己承認の鍵となる場所である。階級は、ポピュラー・カルチャーのいたるところにある。『ダウントン・アビー』（ITV 2010-15; 映画版 2019）のようなドラマにも『福祉手当通り』（Channel Four 2014）のようなドキュメンタリーにも、きわめて明瞭に見ることができる。どちらのテレビ番組も、階級表象への批判的な着目なしには理解不可能であろう。我々は、その他のすべてのもの、すなわち服装、休日の目的地、読む本や新聞、取る食事、好きな音楽、どのように装ったり話すのか、どこに住むのか、夢や将来の希望にはっきりと階級を見る。また、人々がどのように着飾ったり話したりするのか、どこで休暇を過ごすのか、読む本や新聞、好きな音楽、どこに住むのか、あるいはどのように将来を夢見ているのかについて下される判断においても、それとなく階級を見つける。言い換えれば、何が良い、あるいは悪いライフスタイルなのかに関してなされる想定の中に階級はある、ということである。

本章では、カルチュラル・スタディーズ創設の父祖レイモンド・ウィリアムズ、リチャード・ホガート、Ｅ・Ｐ・トムスンの研究における階級の重要性の説明から話を始めてみよう。次に、カール・マルクスとピエール・ブルデューの研究から派生し、カルチュラル・スタディーズにおいて多大な影響力を持ってきた二つの階級理論の検討をおこなう。続いて、階級とカルチュラル・スタディーズの関係を強調する事例を論じる。最後に、しばしば階級を解説的概念としては棄却する手段に用いられる「能力主義（meritocracy）」という考えについて考察してみよう。

カルチュラル・スタディーズにおける階級　Class in cultural studies

階級はもはやカルチュラル・スタディーズにおいて中心的なカテゴリーにすべきではないと示唆する議論が、最近まであった。アニータ・ビレッシとヘザー・ナンの経験が、よい例証になる。文化と階級に関するすぐれた著書のペーパーバック版の序文で、彼女たちは述べている。

『階級と現代英国文化』の出版以前に、少なくとも一〇年かそれ以上の間、階級と文化に関する書籍の草稿を試みとして作ってきたが、社会階級研究は、とくに英国カルチュラル・スタディーズ分野では、いささか時代遅れだと見る査読者たちにはその草稿のひとつとして気に入ってもらえなかった（Biressi and Nunn 2016: ix）。ビレッシとナンの経験は、英国カルチュラル・スタディーズが台頭したときには階級を中心に置いていたことを考えると、奇妙に思われるかもしれないが、ポストモダニズムに押されて、階級が、ある程度時代遅れの概念になっていたことは疑いがない。しかし、近年では文化に関して、研究対象が上位文化なのかポピュラー・カルチャーなのか、生産なのか消費なのかと批判的に考えるときには、階級は、再び不可欠な概念として浮上してきている。ポストモダニズムのせいで階級が時代遅れの概念に見えるようになり、脱産業化によってさらに階級が見えにくくなり、新自由主義イデオロギーのせいで階級が積極的アイデンティティとしてはより使いにくくなってきた一方で、二〇〇八年の金融破綻とそれに続く緊縮財政によって、すべてが変わり、階級は生きられたアイデンティティとして突然よく見えるものになり、その概念はあらたな解説的な力を与えられたのである。

学問的には、はやりすたりがあったにもかかわらず、階級は、カルチュラル・スタディーズの創設にとって根本的であった。若者の下位文化、抵抗、ヘゲモニー、ポピュラー・カルチャーにおける関心は、すべて階級への関心から生じている。三人の創設の父祖、リチャード・ホガート、E・P・トムスン、レイモンド・ウィリアムズの初期著作は、階級という概念抜きには考えることができない。重要な点は、トムスンの『イギリス労働者階級の形成』（1980）というタイトルにもあきらかである。ホガートの『読み書き能力の効用』（1957）の前書きも、「本書は、労働者階級文化の変化に関するものである」と始まっている（Hoggart 1990: 9）。『文化と社会』において、ウィリアムズ（1963）は、産業革命の道筋をつうじ、いくつかの重要な語彙が共通に使用されるようになるか、あるいは、すでに存在していた場合には、あらたな意味を獲得したと論じている。階級は、そうした語彙のひとつである。ウィリアムズ（1963）が指摘するように、「近代的意味での“class”という語が発展し、特定階級（下層階級、中産階級、上流階級、労働者階級など）に対する比較的固定した名称になったのは、一七七〇年から一八四〇年までの時期に実質的に属している。それは、同時に産業革命、およびそれによる社会の決定的再編成の時期であった」(2019: 159)。これ以前の時期には、社会区分は、身分(rank)、序列(order)、地位(estate)、あるいは等級(degree)といった語を用いて説明することが通常であった。こうした用語が共通して持っていたのは、社会区分は「生来の」ものであり、人間の行動とはほとんど関係がないという言外の意味であった。ウィリアムズが指摘するように、「"class"という語が、より古い用語に代わって社会上の分類を示す語として使われる歴史は、社会的立場が、単に受け継いだのでなく作られたという意識が高まってきたことと関連している」(ibid.)。さらに、ここには「特定の社会制度が……実際には社会区分を作り出した」(Reader 62)という広がりつつある認識が含まれている。言い換えれば、階級という用語の導入は、同時に、社会区分は人間が作り出すものであり、どのように社会が組織化されるかに明白に関連しているという考えが導入されたということなのである。この考えと最も関連する人物は、カール・マルクスである。

階級闘争　Class struggle

マーガレット・サッチャーは、近年、富裕層と権力者に有利になるように階級闘争の均衡を取り直すべく誰よりも尽力した人物で、あるとき「階級とは、共産主義者の概念である」と主張した(Biressi and Nunn 2016: 202)。多くの彼女の主張とは異なり、これはまったく根拠のない発言ではない。すでに見てきたように、階級概念はマルクス以前から存在するとはいえ、彼の著作が概念に実質を与えたことはたしかに真実なのである。

第四章で見たように、マルクスは階級を支配的生産様式に対する関係として定義している。彼は、それぞれの重要な歴史段階は特定の生産様式(mode of production)を中心に構築されたと論じている。つまり、食や住などの生活の物質的必需品を生産するために(奴隷制、封建制、資本主義といった)社会が組織される方法なのである。[1] 一般的に言えば、それぞれの生産様式は、①生活に無くてはならぬものを手に入れる具体的方法、②労働者と生産様式を支配する者の間の具体的な社会的諸関係、③（文化的なものを含む）具体的な社会諸機構・制度を生み出すのである。この分析の中心にあるのは、社会が（その「土台」である）存在手段をどのように生み出すかが、究極的にはその社会の政治的、社会的、文化的な形態を——上部構造を決定するという主張である。マルクスが説明するように、「物質的生活の生産様式は、社会的、政治的、精神的な生活プロセス一般に条件づけをおこなうのである」（1976a: 3）。

「土台（base）」は、「生産諸力（forces of production）」と「生産諸関係（relations of production）」の組み合わせから成り立っている。生産諸力とは、原材料、道具、技術、労働者と彼らの技術などを指している。生産諸関係とは、生産に従事する人々の階級諸関係を指している。こうした意味で、ある人の階級的立場は、その人の生産様式に対する関係によって決定されている。それゆえに、それぞれの生産様式は、たとえば、農業生産なのか工業生産が基盤なのか、またそれに対応してどのような道具やテクノロジーがあるのかといった点でそれぞれ異なっていることに加えて、特定の生産諸関係を生み出すという点においてもまた異なっている。特定の生産諸関係とはつまり、敵対的階級関係（antagonistic class relations）である。奴隷という様式は主人と奴隷という関係を生み出し、封建制度という様式は領主と小作人という関係を生み出し、資本主義の様式は資本家と労働者という関係を生み出す。名称が変わっても、基本的な関係はほぼ同じである。したがって、階級は、このように、客観的には経済諸関係としての「土台」に、主観的には意識と生きられた経験の形式としての「上部構造」に存在しているのである。

このモデルによれば、その他すべての階級区分とは、この基本的な二項関係の直接的、あるいは間接的表出である。資本主義の生産諸様式の下では、生産手段を所有する人々と生産諸力を売ることしかできない人々という区分がある。これは、資本主義社会を分割する基本区分である。そうはいっても、現代資本主義社会を見たとき、これ以上にずっと複雑になっているように見えるし、もちろん実際そのとおりなのであるが、それでもすべての複雑性はこの基本区分へと戻っていく。たとえば、上級管理者は資本家自身ではないかもしれないが、彼らが演じるように雇われている役割はとりわけ資本財の管理であり、そのようにしてイデオロギー的にも物質的にも資本の利益のために働いている。さらに、残滓的な階級形成および勃興的な階級形成もある。たとえば、土地を所有する貴族階級は、封建的な生産形態の階級構造の名残りである。経済的、政治的に周縁化されても、彼らは、資本主義社会における真の権力基盤を隠すある種の装飾的煙幕として機能している。自営業者（マルクスが、プチブルジョワ階級と呼ぶ）は、生産手段を所有しているが、搾取すべき者を持たない資本主義者という意味で、もうひとつの例外である。しかし、ここでもまた、階級としては、資本主義社会の主要階級区分に対して周縁化されている。マルクスの論点は、これらの別様の区分は、中心的な区分に関連しており、多くの点で従属的であるため、中心区分を弱体化させたりしないということである。それゆえに、マルクスが著述した一九世紀以上に、二一世紀には階級がより複雑に見えることに疑いの余地がない一方で、現代の階級構造を語るさまざまな方法は、しばしば、ほとんど社会的差異に関して語る方法と大差ないように思われるのである。マルクスにとって、階級は単なる社会差異の指標ではなく、支配的生産様式に基づく根本的な関係のあり方でもある。この根本的な関係性における終わりなき漸次的変化を発見したからといって、マルクスの階級と階級闘争のモデルはいかなる点においても無効にはならないのである。

マルクスにとって、記録された人の歴史は、階級闘争の歴史であった。『共産党宣言』（Marx and Engels, 2019b）の冒頭部分は、これを非常に明瞭にしている。

> これまでの社会の［記述された］歴史は、すべて階級闘争の歴史である。［その歴史においては］迫害者と非迫害者がお互いにずっと対立していた。それは途切れなく続き、隠されたかと思うと、公然と戦われた。結果として社会全体の革命的再構築、あるいは競い合う諸階級の共倒れのどちらかで、その度に決着した戦いであった（Reader 1998: 164）。

もしも階級が、単に支配的生産様式の関係から生じる経済的範疇なら、階級意識や階級闘争という考えは、何の意味も持たないであろう。階級が、何よりまず経済的範疇であることは真実であったとしても、それが、どのように生きられ経験されるかは、文化である。すでに述べたように、階級はこのように、つねに客観的でも主観的でもあり、土台と上部構造の両方にまたがっているのである。それは支配的生産様式との特定の関係の上に成立するが、別の階級に照らしてみずからを定義するときにしか、完全な表出を見つけることができない。この区分を記す用語は、階級それ自体において（客観的範疇）および、階級それ自体のため（主観的範疇）である。最初の点は経済関係を示し、第二点は意識の形態と生きられた実践である。エルンスト・フィッシャーが説明するように、「階級は、階級闘争の中に生まれる。そうした闘争をつうじてのみ、社会的、歴史的諸力へ発展するのである」(1973: 73)。マルクスが説明するように、一九世紀フランス農民層の議論において、「数百万人の家族が、生活様式、関心、文化をその他の階級から切り離し、後者に対する敵対的反抗に追いやられるような経済状況下で暮らす限りにおいて、彼らは階級を形成する。単に小規模小作農のその土地だけ相互のつながりしかなく、そうした人々の利害関心というアイデンティティが彼らの間になんの共同体も、なんの国家的絆も、なんの政治的組織も生み出さない限りにおいては、彼らは階級を形成しない」(1977: 106)。

言い換えれば、階級は、支配的生産様式に対する関係の結果という意味においては客観的範疇であり、その関係に対する意識を生み出す限りにおいては主観的範疇なのである。それは、つねにE・P・トムソンが「歴史的現象(historical phenomenon)」(1980: 212) と呼ぶものである。共通の階級経験は、「おもに、男性［と女性］が生まれつくか、あるいは選択の余地なく入っていく生産諸関係によって決定される」(9)。しかし、経験を文化へ翻訳したものとしての階級意識は、「彼ら［と彼女ら］が自身の歴史を生きるときに定義される」(10)。それゆえに、それは「ものごと」ではなく、ある階級を別の階級やその他多くの階級に対するものとして統一する、つねに、統一と差異の歴史関係である。彼が説明するように、「男性［と女性］が、（受け継ぐか、あるいは共有した）共通経験の結果として、利害関係のアイデンティティを彼ら自身の間のものとして、さらに利害関係が自分たちのものとは異なる（通常、対立する）

別の男性［および女性］に対抗するものとして、感じて分節化するときに階級は発生するのである」(8-9)。グラムシは、階級とはつねに、ある「均一性、自己認識、組織化」(1971: 181) を示すのであると、同様の議論をしている。階級は、最初は、それ自体を一定の共通な経済的利害関係に基づいて構成する。この利害関係についての意識は、階級全体の一般的な経済的利害関係についての意識を生じさせる。これに続いて、その階級の経済的、政治的、文化的必要性はひとつであるという意識が確立する。マルクス、トムスン、グラムシや他マルクス主義者の記述に共通するのは、階級が、つねに客観的（経済諸関係に基づく）であると同時に、主観的（それは世界での特定のものの見方と存在のあり方に現れる）であるという主張である。

階級区別としての消費　Consumption as class distinction

マルクス以降の階級研究において、おそらく最も興味深い発展は、文化理論とポピュラー・カルチャーへの影響という点では確実に、ピエール・ブルデューの著作であろう。ブルデューによれば、ニコラス・ガーナムとレイモンド・ウィリアムズが説明するように、

すべての社会は、再生産を確保するために利害関係を最大化しようとする集団および／あるいは階級と階級分派の間の闘争によって性格づけられる。社会形成は、行為者としての人が知的な場（field）、教育の場、経済の場などに特有の社会資本に対する支配を最大限化するために具体的闘争に従事する階層に伴って組織化された一連の場と見なされる。それらの場は、物質的な資源の生産と分配をめぐる階級闘争の場によって、重層決定された構造の中で階層的に組織化されており、おのおのの従属された場は、その場独自の構造論理の中で階級闘争の場の論理の再生産をおこなうのである（1980: 215）。

ブルデューは、階級は、経済、文化、社会という三つの形態の「資本（capital）」として現れると論じている。三つの中で最初の形態が、マルクスの階級理論と最も直接的に結びついている。しかし、どのように階級が生きられて、経験されているのかは、文化および社会資本がいかに節合されるかの結果となりがちである。たとえば、ブルデューは、特定の消費パターンがどのように最終的に階級差や階級の区別（distinction）に関わっているかを具体的に示している。彼は、どれだけ恣意的な嗜好や生活様式が、正統的な嗜好や唯一の正統的な生活様式へと継続的に変容させられるのかを示している。「『生まれながらの卓越性』（natural distinction）という幻想」は、支配的な人々がまさにその存在そのものによって、彼ら自身の存在様式以外のなにものでもない優越性の定義を強要する支配的な権力に究極的に基づいている」（1992: 255）。言い換えれば、支配階級は、彼ら自身の趣味を、あたかも実際に普遍的趣味のごとく強要しようとしているのである。

ブルデューの興味は、経済的な不平等に究極的に根ざした権力と支配の形態が確保されて正当化されることを、消費パターンが手助けするプロセスにある。消費パターンは社会区分と社会的差異の形成、徴づけと維持を確保するように用いられるため、階級支配が究極的には経済的でも、それが取る形態は文化的であるとする。したがって、社会的差異と社会的権力の源泉は、象徴的に経済の場から消費の場に移され、社会的な権力が特定の性向の結果であると見えるようにする。このようにして、文化的な空間の生産および再生産は、社会的な空間、社会的な権力、ならびに階級差および再生産に力を貸すのである。言い換えれば、人々が消費するものは、消費が可視化するどこか他に埋め込まれた区分や差異を単純に反映しているのではない。むしろ消費とは、差異と区別が分節化され、維持されて、再生産される手段なのである。

ブルデューの目的は、異なった階級が異なった消費パターンを持つという自明の理を証明することではない。どのように（高尚な芸術からテーブルに載った食べ物まで）消費が、社会的卓越性のはっきり区別可能なパターンを形成するのかを示し、こうした卓越性を形成して維持することによって、究極的には経済的な不平等に根ざした階級権力と階級支配の諸形態が確保され、正当化されるプロセスをあきらかにして、問いただすことがその目的である。彼は、実際の差異よりむしろ、どのようにこうした差異が社会的再生産の手段として支配階級によって用いられているかに関心を持っている。

ブルデューは、つねに趣味が審美的な範疇以上のものであると主張している。彼が指摘するように、「趣味は分類する。そして、その分類者を分類する」(6)。我々は我々の分類によって分類され、他者を彼らの分類によって分類する。このようにして、ブルデューは、私が休日の目的地や特定の服装様式を「評価」する際には、ウィリアム・ブレイクの詩やボブ・ディランの唄やベルトルト・ブレヒトの劇を「評価」するときと同様、似たようなことが起きていると論じるであろう。そのような査定は、けっして単なる個人的趣味の問題ではない。消費は社会的な区別をあきらかにし、徴づけるとともに、社会的な差異を持続させるのである。分類の戦略自体が社会的な不平等を生み出すわけではないが、不平等の形成、徴づけと維持は、そのような社会な不平等を正当化するように機能するのである。このように、趣味とは、おおいにイデオロギー的な言説である。「階級」(この用語は、経済的な範疇および特定の質的な水準の両方の意味で使っている)の目印として機能する。消費は、究極的に「社会的な差異を正当化するという社会機能を満たす傾向がある」(7)、というのが、彼の議論である。

消費に関するブルデューの研究は、教育に関する知見がその根拠である。教育は不平等を減少させる手段としてではなく、かえってそれを正当化するように機能している。ブルデューによれば、教育制度は、非常に具体的な社会的、政治作用を果たしている。すなわち、教育は、教育が作用する以前から存在している社会的不平等を正当化してしまうのである。教育は、社会的な格差を教育の格差に変換することでこれを達成して、格差があたかも「自然に根ざした」(387)ものであるかのように提示する。支配階級の文化の趣味は、制度としての形式を与えられて、次には巧みなイデオロギー的策略を使って、制度化された文化的な(すなわち彼ら自身の)趣味が、彼らの文化的、そして究極的には社会優越性の証拠として持ち上げられる。このように、社会的な区別／卓越化（distinction）は、後天的に形成された消費パターンによって生み出されるが、その消費パターンは、「自然な」文化選択として内面化され、「自然な」文化能力の証拠として解釈され動員され、究極的には、階級支配の形式を正当化するように用いられる。文化資本および社会資本は、経済的な支配を文化的、社会的階層の形式で複製することで、経済支配を隠蔽して、正当化することができるのである。

社会学者たちは、階級に関するブルデューの仕事をしばしばマルクスの理論展開として提示するが、私の考えでは、ブルデューが提供したのはマルクスの精緻化であり、首尾一貫させるためにマルクスに根本的に依拠している。言い換えれば、彼の分析は、マルクスによって準備された基盤の上に構築されているのである。文化資本および社会資本という興味深い概念の下には経済資本があり、それは部分的にはマルクスが経済的な範疇としての階級という語で意味したものである。しかし、もちろん我々が見てきたように、マルクスはそこで立ち止まらず、続けて経済的な範疇としての階級は、つねに社会的、文化的に節合されていると示唆している。階級とは、究極的には、ある人の地位を生産との諸関係で関連づけるのかもしれないが、「自然」に見えるようにするためには多大な文化的、社会的作業を必要とする地位である。ブルデューがおこなっている、しかも見事なかたちでおこなっているのは、経済関係としての階級の文化的な働き方のひとつ——どのように日常の生きられた経験に現れるか——を示すことなのである。

階級とポピュラー・カルチャー　Class and popular culture

階級とポピュラー・カルチャーの絡み合いは、多くの異なった例をつうじて、探求できる。本書の読者なら、きっと両者の結びつきの理解はむずかしくないだろう。私は、最近、このことを伝統的英国クリスマスの創造（invention）、フォーク・リヴァイヴァル（フォークソングの復興）、サッカーの発展と関連させて論じた（Storey 2016）。それぞれの絡み合いにおいて、中産階級は、他の支配的な階級と同様に、「自分たちの考えに普遍的な形式を与え、彼らが唯一理性的であり、普遍的で正統であると表象するため……彼らの利害関係を社会全員の共通利害関係として表象せざるをえないことがわかる」（Marx and Engels 2019a: 53）。支配と服従の関係に基づいて文化的合意（cultural consensus）を作るこの試みは、グラムシ（1971, 2019）がのちにヘゲモニーと呼ぶものの一部である。それぞれの場合に、中産階級が指導的立場を労働者階級に対して確保する合意の確立を求める際にヘゲモニーが行動に表されているのが見て取れる。つまり、マルクスとエンゲルスからの引用に戻るなら、中産階級が「自分たちの利害関係をすべての人に共通の利害関係であるとして表象する」必要性がそれぞれの例で最後まで演じられているということなのである。

サッカーの伝統的歴史によれば、このゲームは四段階の発展を見せている（Dunning 1971）。第一段階は、一四世紀から一九世紀までであり、すべての社会階層でおこなわれる野蛮で手に負えないゲームとして存在していた。「サッカー」という用語は、足蹴りと手でボールに触れることの両方に伴う複数の球技を指しており、球技の中でも馬の背に乗る球技ではなく、足を使っておこなわれる球技とを区別するためにさえ用いられた。これらのゲームに共通していたのは、ボールの使用とボールを「ゴール」に入れるという発想であったが、ルールは口述されていて、さまざまであった。チームは二〇人から二〇〇〇人までさまざまな数がありえるので、競技地区も村全体かもしれないし、二つの村の間かもしれない。ゲームも丸一日がかりだったり、しばしば町の祝祭の期間におこなわれたりした（懺悔火曜日、村の市（フェア）や祭りなど）。

第二段階は一七五〇年ごろから一八四〇年ごろまでであり、産業革命の重圧を受けて大衆スポーツとしてのその競技は消滅した。すなわち、囲い込み運動（エンクロージャー）（訳註：第二次囲い込み。農業革命の結果、高度集約農業のために、農民の土地が囲い込まれ、農民が追い出された現象）と都市化によって競技がおこなえる地区がなくなり、産業化でより厳格な職業倫理が導入されるようになり、あらたな取締りの制度は法のより効果的な適用を実施したということである。大衆的な競技の名残りとして保たれて生き残ったのは、大学とパブリックスクールにおいてのみであった。しかし、ここでさえもかつてこうした機構の外部に存在していた競技のように野蛮で手に負えないとして、この競技は奨励されなかった。

第三段階の一八四〇年から一八六〇年にかけて、スポーツの地位は、変化し始めた。今や「エリート」男性にとって好ましいものと見られるようになった。チームスポーツ、とくにサッカーは、人格形成、身体の健康、規律と道徳観を増強するものであった。パブリックスクールの調査のために設立されたクラレンドン委員会の一八六四年の報告書は、スポーツの効用について非常に明快であった。

クリケット場とサッカー場は……単なる享楽の場所ではない。それらは、最も価値ある社会資質の一部を形成し、教室や寄宿舎のように、パブリックスクール教育において注目すべき重要な場所を保持している（Walton and Walvin 1988: 299 に引用）。

この時期に、ゲームは一般的にパブリックスクールにおいて文明化され、ルールが成文化されたと考えられている（訳註：文明化とは、一九世紀ヨーロッパ各国において、近代国家形成が進むとともに、社会空間から暴力的なものが排除されていく過程。スポーツにおいてはルールが整備され、流血沙汰が忌避される。詳しくは、ノルベルト・エリアスの『文明化の過程』参照）。

最終段階は一八五〇年から一八九〇年までであり、パブリックスクールの卒業生が一八六三年に英国サッカー協会（the Football Association）を設立し、一八七一年にはＦＡ杯（the Football Association Cup）を創設した。その後、彼らは植民地への布教者のように働き、あらたな文明化されて成文化された競技を労働者階級へと次第に導入させた。一九〇六年に書かれたサッカー競技発展の記述で、その著者は、とくにイートン校、ハロウ校、ウエストミンスター校、チャーターハウス校が演じた役割に関して非常に明快である。「サッカーとは、その現代的な形式において、完全にパブリックスクールでおこなわれるさまざまな競技の……産物なのである」（Taylor 2013: 22に引用）。ワンダラーズは、初ＦＡ杯勝者であった。そのチームの社会的構成は、サッカー協会初期におこなわれていたサッカー競技に関して、多くのことを語っている。チームは、ハロウ校出身者四名、イートン校出身者三名、そして、ウエストミンスター校、チャーターハウス校、オックスフォード大学、ケンブリッジ大学出身者を各一名ずつ含んでいた。

サッカーは、中産階級の競技を意図されていたように思われるが、それにもかかわらず、たちまちジェイムズ・ウォルビン（2000）が「人々の競技」（people's game）と呼ぶものに成長した。中産階級のヘゲモニーへの最初の挑戦は、ランカシャー州ブラックバーンから来た。一八八二年、ブラックバーン・ローヴァーズは、ＦＡ杯決勝戦に駒を進めたが、オールド・イートンズに一対〇で敗北した。しかし、翌年、ブラックバーン・オリンピックは、決勝戦に進出したのみならず、実際にオールド・イートンズを二対一で下してＦＡ杯を手にした。『ブラックバーン・タイムズ』（1883）は、ブラックバーン・オリンピックの勝利がどのように社会階層に関連していたかをよく理解していた。

> 運動技術の最も厳しい試練で、オールド・イートニアン・クラブのような英国上流階級家庭の息子たちからなるクラブが、ランカシャー州の肉体労働者階級の青年、小売商、職人、工員らの息子たちからもっぱらなると信じられている地方クラブと対戦して、粉砕された（Walton and Walvin 1988: 299に引用）。

ブラックバーン・オリンピックのチームは、三人の織工、歯科助手、メッキ職人、配管工、店員、織機工、給糧船員が各一人、そして二人の製鉄工場労働者からなっていた。パブリックスクール出身者のチームが、ＦＡ杯で再び優勝することはもうないであろう。

一八七〇年代以降、社会的に組織されたスポーツとしてのサッカーは、中部地方（ミッドランド）と北部地方（とくに、ランカシャー州）の労働者階級の間で急速に発展した。サッカークラブは、以下にあげるさまざまな方法で創設された。既存のスポーツクラブをつうじて（たとえば、バーンリー、シェフィールド・ウェンズデー、プレストン・ノース・エンド、ダービー・カウンティ、ノッツ・カウンティ）、宗教団体による振興によって（たとえば、アストン・ヴィラ、バーンズリー、ブラックプール、ボルトン・ワンダラーズ、エヴァートン、マンチェスター・シティ、バーミンガム・シティ）、職場を代表して（たとえば、ストーク・シティ、ウェスト・ブロムウィッチ・アルビオン、マンチェスター・ユナイテッド、コヴェントリー・シティ、クルー・アレキサンドラ）、そして、教師と卒業生によって（たとえば、ブラックバーン・ローヴァーズ、レスター・シティ、サンダーランド）。

一八八八年の英国サッカーリーグ（イングリッシュ・フットボール・リーグ）創設は、職業選手主義（プロフェッショナリズム）の避けられない結果であった。給与の支払いのため、クラブには安定的で定期的な競技大会が必要だったのである。一八八四年、プレストン・ノース・エンドが、プロ選手を使っていたと申し立てられたためにＦＡ杯から追放された。調査は決定的ではなかったが、彼らが選手に仕事を手配していたこと（すなわち、働かなくても給与がもらえる仕事を与えることで、実質的に専業選手にしていた）があきらかになった。プレストンは、北部地方と中部地方の四〇のクラブから支持された。これらのクラブはともに、全英サッカー協会（British Football Association）を作るという脅しもかけた。一八八五年一月、プロ選手化は合法化された。英国サッカーリーグが、三年後の一八八八年に創立された。一二の創設チームのうち、六チームがランカシャー州から（プレストン・ノース・エンド、ブラックバーン・ローヴァーズ、ボルトン・ワンダラーズ、アクリントン、エヴァートン、バーンリー）、五チームが中部地方からであった（アストン・ヴィラ、ウルヴァーハンプトン・ワンダラーズ、ダービー・カウンティ、ノッツ・カウンティ、ストーク・シティ）。

なぜこの競技が工業地帯である北部と中部で、それほど急速に広まったのであろうか。説得力のあるひとつの理由は、これまでそれがけっして実際には消え去ったことがなかったことである。すでに述べたように、通常の記述によれば、産業革命以前のサッカーがあり、それが産業革命の圧力を受けて大衆の競技としては消滅した。しかし、パブリックスクールは競技を続けてルールを成文化して文明化し、英国サッカー協会とＦＡ杯の創設とともに、この競技を世界に紹介したのである。だが、別の理由の可能性もある。つまり、サッカーは消滅したのではなく、パブリックスクールで生き残ったように、あらたな工業町と工業都市で進化し続けたということである。言い換えれば、パブリックスクール版のサッカーは、ひとつのヴァージョンにすぎないのだが、その競技の正式な組織化と競技の歴史記述にみずからを入れこむ力を持つものだったのである。しかし、パブリックスクール版と並行して、労働者階級版サッカーとでも呼べるかもしれない形式も存在した。この第二の形式の存在は、パブリックスクールの競技として提示されたものが、どのように工業地帯の北部と中部地方でそれほど急速に広がることができたのか説明する助けになるだろう。

一八三八年、ポピュラー・スポーツとしてのサッカー競技が消滅したと思われた時代に『ベルズ・ライフ・イン・ロンドン』が、労働者階級版のサッカーが存在していた証拠を提供している。

サッカーの試合が、来週聖金曜日にレスターのクリケット運動場で、ダービーからの一一人（おもに印刷工）とレスターからの同じ人数の間で戦われる予定。勝者は、上限二五ポンドの賞金をめざして、イングランドならいかなる町かは問わず同人数のチームに挑戦することになっています（Walton and Walvin 1988: 299 に引用）。

一八四二年には、イングランド北部の炭鉱地域における労働者階級の子どもたちの状況に関する国会喚問の証人は、以下のように書いている。

クリスマスと聖金曜日のみが、ヨークシャー炭鉱地域における定められた祝日であるにもかかわらず、子どもたちは少なくとも毎週一日と夕刻のかなりの部分が休みの時間でした。子どもたちは、この時間を使って、近所の広大な荒れ地でスポーツして過ごすことができました。彼らのしていた競技は、クリケット、ナーとスペル

「バットとボールの遊び」、そしてサッカーなどがありました（Harvey 2005: 59 に引用）。

子どもたちが長時間炭鉱産業で働き、その後に荒れ地で遊ぶのはあまり褒められたことではないにしても、この記述はサッカーが大学とパブリックスクールの外でも存在し続けていた証拠を提示している。それゆえに、中産階級が英国サッカー協会とＦＡ杯を確立したにしても、一八七〇年代以降の工業地帯の北部と中部におけるサッカー競技の急速な発展が示唆するのは、ポピュラーな競技は消滅していたわけではなく、むしろ、パブリックスクールで起こったのと非常に似通ったかたちで、変化しただけだということである。サッカーという競技の発展の複雑な歴史や、歴史の書かれ方を完全に理解するには、社会階級が演じた重要な役割を説明に含めることが不可欠なのである。

能力主義のイデオロギー的なはたらき　The ideological work of meritocracy

能力主義（メリトクラシー）（訳註：meritocracy は「業績、優秀さ、能力」を示す merit と「支配、統治」を表す cracy の組み合わせでできた語）こそ、おそらく階級不平等の偉大なる虚偽であろう。ジョー・リットラー（2013: Littler 2017 も参照）が指摘するように、それは、「社会的、文化的不平等を永続化するとともに、創り出すからくりである」（2019: 202）。それをあきらかな善として受け入れるのではなく、

新自由主義文化（ネオリベラルな）（neoliberal culture）をつうじて、金権政治、すなわち富裕エリート層による統治が、それ自体を恒久化する鍵となるイデオロギー的手段になったからには、能力主義には厳重な注意を払うべきである。言い換えれば、我々が能力主義の時代に生き、あるいは生きるべきであるというよくある考え方が、社会的流動性の明白な欠如と世襲による経済的な既得権益の継続と共存しているのは単なる偶然ではないのである（201-202）。

リットラーは、能力主義に根拠を与える五つの前提条件があるとあきらかにしている。第一が、「知性」と「才能」は生来の性質だということである。言い換えれば、費用のかかる教育を受けたからといって、あなたが認識した知性と才能は、ほとんど変わらないという議論である。これは、次に第二の前提条件に結びつく。努力と結びついた生来の知性と才能が、成功を達成するには必須だということである。それゆえに、能力主義社会とは、努力によって導かれた生来の才能と知性の不平等だけで単純に構成された社会なのである。もちろん、才能と知性のある人々すべてが頂点に到達するわけではないが、制度が競争的なので、これは受け入れ可能であると見なされる。そのために、もしもあなたが底辺にいるなら、それは成功するのに必要な才能と知性を持っていないか、勝利するに足りるだけの競争力がないか（勝者を生むには我々は敗者を生み出さなくてはならない）のどちらかとなる。そのような前提条件は、競争は究極的な善であるとする資本主義の支配的な考え方と完全に適合している。

第三の、おそらく鍵を握る前提条件は、最初の二つから引出され、その二つを支持している。才能と知性に努力が加わることが能力を生むという考えは、政治的にさらに重要なことを語っている。すなわち、出生環境や社会構造は、社会的、経済的な能力とは無関係だということである。資本主義社会の、偉大な神話のひとつは、誰もが成功の階段を上る自由を持っているということである。最も優秀な者が頂点に上り、我々がすべて自分に値する階層に落ち着くことを、社会的流動性は保証している。個人の能力だけが社会の到達地点を決定するという考えを退けたからといって、社会流動性の存在を否定することにはならない。しかし、しばしば流動性さえも、ほとんどが強固かつ安定した階級構造で才能や努力に関係なく、我々の行き着く先を最終的に決定するものを擁護する手段としておおいに誇張されている。たとえば、私が労働者階級の背景を持つ大学教授であること（父親は非熟練工であり、母親は清掃作業員であった）は、社会的流動性の存在を示しているが、圧倒的多数の大学教授がそのような背景を持っていないという事実は、社会的流動性がこの事例においては限定的であることもあきらかにしている。そのために、つねに社会的流動性の例を示すことができる一方で、それが階級構造へ与える影響はしばしば誇張されているのである。さらに、もしも焦点が頂点と底辺であるならば、社会的流動性は実は非常に限られたものになる（つまり、底辺から上る者はほとんどおらず、頂点から下る者もほとんどいない）。

第四の前提条件は、何を能力（merit）と見なすかに関わっている。調査してみると、能力とはいわゆる「市場」（market）がしばしば決定する結果であり、ある専門職がより多くの金と地位を惹きつけることが、すぐあきらかになる。これは人の命を救う看護師や医師より、観客を喜ばせるプロのサッカー選手の方が甚だしくより多くの金を得る状況を生み出してきた。最後の前提条件は、社会の頂点にいる方が、底辺にいるよりもよいということである。あなたは「ええ、もちろんそうです」と言うかもしれないが、この裏側にある論理は、上流階級のライフスタイルの妥当性の確認、および、労働者階級の生活の価値の切り下げを生み出す。

これら五つの前提条件は一緒になって、我々が能力主義社会に生きているという考えに根拠を与え、支持し、正当化する。もしもある社会が能力主義であるなら、分断や不平等は生来の才能、知性と努力に基づいており、階級構造や経済的不公平の再生産から生じているのではないことを意味している。能力主義国家の役割とは、「最も優秀な者（best）」が頂点に上り詰めることが可能になる条件を再生産することである。しかし、頂点に上りつめる人の経歴を調査すると、このことに関する問題点が見える。英国の人口のたった七パーセントしか私立学校（つまり、高額の授業料を払う学校）[2]に行かないのに、七二パーセントの最上級判事、六一パーセントの上級軍当局者、五五パーセントの官公庁事務次官、五三パーセントの外交官がそのような学校に通っていたとしたならばどうであろう（Acred 2016: 16）。こうしたデータが、階級的地位は個人の能力の結果であって、特権と不平等の相続構造とはほとんど何の関係もないということを示唆しているようにはまず見えない。いったんそうした統計を考慮したならば、階級的地位の方が、才能、知性、努力よりも、はるかに重要に思われる。ここで、頂点にいる人たちの一部は才能がなく、知性的でもなく一生懸命に働かないということを言っているわけではなく、彼らを頂点に到らせたのは単に生来の特質とされるものと努力だけではないということを言っているにすぎない。別の言い方をするなら、もしも神話が事実とすれば、労働者階級は知性や才能に欠け、努力しないということになるだろう。しかし、階級区分と不平等があるために、たとえば、芸術、科学、あるいは政治に重要な貢献をしてきたかもしれない労働者階級の人々が公的認識から隠され続けてきたと理解するのに、多くの想像力は必要ではない。エルンスト・ブロッホは言う。「歴史は、そうした偉大な才能がみずからを意識し、発達するのを妨げる好ましからぬ環境でいっぱいなのである」(1995: 460)。あるいは、詩人トマス・グレイ(1997)は言う。「数知れず花は咲き人見ねど恥らひて／そのかほり空しくも砂原に散りぞゆく」(訳註：「墓畔の哀歌」という詩の一節)。

能力主義の神話の下では、階級の差は、生来の能力と努力によって頂点、中間、あるいは底辺のどこに位置づけられるかを決める構造になる。社会的不平等は、生来の能力の欠如と一生懸命でないことの徴候となる。言い換えれば、能力主義社会では、あなたはあなたにふさわしいものを得るのである。これは論理的で公平に聞こえるかもしれないし、また、これがえてして支配階級に生まれついた人たちへの見え方であるが、実際、階級区分と不平等の真の原因を隠すイデオロギー的な隠蔽にすぎないのである。

註　Notes

(1) もちろん、何が必要性であるのかは、歴史的、社会的に変化しうる。

(2) 紛らわしい名称のパブリックスクールは、実際は非常に高額になりえる。イートン校、ハロウ校、ウインチェスター校を例にとるならば、年間授業料は順に四万二五〇一ポンド、四万一七七五ポンド、四万一六〇七ポンドである。英国の平均給与所得は、約二万六五〇〇ポンドである。両者を比較すれば、能力主義概念に必要とされるイデオロギー的仕掛けに関して多くのことがわかる。

さらに知りたい人のための参考文献　Further reading

Storey, John (ed.), *Cultural Theory and Popular Culture: A Reader*, 5th edn, London: Routledge, 2019. This is the companion volume to the previous edition of this book. An interactive website is also available (www.routledge.com/cw/storey), which contains helpful student resources and a glossary of terms for each chapter.

Atkinson, Will, *Class*, Cambridge: Polity, 2015. Leaving aside the book's rather simplistic understanding of Marxism, it is nevertheless an excellent introduction to debates on class and class struggle.

Biressi, Anita, and Nunn, Heather, *Class and Contemporary British Culture*, Basingstoke: Palgrave Macmillan, 2016. An excellent account of the entanglement of class and contemporary culture.

Clarke, John, et al., *Working Class Culture*, Centre for Contemporary Cultural Studies, Hutchinson University Library: London, 1979. A collection of interesting essays on class from the institutional home of cultural studies.

Edge, Sarah, *The Extraordinary Archive of Arthur J Munby: Photography, Class and Gender in the Nineteenth Century*, London: IB Tauris, 2017. A fascinating account of the representation of class in the nineteenth century.

Littler, Jo, *Against Meritocracy*, Abingdon: Routledge, 2017. An absolutely key book for understanding the ideological work performed by the concept of meritocracy.

Munt, Sally, *Cultural Studies and the Working Class*, London: Continuum, 2000. A very clear argument why cultural studies should return to class as a primary object of study.

Skeggs, Beverley, *Formations of Class & Gender*, London: Sage, 1997. One of the most significant attempts in cultural studies to foreground class as an explanatory concept.

Storey, John (ed.), *The Making of English Popular Culture*, Abingdon: Routledge, 2016. An excellent collection of essays that use class as an explanatory concept.

第八章 ジェンダーとセクシュアリティ

8 Gender and sexuality

複数のフェミニズム　Feminisms

「一九八〇年代に人文学に生じた最も目を引く変化のひとつは、ジェンダーが分析のカテゴリーとしてせり出してきたことである」（Showalter, 1990: 1）。これはエレイン・ショーウォールターが、ジェンダーと文学に関する研究の論集に寄せた序文の冒頭の一文である。一九七〇年代初頭に（第二波）フェミニズムが台頭しなければ、この一文は書かれえなかったことに疑いようはない。ジェンダーをアカデミックな課題（アジェンダ）に据えたのはフェミニズムである。しかしながら、この課題は、その性質ゆえにフェミニズムそれ自体の内部で活発な議論を引き起こしてきた――そうであるから、今では、かつてそのように言えたことはあったとしても、今の時点では、フェミニズムをリサーチ、執筆、活動の一枚岩的な集合体として語ることは、実際のところ、もはやできない。実際問題として、複数のフェミニズム

(feminisms) と呼ぶべきなのである。

少なくともフェミニズムには、四つの異なる種類がある。ラディカル・フェミニズム、マルクス主義フェミニズム、リベラル・フェミニズム、およびシルヴィア・ウォルビー（1990）が二重システム理論と呼ぶものである。それぞれが、それぞれのかたちで女性の抑圧に応答し、異なる原因と異なる解決策を措定している。ラディカル・フェミニストたちは、女性の抑圧が、家父長制という、集団としての男性が集団としての女性に対して権力を振るう支配体制がもたらす結果であるとする。マルクス主義フェミニストの分析では、抑圧の究極的な源は資本主義である。男性による女性の支配は、資本による労働の支配の結果であると見なされる。リベラル・フェミニズムは、女性の抑圧を決定するひとつの体制を――家父長制であれ資本主義であれ――措定しないという点で、マルクス主義フェミニズムおよびラディカル・フェミニズムとは異なっている。むしろ問題を、そうした体制ではなく、女性に対する男性の偏見が、法に具現化されていたり、生活の特定の領域から女性が排除されることに現れていたりするという点から見る傾向にある。二重システム理論は、マルクス主義フェミニストとラディカル・フェミニストの分析の合流を示しているが、それは女性の抑圧は家父長制と資本主義の両方が複雑に節合した結果であるという考え方からである。もちろん、フェミニストの視座はそのほかにもある。たとえば、ローズマリー・トン（1992）が挙げるのは、リベラル、マルクス主義、ラディカル、精神分析、社会主義、実存主義およびポストモダンなフェミニズムである。さらにはインターセクショナルなフェミニズムもある（これに関しては、本章にて後述）。

フェミニズムは、マルクス主義（第四章で議論）のように、つねに、アカデミックなテクストや実践の集合体以上のものである。それはまた、というよりは、より根源的にそうなのであろうが、女性の抑圧と、女性のエンパワメント（empowerment）（訳註：個人や集団がその能力を発揮できるように、自信や力、権限を与えることを指す。そのために社会を変革していくことが前提となる。自信付与、権限付与と訳されることもある）のための方法や方策に関わる政治運動でもある――ベル・フックス（1989）が「声を見つける」と述べるものなのである。

自己変容の暗喩（メタファー）として……［「声を見つけること」は］……、とりわけこれまで一度たりとして公的な声を持ったことがなかった女性、多くの有色人種の女性を含め、今初めて語ったり書いたりしている女性たちの集団に関わっている。声を見つけることにフェミニストが焦点を当てるのは、ときとして使い古された常套句に聞こえるかもしれない……。しかしながら、抑圧を受けた集団の内部にいる女性にとって……声を出すようになることは、抵抗の行為なのだ。語ることは、能動的な自己変容に取り組む方法であり、またみずからが客体から主体であることへと移行する通過儀礼にもなるのである（12）。

したがって、フェミニズムは、単なる新手のテクスト読解の方法というのではない。それにもかかわらず、フェミニズムは、信じがたいほどに生産的な読み方であることが示されてきた。ショーウォールターの言うように、

歪にも、二つの横顔にも見える錯覚の図がある。歪なのか、横顔なのか、両者は見るものの目の前で緊張を孕み、揺れ動き、片方がもう片方を凌駕して、意味のない後景へと退かせる。純粋なフェミニスト理論においても、これと同じように、自分たちの視覚が根本的に変わるさまを見せられる。以前には空っぽだった空間に意味を見よ、と要請されるのである。これまで正統派だった物語の筋は後景に退き、代わりにもうひとつの筋が、これまでは後景の無名性に沈みこんでいたのに、まるで拇印のごとく、くっきりと浮き上がって、せり出してくるのである（Modleski, 1982: 25 に引用）。

ショーウォールターがフェミニスト文学批評のために主張したことは、ポピュラー・カルチャーに関するフェミニストの研究のためにも同じように主張できる。ミシェル・バレット（1982）の指摘どおり、文化の政治には「意味をめ

ぐるせめぎ合いが関わるゆえに、文化の政治はフェミニズムにとっては決定的に重要なのである」（37 強調はバレットによる）。ラナ・ラコフ（2019）もほぼ同様の主張をしており、「ポピュラー・カルチャーを扱うフェミニストたちは、より深い社会的な分析と政治的な課題を携えた多様な理論的な立場からやってきている」（240）。さらに、ラコフの見るところでは、

> 現代のフェミニストたちは、ポピュラー・カルチャーに対して多様なアプローチをしてきたけれども、みな共通に、大きな二つの点を想定してきた。第一に、女性は男性とは異なる固有の関係をポピュラー・カルチャーと切り結んでいること……。第二に、もしも女性がみずからのアイデンティティへの支配権を手にし、数々の社会的な神話と社会的な関係の双方を変えようと思うなら、ポピュラー・カルチャーが女性ならびに家父長制文化に対していかなる働きをしているかを理解することは重要であるということである……。フェミニストが述べているのは、家父長制社会においてポピュラー・カルチャーは一定の役割を果たしており、この役割を理論的に分析することによって、進行中の議論に主要な立ち位置が確保されるということである（231）。

映画館の女性　Women at the cinema

第五章では、女性の観客を扱ったマルヴィ（1975）によるきわめて影響力の大きな記述を論じた。マルヴィの分析は、一貫して素晴らしく、また説得力がある。そして、一三ページにも満たないエッセイでその分析がなされているという事実にもかかわらず、その影響はきわめて大きなものであり続けてきた[1]。しかしながら、このエッセイの力と影響力を認めながらも、同時に注意しておきたいのは、マルヴィの「解決」がその「問題」の分析ほどには説得的ではないということである。ポピュラーな映画に取って代わるものとして、マルヴィは「政治的、美学的双方の意味に

おいてラディカルで、主流映画の基本的な想定の数々に異議申し立てをする」(7-8) アヴァンギャルドな映画が必要であると述べている。ロレイン・ガマンとマーガレット・マーシュメント(1988)をはじめとして、フェミニストの中には、マルヴィの議論が本当に「普遍的な妥当性」(5)を持っているのかと疑い、「まなざしはつねに男性のものなのか」、あるいはそのまなざしが女性のまなざしを含めたさまざまな見方の中で、「単に「支配的」であるにすぎないのか」(ibid.)といった問いかけを始めた者もいる。さらに、ガマンとマーシュメントは、以下のように主張する。

> ポピュラー・カルチャーを、単に資本主義と家父長制という相互補完的なシステムのために働いていて、騙されている大衆(マス)に「虚偽意識」を売り込んでいるものであるとして切って捨てるだけでは十分ではない。ポピュラー・カルチャーはまた、さまざまな意味が異議申し立てを受け、支配的なイデオロギーの数々が撹乱されうる場と見なすことも可能なのである(1)。

ガマンとマーシュメントは、介入という文化的な政治を提唱する。「つねに自分たちを外部に位置づけることによって、ポピュラー・カルチャーを切って捨てる余裕などない」(2)。まさしくポピュラー・カルチャーから、

> この社会の大半の人は、娯楽と情報を得ているのだ。ポピュラー・カルチャーにおいてこそ、女性(および男性)はその文化に支配的な自分自身の定義を提供されるのである。したがって、ポピュラーな形式への介入が潜在的に持っている可能性と危険性について探求することは、フェミニストの意図を我々の快楽の一部に組み込む方途を見つけるために、決定的に重要なことに思われる(1)。

クリスティン・グレッドヒル(2019)もまた、同様のことを主張している。グレッドヒルは、「一般的には軽蔑されて

いるポピュラーな形式を、社会歴史的に構築された視聴者がその生活においてそれらを消費する条件に結びつけて考えるような」(82) フェミニスト・カルチュラル・スタディーズを提唱している。「この点で、フェミニストによる女性映画およびソープ・オペラの分析は、より否定的な映画の精神分析的な……女性視聴者に関する説明、すなわち女性視聴者が植民地化され、疎外された、あるいはマゾヒスティックな自己同一性の位置づけをおこなっていると示唆するような説明に対抗し始めるのである」(83)。

ジャッキー・ステイシー(1994)による『スターをまなざす――ハリウッド映画および女性の視聴』は、女性の視聴者に関する多くの精神分析研究の普遍主義およびテクストの決定論を、明瞭に拒絶している。ステイシー自身の分析は、テクストが構築した視聴者ではなく、映画館にいる観客から始まる。このアプローチによって、ステイシーは(マルヴィの位置づけが示すような)映画研究(フィルム・スタディーズ)の伝統から離れて、カルチュラル・スタディーズの理論的な関心に向かっている。【図表8・1】は、二つの研究枠組の線引きとなる違いを示すものである(24)。

ステイシーの研究は、ある白人の英国人女性の集団から戻ってきた反応に基づいている。その女性集団は、大半の人の年齢が六〇歳を過ぎていて、大半が労働者階級で、一九四〇年代から一九五〇年代にかけて熱心に映画館に通った人たちであった。ステイシーは、手紙と、回答済みアンケートを元に、女性たちの反応そのものから出てきた三つの言説という観点から分析を組み立てた。それは、すなわち、「現実逃避(escapism)」、「同一化(identification)」、および「消費(consumption)」である。

「現実逃避」は、女性たちが映画館に行く理由として最も頻繁に引き合いに出していたもののひとつである。現実逃避という語の軽蔑的な含みを避けるべく、ステイシーは、一九四〇年代、五〇年代のイギリスの女性たちにとって、ハリウッドの映画が持っていたユートピア的な可能性について議論を構築するために、多くのポピュラーな娯楽が持つユートピア的な感性を擁護するリチャード・ダイアー(1999)によるすぐれた議論を援用している。ダイアー

映画研究	カルチュラル・スタディーズ
視聴者の位置取り	観客の読み
テクスト分析	エスノグラフィー的な方法
制作者主導の意味	消費者主導の意味
受け身の視聴者	能動的な視聴者
無意識的	意識的
悲観的	楽観的

【図表8・1】 映画研究とカルチュラル・スタディーズにおける研究対象としての映画

社会問題	テクスト上の解決
不足	潤沢
疲弊	エネルギー
わびしさ	強烈さ
操作	透明性
断片化	共同体(2)

【図表8・2】 ポピュラーなテクストとユートピア的な解決

は、一連の二項対立を配置して、観客が経験する社会的な問題と、ポピュラーな娯楽のテクストが展開するテクスト上の解決との関係をあぶりだそうとする【図表8・2】。

ダイアーにとって、娯楽のユートピア的な感性は、テクストの特性である。ステイシーは、みずからの議論を拡大して、娯楽が経験される社会的な文脈（social context）も入れ込んでいく。女性たちが書いた手紙や回答したアンケートからステイシーがあきらかにしたのは、彼女たちが語った映画の快楽とは、つねに映画のテクストが持つ視覚、聴覚に訴える快楽以上のものであったということである――映画の快楽には、映画上映に行くという儀式、観客という共有された経験と想像された共同体、映画館の建物の快適さといつにない贅沢さも含まれるのである。それはけっして、ハリウッドの魅力を楽しむという単純なことではなかった。ステイシー（1994）が説明するように、

映画館という物理的な空間は、映画館の外の日常生活と、このあと上映されようとしているハリウッド映画の空想世界とをつなぐ移行区間を提供していたのである。映画館内部の意匠と装飾は、この女性観客たちが享受する現実逃避のプロセスを後押しした。このような場として、映画館は、

ハリウッドの空想の上映会場となっているだけではなく、ハリウッド映画の文化的消費に似つかわしい女性化した魅惑の場を提供するその意匠と装飾ゆえに夢の宮殿だったのである（99）。

現実逃避はまた、つねに時代特有の、双方向の出来事でもある。したがって、ステイシーが調べた女性たちは、単に映画館の贅沢とハリウッド映画の魅力の中への逃避をしていただけでなく、戦時中と戦後のイギリスの困窮と制約からの逃避をしてもいたのである。このようにハリウッドの魅力、映画館内部の相対的な贅沢さが混ざり合ったものが、戦時中と戦後の困窮と犠牲という文脈において経験されるということこそが、「現実逃避の複層的な意味合い」（97）を生み出しているのである。

「同一化」は、ステイシーの第二の分析カテゴリーである。ステイシーは、精神分析批評において、同一化がどのように機能して、映画のテクストが女性視聴者を家父長制の利害関心の内部に位置づけるとされるやりかたを指し示すのかを意識している。精神分析の議論にしたがうなら、同一化は、女性が結託して共謀者となってみずからの抑圧をおこなう方法である。しかしながら、ステイシーは、映画テクスト内部に構築される女性視聴者から映画館にいる現実の女性観客へと焦点を移すことによって、同一化が、しばしばまったく違う働き方をすることを示すことができると述べる。ステイシーの調査に応じた女性たちは、いかにスターたちが権力、コントロール、自信といった空想を、つまり日々の活動に活力を与えてくれる空想を生み出すことができるのかに繰り返し着目していたのである。

ステイシーの三番目のカテゴリーは、「消費」である。ここでもまたステイシーは、支配、搾取、およびコントロールという、つねに首尾良くいく関係に巻き込まれたものとして消費を思い描く一枚岩的な位置づけを受け入れようとはしない（Storey, 2017a を参照）。そうではなく、「消費は、隷属化と搾取の場であるだけではなく、意味を交渉し、抵抗と簒奪・流用（appropriation）をおこなう場でもある」（187）というのがステイシーの主張なのである。ステイシーによれば、映画研究における多くの研究は、制作側主導のものであり、「映画産業が、映画および［それに関連する」他の業種による生産物の消費者として、映画の観客を生み出すやり方」(188)に批評的なまなざしを固定する傾向にあった。そのような分析では、観客が実際にはどのように、自分が消費する商品を使用し、意味を引き出すのか、理論的に提示することなど(ましてや具体的な詳細を語ることなど)けっしてできない。ステイシーは、女性たちの記述から見えてくるのは、観客と、観客が消費するものの間には、もっと矛盾に満ちた関係があるということである、と述べる。たとえば、ステイシーが強調するのは、「女性に関するアメリカの理想像は、制約の多いイギリスの女性性の慣習を打ち破るものであると明瞭に記憶されており、だからこそ抵抗の戦略として用いられもする」(198)というあり方である。手紙と回答済みアンケートの多くからは、いかにハリウッドのスターたちが、これまでの女性性に取って代わる、胸躍る、慣習を踏み越えるような女性性の表象となっていたかがあきらかになる。このようにして、ハリウッドのスター、そしてその関連商品は、社会的制約のあるイギリスの女性性と見なされるものと折衝し、その境界線を押し拡げる方法として利用しうるものだったのである。ステイシーの議論は慎重であり、この女性たちが消費を媒介にして完全に新しい女性のアイデンティティを自由に構築したと主張することはない。同じように、このような消費形態が、ことによると家父長制のまなざしに迎合する可能性についても、否定はしていない。ステイシーの取る立場にとって鍵となるのは、過剰性(excess)の問題である。ハリウッドのスターおよびその他関連製品の消費がもたらす自己イメージの変容は、もしかすると家父長制文化が必要とするものを超え出て過剰なアイデンティティや実践を生み出すかもしれない。ステイシーは、以下のように主張している。

逆接的ではあるが、二〇世紀半ばから一九五〇年代末にかけての女性の観客にとって、商品の消費は、みずからを望ましい客体として生み出すことに関与しながらも、同時にその一方で、商品の消費は、当時ますます女性性を規定するようになった家庭第一主義(domesticity)と母であること(motherhood)という、苦役と見なされるものからの逃避をも提供する。それだからこそ、消費は、一九五〇年代の英国において、結婚と母親業に結びつけて考えられていた自己犠牲に対抗する自己肯定を意味しうるのである（238）。

ステイシーの研究は、映画に関する精神分析の多くがおこなう普遍的な主張に対する、批判のようなものを表している。観客を研究することによって「女性が視聴するということが、ハリウッド映画によって受動的に位置づけられるプロセスというよりもむしろ、ハリウッド映画の支配的な意味合いと折衝するプロセスとして見ることができるかもしれない」（12）のである。このような視座からは、ハリウッドの家父長制の権力は、それほど一枚岩的ではなく、継ぎ目のないなめらかなものでもなく、そのイデオロギーとしての成功もけっして保証されたものではないように見え始める。

ロマンスを読む　Reading romance

『復讐とともに愛すること（*Love with a Vengeance*）』においてタニア・モドゥレスキー（1982）は、「女性の物語」について書く女性たちは、三つの取りうる立場のどれかを選ぶ傾向にあると主張している。「そっけない拒絶。そうでなければ敵意――女性の物語を消費する人たちに対して、不幸にも向けられがちな態度である。あるいは、これが一番多いのであるが、軽薄に嘲る」（14）。これに対して、モドゥレスキーは宣言する。「今こそ女性の読書について、フェミニストとしての読解を始めるべきである」（34）。（恋愛小説(ロマンス)を含む）「女性向けの大量生産された（mass-produced）空想(ファンタジー)の物語」は「女性の生活における現実の問題や緊張そのものを取り上げている」（14）。それにもかかわらず、モドゥレスキーの見るところ、こうした物語が問題や緊張を解決するやり方はめったに「現代のフェミニストを満足させない。それどころか、その逆なのである」（25）。しかしながら、空想の物語の読者と、フェミニストの読者の間には共通点がある。それは、女性の生活への不満である。たとえば、モドゥレスキーは、ハーレクイン・ロマンス（訳註：二〇世紀半ばよりカナダのハーレクイン社から出された女性向けの大衆的な恋愛小説のシリーズのこと。大衆的恋愛小説の代名詞となっている。日本では一九七〇年代末に翻訳刊行開始。）を引き合いに出しながら、「マルクス［Marx and Engels, 1957］が宗教上の苦しみについて述べたことが、「ロマンティックな苦しみ」についても同様に当てはまる」と主張している。それはまた「現実の苦しみの表現であると同時に、現実の苦しみに対する抗議（protest）でもある」（47）。

モドゥレスキーは、こうした小説のことも、それを読む女性のことも批判しない。むしろ、「そうした小説を必要にしてしまったさまざまな状況」を批判し、「女性の生活に矛盾が数々あるからこそ、ハーレクインが存在しているのであって、ハーレクインがあるから矛盾があるのではない」（57）と結論づけている。モドゥレスキーは、宗教に関するマルクスの立場をマルクス側にのみ立って読む際の最大限の力に近づいていきつつ、身を引き離す。こうした態度は、モドゥレスキーがいかに否定しようとも、ポピュラー・カルチャーを［大衆の］アヘンとするいわゆるマス・カルチャー論の立場に近づいてしまったことになってしまうであろう。しかしながら、それにもかかわらず、モドゥレスキーは、「学生がときとして女性学の授業をさぼって、お気に入りのソープ・オペラが今どうなっているかをチェックしている。こうしたことが起こるからには、単にソープ・オペラに反対することを止めて、ソープ・オペラや、その他の大量生産の空想物語を、女性についての学問に組み込むべきである」（113-14）と述べている。

ロザリンド・カワード（1984）による『女性の欲望（*Female Desire*）』は、ポピュラー・カルチャーにおける女性の快楽を扱っている。この本が精査するのは、ファッション、ロマンス、ポップ・ミュージック、星占い、ソープ・オペラ、食べ物、料理、女性雑誌その他のテクストや実践であり、これらは女性を快楽と罪悪感の終わりなきサイクルに巻き込む。「罪悪感――それこそ、私たちの専売特許である」（14）。カワードは、題材に対して「アウトサイダー……見知らぬ者として［快楽および］罪悪感に向かう」アプローチを取らない。「私が説明を加える快楽は、しばしば自分の快楽である……私は距離を置いた批評家としてではなく、みずからを調べる人間として、顕微鏡の下に据えた自分の人生を調べているのである」(ibid.)。カワードの立ち位置は、たとえば「文化と文明」の伝統やフランクフルト学派の視座とは際立って対照的だ。ポピュラー・カルチャーは、オリュンポス山のごとき高みから見下ろして、嘆かわしいが予測可能な、他者の文化として軽蔑されるものではない。これは、「我々の」文化に関わる言説なのである。さらに、カワードは、ポピュラー・カルチャーの実践と表象(「女性の欲望」の言説)を「誤った、また女性に制限を加えるような窮屈なステレオタイプを無理矢理押しつけること」(16)と見なすことを拒んでいる。

その代わりに私が探求するのは、このような表象が仮定する欲望、フェミニストであれそうでないのであれ、同じように女性に関係する欲望である。だからといって、女性の欲望を、女性の状況から生じる、変えようのないものとして扱うこともしない。私は、女性の快楽と欲望の表象は、女性の立場を産出し、維持するものであると考えている。こうした立場は、外部から押しつけられた、現実とかけ離れた役割ではない。そうであれば蹴散らすことは簡単だろう。またこうした立場は、女性性に必然的に付随する特性でもない。そうではなく、女性の立場は、私たち女性に提供された快楽に対する反応として産出される。私たちの主体性およびアイデンティティは、私たちを取り巻く欲望の定義において形づくられるのだ。そしてこれらは、変化させることを、困難で手強い責務にしてしまうような経験である。というのも、女性の欲望は、男性の特権を維持する言説につねに誘いをかけられているからである(ibid.)。

恋愛小説へのカワードの関心は、部分的には「この一〇年[一九七〇年代]、フェミニズムの台頭にほぼ正確に並行するかたちで、恋愛小説の人気が急成長した」(190)という興味深い事実によって触発されている[(3)]。カワードは、恋愛小説について二つのことを考えている。第一に、「恋愛小説は、なおもきわめて明白な需要を満たさねばならない」、そして第二に、「きわめて強力で広く普及した空想(fantasy)」があるという証拠を提示しており、またそうした空想に貢献している（ibid.）ということである。カワードの主張によれば、恋愛小説で繰り広げられている空想は、「思春期前の、ほとんど前意識的なもの」（191-92）である。この空想は二つの重要な点で「退行的」である。ひとつには、こうした空想が、ごく幼いときの父と子の関係を思い出させるようなかたちで男性の権力を崇めているという点で、また一方で、女性の性的欲望に向けて取られる態度――性的欲望の出所としての責任を男性に投影しているために、受け身であり罪悪感も免れている――ゆえに、退行的なのだ。別の言い方をするなら、性的欲望は男性が持ち、女性はそれに対して反応するだけである。つまり、恋愛小説は、少女が経験するエディプスのドラマの再演なのである。ただし今回に限っては、女性が力を失うという結末には至らない。今回は、女性は父と結婚し、母に取って代わる。したがって、従属から権力ある立場（象徴的な母の位置）へという軌道が描かれるのである。しかしながら、カワードが指摘するように、

> 恋愛小説はたしかに人気がある。というのも、それは……子ども時代の性的な関係の世界を取り戻し、男性の欠点、家族の抑圧、あるいは家父長制的な権力に与えられた損傷への批判を抑圧するからである。それでいながら、恋愛小説は同時に、そうした子ども時代の世界から生じるのかもしれない罪悪感や不安を避けようとする。セクシュアリティは揺らぐことなく父の責任と定義されるし、息苦しい抑圧への不安は、恋愛小説の中では女性が一種の権力を獲得するために克服される。恋愛小説は、安心していられる世界を約束する。つまり依存することで安全になり、服従することで権力が得られると約束するのである（196）。

ジャニス・ラドウェイ（1987）は、恋愛小説（ロマンス）を読むことに関する研究を開始するにあたり、このジャンルの人気が上がっているのは、部分的には「本の制作、流通、広告およびマーケティング技術における重要な変化の数々」（13）が理由であると言えるという見解を示している。ロマンスについての過去の記述を取り上げながら、ラドウェイが指摘

するのは、ロマンスのますますの成功は、単に女性の側でロマンティックな空想の需要が増しただけであるという考え方もさることながら、それと同時に、出版側の売り込み技術が洗練されて、ロマンスがより可視化され、より手に入りやすくなったこととかなりの程度関係があるのではないかということである。

ラドウェイのロマンス研究は、「スミストン」（訳註：調査対象になった中西部のコミュニティにつけられた仮名）において、ロマンス読者の女性四二名（大半が結婚して子どもがいる）のグループを巻き込んでおこなった研究に基づいている。その女性たちは、全員が「ドロシー・エヴァンズ」（訳註：通称ドット）という女性店員がいる書店の常連である。実際のところ、ラドウェイをスミストンに惹きつけたのは、ドットの評判であった。このジャンルへの熱狂的な支持から、ドットは会報（「ドロシーのロマンス読書日記」）を出しており、その紙上でロマンス小説のロマンティックな価値に関して、評価を与えている。会報、およびドットから客への一般的なアドヴァイスによって、実質的に、ロマンス読者の小さいが重要な象徴的コミュニティとなるものが創りあげられた。ラドウェイの調査が焦点を当てるのは、この象徴的コミュニティである。調査の材料は、個別のアンケート、制約を設けない自由なグループの討論、直接対面してのインタヴュー、非公式な議論を介して、またドットと書店の常連のやりとりを観察することによって取得した。ラドウェイはまた、スミストンの女性たちによって関心を持った作品を読むことによって、この材料を補足した。

ドットの会報が読者の購買パターンに影響を与えているという事実に、ラドウェイは、このジャンルについて出回っている本のサンプル一冊から結論を引き出そうとする方法論では不十分ではないかと思い当たった。ラドウェイは、ロマンス読書がどのような文化的な意味を持つかを理解するためには、ポピュラーなものの識別に注意を払うこと、すなわち一部の本は満足いくけれども他のものとは違うとする選択および却下のプロセスに注意を払うことが必要であると気がついた。ラドウェイはまた、ロマンス読書の実際の程度も目の当たりにした。インタヴューをした女性の大多数が、ロマンスを日々読んでおり、一週間で一一時間から一五時間を読書に当てていたのである。少なくともその女性たちの四人に一人は、家や家族の用事に邪魔されなければ、最初から最後まで一気に読んでしまう方を好んでいた。情報を提供した女性のうち四人は、週に一五冊から二五冊を読破すると実際に主張した。(4)

スミストンの女性たちによれば、理想のロマンス作品とは、賢く自立して好ましいユーモアのセンスを持っている女性が、疑念や不信、多少残酷なことや手荒なことをくぐり抜けた果てに、ひとりの男性の愛に圧倒されるというものである。しかも、この男性は、当初は感情面で未熟だったのが、二人の関係が進む過程で、従来は女性から男性に対してだけ期待されていたようなやり方で彼女をケアし、慈しむ男性への変容を遂げる。ラドウェイが説明するように、「ロマンティックな空想物語とは……唯一無二の面白い生涯の伴侶を見つけることではなく、ある特定のやり方でケアされ、愛され、存在を正当に認められたい（validated）という儀式的な望みをめぐるものなのである」（83）。これは、互恵的な関係についての空想であり、女性が男性に対して与えるものと通常は期待されているケアと気遣い（attention）を、男性も女性に対して与えることができると信じたいという望みである。しかしながら、ロマンティックな空想物語が与えるものはそれにとどまらない。それは、読者が実際に濃厚な「母の」ケア（maternal care）を受け取る者であった時を呼び戻しもする。

ラドウェイは、ナンシー・チョドロウ（1978）の研究書（訳註：『母親業の再生産』）に依拠しつつ、ロマンティックな空想物語（romantic fantasy）が一種の退行の形式であり、読者は想像と感情の双方で「自分が、どこまでも深く慈愛に満ちた個人の気遣いの中心であった時」（Radway, 1987: 84）へと運ばれていく、と論じている。ただし、カワードが示唆したような父親を中心に据える退行とは異なり、この退行は、母親像に焦点を当てられたものである。こうしたことからすれば、ロマンスを読むことは、女性が日々の生活の中で、彼女たち自身は自分以外の人に対して十分な見返りもなく提供するものと思われている感情的な助けを、代替措置として――ヒーローとヒロインの恋愛関係を介して――経験できる方法なのである。

ラドウェイは、チョドロウから、女性の自己が他者との関係における自己であり、また男性の自己が自律して独立した自己であるという考え方も援用している。チョドロウによれば、このことは、女の子と男の子では母親との関係が異なることから生じる。ラドウェイは、チョドロウが記述する心理的な出来事と理想的なロマンスの物語（narrative）のパターンとの間に、相関関係を見て取っている。つまり、アイデンティティが危機的な状態にあるところから、修復されたアイデンティティに至る旅路において、「ヒロインは理想的な物語の結末に至る頃には……今やお馴染みの女性の自己、つまり他者との関係における自己を確立することに成功する」（139）。ラドウェイは、さらにチョドロウによる、女性は「心的な三角形の構図を保持したまま」エディプス・コンプレックスを脱するという考え方も援用している。それが意味するところは、「女性は異性のメンバーと結びつく必要があるだけではなく、母親的なやり方で互恵的ないつくしみと保護の手を差し伸べてくれる人との濃密な感情的絆を持つことを、引き続き必要としている」ということである（140）。女性が、このような母親的なものによる感情の充足への退行を経験するためには、選択肢は三つある。それは、レズビアニズム、男性との関係、ないしは別の方法で充足を図ることである。我々の文化に備わるホモフォビアの性質からして、第一の選択肢には限界がある。男らしさの性質を考えると、第二の選択肢にも限界がある。ロマンスを読むことは、もしかすると第三の選択肢の一例であるのかもしれない。ラドウェイは、以下のように示唆する。

> ロマンスを生み出す空想の源泉にあるのは、異性の個人を愛し、愛されたいというエディプス的な欲望、および、留まりつづける前エディプス的な、女性の内的対象の配置の一部をなす願望、すなわち母の愛とそれが含意するもの――エロティックな快楽、母子共生の成就、アイデンティティの確認――を取り戻したいという願望である（146）。

理想的なロマンスの解決は、三角形の構図の完璧な満足を提供する。すなわち、「父親的な保護、母親的なケア、そして情熱的な大人の愛」が与えられるのである（149）。

できの悪いロマンスは、これらの満足を与えることができない。その理由は、一方では、あまりにも暴力的であるか、そして他方では、悲しい終わり方をしたり、ハッピーエンドであっても、その点に説得力がない終わり方をしたりするからである。このことによって不快なかたちで際立つのは、すべてのロマンスの構築に関与している二つの不安である。ひとつは、男性の暴力への不安である。理想的なロマンスにおいては、思うほどには恐ろしくないもの、つまり、幻想ないしは無害なものだったとあきらかにすることによって、不安は封じ込められる。第二の不安は、「目覚めてしまった女性のセクシュアリティ、およびそれが男性に及ぼす影響」（169）である。ロマンス小説の失敗作においては、女性のセクシュアリティは永続的かつ愛に満ちた関係に収まることはないし、男性の暴力も納得のいくかたちで制御されるには至らない。そのような男も女も、性的に放埒だと見なされる女性が酷い罰を受けるという形式と表現を与えられることになる。要するに、ヒロインのアイデンティティの危機に始まり、慈しみ深い男性の腕の中でアイデンティティを取り戻すという旅路を自分の旅の代わりとして共有することをつうじて感情的に満たされるという読書体験を、失敗作のロマンスは提示できないということなのである。あるロマンス作品が成功作であるか失敗作であるかは、究極的には、読者がいかなる関係をヒロインとの間に結ぶことができるかという点にかかっている。

もしもヒロインの物語の中で起こる出来事が、たとえば、男性に対する怒り、レイプや暴力への恐怖、女性のセクシュアリティへの懸念、あるいはときめかせてくれない男性と暮らさねばならないことへの心配といった、強すぎる感情を引き起こすものであった場合には、そのロマンス作品は、失敗作として捨て去られるか、たいそう出来が悪いものと判断されるだろう。他方、物語の出来事が興奮、満足、充足、自信、プライドや力といった感情を引き起こすのであれば、どのような出来事が使われ、またそれらがどのような順で語られるかについてはそれほど問題ではないのである。結局のところ、一番大切なのは、読者が、つかの間、他人になり、どこか別のところに行っていたと感じるかどうかである。女性読者にとっては、男性も結婚も、女性にとって良いことを意味するのだと改めて安心を得て本を閉じることがどうしても必要なのである。彼女はまた、日々の決まった務めに戻らなければならないのだから、感情的に回復し、活力を補充し、自分の価値に満足し、そして取り組まなければならないとわかっている問題に取り組む能力も力もあると確信していなければならないのである（184）。

このようにして、スミストンの女性たちは、「自分たち自身が利用するために、ロマンスの家父長制的な形式を部分的に取り戻している」（ibid.）。スミストンの女性たちの「変わることのないただひとつの文化的な神話を儀式として繰り返すこと」から生じている（199）。ロマンスを読む一番重要な「精神的な利点」は、「変わることのないただひとつの文化的な神話を儀式として繰り返すこと」から生じている（199）。スミストンの女性たちの六〇パーセントが、小説の体験がその基盤にある神話がもたらす満足を台無しにしないことを確認するために、まずエンディングを読むことを必要だと感じることがときどきあるという事実からは、スミストンの女性たちのロマンス小説の読書経験において、物語の基盤にある慈しんでくれる男性という神話こそが、最終的には最も重要なのであるということがきわめて強く示唆される。

スミストンの女性たちの一連のコメントを読み、ラドウェイが否応なく出さざるをえなくなった結論は、この女性たちのロマンス読書に関する考え方を理解したいと本当に望むのならば、ラドウェイがまずテクストへの先入観を手放し、さらにはロマンス読書という行為そのものについて考慮しなければならないということであった。スミストンの女性たちとの会話の中で、この女性たちがロマンス読書の快楽を表すのに「逃避」という用語を使用する場合には、その用語が二つの、しかし、関係のある意味で作用していることがあきらかになった。すでに見たように、この用語は、読者がヒロイン／ヒーローの関係に同一化するプロセスを説明するために使われうる。しかしながら、もうひとつ見えてきたのは、この用語の使用目的が、「文字どおり、現在を否定する行為を説明することであり、女性たちは本を読み始めて物語に没入するたびに、それを達成すると考えている」ことである（90）。ドットはラドウェイに対して、まさに女性が読むという行為こそが、男性から危険視されているとあかした。女性の読書行為は、家族の要求および家庭の用事から奪還した時間と捉えられている。スミストンの女性たちの多くは、ロマンス読書は自分に与える「特別な贈り物」だと述べている。これを説明するために、ラドウェイは、家父長制的な家族に関するチョドロウの見解を引用する。家父長制的な家族は、その内部において、「日々の再生産に関して、根本的な非対称性（asymmetry）が存在しており……男性は女性によって社会的にも心理的にも再生産されるのに対して、女性は、ほぼ自分自身によってのみ再生産される（あるいはされない）」（91, 94）。ロマンス読書は、したがって、スミストンの女性たちの感情面での再生産に、ささやかな、しかしながらけっして軽んじることのできない働きをしている。それは、つまり、「女性たちが、慈しみ深い妻であり母であるという自分の役割における必須の部分と認識している［家族からの］要求を、つかの間ではあるが文字どおりに否定すること」なのである（97）。そして、ラドウェイが示唆するように、「この経験は代替措置ではあるものの、それにもかかわらず、そこから誘導される快楽はリアルである」（100）。

思うに、ロマンスを読むことがスミストンの女性たちに大切にされているのは、その経験そのものが日常の在り方とは異なるからという結論は筋が通っている。それは日々の問題や義務が生み出す緊張からの、リラックスにつながる解放であるばかりか、女性が完全に自分自身でいることができ、自分の個人的なニーズ、欲望、および快楽だけに没頭する時間あるいは空間を生み出すのである。それはまた、異郷的な、あるいは、この場合も先と同様、異なるものへの移動、ないしは逃避の方法でもある（61）。

『ロマンスを読む』が最終的にたどり着く結論は、ロマンスを読むことが持つ文化的な意味合いに関して絶対的な結論を引き出すことは、現時点ではとても難しいというものである。読むという行為に焦点を当てるか、それともテクストの物語としての空想に焦点を当てるか、それによって異なった、そして矛盾する答えが出てくる。第一の焦点から示唆されるのは、「読書によって、女性たちが、自己犠牲的な社会的役割をつかの間拒絶できるゆえに、ロマンスを読むことは対抗的である」(210) ということである。第二の焦点から示唆されるのは、「ロマンスの物語構造は、家父長制および家父長制を形づくる社会的実践とイデオロギーと単に言い直し、それらを推奨するということを体現している」(ibid.) ということである。ロマンスを読むことが持つ文化的な意味のすべてを理解しようと思えば、この違い、つまり、「行為の意味と読まれるテクストの意味の間の」違いにこそ、焦点を絞らねばならないのである。

ひとつの点について、ラドウェイは明瞭である。すなわち、女性は、家父長制に対する満足感からロマンスを読むのではない、ということである。ロマンスを読むことには、ユートピア的な抵抗、すなわちより良い世界への希望という要素が含まれている。しかしながら、これに対抗して、どうやらロマンスの物語構造は、男性の暴力と男性の無関心は、実際のところは愛の表現であり、適切な女性によって解読されて、良きものとして現れるようにされることを待っていることを暗に示している。ここから示唆されるのは、家父長制とは、女性たちがそれを正しく読むことを学びさえすれば問題ではなくなる、ということである。ラドウェイが無視したり、解決するふりをしたりするのを拒むのは、このような複雑さと矛盾の数々である。彼女が唯一確信しているのは、ロマンスを読むことを、単に家父長制の社会秩序のイデオロギーを媒介するエージェントとして言及できるのか、それをきちんと知るにはまだ時期尚早であるということなのである。

> 指摘しておかなければならないと思うのは……このたびの研究も、今日までおこなわれた他のどの研究も、この議論を十全に裏づけるのに十分な証拠を出していないということである。ロマンスを繰り返し読んだ結果として、女性が本を閉じて通常の普段どおりの日々の活動へと戻っていったのちに、その振る舞いがどのように変わるのか、我々はその実質的な効果をけっしてわかっていないのである (217)。

したがって、我々は引き続き、読者たちの行動を――本の選定、購入、解釈、簒奪・流用（appropriation）、利用など――日常生活の生きられた文化において意味を作り出すという文化のプロセスであり複雑な実践の最も重要な部分であると認識していかねばならない。このように注意を払うことによって、「抑圧的にイデオロギーを押しつけることなのか、それともその範囲と効果には限りがあるが、少なくともイデオロギー形式の支配に異議を唱えたり闘いを挑んだりするような対抗的な実践なのか、両者の違いを明確に述べる」可能性は増すのである（221-12）。ロマンスのイデオロギーとしての力は大きいかもしれないが、権力のあるところには、つねに抵抗がある。抵抗は、もしかすると、消費という選択行為に限定されたものかもしれない――不満は、限定的な抗議とユートピア的な希望を口にすることによってつかの間満足を与えられるのかもしれない――しかしながら、フェミニストとしては、

この抵抗の起源と、ユートピア的な願望を理解するだけで終わるのではなく、どうすればその一番良い後押しになり、また成就させられるのかも学ぶことが必要である。それをしないのであれば、すでにこの闘いに負けを認めたことになるし、少なくともロマンスの場合について言うなら、それを読むことで与えられる代替的な快楽が不要になる世界を創造するのは不可能であると認めてしまったことにもなってしまう（222）。

シャーロット・ブランズドン（1991）は、『ロマンスを読む』を「読むという行為に関して、最も大規模におこなわれた学術的調査」と称しており、教室に「普通の女性という人物像」（372）を導入した立役者であるとする。イギリス版『ロマンスを読む』には、おおむね好意的な書評が寄せられたが、その中で、イエン・アング（2019）は、ラドウェイの取った方法に数々の批判を述べている。アングは、ラドウェイがフェミニズムとロマンス読書を明瞭に区別していることに不満である。「ラドウェイは研究者で、フェミニストであり、ロマンスのファンではない。対してスミストンの女性たちは、研究対象とされる側であり、ロマンス読者で、フェミニストでは**ない**」（631）。アングはこ

のことが、「あの人たち（them）」と「我々（us）」を創出するフェミニストの政治であり、非フェミニスト女性たちに、フェミニストの大義のためのリクルート対象であるよそ者としての「あの人たち」の役割を負わせるものだと見なしている。アングの考え方では、フェミニストたちは真実の道の導き手を気取るべきではない。アングによれば、それこそが、ラドウェイが「ロマンス読者がロマンスを読むのを止めて、その代わりにフェミニスト活動家になったときにはじめて、「ほんものの」社会変化がもたらされる可能性がある」（632）と主張するときにおこなってしまっていることなのである。このあとすぐに見ていくが、『ダラスを観ること』を論じた箇所では、アングは、片方（ロマンスを読むこと）がもう片方（フェミニズム）を排除することはないと考えている。ラドウェイによる「自分は先駆者として人を指導するという態度の……フェミニストの政治」の帰結は、せいぜいのところ「政治的道徳主義の一形式で、「あの人たち」をより「我々」のようにしたいという欲望に駆動されたもの」にすぎない。アングにとってみれば、ラドウェイの分析に欠如しているのは、快楽を快楽として語る議論なのである。快楽は、議論されてはいる。しかしながら、つねにそれが実在しないこと（unreality）――代替的なものであること、埋め合わせとして機能していること、そして虚偽であること（falseness）――という点からしか議論されない。アングの不満は、そうしたやり方では快楽の効果に焦点が当たりすぎてしまって、そのメカニズムの話にならないという点なのである。最終的に、ラドウェイにとって、快楽とは、つねに「快楽のイデオロギー的な機能」の問題になってしまう。この点に反対して、アングは、快楽を、つねに「女性たちの「ほんものの」利害関心」に逆らうように機能するものではなく、むしろ女性に力を与える（エンパワー）ことができるものとして見るべきであると言う（635）。ジャニス・ラドウェイ（1994）は、自分の研究が持つこうした側面を見直したうえで、以下のように結論づけた。

> 自分としては、スミストンの女性たちの活動を退けることのないように精一杯努めたし、ロマンスを読むという行為を、日常生活の状況への肯定的反応と理解しようとも努めたが、私の記述は、期せずして、ロマンスにあれ

これ言うことを正当化する性差別主義の想定を繰り返してしまっていた。つまり、私の記述は、空想が女性読者たちに及ぼす影響について誰かが責任持って気にかけておくべきであるという想定がその動機となっていて……「そのために同じことを繰り返してしまったのであるが」コメンテイターがもののわかったふうな分析者として、空想に夢中になって心奪われ……見えなくなってしまっている人たちから距離を取るというよくあるパターンに陥っていた。ロマンスはフェミニズムのものと言うつもりだったことは事実であるが、それにもかかわらず、ものの見えていない空想とものの見えている知、というお馴染みの対比が、私の記述においては作動し続けてしまっていたのである。だから、今の時点では、私はこれ（『ロマンスを読む』）を、タニア・モドゥレスキーの『復讐とともに愛すること』ともども、変化するジャンルを理解する初期段階の成果の最初のものに属するものとしたい。つまり、この議論において、思うに、最も基本的なところで空想、白昼夢および遊びに関する疑念がつきまとうことが特徴となっていた段階のもの、ということである（19）。

ラドウェイは、アリソン・ライト（1984）による指摘を肯定的に引き合いに出している。フェミニストの「文化政治は、ロマンスを議論するにあたって、「焚書をめざす議会」のようなものになってはいけない」し、道徳主義ないし専制政治の罠に落ち込んでしまってもいけない。「バーバラ・カートランド（訳註：イギリスの小説家。とりわけ歴史のロマンス小説で有名）の作品を読んでフェミニストになるかもしれないことも……想定可能である。読むことは、けっして直線的な信用詐欺のようなものではなく……つまりダイナミックかつ変化に開かれた状態であり続けるプロセスなのである」（Radway, 1994: 220 に引用）(5)。

イエン・アングの『ダラスを観る（*Watching Dallas*）』は、もともと一九八二年にオランダで出版された。本節で議論の対象にするのは、改訂版で、一九八五年に英訳されたものである。アングの研究の背景をなす文脈は、一九八〇年代初頭に、『ダラス（*Dallas*）』が、アメリカの「プライム・タイム・ソープ」として国際的な成功作（九〇ヵ国以上で視聴された）として登場したことである（訳註：ソープ・オペラは、元来日本のいわゆる昼メロに相当し、日本と同様昼どきに放送されるため、主たるオーディエンスの主婦向けに石鹸の広告主がつくことで知られており、ジャンルの名称もそれにちなむ。『ダラス』は、いわゆるゴールデン・タイムのソープ・オペラとして一世を風靡したところに特徴がある）。オランダでは、人口の五二パーセントが『ダラス』を視聴していた。そのめざましい成功のために、ほどなくして『ダラス』を中心に、関連する活動をめぐる一連の言説を呼び寄せた——大衆新聞の大々的な特集から、「JRなんて嫌い」とあるお土産用の帽子に至るまで。『ダラス』はまた、ジャック・ラングのような批評家も引き寄せた。ラングはフランスの文化大臣で、この番組を「アメリカの文化帝国主義」の最新の例であると見なした（Ang, 1985: 2に引用）。快楽の原因であれ、「国家のアイデンティティ」への脅威であれ、『ダラス』は一九八〇年代初頭に世界中に非常に大きな影響を与えたのであった。まさしくこの文脈で、アングはオランダの女性雑誌『ヴィーヴァ（*Viva*）』に以下のような広告を出した。「私はテレビの連続ドラマ『ダラス』を観るのが好きなのですが、他人からはよく妙な反応をされてしまいます。どなたか、私に手紙を書いて、なぜ観るのが好きか、あるいは好きではないのか教えてくださいませんか。寄せられた応答を、大学での研究に取り入れたいと考えています。以下にお手紙をいただけますようお願いします……」（Ang, 1985: 10）。

この広告を出したのちに、アングは、『ダラス』を好きな人、嫌いな人からの手紙を四二通受け取った（うち三九通は、成人女性ないしは少女であった）。この手紙をその研究の経験的な基盤として、アングは、圧倒的に女性ばかりの視聴者(オーディエンス)にとっての、『ダラス』を観ることの快楽(の数々)を研究する。アングの関心は、すでに存在する欲求を満足させるものであると理解できる快楽ではなく、むしろ「快楽が呼び起こされるメカニズム」(9)にあった。「快楽の効果とはいかなるものか」という問いの代わりに、アングが提示する問いは、「快楽のメカニズムは何か。それはどのように産出され、またどのように働くのか」というものである。

アングは、「知識人、なおかつフェミニスト」として執筆するが、「とりわけ『ダラス』のようなソープ・オペラを観るのがつねに好きだった」者としても本書を書いている。ここでもまた、我々は、従来あまりにも頻繁に文化理論とポピュラー・カルチャーの関係の特徴となってきた「上からの視線」からは遠く隔たった地点にいる。

この快楽が現実である[自分のものである]と承認することが……この研究の出発点となった。私は、なによりもまず、政治的、社会的ないしは美学的な視点から『ダラス』が良いとかダメであるとか、判断を下す必要のない状態で、この快楽について理解をしたかった。むしろその逆であり、私の意見では、こと快楽が問題となる場合には、そのような判断を下すことが――したがって進歩的な文化政治のための用語を策定しようとすることが――いかに困難かを強調することが肝心なのである(ibid.)。

アングに手紙を書いた人たちにとって、『ダラス』の快楽(pleasure)ないしは不快(displeasure)は、「リアリズム」の問題と分かちがたく結びついている。手紙を書いた人が、この番組を「出来が良い」と思うのか「不出来だ」と思うのかは、それが「リアリズムである(realistic)」(出来が良い)か「リアリズムではない(unrealistic)」(不出来だ)かによって決まる。アングは、「経験的なリアリズム」(あるテクストは、テクストの外部を十分に反映しているかどうかでリアリスティックかどうかが決まる)(34-38)に対しても、また「古典的リアリズム」(リアリズムとは、テクストが構築されたものであることをいかにうまく隠しているかによって創り出される幻想であるとする主張)(38-41)に対しても批判的であり、『ダラス』については、アングが「感情的リアリズム」(41-47) と呼ぶものの例として理解するのが最も適切であると主張している。アングはこれを、『ダラス』が二つの水準で読みうることと結びつけている。ひとつは明示的意味 (denotation) の水準で、もうひとつは暗示的意味 (connotation) の水準である (第六章を参照)。明示的意味の水準とは、番組の文字どおりの内容、すなわち全体的なストーリー展開、登場人物 (character) 相互の関係などである。暗示的意味の水準の方は、ストーリー展開および登場人物相互の関係から響き合って出てくる連想や含意といったもののことである。

驚くべきことがある。明示的な水準でリアリズムではない (unrealistic)、そして非現実的である (unreal) と見なされるようなものごと、人々、関係、状況が、暗示的な水準においては、リアリズムではないとはまったく見なされず、それどころか「覚えがある (recognizable)」とされる。あきらかに、暗示的な読みのプロセスにおいては、テクストの明示的なレベルは、カッコに入れられているのである (42)。

『ダラス』を観ることは、他の番組を観るのと同様、選択的なプロセスであり、テクストを明示的意味から暗示的意味へと跨がるように読み、物語の内部と外部で自己の感覚を織り上げていくことである。ひとりの手紙の書き手はこのように述べている。「私が何故『ダラス』を観るのが好きかって? 思うに、そこに出てくるような問題や陰謀、大小さまざまの楽しいことやトラブルは、自分の生活でだって起こるから……実生活でも、JRみたいな恐ろしい人物がいる。といっても、その男はごく普通の建設業者にすぎないわけだけれど」(43)。自分の生活をテキサスの億万長者の生活と結びつけるこの能力こそが、この番組に感情的リアリズムをもたらすのである。我々は金持ちではないかもしれない。しかしながら、その他の根本的なことがらについては共通である。恋愛関係、壊れた恋愛関係、幸せや悲しみ、病気や健康がそれである。この番組をリアリズムだと思う人々は、この物語の特異な点 (「明示的意味」) からそのテーマの一般性（「暗示的意味」）へと、注意の焦点を移しているのである。

アングは、「悲劇的な感情構造」（46）という用語を用いて『ダラス』がいかに感情を手玉にとるように操作し、幸福から不幸へ、また幸福へと終わりなく切り替えるのかを説明している。ある手紙を書いた人は、このように述べている。「ときどき、登場人物と一緒に存分に泣くことを本当に楽しんでいます。でも、そうしたっていいですよね。このようにして、私が別途ため込んでいた感情にはけ口が与えられるのですから」（49）。このようにして「逃避」する視聴者がそこでおこなっているのは、「現実の否定」というよりもむしろ「架空のことと現実のこととの境界線を問い、流動化させることが可能になるゲーム［において］……それと戯れることである。そしてそのゲームの中では、架空の世界に想像上の参加を果たすことは、快楽を与えるもの（pleasurable）として経験されるのである」（ibid.）。

他の要素もあるだろうが、それが何であれ、『ダラス』の快楽の一部は、視聴者が架空の世界と自分たちの日々の生活との間にどれほど沢山の流動性を設けることができ、また設けるつもりでいるかということと、きわめて明瞭に繋がっている。『ダラス』の悲劇的な感情構造を作動させるためには、それを観ている人が、アングがピーター・ブルックス（1976）にならって「メロドラマ的想像力（melodramatic imagination）」と呼ぶものを特徴とする「読書のフォーメーション」（訳註：書かれたものを一定の方向で理解するために読者が備えている一連の間テクスト的な複数の言説の配置、編成のこと）[6]を利用するために必要な文化資本を備えていなければならない。メロドラマ的想像力とは、痛みや勝利の喜びがあり、勝ち負けがある平凡な日々の生活の中に、古典的な悲劇の世界に劣らぬ深淵な意味と意義を備えた世界を見出すような見方を表すものである。宗教が持っていたような確実性からほぼ切り離されてしまった世界においては、メロドラマ的想像力は、現実を、意味ある対比や衝突へと組織する方法を与えてくれる。メロドラマならではの強烈な対比、衝突、および感情の過剰さに力点を置くことに注力する物語形式として、『ダラス』は、メロドラマ的想像力を養い、またそれを浮かび上がらせるには有利なのである。世界をこのようなやり方で見る人々（アングは、こうした見方には文化的な能力が必要であり、それは、まずほとんどの場合女性が共有していると主張する）にとって、

「『ダラス』の快楽は……日常生活にはありがちだと思われている単調さの埋め合わせでもなければ、そこからの逃避でもない。それは、日常生活のひとつの要素なのである」(Ang, 1985: 83)。メロドラマ的想像力は、『ダラス』の悲劇的感情構造を作動させ、そのことが今度は、感情的リアリズムの快楽を生み出す。しかしながら、メロドラマ的想像力は、ある特定の読書のフォーメーションの効果なので、その点からすれば、『ダラス』の視聴者の全員がこのやり方でテクストを作動させることはないわけである。

アングの分析の鍵をなす概念は、アングが「マス・カルチャーのイデオロギー」(15) と呼ぶものである。このイデオロギーが(第四章で扱ったグラムシ的な意味で)節合する(articulate)考え方は、このようになる。ポピュラー・カルチャーは資本主義の商品生産の産物であり、したがって資本主義の市場経済の法則の支配下にある。その結果として、劣化した商品が見たところ終わりなく流通する状態になるのであるが、その真の意味は、こうした商品が消費者を操ってその生産者の利益を生み出すことである。アングは、この発想が、「交換価値」が「使用価値」を完全に覆い隠すことを容認してしまうという点で、資本主義の商品生産に関するマルクスによる分析を歪めた一方的なものであると、きわめて適切な見方をしている(第一二章を参照)。マルクスも同じことを言うのであろうが、アングは、このイデオロギーに対抗して、ひとつの生産物の消費のしかたを、その製造方法から読み取ることなど不可能であると主張する。マス・カルチャーのイデオロギーは、その他のイデオロギー的な言説と同じように、個人に呼びかけをおこない(interpellate)、その個人を特定の主体の位置へと入れ込もうとする(第四章のアルチュセールに関する記述を参照)。そうではあるが、寄せられた手紙の数々からは、『ダラス』の消費のしかたとして四つの立場があることが示唆されている。それは①番組を嫌う人たち、②皮肉な視聴者、③ファン、そして④ポピュリストである。

『ダラス』が嫌いという手紙を書いてきた人たちがマス・カルチャーのイデオロギーに依拠しているのは、きわめて明瞭であった。この番組は、まず、マス・カルチャーの典型であると批判的なレッテルを貼られている。次に、このイデオロギーは、この番組をなぜ嫌いなのかを説明し、またそこに根拠を与える方法として用いられる。アングの言うように「この人たちの理路は、煎じ詰めると、こういうことである。『ダラス』はあきらかに不出来であるが、それはこの作品がマス・カルチャーだからである。そして、それが理由で私はこの番組を嫌うのである」」(95-96)。このように、マス・カルチャーのイデオロギーはそれで良いのだと安心させ、請け合うのである。つまり「このイデオロギーのおかげで、もっと詳しい、個人に根ざした理由を探ることが余計なものになる。なぜなら、このイデオロギーは説得力を持ち、論理的に響き、かつ正しさを見せつける、申し分のない説明の型を提供してくれるからである」(96) これはなにも、『ダラス』を嫌うことが間違っているということではない。そうではなくて、自分が嫌いだという告白が、しばしば何も考えないまま、それどころか、無批判な考え方から生まれた自信とともになされているというだけのことである。

第二の立場を取る視聴者は、『ダラス』を愛好しながらマス・カルチャーのイデオロギーを支持することがいかにして可能かを示している。ここにある矛盾を解決するのは、「冷笑(mockery)と皮肉(irony)」(97)である。『ダラス』は、皮肉り、冷笑するような論評に付され、「真面目な意図のメロドラマがその逆のものへ、つまり、笑いの対象たるコメディへと変容する。そういうわけだから、皮肉屋の視聴者は、テクストを額面どおりに受け取らず、皮肉な論評をすることをつうじて、そのドラマとして望ましい意味を逆転させるのである」(98)。この立場の場合には、『ダラス』の快楽はそれが劣悪であるという事実から引き出される——快楽と劣悪なマス・カルチャーは瞬時にして調停される。手紙を書いた人のひとりが述べるように、「もちろん『ダラス』はマス・カルチャーであり、だから劣悪です。けれども、まさしく自分がそのことをよく了解しているからこそ、私は『ダラス』を観て、それを茶化すことを本当に楽しんでいるのです」(100)。『ダラス』を皮肉る視聴者と嫌う視聴者の双方にとって、マス・カルチャーのイデオロギーは、常識の基盤として機能しており、そのために、判断を下せばそれはあきらかかつ自明なのである。双方ともにこのイデオロギーの規範的な基準の枠内で動いているが、両者を隔てる相違は快楽の問題である。まず、皮肉屋たちは、自分たちはマス・カルチャーが劣悪だと心得ているという、確実な、また公然と宣言した知識があるために、罪の意識なく快楽を味わうことが可能である。他方では、ドラマを嫌悪する人たちは、同じ知識があって不安はないものの、「それにもかかわらずその誘惑に逆らえなかった場合には」、不安はないはずにもかかわらず、「感情のせめぎ合い」に苦しむ可能性がある（101 強調はアングによる）。

第三に、ファン、つまり『ダラス』を愛している人たちの存在がある。先に述べた二つの立場を占める視聴者にとって、アイロニーという手段を用いずに、本当に『ダラス』を愛好することは、マス・カルチャーに騙された人であると認定されることに等しい。ある手紙を書いた人が述べたように、「ドラマの狙いは、お金を、沢山のお金を、かき集めることにすぎません。そして人々は、そのようにしようとして、セックス、美しい人たち、富——といったことすべての手段を講じるのです。そして、それにひっかかってはまってしまう人たちが、つねにいるわけです」（103）。この主張は、マス・カルチャー・イデオロギーの言説にしかと支えられ、自信たっぷりに提示されている。『ダラス』を愛している人々が、このような上からの目線に、意識的にも無意識的にも対応するために必要とするのは異なる戦略であるが、アングはそれを分析する。第一の戦略は、イデオロギーを「内面化（internalize）」することで、『ダラス』の「危険」を承知しながら、この番組から快楽を引き出すためには、そうした危険に対処する能力があると明言することである。このやり方は、一九九〇年代初頭のイギリスで展開された薬物に対する啓発運動に出てきたヘロイン使用者——近い将来ヘロイン中毒になってしまうという警告に難色を示し、「薬とは上手く付き合える」という——に似ていなくもない。ファンが用いる第二の戦略は、マス・カルチャーのイデオロギーに立ち向かうことである。それについて、ある手紙の書き手は、「多くの人がこの番組を価値がないとか中身がないと言います。ですが、中身は確実にあると思うのです」（105）。しかしながら、アングの指摘するとおり、この手紙の書き手は、『ダラス』を、二項対立——中身がある／中身がない、良質／劣悪——に対して、これまでと違った関係になるように位置づけなおすことを試みていることからすれば、当のイデオロギーの言説が力を持つその枠内に依然としてしっかりととどまっている。つまり、「この手紙の書き手は、いわば、マス・カルチャーのイデオロギーが生み出した言説空間の内部で「折衝して（negotiate）」おり、みずからをその外部に位置づけていないし、それと対抗するイデオロギーの立場から語っていないのである」（106）。マス・カルチャーのイデオロギーの規範的基準に対抗してファンが展開する第三の防衛戦略は、アイロニーの利用である。とはいえ、このファンたちは、この戦略が、その他のすべての点において、けっしてアイロニックではない快楽を正当化するべく「表面上のアイロニー」を利用することを伴うという点で、アングによる第二のカテゴリーである皮肉屋という視聴者とは別ものである。番組についての徹底した知識、および筋の展開と登場人物の相互関係への入れ込みぶりを示しながら、登場人物を「最低の」人たちだと批判するためにアイロニーが利用されるのである。この戦略を取る手紙の書き手は、イデオロギーの否定的な力と、書き手自身があきらかに『ダラス』を観ることから引き出す快楽との板挟みになっている。書き手の女性の手紙が示唆するのは、友人と観るときには前者の側につき、自分ひとりで観るときには（もしかすると友人と観ているときも、友人にはわからないようこっそりかもしれないが）後者の側につくということである。アングが説明するように、「ここでのアイロニーは防衛機制（defence mechanism）であり、これを用いて、この手紙の主はマス・カルチャーのイデオロギーが設定した社会規範をまっとうしながら、他人には内緒で「本当に」『ダラス』を愛好するのである」（109）。

　アングが示すように、『ダラス』のファンたちは、自分の快楽をマス・カルチャーのイデオロギーとの関連で位置づける必要を理解している。イデオロギーを「内面化」する、イデオロギーと「折衝」する、あるいは、イデオロギーに心が折れるほどはねつけられることから自分の快楽を防衛すべく「表面的なアイロニー」を利用する。このすべての防衛戦略が露わにするのは、「マス・カルチャーのイデオロギーに対抗すべく採ることができる明瞭なイデオロギー的な代替物（オルタナティヴ）は存在しない――少なくとも、確信と一貫性の力に関して、マス・カルチャーのイデオロギーを相殺できるような代替物はない」（109-10）ということである。したがって、ここまでの説明からすれば、『ダラス』を好む人たちと、それを嫌う人たちとのせめぎ合いは、マス・カルチャーのイデオロギーが持つ言説の力と保証の内部から議論する人たちと、（自分たちのために）そのイデオロギーの居心地悪い制約の内部から抵抗する人たちの間の、力の差があるせめぎあいである。「要するに、このファンたちは、マス・カルチャーのイデオロギーから離れて、「私は……であるから『ダラス』が好きだ」と肯定的にものを言えるような効果的なイデオロギー的立ち位置――アイデンティティ――を取れていないように見える……」(ibid.)。

　寄せられた手紙からあきらかになる視聴の立場として最後のものは、こうしたファンの助けになる可能性のある立ち位置なのであるが、これはポピュリズムのイデオロギーを特徴とする。このイデオロギーの中核には、ある人の趣味は、別の人の趣味と同じ価値があるという考え方がある。ある手紙の主によれば、「妙な反応をする人は滑稽に見えます――その人たちには、他人の趣味をどうこうなどできないのですから。それにいずれにしても、その人たちだって、こちらが見るのも聞くのも耐えられないものを心地よいと思うかもしれないではないですか」(113)。ポピュリズムのイデオロギーの主張は、趣味は自律した(autonomous)カテゴリーであり、個人のところで屈折することに絶えず開かれているのだから、他人の好みに審美的判断を下すのはまったく意味がないというものである。とはいえ、これこそが『ダラス』で味わう快楽を擁護する理想的な言説に見えるとするなら、この立場を取る人が手紙を寄せた人の中にほとんどいないのはどのような理由なのだろうか。アングは答えとして、このイデオロギーの批評の語彙が極めて限られていることを指摘している。「人の好みはどうしようもない」と二、三回繰り返すと、議論は幾分破綻した様相を呈し始める。これと比べれば、マス・カルチャーのイデオロギーには広範かつ複雑な議論と理論がある。となると、なぜ『ダラス』を好き、あるいは嫌いなのか説明してくださいと持ちかけられた際に、手紙の書き手がマス・カルチャーのイデオロギーの規範的な言説から逃れるのが難しいと思うのも、ほとんど不思議なことではない。

　しかしながら、アングによれば、そこから逃れる方法は複数ある。この言説の「理論的」性質こそが、その影響力が及ぶ範囲を限定的にしていて、それは「人々の意見や合理的な意識、文化について語るときに用いる言説に限られる。しかしながら、こうした意見や合理的な理由づけがあるからといって、かならずしも人々の文化的な実践が規定される必要はない」(115)。これで、一部の手紙の書き手が「マス・カルチャーのイデオロギーの知的な支配、およびポピュリスト・イデオロギーの「自発的」な、実用的な魅力」（ibid.）双方に直面して味わった矛盾について、部分的には説明になるだろう。ポピュラー・カルチャーのラディカルな政治がポピュリスト・イデオロギーを選び取るのが困難なのは、すでに文化産業がみずからの利潤の最大化という目的のためにこのイデオロギーを我有化（appropriation）してしまっているからである。しかしながら、ピエール・ブルデューの研究に依拠しつつ、アングは、ポピュリズムは「ポピュラーな美学」と結びついており、その美学においては、中流階級の趣味である種々の道徳的カテゴリーが退き、偶然性（contingency）、複数性（pluralism）、そしてなにより快楽（pleasure）を強調することが取って代わると論じている（第一二章を参照）。アングにとって、快楽は、変容を遂げたフェミニズム文化政治の鍵となる用語である。フェミニズムが手を切らねばならない相手とは、「マス・カルチャーのイデオロギーの温情主義（paternalism）である。そこでは女性が……ソープ・オペラの欺瞞に満ちたメッセージの受け身な犠牲者であると見なされ……［彼女たちの］快楽が……完全になおざりにされている」（118-19）。快楽が考慮される場合ですら、女性の解放というフェミニストのゴールを邪魔だてするものであると批判することだけが目的なのである。アングは以下のように問う。「「お涙頂戴」番組に登場する女性、あるいはソープ・オペラに登場する感情的にマゾヒスティックな女性にみずからを重ねる（identification）ことをつうじた快楽は、「女性にとって、自分の政治的な態度に比較的左右されない意義を持つ」（133）可能性はあるだろうか。彼女の答えは、イエスである。空想と虚構（フィクション）は、

> 生活のその他の側面（社会実践、道徳的、あるいは政治的意識）に取って代わるのではなく、それらと並んで機能する。空想と虚構は……快楽の源泉である。なぜなら「現実」をカッコに括り、現実の矛盾の数々に想像上の解決策を構築するからであるが、この解決策は、虚構として単純であり、また単純に虚構であるという性質ゆえに、支配と従属という既存の社会関係のうんざりするような複雑の外部へと踏み出すのである（135）。

もちろん、これは、女性の表象が問題にならないということではない。現在進行中の文化政治の中では、女性の表象が依然として保守反動的であると批判しえるからである。しかしながら、そうした表象から快楽を経験することは、まったく別の問題である。「このように述べたからといって、自分自身が愛する人や友人、仕事、政治的な理念などと取る関係において、このドラマの中の立場や解決法を取らねばならぬということを含意する必要はない」(ibid.)のだから。

したがって、虚構と空想は、現在の生活を楽しめるようにする、あるいは少なくとも生きられるようにすることによって機能するが、だからといって、それによって急進的な政治活動や政治意識が排除されるということではまったくない。また、結果としてフェミニストは努力を重ねてあらたな空想を生み出し、自分たちのための場を求めて闘おうとしてはならない、などということには、けっしてならない……。しかしながら、このことが確実に意味するのは、文化消費が関わる場においては空想の「進歩性」をはかるための固定した基準など存在しないということである。個人的なことは政治的なことであるかもしれないが、個人的なことと政治的なことは、つねに手に手を取って横並びで行くわけではないのである(135-36)。

『「ダラス」を観る』に対する不必要に敵意ある書評において、ダナ・ポラン(1988)は、アングが精神分析を使わないことによって、快楽の問題を単純化していると批判している。彼はまた、アングによるマス・カルチャーのイデオロギーへの批判は、高級文化/ポピュラー・カルチャーの分裂における、暗黙的なものも明白なものも含めた価値判断(valuation)を逆転させたものにすぎないと主張している。高級文化(high culture)の消費者が「高尚な(high)趣味は、つねに俗悪な習慣によって価値が下がる危険にさらされた完全なる主体性の自由な表出である」と想像する代わりに、アングは、「マス・カルチャーのファンのことを、すぐそこにある快楽への彼/彼女による自由なアクセスを、高いところから押しつけられた人工的かつお高くとまった価値によって台無しにされる危険にさらされた自由な個人として提示してしまっている」（198）と批判する。ポランによれば、アングが攻撃している対象は、「マス・カルチャーに対する好古趣味な時代錯誤のアプローチ」であり、あらたなポストモダンの感受性にはうとく、そうしたものに代えて「文化は悲劇であり、文化は意味であるという神話的な概念」（202）にいまだにこだわっている。マス・カルチャーのイデオロギーが好古趣味的であり時代錯誤だという考え方は、アメリカのアカデミズムにおける精神分析的な文化批評という空想の領域における真実なのかもしれないが、日常的な文化の意識的／無意識的世界においては、いまだ命脈を保っている。さらに言うなら、文化は意味以上のものかもしれないが（第四章を参照）、それにもかかわらず、文化とはつねに意味の産出に関わることである。

女性雑誌を読む Reading women's magazines

『女性雑誌をひもとけば（*Inside Women's Magazine*）』に寄せた前書きにおいて、ジャニス・ウィンシップ（1987）は、一九六九年以降、女性雑誌のリサーチをしてきた様子を伝えている。さらに彼女は、それがちょうど、フェミニストであると自認しはじめたときとほぼ重なっていることも述べている。両者の統合は、困難だと思われることもあった、とウィンシップは認めている。しかも、「もっと政治的に重要なこと」（xiii）を研究した方がいいのではないかと仄めかされることもしばしばだった、という。しかしながら、両者は統合して考えねばならないというのがウィンシップの主張である。「女性雑誌を単に切って捨ててしまうのは、毎週のようにそうした雑誌を読み、楽しむ何百万人もの女性の生活をも切って捨てることに等しかった。それだけではない。私は女性雑誌を当時もなお楽しんでいて、雑誌が役に立つと思っていたし、雑誌を使って逃避もしていた。そして、「クローゼット」読者のフェミニストは私ひとりであったはずがないとわかっている」（ibid.）。ウィンシップがさらに述べるように、だからといって彼女が女性雑誌に批判的ではなかった（あるいは今も批判的ではない）ということではない。そこで意味されていたのは、フェミニストの文化政治にとって大切なのは、この「魅惑と拒絶」（ibid.）の弁証法であるということである。

女性雑誌における女らしさ（femininity）の装いの多くは、女性が、今もって逃れたいと願っている従属的な立場に置かれることに寄与してしまう。同時に、女らしさの装いこそが、女性であることの――そして男性ではないことの――喜びの源であると同時に、部分的にはフェミニストとしての将来展望のための原料となる……。だから、フェミニストたちにとって、女性雑誌が言挙げすることができるひとつの重要な問題とは、私たちがいかにして雑誌の女らしさの土台を引き継ぎ、自分たち自身の、そして自分たちのための、何にも縛られない新しいイメージを創造するかということなのである（xiii-xiv）。

『女性雑誌をひもとけば』の狙いのひとつは、「そういうわけで、雑誌の定型表現（formula）がなぜ魅力的なのかを説明し、その限界および変化の可能性を批判的に考察する」（8）ことである。

一八世紀末に誕生して以来、女性雑誌は、読者に向けて助言とエンターテインメントの混ざったものを提供してきた。政治の如何にかかわらず、女性雑誌は読者に父権制文化での生き延び（survive）方について、実践的なアドヴァイスを提供しており、サヴァイヴァル・マニュアルとして機能し続けている。これは、たとえば『スペア・リブ』（訳註：一九七二年創刊、一九九三年まで続いたイギリスのフェミニスト雑誌）のように、明瞭なフェミニズムの政治の形式を取ることがあるかもしれないし、また、たとえば『ウーマンズ・オウン』（訳註：一九三二年、イギリスで創刊されたライフスタイル雑誌）のように、女性が逆境に打ち勝つ物語という形式を取ることもあるだろう。その政治のありようはさまざまではあろうが、定型的なものはほぼ同じである。

女性雑誌は、エンターテインメントと役立つアドヴァイスの組み合わせという方法を用いて、読者にアピールする。

ウィンシップによれば、このアピールは、さまざまな「架空の物語（fiction）」を中心に組織されている。フィクションは、広告という視覚上のフィクションかもしれないし、ファッション、料理、はたまた家族と家庭に関わるアイテムかもしれない。また、それは、本当のフィクション、たとえば恋愛小説の連載や五分間で読み終わるような短い物語かもしれない。他にもまた、有名人の話や、「普通」の人たちの人生における事件をレポートするものもある。それぞれがそれぞれのやり方で、読者を雑誌の世界へ、そして最終的には消費の世界へと誘おうとする。このために、しばしば女性は、「みずからの女性性を、分かちがたいかたちで消費をつうじて定義することに囚われる」(39) ことになってしまう。しかしながら、快楽は、全部が全部、何かを買うことに依存しているわけではない。ウィンシップは、『女性雑誌をひもとけば』執筆中の暑い七月、製品を買うつもりなどさらさらなかったが、女性がバスタブの蛇口から、シュールなことにそのまま繋がっている海へと飛び込む雑誌広告を見て、とてつもない視覚的な快楽を得た記憶を語っている。ウィンシップが説明するように、

私たちは、広告が扱う夢の語彙を認識し、それを味わう。広告が創造するフィクションに巻き込まれる。しかしながら、約束されたフィクションが商品からはやってこないこともまた十分に承知している。そこはどうでもよいのだ。その製品をわざわざ買う手間を取らずに、そのイメージだけで良い生活に、代替的に耽溺できるのだ。これは、自分が経験せず、経験することも無理なことに対する埋め合わせ（compensation）なのである (56)。

したがって、雑誌の広告は、雑誌それ自体と同様に夢を見る領域を提供する。このようにして、広告は（消費をつうじて）充足を求める欲望を生み出すのである。逆接的だが、こうしたことはつねに日常的な骨折り仕事があるということが認識されているゆえに深く満足を与えるものである。

しかしながら、雑誌の広告は、もしも女性たちがファッション、美容、食べ物やインテリアに関連したさまざまな骨折り仕事をするものだと期待されているのでなければ、同じような快楽を提供することはないであろう。つまりその視覚的要素は、読者に対して日々の骨折り仕事を避けられるようにしつつ、同時に、そうした仕事のことを認めているのである。日常生活においては、女性にとっての「快楽」は、このような数々の仕事をやりこなすことによってしか達成できない。この点において、イメージは、つかの間の代替品を提供するとともに、その達成のための簡単で、しばしば楽しい（ということになっている）道筋を提供しているのである（56-57）。

欲望は、日常を超えた何かを求めるために産出されているが、その唯一の達成方法は、大半の女性たちにとっては日常的な活動になっていること——買いものである。最終的に女性雑誌のフィクションの中で売られているもの、つまり雑誌本編であれ、広告であれ、ファッション、インテリア関連の品々、料理や化粧品といったものの中で売られるものは、成功した、したがって満足のいく快楽を与える女性性である。この実践的なアドヴァイスに従いましょう、あるいはこの製品を買いましょう、そして、より良い恋人に、より良い母親に、より良い妻、より良い女になりましょう、と。フェミニストの視座からすると、こうしたことすべてに関する問題は、これがつねに、強力な社会的文化的構造と制約の影響力の外部に位置づけられた、神話的な個人としての女性を中心に構築されているという点なのである。

「個人としての解決」への関与は、女性雑誌が女性たちの「フィクションとしての集団性（collectivities）」（67）についても構築するやり方から、しばしばあきらかにされている。このことは広告ではない文章における執拗な「私たち（We）」に見ることができる。しかしながら、それはまた投書ページにおける、読者／編集者の相互の関係にもある。ここでは女性たちが、楽観主義と運命であるという諦めのないまぜになったものを介して日常の世界の意味を理解するさまにしばしば出会う。ウィンシップは、このような葛藤を、女性が「イデオロギーによって、個人の領域に縛られており、そして公共の出来事については相対的に権力のない立ち位置にある」(70)ことを表明するものであるとしている。いわゆる「悲劇を克服」した物語と同様に、読者からの手紙と雑誌編集側からの応答は、「個人としての解決」への深い関与を露わにすることが多い。どちらの側も、個人の努力こそが不利な状況すべてを克服するのである、という同じたとえ話を「教える」。読者は、これを賞賛する主体として、みずからが抱えた問題もその文脈におとしこみ、進んでいくことができる主体として呼びかけられる(第四章、アルチュセールの議論の箇所を参照)。短編小説もほぼ同様の働きをする。こうしたさまざまな「フィクション」を結びつけるもうひとつの要素は、「これらが詳細に伝える人間の勝利は、感情的なものであって物質的なものではない」(76)ということである。多くの点において、これは、雑誌の想像の共同体の存続のために必須である。というのも、感情的なものから物質的なものへの移行は、対立のもとになる存在、たとえば階級、セクシュアリティ、障害、年齢、民族、「人種」といった存在に直面してしまう危険をおかすことだからである。

このように、雑誌が構築する「私たち女性は」という感情は、現実にはさまざまな文化集団からできあがっている。しかしながら、「私たち」および「私たちの世界」という概念そのものが、これらの分断の境界線を絶えず切り崩して、雑誌内部の調和という見かけを与えているのである。外部においては、読者が雑誌を閉じたときには、エスター・ランジェン(訳註:イギリスのテレビ司会者。BBCの『ザッツ・ライフ!』という、雑誌を模したようなテレビ番組で知られる)とその仲間とはもはや「友人」ではない。しかしながら、そのような感情が続くあいだは、喜ばしく、また心強い夢であったのである(77)。

このことは、読者相談のページ(problem page)においていっそうあきらかである。読者の困りごとは個人的であるから、個人的な解決を求めるわけだが、ウィンシップは、「女性たちが、個人の生活を社会的な用語で説明する知識へのアクセスがない限りは……「あなたが」「あなたの」問題を解決しないといけないという負荷は、脅しのようであろうし……せいぜい失望に満ちた「解決策」にしか行き着かないであろう」(80)と述べる。ウィンシップは、妻の性的過去を忘れることも許すこともできない(性的過去がある)夫を扱った手紙の例を出してくる。ウィンシップが指摘するように、この問題を個人的に解決しようとしていては、性に関するダブル・スタンダードという社会的文化的な遺産の解決に取り組むことに着手できない。社会的文化的な問題ではないかのように装うのは、深刻な欺きに等しいのである。

> 身の上相談欄の女性回答者(および雑誌)は、女性たちの「友人」のように振る舞う――回答者と雑誌は、女性たちを誌上に集めながらも、その女性たちが共通の社会的な状況の歴史を見ることができるようになるための知識を与えないことによって、悲しくも皮肉なことに、女性たちの間に割ってはいり、集団でしかできないことを一人でやるように期待し、励ますのである(ibid.)。

ウィンシップの本の中ほどにある三つの章では、『ウーマンズ・オウン』の個人と家族の価値観、『コスモポリタン』の(異性愛の)性の解放イデオロギー、および『スペア・リブ』のフェミニスト政治を順番に取り上げている。この三つの章に関しては、紙面の制約で一点のみを指摘するのにとどめておく。ウィンシップは、『スペア・リブ』掲載の人気映画とテレビ番組に関するレヴューについて取り上げ、それらに応答してコメントをつけるのであるが、そのコメントは、ポピュラー・カルチャーに関する昨今の「ポスト・フェミニスト」の分析(および本章で取り上げられている研究の多く)を相当に反映している。

これらのレヴュー記事は……レヴューの執筆者の立ち位置を持ちあげ、フェミニズムおよびフェミニストを「真理を見た」という高みに押し上げ、結果として、あらゆる種類の文化的イヴェントのみならず、多くの女性がそうしたイヴェントに満足し、関心を寄せて経験したことももまた退けてしまう。意図していようといまいと、フェミニストたちは、みずからを明瞭に分離している。（女性雑誌を含む）大半のポピュラー・カルチャーの形式を知りながら拒絶する「私たち」と、無知なままで、相変わらず『ウーマンズ・オウン』を買い求め、あるいは『ダラス』を観続ける「彼女たち」とに分けてしまうのである。しかしながら、皮肉なことに、「私たち」の多くは、「彼女たち」のように感じてしまう。この雑誌や番組を密かに（closet）読んでいるし、観ているのだから（140）。

『女性雑誌を読む（*Reading Women's Magagine*）』において、ジョーク・ハーミーズ（1995）は、まず最初に、女性雑誌に関するそれまでのフェミニストによる研究に関する所見を述べている。「私がかねてより強く感じてきたのは、フェミニストの奮闘努力は全体として、尊敬を求めるものであるべきということである。おそらくこの理由があったからこそ、女性雑誌に関しておこなわれてきた大半の（フェミニストによる）研究にずっといごこちの悪さを感じてきた。こうした研究のほとんどすべてが、女性雑誌を読む人たちに対して、尊敬よりはむしろ懸念を示している」（1 強調はハーミーズによる）。ハーミーズの主張によれば、この手のアプローチ（「モダニスト・フェミニズム」と呼べるだろう）は、メディア批評という形式を生み出し、そこではフェミニストの学者は「預言者であり、かつ、悪魔払いの祈とう師」（ibid.）である。ハーミーズの説明するとおり、「近代性（modernity）言説を用いるフェミニズムは、自力では女性雑誌などのメディアのテクストの酷さを理解することができないと暗黙のうちに考えられている他者のために語っている。この他者は、啓蒙されることが必要である。この人たちが虚偽意識（false consciousness）から救われ、女性がどこで幸せを見つける可能性があるかに関して、女性雑誌に媒介された虚偽の説明から自由な人生を送るためには、良質のフェミニストのテクストが必要なのである」（ibid.）。

こうした思考と研究の方法に抗して、ハーミーズは、「よりポストモダンな考え方、懸念よりは尊敬が――あるいは、もっとはっきり言うならば、ポストモダンの視座の認定証とされる用語、祝福（celebration）が――中心的な場を占めるような考え方」（ibid.）を提唱している。ハーミーズは、「我々批評家も含めた」あらゆる種類の読者が、一定の文脈においては、他の文脈なら批判するようなテクストを楽しむ」（2）ことに気がついている。したがって、ハーミーズの研究の焦点は「［インタヴューをした女性たちの］好みを受け入れながら、女性雑誌がどのように読まれているかを理解する」（ibid.）ことである。ハーミーズは、「ポストモダン・フェミニストの立ち位置」による視座から研究をし、「読者は意味を生み出す人であって、メディア機関の文化的餌食ではないという理解、さらにまた、私たちがメディアのテクストに与えるその場だけの具体的な意味合いへの理解、女性雑誌がその一角をなすメディアのイメージとテクストが横溢する社会の中で多面的な生を生きるにあたり、誰もがまというるさまざまなアイデンティティへの理解」（ibid.）を提唱している。さらに具体的に言うと、ハーミーズが目指すのは、みずからの研究を、具体的なテクストから意味が作られるさまに焦点を当てる研究（たとえば、Ang, 1985, Radway, 1987）と、メディア消費の文脈（context）に焦点を当てる研究（たとえば、Gray, 1992, Morley, 1986）との中間地点に位置づけることである。別の言い方をするなら、ひとつのテクストから始めて、いかに人々がそれを我有化（appropriate）し、それを意味深いものにしていくか、ないしはまた、消費の文脈（コンテクスト）から始めて、そうしたコンテクストが、いかに我有化と意味づけが起こりうるやり方を制約するか、という始め方ではなく、「女性雑誌と呼ばれるまとまりのつかないジャンル、あるいは一連のジャンルを再構築し、いかにそうした雑誌がその読者の見方のみをつうじて意味を持つようになるかを［示すことを］試みたのである」（Hermes, 1995: 6）。ハーミーズは、この方法論を「日常的なコンテクストにおける意味生産の理論化」（ibid.）と呼んでいる。このような方法で研究することで、彼女は、読者が作動させられるかもしれないができないかもしれないテクスト分析を――確認可能なかたちで正しい意味がある、あるいは限られた数の意味しかないという、それに付随して含意される考え方ともども――展開することを避けることができる。「私の考えでは」、とハーミーズは、以下のように主張する。「テクストは、読者とテクストとの相互作用の中でのみ意味を獲得するのであって、テクストそれ自体の分析だけでは、こうした意味の再構築にはけっして十分ではない」(10)。こうした研究方法を可能にするために、ハーミーズは、「レパートリー(repertoire)」概念を導入する。この概念についての説明は、以下のとおりである。「レパートリーとは、話しをする側の人が依拠し、また引き合いに出す文化的な資源(リソース)である。どのレパートリーが用いられるかは、個々の読者の持つ文化資本に依拠している」(8)。さらに、「テクストは直接的には意味を持ってはいない。読者が使う種々のレパートリーがテクストを意味あるものにしているのである」(40)。

ハーミーズは、女性と男性八〇名とのインタヴューを実施した。当初、彼女が失望した事実は、インタヴューされる人たちが、自分たちが読む女性雑誌からいかなる意味を作り出しているのか、話すことに気乗りしない様子で、しかも実際にこの問題を話題にしたとしても、多くのメディア理論や文化理論の「常識」に逆らって、こうした雑誌との出会いに意味などほとんどないとほのめかすということであった。当初は失望したが、その後、こうした話し合いによって、徐々に認識させられたのは、ハーミーズが「有意味性の誤謬」(16)と呼ぶものであった。このことばで伝えようとしているのは、ハーミーズが一定の研究方法を採らないこと、すなわち、読者とテクストの出会いがつねに意味の産出という点からのみ理解されるはずであるとする考え方に基づいたメディア分析、文化分析における研究方法をハーミーズは、拒絶するということである。ハーミーズによれば、意味に気を取られることが広くおこなわれてしまっているのは、普通の人たちの消費実践よりもむしろファン(さらに、私としては、若者のサブカルチャーも加えておきたい)に集中した、影響力の大きな一連の研究が原因である。さらに言えば、日常生活の中の型どおりの行動の中に、消費を位置づけることがみごとなまでにできていなかったことも原因である。ハーミーズは、こうした一連の研究が及ぼしてきた影響に対抗して、「メディアのテクストが、読者による日常生活の報告を優先して場所を譲らざるをえない」(148)ような批評的な視座を提唱するのである。彼女の説明にあるように、「日常的なメディアの利用を理解し、理論化するためには、意味の産出については、さまざまなレヴェルの心理的な備給(investment)も感情的な関与や内省も考慮に入れない考え方よりも、より洗練された考え方が必要なのである」(16)。

ハーミーズは、収集したインタヴューの資料の中で頻繁に出てくるテーマや繰り返される事柄を詳細かつ批判的に分析することをつうじて、女性雑誌消費におけるインタヴュー対象者が用いるさまざまなレパートリーを再構築しようとしている。そこで特定されたのは、四つのレパートリー、すなわち「簡単に閉じてしまえる」、「リラクゼーション」、「実践的知識」、および「感情的学びと関連づけた知識」(31)である。これらの領域のうち、最初のものは、おそらく理解するのに最も簡単なものかもしれないが、女性雑誌を、その読者に対して限定的なことしか要求しないジャンルであるとする。それは簡単に手にとり、簡単に置くことができるジャンルである。そのために、このジャンルは、日常生活の型どおりの行動には簡単に組み込むことができる。

第二のレパートリーは、あきらかに第一と関連しており、ことによると、こちらが第一であると思われるかもしれないのだが、女性雑誌を読むことを「リラクゼーション」のひとつの形式であるとする。とはいえ、ハーミーズが指摘するように、(本章の前半で扱った「逃避」と同様に)リラクゼーションは、無邪気な、あるいは自明の用語と理解されるべきではない——ハーミーズの主張では、「イデオロギー的な含みがある」(36)のである。この用語は一方では、単純にある特定の行為の正当な説明であるが、他方で、人が侵入してくることから防御するための妨害機構としても用いられる。ハーミーズが念押しするとおり、女性雑誌が文化の中では低い地位であることからすれば、「リラクゼーション」という用語を、個人的な領域にさらにはいってこられるのを防ぐ方法として使うことはおそらく理解可能である。つまり、私がこの雑誌を読んでいるのは、私は目下のところ、手いっぱいで他のことはできませんよ、ということを他の人たちに示すためである。

第三のレパートリー、すなわち「実践的な知識」という領域は、料理のヒントから映画評、書評に至るまで多岐にわたる。しかしながら、実践的な使い道にしっかりと係留されているように見えるとしても、その見かけは当てにならない。実践的知識というレパートリーは、どうすればインド料理が上手になるか、あるいはどうすればどの映画が映画館に足を運んで観る価値があるのかという文化的知識を持てるのか、といったことに関する実践的なヒントにとどまらない、もっとずっと多くのものを提供するだろう。ハーミーズによれば、読者は、こうした実践的なヒントを利用して、「理想的な自己」を空想できる。「その自己は、実際的で問題解決志向で……決定を下すことができ解放された消費者でもある人物である。だが、なにより、主導権を握る人物である」(39) と空想できる。

最後のレパートリー、すなわち「感情的学びと関連づけた知識」もまた学ぶことに関連しているが、それは、実践的なヒントの集合体に関わるよりはむしろ、自分自身、自分のライフスタイル、および自分の潜在的な問題を、雑誌の物語や記事のページに表象されている他人の問題の中に認識することをつうじて学ぶことである。あるインタヴュー相手の女性がハーミーズに語ったところによれば、自分は「何らか問題を抱えている人々について……「そして、」いかにその問題が解決されうるのかを語る短い文章」(41) を読むのが好きだと語った。また別のインタヴュー相手は、「私は、人がどんなふうにものごとに対処するのかを読むのが好きなんです」(42) と述べた。また別のインタヴュー相手は、具体的に読者の身の上相談ページに触れて、「他人の問題……そして、それら［雑誌］がくれるアドヴァイスからはたくさんのことを学びます」(43) と述べた。実践的知識のレパートリーと同様に、感情的で関連づけた学びは、理想的な自己の産出、つまり、日常生活の社会的な実践の中で直面せねばならないかもしれない、潜在的な感情的危険と人間としての危機すべてに備えているような自己の産出にまで関わる可能性があるのである。ハーミーズが説明するように、「実践的知識、ならびに関連づけた学びという二つのレパートリーはともに、読者が（想像上の、そしてつかの間の）アイデンティティと自信の感覚を、人生を掌握している、あるいは人生とうまく折り合いをつけているように思えるという感覚を得ることを手助けする。その感覚は、雑誌を読んでいる間は続くが、読み終えると［実践的ヒントとは違って］あっという間に消え失せる」(48)。

ハーミーズのすぐれた独創性は、文化分析へのひとつのアプローチと決定的なかたちで袂を分かったことである。そのアプローチにおいては、研究者は、まずひとつのテクストないしは複数のテクストの実質的な意味を、そして次にオーディエンスがそのテクストをこのような意味で理解するかもしれないし、しないかもしれないそのさまを明瞭にしなければいけないと主張する。こうした研究方法に対抗して、ハーミーズが述べる見解は、「読者が用いるレパートリーは、女性雑誌のテクストからは相当程度独立したかたちで女性雑誌のジャンルに意味を与える。読者たちは、空想、および想像した「新しい」自己という形式であらたなテクストを構築する。ここから導かれる結論は、ジャンル研究は、女性雑誌がいかに読まれるかという点にのみ依拠することが可能であり、テクストそれ自体の（物語の）構造や内容を扱う必要はまったくないということなのである」（146）。

女性と消費をより讃美する記述とは違って、ハーミーズは、レパートリーの役割に関して調査をおこなった結果、女性が雑誌を読む実践に、何の問題もないエンパワメントの形式を見ることには躊躇するようになる。むしろ、ハーミーズによれば、女性雑誌の消費は、ほんのつかの間の「エンパワメントの瞬間」（51）しか提供しないと考えるべきなのである。

ポスト・フェミニズム　Post-feminism

ポスト・フェミニズムは、複雑な問題である。その用語は、フェミニズムのひとつのタイプを表すために使うこともできるし、フェミニズム内部の理論的位置を表すために使うこともできるし、また、現代のポピュラー・カルチャーのある傾向を表すために使うこともできる。ジャニス・ウィンシップ（1987）によれば、「この用語がなにかしら役に立つ意味を持っているとするなら」、ポスト・フェミニズムが、「フェミニストと非フェミニストの間の境目が判然としなくなる」（149）さまを指し示すという点である。これは、かなりの程度、「フェミニズムの「成功」とともに、フェミニズム的な発想のいくつかが、もはや対抗的な推進力を持たなくなり、単に少数派の人ではなく多くの人の常識に組み込まれた」（ibid.）ことが原因である。このことはむろん、フェミニストの要求していたことがすべて叶ったということではないし（実際はそれとはかけはなれている）、フェミニズムはいまや余計なものだということでもない。それどころか、「この用語から示唆されるのは、フェミニズムはもはや、一揃いの簡単に定義できる原則を中心にした単純な統一性を持たず……その代わりに、一九七〇年代と比べてはるかに豊かで多様で矛盾に満ちた混合物となっているということである」(ibid.)。

アンジェラ・マクロビー(2004)は、フェミニズムの「成功」に対して、はるかに楽観視の度合いが低い。マクロビーの見解では、実際、現代の多くのポピュラー・カルチャーが、一九七〇年代と一九八〇年代にフェミニストが得たものを積極的に切り崩している。とはいうものの、このことを、フェミニズムに対する「揺り戻し（バックラッシュ）(backlash)」であると理解すべきではない。むしろ、このフェミニズムの切り崩しは、フェミニズムの存在を認めながらも、同時に女性がみずからの個人としてのライフ・コースを自由に形づくることができる自由を持つ世界においては、フェミニズムがもはや必要ではないと示唆することで作用している。ポスト・フェミニズム的なポピュラー・カルチャーにおいて、フェミニズムは歴史として、つまり古くて、クールではなく、余計なものとして扱われているのである。したがって、フェミニズムを認めることは、もはや、今日ではそれが必要ではないと示すためでしかない。フェミニズムの運動の代わりに与えられているのは、成功を収めた個人としての女性であり、フェミニズムはもう余計なものであり、必要なのは個人の努力であるということを体現している。認めておいて、かつ退けるというこの二重の動きは、ポスト・フェミニズム的なポピュラー・カルチャーの多くの側面で見られている。マクロビーは、ワンダーブラの広告キャンペーンの例を出している。

> エヴァ・ハーツィゴヴァ(訳註:旧チェコスロヴァキア出身、一九九〇年代にいわゆるスーパー・モデルのひとりとして活躍した)が感激といった様子で、華々しいレースつきのワンダーブラのおかげで胸にしっかりとできた谷間を見下ろすさまを見せるワンダーブラの広告は、最大サイズの看板で、一九九〇年代半ばに英国の主要な大通りに据えられ続けた。このイメージの構成は、「性差別的な広告(sexist ad)」のお手本のようなところがあったため、

それを見てカルチュラル・スタディーズとフェミニストによる広告批判を多少は知っているふうな顔をしたとしても許されるほどだった。この広告は、ある意味、フェミニズムを過去のものであると示すことによってフェミニズムを考慮に入れるという配慮を示しているが、そのやり方は、フィルム・セオリーにおける女性をまなざしの対象として見ることに関する議論［第五章および本章の前半部分のローラ・マルヴィを扱った箇所を参照］のみならず、女性の欲望［本章前半のロザリンド・カワードに関する議論を参照］すらも戯れの対象としつつ、挑発的にディーズのよく知られた側面を、それを見る者に投げ返す広告なのである……同時に、この広告は、人々の注目を集めるための方法として、フェミニストの非難を焚きつけることをもくろんでもいる。このようにして、世代間の差異もまた作り出され、この広告を目にするより若い世代の女性は、若い男性とともに、アイロニーを学んできているし、ヴィジュアル面の知識もあるために、このようなレパートリーに怒りをかき立てられることはない。そうした女性は、その意味の重層性を理解するし、ジョークも理解するのであるから（258-59）。

フェミニズムは、かつてなら性差別的な画像とされていたであろうものに対する批評として機能するのではなく、テクストに組み込まれ、それとひき替えに退けられ、脱政治化される。フェミニズムはこの広告に引き入れられたのであるが、歴史から取ってきた言説としてであり、その唯一の機能は、この画像の記号としての深みを増し、それによってこの画像がアイロニーに満ちたものであって害のあるものではないと見られることを可能にすることである。結果としてこの広告は、一九七〇年代からやってきた厳格主義のフェミニストくらいしか怒りを覚えようがないものになっている（したがって、中には今でも怒る人がいるという事実は、広告のジョークの一部である）。言い方を換えれば、ポスト・フェミニスト的なポピュラー・カルチャーは、フェミニズム以前の感受性への回帰ではなく、むしろフェミニズムへの応答なのである。つまり、ポスト・フェミニズムがフェミニズムを認める必要があるのは、フェミニズムがもう古くてクールではなく、すでに個人として解放された現代女性にはもはや必要ではないと退けるためにこそである。

ポスト・フェミニズム的なポピュラー・カルチャーを本当に理解するためには、脱伝統化（de-traditionalization）（Giddens, 1992; Beck and Beck-Gernsheim, 2002）および選択と個人化という新自由主義の言説との関係においてみることが必要である（市場は、すべての問題への答えを持っている）。第一の点が示唆するのが、女性は今や伝統的な女性のアイデンティティから解放されており、したがって、あらたな役割を、自己再帰的に（self-reflexively）創造できるということを示唆するのに対して、第二の点における主張とは、自由市場は、消費者の選択という要請ともども、女性のあらたなアイデンティティ構築を完全に可能にする最適のメカニズムであるということである（訳註：「自己再帰的」とは、アンソニー・ギデンズ、スコット・ラッシュ、ウルリッヒ・ベックらが提唱した概念。近代以前には人は伝統に照らし合わせて自分の行為の妥当性を確認していたのに対して、近代以降、そうした基準がなくなったために、自分で自分を問い直しながら自省的に自分を定位していく。このプロセスが近代の「再帰性（reflexivity）」の中でもとくに「自己再帰性（self-reflexivity）」と呼ばれている）。しかしながら、ヴィッキー・ボールが指摘するように、現在我々が目にしているのは、脱伝統化というよりもむしろ、再伝統化のプロセスであり、そこではジェンダーに関して何が自然で正常かという伝統的な考え方の数々が、再度、元の場を占めている（Ball, 2012a, 2012b 参照）。この動きを完璧に捉えたものが、ケリー・ライリーのインタヴューである。ライリーは、リンダ・ラ・プラント原作のテレビドラマ『潔白（*Above Suspicion*）』でDCアンナ・トラヴィスという役を演じた。このトラヴィスというキャラクターは、あらたなジェーン・テニスン（『潔白』に先立つラ・プラント原作のテレビドラマ『第一容疑者（*Prime Suspect*）』に登場する主任警部のこと）なのかと問われると、以下のように返答した。

いいえ。私の役DCアンナ・トラヴィスは、まだ警察でのキャリアについたばかりのところです。対してジェーン・テニスンは、上位の階層に到達していますし、男性に劣らないと証明する必要のあった世代の女性のひとりでした。アンナのほうは、より現代に生きていて、もはや性の政治は大切ではありません。彼女は強くて、直感に優れ、あからさまに女性なのです（Ball, 2012b に引用）。

ポスト・フェミニズムの「感受性」を徴候的に示す動き（Gill, 2007）として、ライリーのコメントはフェミニズムをまず認め、その後、それを退け、フェミニズムは過去の運動であり、現代の女性にはもはや必要なものではないと示唆している。

フェミニズムをポスト・フェミニスト的なポピュラー・カルチャーに組み込むことは、ヘゲモニーのプロセスの古典的な例である。しかしながら、このことはまた、マルクーゼが一元的な性質を生み出すものであるとしたメカニズムの例という理解も可能であろう（この二つの立場については、第四章を参照）。

男性学と複数の男性性　Men's studies and masculinities

フェミニズムは多くのものを生み出してきたが、フェミニストの一部がすでに関係を断っているのが男性学（men's studies）である。ピーター・シュウェンガーは、男性にとって「男性性（masculinity）に関して考えることは、自分自身が男らしさを減じてしまうことに等しい……本物の男は抽象的なことよりは実際的なことについて思考するのであって、自分自身や自分のセクシュアリティの性質について考えを巡らせたりすることは、まずもってない」（Showalter, 1990:7 に引用）と懸念しているが、それにもかかわらず、多くの男性が男性性に関して、思考し、語り、そして書いてきた。アントニー・イーストホープ（1986）[7]が『男がなさねばならないこと（*What a Man's Gotta Do*）』で書いたように、「男らしさ（masculinity）について、それがいかなるものであり、また、どのように働くのかについて語ろうとすべきときがきた」(1) のである。イーストホープの焦点は、彼が支配的な男性性と呼ぶものである(なにか本質的かつ自明なものとしての——タフで、手腕に長け、冷静で、ものをわかっていて、つねに主導権を握っている、など——異性愛の男性性という神話)。イーストホープは、男性性は文化的な構築物であるという命題から始める。つまり、男性性とは、「自然」なものでも、「ノーマル」なものでも、あるいは「普遍的」なものでもない。支配的な男性性は、ひとつのジェンダー規範(gender norm)として作用し、まさしくこの規範に照らして、その他多くのさまざまなタイプの「生きられた男性性」(そこには、ゲイの男性性も含まれる)がみずからを評価するように促される、というのがイーストホープの主張である。この議論の一部として、多岐にわたるポピュラー・カルチャーのテクスト——ポップ・ソング、ポピュラーなフィクション、映画、テレビや新聞——において、いかに支配的な男性性が表象されるかを分析し——以下のように結論づけている。

> 男性たちが、支配的な文化の物語やイメージに押しつけられた男性性の神話を受動的に実現しているわけではないのは明瞭である。だからといって、彼らは完全にこの神話の外部で生きることもできない。なぜならこの神話は文化に行き渡っているからである。この強制的な権力は、あらゆるところで働いている——単にスクリーンや屋外の広告掲示板や紙面のみではない。我々自身の頭の内部においても働いているのである(167)。

同じような観点から、ショーン・ニクソン(1996)は「新しい男性」の男性性に関して考察するにあたり、それを「表象のひとつの体制」として精査しており、「文化的な流通の四つの鍵となる場、すなわちテレビ広告、新聞広告、男性用の衣料品店、および男性向けのポピュラー雑誌」に焦点を当てている(4)。

フェミニストたちが男性たちに対して、みずからの男性性を研究するようにと、つねに背中を押してきたことは事実ではあるが、多くのフェミニストが男性学に良い印象をいだいているわけではないことは、ジョイス・カナーンとクリスティン・グリフィン（1990）のことばからもあきらかである。

いかにして男性たちが、家父長制というあらゆるところに浸透した関係のシステムを構築し、変容させてきたかということに関して男性たちが理解していることを入手できるなら、フェミニストによる家父長制の理解は、より広がるであろうことは疑いがない。それにもかかわらず、我々は、そうしたリサーチが、ことによると男性と男性性に関する女性の経験を歪めたり、軽視したり、あるいは否定してしまうのではないかという恐れを持ってしまう。だから、ますます多くの男性が、あきらかに「匹敵する力量の」リサーチをし始めているときにこそ、フェミニストは、男性と男性性についてのリサーチをおこなうことを、より頑張らねばならないのである（207-8）。

クィア理論　Queer theory

クィア理論（クィア・セオリー）（queer theory）は、ポール・バーストンとコリン・リチャードソン（1995）が説明するように、「レズビアン、ゲイ男性、および我々を取り巻き、（広範にわたって）我々を排除しようとし続ける文化との間の関係について研究する学問領域を提供する」（1）。それにくわえて、「文化の内部でレズビアンないしはゲイであるとはどういう意味かという問題から、その文化によって創り出されたさまざまな異性愛（ヘテロセクシュアリティ）（heterosexuality）の行為（パフォーマンス）へとその焦点を移すことによって、クィア理論はクィアであること（queerness）を、以前には厳密にストレートの人たち（straights）（訳註：異性愛者のこと）のためのものとされていた場に位置づけることを目指している」（ibid.）。このようにして、「もはや女性学が女性「について」の学問でないのと同様に、クィア理論はレズビアンとゲイ男性「について」の学問ではない。それどころか、クィアというプロジェクトの一部は、ジェンダーの「自然さ（naturalness）」そ

女性性（さまざまな女性性）　　　　男性性（さまざまな男性性）

セックス（「男性」と「女性」）

【図表8・1】　二元的なジェンダーのシステム

のもの、さらにその延長線上で、強制的異性愛（compulsory heterosexuality）を支えるフィクションの数々を……攻撃することである」（ibid.）と主張している。アラン・シンフィールド（1992）は、このようなフィクションの秀逸な例を挙げている。

ホモセクシュアルであろうと考えるだけの根拠がある作家、画家、そして振付師が、しばしば彼らの作品に異性愛者の視点を取り入れてきた。この理由は、この人たちがそうしなければ出版、展示、あるいは上演されなかったであろうというのが理由である。なおかつ／あるいは、この人たちが、作品は「普遍的」——すなわち異性愛的（heterosexual）でないといけないと信じるように説得されていたのが理由である（296）。

シンフィールドによる効果的な皮肉は、ヘテロセクシュアリティを想定された普遍性とすることがいかにばかげているか、承知のうえで指摘している。

ジェンダーに想定された自然さと強制的異性愛を支えるイデオロギー的なフィクションとを議論するには、出発点として、クィア理論の創設に関与したテクストのひとつ、ジュディス・バトラー（1999）のきわめて影響力の大きい『ジェンダー・トラブル』にまさるものはない。バトラーはシモーヌ・ド・ボーヴォワール（1984）による「人は女に生まれるのではない。むしろ女になるのである」（12）という見解から話を始めている。ボーヴォワールが区別したことによって、生物学的な性（「自然」）とジェンダー（「文化」）の分析上の区別が設けられ、生物学的な性は安定している一方、女性性と男性性にはつねに異なり、また競合する（歴史的、社会的に変わりうる）型（ヴァージョン）が存在するであろうことが示唆される（【図表8・1】

参照）。ボーヴォワールの議論には、ジェンダーを文化の中で作られるもの――「性別化された（sexed）身体が身にまとう＝引き受ける（assume）文化的意味」（Butler, 1999: 10）――であって、自然によって固定されたものではないと見なす利点があるが、この性（別）／ジェンダーというモデルの問題は、バトラーによれば、このモデルが、生物学的な性は二つ（「男性」と「女性」）しか存在せず、それは自然によって決定され、また二元的なジェンダーの体制を生み出し保証するという想定とともに機能するということである。このような立場に異を唱え、バトラーは、生物学そのものが、つねにすでに文化的に「男性」と「女性」としてジェンダー化（gendered）されており、またそのようなものとして、つねに特定の女性的なものと男性的なものの型を保証すると主張している。したがって、セックスとジェンダーの区別は、自然と文化の区別ではない。「「セックス」というカテゴリーそれ自体がジェンダー化されたものにほかならず、完全に政治の色に染まり、自然化されていても、自然ではない」（143）。別の言い方をするなら、ジェンダーの核に生物学的な「真実」はないということである。セックスとジェンダーは、ともに文化的なカテゴリーなのである。

　さらに言えば、単に「セックスが自然に対する関係のように、ジェンダーが文化に対して関係することにはならない」というだけではない。「ジェンダーはまた、言説／文化の手段でもあり、その手段をつうじて「性（別）化された自然」や「自然なセックス」が、文化に先立って存在する「前言説的なもの」――つまり、文化がその上で作動する政治的に中立な表面――として生産され、確立される……［このようにして、］セックスの内的な安定性と二元的な枠組は……セックスの二元的な性質（duality）を言説以前（prediscursive）の領域に追いやることで効果的に確保されるのである」（11）。バトラーが説明するように、「人間の身体を男女という二つのセックスに分けることは、異性愛の経済的な必要性に合わせ、異性愛の制度に自然論のような見せかけを与えること以外には、何の理由もないのである」（143）。だから、バトラーの主張するように、「人は女に生まれるのではない。女になるのである。しかし、さらに、人はメスに生まれるのではない。メスになるのである。しかし、さらにラディカルに言えば、もしも選べるものなら、人はメスにもオスにも、女にも男にもならないでいることができるのである」(33)。

バトラーの議論によれば、ジェンダーは、生物学上のセックスの表現ではない。ジェンダーは、文化の中で行為遂行的（パフォーマティヴ）(performative) に構築されるのである。このようにして、「ジェンダーとは、身体を繰り返し様式化することであり、きわめて厳密な統制的な枠組みの中で繰り返される一連の行為であり、その行為は長い時間をかけて凝固し、実体、自然な種類の存在といった見かけを生み出していく」(43-44)。別の言い方をすれば、ジェンダー・アイデンティティは、外部に（すなわち、文化の中に）あるものの蓄積でできあがっているが、内部（すなわち自然に）にあるものの表出と信じられているということである。その結果として、「『人』が理解可能になるのは、理解可能性の認知可能な基準に合わせてジェンダー化されることをつうじてのみなのである」(22)[8]。女性性と男性性は「自然」の表出ではなく、「文化のパフォーマンスであり、その際にその『自然さ』が言説として制限を受けた、パフォーマティヴな行為をつうじて構築される。こうした行為が、自然、起源、あるいは必然という効果 (effect) を創出する」(xxviii-xxix)。しかしながら、ジェンダーは文化的な構築物であると述べたからといって、それが現実の物質的な身体を構成するということではない。「セックス」の背後には、つねに物質的な生物学がある。構築されるのは、言説以前の身体ではなく、この身体の「セックス」なのである。

バトラーのパフォーマティヴィティ理論は、行為遂行的な言語に関するJ・L・オースティン (1962) の理論を発展させたものである。オースティンは、言語を事実確認的 (constative) なものと、行為遂行的（パフォーマティヴ）(performative) なものという二つのタイプに分けた。事実確認的な言語は、記述的な言語である。「空は青い」は、事実確認的な言明の例である。他方、パフォーマティヴな言語は、すでに存在しているものを記述するだけでなく、何かを存在させる。「ここにあなたがたを夫と妻であると宣言します」は、わかりやすい例である。これは、何かを説明するのではなく、それを存在させる。つまり、しかるべき人物がこのことばを発したなら、それは二人の人間を結婚した夫婦へと変容させる。バトラーは、ジェンダーは、パフォーマティヴな言語とほぼ同じように働くと主張している。その説明によれば、「ジェンダーの表出の背後にジェンダー・アイデンティティは存在しない。そのようなアイデンティティは、結果であるとされる「表出」そのものによって、パフォーマティヴに構築（constitute）されるのである」（Butler, 1999: 33）。我々がひとり残らず出会う最初の言語行為（speech act）のひとつは、「女の子ですよ（It's a girl.）」「男の子ですよ（It's a boy）」という宣言である。男の子あるいは女の子という名詞を使うことによって、人間以前の「それ（it）」がジェンダー化された主体に変容する。このこと、つまり、あまたのパフォーマティヴな行為の最初のものにおいて、子どもの身体は文化的に理解可能（intelligible）なものにされるのである。「女の子ですよ」、あるいは「男の子ですよ」という宣言は、その子どもに先立って存在する規則や統制とともに到来し、その子がこうした規則や統制に従い、遵守することが期待される。「小さな男の子は、これをする。小さな女の子は、あれをしない」などのように。言い換えれば、承認（recognition）の宣言のように見えるものは、実際のところ、構築の瞬間なのである。つまり、「それ」は、主体（男ないしは女）にされ、それによって、主体化＝服従化（subjectification）の不断のプロセスが始まり、「それ」は男性性ないしは女性性という文化的に理解可能（つまり、社会的に受け容れ可能）な規範に合わせることを要求されるというわけである。このように、我々のジェンダー・アイデンティティは、このようなパフォーマティヴィティの瞬間に先立って存在するのではない。そうではなく、ジェンダー・アイデンティティとは、その結果なのである。だから、私を男の子と名づけることは、ジェンダー・アイデンティティをあきらかにすることではなく、むしろそれを生み出すこと――それは私の社会的「運命」の鍵となる複数の側面を明瞭に示すような生産である――主体（subject）として服従する（subjected）ということなのである。

とはいえ、「女の子ですよ」、あるいは「男の子ですよ」が意味を持つためには、そうしたことばが、すでに存在している文化的な理解可能性の構造に合わせる必要がある（つまり、「女の子ですよ」あるいは「男の子ですよ」が何を意味するのかをすでに知っていなければならないということである）。しかしながら、それ以上に、理解可能性の構造はそうした宣言がなされることを要求している。そうした宣言は、人間を生物学的な差異に基づいて男女に分けることにすでに同意した世界に合わせる行為なのだから。「女の子ですよ」、あるいは「男の子ですよ」が起こるたび、その宣言は、すでにおこなわれた宣言を引用しているのであって、先行するこうした宣言の数々を引用するという事実それ自体が、この宣言に権威と正当性とを与えるのである。そこにあるのは、バトラーが「引用の蓄積（citational accumulation）」（1993: 12）と呼ぶものである。

バトラーの議論のこの部分は、ジャック・デリダが行為遂行的（パフォーマティヴ）な言語に関するオースティンの理論を拡大して論じた内容に依拠したものである。デリダは、このように問う。「行為遂行的な発話は、もしその定型化したことばを語る行為が、ひとつの「コード化された」、あるいは反復可能（iterable）な発言を反復（repeat）しないとすれば、成功しうるだろうか。言い換えれば、会議を開いたり、船を進水させたり、あるいは結婚式をおこなったりするために私が発するきまり文句が、もしもひとつの反復可能なモデルに合うものとして特定可能ではないとするなら、成功しうるだろうか」（1982: 18）。別の言い方をするなら、ひとつひとつの宣言の持つ力、つまり、なぜそれが意味をなし、権威と正当性を持ち、それに合わせることを要求するのかは、それ以前におこなわれた数々の引用の重みである、ということである。加えて、この最初の引用は、さらなる引用が続いていく過程の始まりである。というのも、「それ」は、割り当てられたジェンダー・アイデンティティの社会的規範に合わせることを要求されるからである。バトラーが説明するように、「まず第一に、行為遂行性（パフォーマティヴィティ）とは、一度限りの、あるいは意図的な「行為」としてではなく、むしろ、言説がその名指す効果を生み出すような反覆的（reiterative）で引用的（citational）な実践として理解されるべきである」（Butler 1993: 2）。したがって、我々のジェンダー・アイデンティティとは、「選択の産物ではなく、ある規範の強制的な引用であって、その規範の複雑な歴史性は規律、統制、処罰との諸関係から切り離すことができないのである」（232）。親、ファッション、教育機関、メディアを含むさまざまな言説すべてが結びついて、我々がジェンダー規範の反覆と引用とに確実に同調するようお膳立てする。このようにして、ジェンダーを行為する（パフォーマンス）ことは、すでに存在するジェンダー化した自己（生物学に保証されている）という幻想を創り出すのである。

バトラーのパフォーマティヴィティ概念を、劇を演じる一形態として理解されている演技（パフォーマンス）という考え方と混同してはならない。演劇の場合には、そこで見せられているアイデンティティの演劇らしさ（theatricality）の下には、より基本的なアイデンティティが完全に無傷なかたちで残っているからである。ジェンダーの行為遂行性は、自発的な実践ではない。それは、ほとんど規律的な（disciplinary）反覆の継続的な過程である。「ジェンダーの行為遂行性を、統制的な性の体制の強制的かつ反覆的な実践から切り離して理論化することはできない……また、選択する主体を前提とすることもできない」（Butler, 1993: 15）。サラ・E・チン（1997）は、この過程を見事にまとめている。

ジェンダーは強制的であると了解しているかもしれないが、ジェンダーは馴染みのあるものであり、わたしたち自身なのである。ジェンダーの自然化という効果とは、すなわち、ジェンダーが自然に感じられるということである――もっとも、ジェンダーは行為遂行的（パフォーマティヴ）なものであり、わたしたちの主体性それ自体がその行為（パフォーマンス）を行うことをつうじて構築されるものであると理解をしたところで、ジェンダーが本来備わっているものだという感覚がいささかなりとも減じることはないのではあるが。わたしたちのアイデンティティは、みずからのジェンダーを首尾良くパフォーマンスできるかということにかかっており、このようなパフォーマンスが確実に（理想的には）無意識かつ首尾よくいくように、本、映画、テレビ、広告、親の命令、仲間の目など、文化的な武器庫とでも言えるものが完備されているのである（306-7）。

バトラー（1999）は、説明のために異装（ドラァグ）（drag）をモデルに選ぶ（訳註：ドラァグは異性装と訳されることも多い）。ただし、それは一部の批評家がどうやら考えているようにバトラーがドラァグを「[ジェンダーの」攪乱（subversion）の例」（xxii）と思っているからではなく、「ドラァグが、ジェンダーそのものを確立するためのさまざまな意味づけの身振りを演劇のごとく表現している」（xxviii）からである。ドラァグは、規範的な異性愛のジェンダーのパフォーマンスがまとっているあきらかな統一性やフィクションとしての一貫性を露わにする。バトラーが説明するように、「ドラァグは、ジェンダーを模倣する際に、ジェンダーそれ自体が模倣の構造を持っていることを――ジェンダーの偶然性とともに――暗黙のうちにあきらかにする」（175）。ドラァグでいることは、元からあった（original）自然なジェンダー・アイデンティティをそのまま複写することではない。それは「起源（originality）という神話それ自体を模倣する」（176）ことなのである。[9] バトラーは以下のように説明する。

> もしもジェンダーの属性が……元からある何かを表出するものではなくパフォーマティヴであるというなら、こうした属性は、それらが表出するあるいはあきらかにするとされているアイデンティティを効果的に構築するということになる。だから表出とパフォーマティヴの間の区別は、決定的に重要である。もしもジェンダーの属性や行為、つまり身体がその文化的な意味を示したり生み出したりする多様な方法がパフォーマティヴであるとするなら、ひとつの行為なり属性なりを照らし合わせて測りうるような先行して存在するアイデンティティは存在しなくなる。そうなると、本当か偽かということも、ジェンダーの本物の行為なのか歪曲された行為なのかということもなくなって、真のジェンダー・アイデンティティという仮説は統制的な虚構（フィクション）であることが露わになることだろう。持続した社会的なパフォーマンスをつうじてジェンダーの現実性が創られるということは、本質的な性（セックス）（別）、または、真のあるいは永続的な男性性や女性性といった概念自体が、ある戦略の一部として構成されてもいるということである。その戦略は、ジェンダーのパフォーマティヴな性質を隠蔽し、また男性主義的な支配と強制的異性愛という制限をかけるような枠組の外部にジェンダーの配置を増殖させるパフォーマティヴな可能性も隠蔽するものなのである（180）。[10]

バトラー（2019）は、アレサ・フランクリンが「あなたは私をナチュラル・ウーマンのように感じさせる」と歌うのを例に出す[11]（訳註：アレサ・フランクリンはアメリカのソウル歌手。「ナチュラル・ウーマン」は代表的なシングルのひとつ）。

はじめは、異性愛の承認の対象となる「女性」という文化的な位置に参画することによって、彼女の生物学的な性（sex）の自然な可能性が現実のものになることを示唆しているように見える。彼女の「性」の何かが、このようにして彼女の「ジェンダー」によって表現され、それにより異性愛の場面では完全に理解され、また神聖なものとされている。生物学上の事実性としての「性」と本質の間にも、あるいはジェンダーとセクシュアリティの間にも、断裂もなければ、不連続もない。アレサは自分のありのまま（naturalness）に太鼓判を押してもらったことに、ただただ喜んでいる様子だが、それでいながらそうした太鼓判がけっして保証されるものではないこと、また、ありのままであるという効果は異性愛による承認のその瞬間の結果としてしか達成されないということを完全に、そして逆接的にも意識している様子でもある。結局のところ、アレサは、あなたのおかげでありのままの女のように感じさせてくれると歌うのであり、そこから示唆されるのは、これが隠喩としての置き換え（substitution）であり、詐欺行為であり、また日常的な異性愛のドラァグの作用によって生み出される存在論的な錯覚へと、一種の崇高かつ瞬間的な参画をすることなのだ、ということである（279 強調はバトラーによる）。

バトラー（1999）の主張するように、もしも「ジェンダーの現実性が持続した社会的なパフォーマンスをつうじて創られる」（180）のであれば、この創造の主要な舞台のひとつは消費かもしれない。マイケル・ウォーナー（1993）は、ゲイの文化と特定のパターンの消費に関係があることを指摘している。ウォーナーによれば、このような関係は、文化の政治経済学を再考するよう要請する（第一二章を参照）。ウォーナーは、以下のように説明する。

消費文化（consumer culture）と、最も目に見えやすいゲイ文化の空間——バー、ディスコ、広告、ファッション、ブランドの名前がそれとわかること、マス・カルチャー・キャンプ、「乱交」——の間には、緊密な関係がある。この最も目に見える様式のゲイ文化は、高度な資本主義の外部ではけっしてない。それこそが、多くの左翼の人たちが最も否認したいと願うような高度な資本主義の特徴なのだが、けっしてその外部ではないのである。ストーンウォール以後（Post-Stonewall）の都会のゲイ男性は、商品の臭いをまき散らしている（訳註：ストーンウォールとは、ニューヨークのゲイバーの名前。一九六九年に、ここで当事者たちが警察の迫害に立ち向かったいわゆるストーンウォール暴動はＬＧＢＴＱ当事者の権利獲得運動において重要な事件とされている）。我々は、発情した資本主義の臭いを発散しており、だからこそ多くの人の想像力を超えた、より弁証法的な資本主義観に関する理論が必要なのである（xxxi）。

同じように、コリー・Ｋ・クリークマーとアレキサンダー・ドウティ（1995）も、「我々がホモセクシュアルと名づけているアイデンティティは、資本主義の消費文化とともに立ち現れた」（1）と指摘している。彼らが注目したのは、ゲイやレズビアンがしばしばポピュラー・カルチャーとの間に結ぶ特別な関係である。「ゲイやレズビアンが、ポピュラー・カルチャーの産物とメッセージについて、完全には撹乱的とは言わないまでも、オルタナティヴな、あるいは折衝して折り合いをつけたかたちで受容すること。彼らが、いかにして自分たちの対抗的なアイデンティティを否定したり失ったりせずに主流文化（mainstream culture）にアクセスしうるか、同化を必然とせずに参加しうるか、従来クィアな快楽と意味を与えることがないと聞かされてきた経験や大量生産品に快楽を見出し、そこから肯定的な意味を生み出すかといったこと［を考えている］」（1-2）。別様の言い方をするなら、「中心となる問題は、いかにして「文化の中に出ていく（out）」か、ということである。つまり、いかにしてマス・カルチャーの中に場を占めながらも、マス・カルチャーの同性愛嫌悪的（homophobic）で、異性愛中心主義的（heterocentrist）な定義やイメージや分析用語を受け入れないような、マス・カルチャーへの視座を維持するかということである」（2）。

アレキサンダー・ドウティ（1995）は、「マス・カルチャーの受容実践としてのクィア性（queerness）は……その一貫性と強度はさまざまであるが、あらゆる種類の人たちが共有しているものである」（73）と述べる。彼の説明によれば、クィアな読解（リーディング）はゲイやレズビアンに限られたものではなく、「異性愛者（ヘテロセクシュアル）、ストレートを自認する人たちもクィアな瞬間を経験することが可能である」（ibid.）。ドウティは、「クィア」という用語を「非ストレート（反ストレート、対ストレート）による、ありとあらゆる側面の文化の生産および受容を表現するためのフレクシブルな空間を徴づける」ために用いている。そのようなものとして、「この「クィアな空間」は、多様かつ流動的な位置を占める可能性を承認するのである。それはいかなる人であれ、文化を生産したり、それに応答したりするときにはいつでもそうなのである」（73 強調はドウティによる）。ドウティが「クィアな空間」とするものは、彼の説明によれば、「厳密に反ストレート（antistraight）な空間というよりは、ストレートに対位するような対ストレート（contrastraight）空間」（83）と考えるのが一番適切である。

クィアな立場、クィアな読解（queer reedings）、クィアな快楽は受容の空間の一部なのである。この空間は、異性愛の立場、ストレートな立場によって創られた空間の横に並ぶと同時にその内部にある……しかしながら、クィアな受容がしばしばおこなうのは、大半の人が機能するセクシュアル・アイデンティティという比較的明瞭かつ本質化につながるようなカテゴリーの外部に位置することである。たとえば、自分がレズビアン、ないしはストレートと自認する女性でありながらも、『赤い河』や『明日に向って撃て！』のような男性のバディ映画（訳註：友だちあるいは相棒を指すバディ（buddy）から取られた、男性二人組の主人公が活躍するジャンル。二人の信頼関係がドラマにおいて重要）にゲイのエロティックな関係をクィアなかたちで経験するかもしれない。あるいは、ゲイ男性として、『ラヴァーン＆シャーリー』、『ケイト＆アリー』、『ゴールデン・ガールズ』（訳註：これらはすべてアメリカのテレビで放映されたシット・コムのシリーズである）などのドラマにカルトのごとくはまっているとしても、それはストレート的に定義されたジェンダーをまたいだ同一化（cross-gender identification）というよりは、むしろ女性たちの間に愛に満ちた関係性を感じ取っていることに関わっているかもしれない。クィアな読解は、「オルタナティヴ」な読みではないし、また願望に満ちた、あるいは意図的な誤読でもないし、「ものごとに意味を読み込みすぎ」な読みでもない。クィアな読解とは、ポピュラー・カルチャーのテクストにも、そのオーディエンスにもずっと存在していた複雑かつ広範にわたるクィアな性質を認識し、言葉にした結果なのである（83-84）。

そういうわけで、クィアな読解は、人がどんなセクシュアリティかということとは、ほとんど関係がないのである。

インターセクショナリティ（交差性） Intersectionality

インターセクショナリティ（intersectionality）という考え方は、もともとは黒人フェミニストの仕事から出てきている。ヴィヴィアン・M・メイの説明によると、「黒人および有色人種の女性による理論化と政治行動」（May, 2015: ix）における鍵となる概念である。この用語は、アフリカ系アメリカ人の法律学者キンバリー・クレンショー（1989, 1991）の造語ではあるが、その起源は一九世紀の黒人女性の作品の中に見ることができる。

インターセクショナリティは、豊かな、そして、いまだ発展を続ける歴史を持った複雑な概念である。ここでの私の目的は文化理論とポピュラー・カルチャーの関係であるから、この概念が複雑であり、また歴史があると確認する以上のことがほとんどできないのは、致し方ない。だが、これまでマルクス主義やフェミニズムについて扱う中で考えてきた、その他のさまざまな概念と同様に、インターセクショナリティもまた、大学などの学問の世界だけに閉じ込められているわけではない。一九世紀の黒人フェミニズム（black feminism）にその起源があるとはいえ、クィア理論のように、批評の焦点はすべての人に当たる。精神分析と同様に、インターセクショナリティも、もともと文化分析の手段として意図されたわけではないとはいえ、フロイトの仕事と同じように、この概念を使うことで、あらたな視座からテクストや実践を見る方法に見事に役に立つのである。

パトリシア・ヒル・コリンズとスルマ・ビルゲ（2016）によれば、インターセクショナリティは以下のように定義できる。

> 世界や人々、そして人間の経験における複雑さを理解し、分析する方法……社会的不平等に関して言えば、ある社会の中での人々の生活および権力の組織は、それが人種であれ、ジェンダーであれ、階級であれ、社会的区分の単一の軸によってというよりはむしろ、ともに働き、また相互作用を及ぼし合う多くの軸によって形づくられたものと理解したほうが適切である（2）。

このように、この概念は、社会区分の単一の軸に焦点を当てる理論的、政治的立場に重要な意義申し立てを突きつける。我々にしても、すでにここまでに、多くの文化理論を俎上に載せてきたが、それらはこのように――マルクス主義（社会階級）、精神分析（無意識）、フェミニズム（ジェンダー）、クィア理論（セクシュアリティ）、反人種主義（「人種」）に――分類できるものだった。

したがって、インターセクショナリティの鍵となる考え方は、「人種」、社会階級、ジェンダー、年齢、セクシュアリティ、障害（disability）、エスニシティ（ethnicity）（訳註：「民族性」と訳されることも多い）などは、けっして順番に連続しているものではない、つまり、まるで予測可能な順番でひとつが別のひとつに加わっていくかのようなものではないということである。このようなアイデンティティの積み上げ式モデルとは対照的に、インターセクショナリティの主眼は、アイデンティティの多様な側面が同時に存在するということである。ゆえに、「単一の軸」というアプローチでは、社会的なアイデンティティの、つねに多様なものの混ざり合う「基盤（matrix）」となっているものの全面的な複雑さを捉え損ね続けるであろう（May, 2015 参照）。まず前提として、我々は、たとえば、ジェンダーを持っただけの存在であるとか、特定のひとつの社会的階級やエスニック集団に所属しているわけではない。それとは逆に、我々は複数のアイデンティティが複雑に混ざり合ったものでできている。私について言えば、白人で、男性で、異性愛者で、イングランド人で、労働者階級の出身で、見てわかるような障害は持っていない。ある定められた文脈においては、私のさまざまなアイデンティティは、序列（ヒエラルキー）をなすように見えるのかもしれないが、どのひとつも基礎をなすものではない。私は複数のアイデンティティのひとつでありその他は加えられたものである、ということではない――私はインターセクショナルなかたちで、そのすべてなのである。

　カルチュラル・スタディーズは、これまでもつねにインターセクショナリティのひとつの「型（version）」として機能してきたといえるのではないだろうか。しかしながら、たとえば、階級、エスニシティ、「人種」、ジェンダー、障害、年齢などさまざまな社会的カテゴリーが、変化する序列の中に存在するという理解でずっと来たことも、また事実であると思う。『消費の諸理論』（Storey 2017a）の中で、私は進行中の自己形成の旅においては、自分のアイデンティティが、ときに応じて異なった表現がなされていると示唆した。これは変化する序列であって、この中で、たとえば、私は、あるときはマンチェスター・ユナイテッドのサポーターであり、またあるときは大学の教員であり、また別のときはストライキをしていたり、緊縮財政反対を訴えるデモの一員だったりする。これらのときのどれもが、アイデンティティを表現する適切な文脈を備えている。つまり、文脈に応じて、私のアイデンティティは自己に関してある特定の序列から成り立っているということである。ある特定の文脈においては、「支配的な」アイデンティティがあるのであろうが、また別の文脈では、それはまったく別のものであるかもしれない。しかしながら、その他の支配的ではないアイデンティティの数々は、つねにそこにあり、つねに待ち構えていて、すぐにでも変容する自己の編成に関与できるのである。したがって、緊縮財政反対のデモの一員であることが自分にとって最重要のアイデンティティである場合でも、このアイデンティティを自分がどのように演じる（perform）かは、自分が依然として大学の教授であるという事実によって制限をかけられることはありうるのである（Storey, 2003）。

文化分析という点から見ると、インターセクショナリティ概念を用いることによって、社会的なカテゴリーによっては、しばしばその他のアイデンティティの徴（markers）のせいで見えにくくなるものもあるということに目が向く可能性がある。しかも、これまでも見てきたとおり、とりわけイデオロギーと言説についての議論においては、「無徴であるもの（unmarked）」は、視界から隠蔽されたままでいる方を求めるものを露わにするという点で、大きな意義を持つ場合が多い。ひとつの軸にまなざしを固定することによって、たいへん多くのものを見逃しうるし、他にも数々の権力の非対称（asymmetries）を見損なって、そうした非対称が自然で、疑う余地がないという見せかけをそのままにしてしまいかねない。たとえば、反人種差別の映画が、異性愛規範を標準としている（heteronormative）こともあるし、フェミニズムを扱った小説がフェミニズム運動を白人中流階級の運動として描いていたり、あるいは社会主義者のドラマが、どうやら性差別と人種差別が社会階級と絡まり合う可能性に無自覚であったりすることなどである。

『歌う執事』（*The Singing Butler*）は、スコットランドの画家ジャック・ヴェトリアーノが描いた作品である。ポスター、グリーティング・カード、ランチョンマット、葉書などにその複製画があしらわれ、イギリスで最もよく売れる画像のひとつになっている。この絵がさまざまな形になって人気を博しているのはなぜかと説明しようとするなら、人々をこの絵に惹きつけるのは、ロマンティックな恋愛のパフォーマンスであると言えるだろう。この絵では、若いカップルがパーティ会場の窮屈を離れて、イヴニング・ドレスはそのままに、月光降り注ぐ海辺へとそのロマンスを携えていく。この画像を購入した人たちを見くびるつもりも、肩を持つつもりもないが、ここまで説明したことが、買った人たちがおもに見ているものなのではないだろうか。踊る二人を囲むようにいる二人の人物は、あきらかに使用人である。そして優れた使用人らしく、彼らの姿は踊る二人のみならず、この画像を見る大半の人たちの目に見えていない。とはいえ、ひとたび使用人に完全に気がつくと、そのせいでロマンスのイメージはどんどんなくなっていく。踊る二人には、そのロマンティックな自発的行動とされるものを支えるためには使用人が必要であると理解するにつれ、ロマンスに代わって社会階級がせり出してくる。このような批判的な認識をすることによって、階級関係と搾取という問題に導かれる。『歌う執事』は、イメージとしては不安定なものになる。その意味はロマンスと社会階級の間で不安定に揺れ動くのである。

「単一の軸で考えること」（May, 2015: 49）を適用すると、『歌う執事』はロマンスと社会階級の画像であるように見える。では、インターセクショナルな分析は、どのように我々の批評の焦点を拡げる手助けとなりうるだろうか。まず、社会階級をロマンスから切り離して片方だけを考えたあとで、もう片方を足すといった分析はやめるべきであることが示唆されるだろう。第二に、この画像の考察にあたり、単に社会階級がロマンスに交差（intersect）しているとするだけではなく、ジェンダー、エスニシティ、セクシュアリティ、年齢、および障害の有無といったことも含む、より大きなインターセクショナリティも視野に入れるべきである。つまり、ロマンティックな男性が女性を月明かりのダンスへと誘う。だが、使用人に関しては、男性の女性に対する序列があるし、踊る二人は特定の年齢であり、ロマンスの本質として異性愛が当然視されているようだし、四人の人物の全員が白人で健常な身体の持ち主（able bodied）である。このような多様な要素の交差のしかたは、単なるパフォーマンスにとどまらず、行為遂行性（パフォーマティヴィティ）の行為でもあるような、規範的なロマンスの物語を上演し、ロマンティックなものの限界を、白人で、男らしく、中流階級で、比較的若く、異性愛で、健常者に見える人のものと定義しているのであろうか。このように、この絵画は、引き続き、単に描いているだけ（そしてその描写しか意図されていなかったかもしれない）にしか見えないひとつの現実を生み出すのを後押し続けるかもしれない。『歌う執事』という絵を、映画のロマンティック・コメディという、同じようなインターセクショナリティをつねに繰り返しているものとの関係で考えるなら、この両者の間に極めて強い相互関係を見てとるのは困難ではない。それは、本当にそうであるから、私としては、この両者が我々がロマンティックな恋愛のイデオロギーとでも呼んでもよさそうなものに対して、甚大なる貢献をしていると見て構わないのではないかと示唆しておきたいと思う（Storey and McDonald, 2014a）。

註 Notes

（1）マルヴィの論文は、一〇回以上、論集に収められている。

（2）ダイアーの略図に基づいている（1999: 376）。

（3）シャーロット・ラム。原文は、『ガーディアン』一九八二年九月一三日（Coward, 1984: 190 に引用）。

（4）ジャニス・ラドウェイはこの数字を信じがたいとしている。

（5）同じように、私もイーニッド・ブライトンの『シークレット・セブン』シリーズを子どもの頃に読む――集団的な行動の必要性とともに――ことで、大人になって社会主義に傾倒する素地が作られたというのはあるかもしれない。

（6）ベネット（1983）およびストーリー（1992 and 2010a）参照のこと。

（7）アントニーは一九九九年の一二月に亡くなった。彼のことは教師として、そして同僚として知っていた。彼に賛同できないこともよくあったが、彼が私の研究（および他の人たちの研究）に与えた影響はとても大きい。彼が亡くなった年に、私は教授になった。遡ること何年も前、彼が私に、博論にはピエール・マシュレよりジェラード・ウィンスタンリーについて書くようにと説得してくれるということがなかったら、こうして教授になることもなかったろうと思う。

（8）バトラー（1999）は、「異性愛のマトリクス（heterosexual matrix）」という用語について、「身体やジェンダーや欲望を自然化するときの認識格子のことであり、この認識格子によって文化的な理解可能性が作りあげられる……［これは］ジェンダーの理解可能性についての覇権的な（hegemonic）言説／認識のモデルであり、身体が首尾一貫性を持ち意味をなすためには安定したセックスが必要だとする。そしてその安定したセックスは、異性愛の強制的な実践をとおして対立したもの、階層を伴うものとして定義される安定したジェンダー（男性らしさはオスを表出し、女性らしさはメスを表出する）をつうじて表出される」（194）としている。

（9）エスター・ニュートン（1999）は、そのドラァグ研究をバトラーも援用している研究者であるが、このように主張している。「子どもたちは、厳密に性的な対象選択をなんであれ学ぶよりも前に、すでに性役割のアイデンティティを学習している。言い換えれば、子どもたちは、自分たちがまず男の子であり、女の子であることを学び、それから男の子は女の子だけを愛するものだし、女の子は男の子だけを愛するものだと理解させられるのだと思う」(108)。ハロルド・ビーヴァー(1999)は、「「自然」なのは、異性愛の欲望でも同性愛の欲望でもない、単なる欲望である……。欲望は重力場の引力のようなもので、身体を身体へと引き寄せる磁石である」(161)と述べている。

(10) ニュートン(1972)が説明するように、「もし性役割の振る舞いが、「間違った」セックスによって達成できるとすれば、それは実際には、「正しい」セックスによっても達成されるものであって、遺伝的に受け継ぐものではないということが論理的に導きだされる」(103)。

(11) 「(あなたは私に)ナチュラル・ウーマン(のように感じさせてくれる)(You Make Me Feel Like) a Natural Woman)」は、ゲリー・ゴフィン、キャロル・キング、およびジェリー・ウェクスラーが書いた曲である。キャロル・キングはこの曲を、アルバム『タペストリー』に収録している。アレサ・フランクリン版は、『グレイテスト・ヒッツ』アルバムである。

さらに知りたい人のための参考文献　Further reading

Storey, John (ed.), *Cultural Theory and Popular Culture: A Reader*, 5th edn, London: Routledge, 2019. This is the companion volume to the previous edition of this book. An interactive website is also available (www.routledge.com/cw/storey), which containshelpful student resources and a glossary of terms for each chapter.

Ang, Ien, *Living Room Wars: Rethinking Media Audiences for a Postmodern World*, London: Routledge, 1995. An excellent collection of essays from one of the leading intellectuals in the field.

Barrett, Michèle, *Women's Oppression Today: Problems in Marxist Feminist Analysis*, London: Verso, 1980. The book is of general interest to the student of popular culture in its attempt to synthesize Marxist and feminist modes of analysis; of particular interest is Chapter 3,

'Ideology and the cultural production of gender'.

Brunt, Rosalind and Caroline Rowan (eds), *Feminism, Culture and Politics*, London: Lawrence & Wishart, 1982. A collection of essays illustrative of feminist modes of analysis. See especially: Michèle Barrett, 'Feminism and the definition of cultural politics'.

Burston, Paul and Colin Richardson (eds), *A Queer Romance: Lesbians, Gay Men and Popular Culture*, London: Routledge, 1995. An interesting collection of essays looking at popular culture from the perspective(s) of queer theory.

Creekmur, Corey K. and Alexander Doty (eds), *Out in Culture: Gay, Lesbian, and Queer Essays on Popular Culture*, London: Cassell, 1995. An excellent collection of essays on contemporary popular culture from an anti-homophobic and antiheterocentrist perspective.

Dosekun, Simidele, *Fashioning Postfeminism: Spectacular Femininity and Transnational Culture*, Illinois: University of Illinois Press, 2020. A critical analysis of how women in Lagos, Nigeria, practice a spectacularly feminine form of black beauty.

Easthope, Antony, *What a Man's Gotta Do: The Masculine Myth in Popular Culture*, London: Paladin, 1986. A useful and entertaining account of the ways in which masculinity is represented in contemporary popular culture.

Franklin, Sarah, Celia Lury and Jackie Stacey (eds), *Off Centre: Feminism and Cultural Studies*, London: HarperCollins, 1991. An excellent collection of feminist work in cultural studies.

Geraghty, Christine, *Women and Soap Opera: A Study of Prime Time Soaps*, Cambridge: Polity Press, 1991. A comprehensive introduction to feminist analysis of soap operas.

Jeffords, Susan, *The Remasculinization of America: Gender and the Vietnam War*, Bloomington and Indianapolis: Indiana University Press, 1989. The book explores representations of masculinity across a range of popular texts to argue that following the crisis of defeat in Vietnam strenuous attempts have been made to remasculinize American culture.

Macdonald, Myra, *Representing Women: Myths of Femininity in Popular Media*, London: Edward Arnold, 1995. An excellent introduction to the way women are talked about and constructed visually across a range of popular media.

McRobbie, Angela, *Feminism and Youth Culture*, London: Macmillan, 1991. A selection from the work of one of the leading figures in feminist analysis of popular culture.

Pribram, Deidre E. (ed.), *Female Spectators: Looking at Film and Television*, London: Verso, 1988. A useful collection of essays looking at different aspects of filmic and televisual popular culture.

Sinfield, Alan, *Cultural Politics - Queer Reading*, second edition Routledge: London, 2005. Like all Sinfield's work, an excellent book that exists on the borderline between literary and cultural studies.

Thornham, Sue, *Passionate Detachments: An Introduction to Feminist Film Theory*, London: Edward Arnold, 1997. An excellent introduction to the contribution of feminism to the study of film.

第九章
「人種」、人種主義、および表象

9 'Race', racism and representation

本章において、まず最初に、「人種」概念、および英国における人種主義（racism、レイシズム）という用語の歴史的展開について検討したい（訳註：racism という語については、従来は「人種差別」と訳されることが多かったが、最近では人種主義、あるいはレイシズムという訳語が多くなっている。racism は、単に心理的な差別というだけではなく、政治経済と密接に関係するひとつの制度でもあり、それを支える思想でもある。これらを包摂するための訳語として、人種主義ないしはレイシズムという訳語がしばしば使われている。本書ではこの訳語を「人種主義」としたうえで、文脈によって人種差別という訳語を用いている）。次に、人種表象の特定の制度としてエドワード・サイードによるオリエンタリズムの分析を考察する。ポピュラー・カルチャーにおけるオリエンタリズムの具体例として、ハリウッドが、ヴェトナムにおけるアメリカの戦争をいかに描いたか、また、それがいかに第一次湾岸戦争における新兵募集に潜在的に影響を与えたかを見ていく（訳註：第一次湾岸戦争は、一九九〇年八月イラクによるクウェート侵攻をきっかけに始まり、アメリカ主導による多国籍軍がイラクを封じ込め、一九九一年四月に終結した戦争。二〇〇三年のイラク戦争と区別して（ペルシア）湾岸戦争、クウェート戦争とも呼ばれる)。本章の結びとして、「白さ」、カルチュラル・スタディーズと反‐人種(差別)主義、およびブラック・ライヴズ・マター(Black Lives Matter)に関する節を設けることにしたい。

「人種」と人種主義　'Race' and racism

まず、「人種」を論じるにあたり主張しておくべきことは、「人種」(race)には、人類(human race)ただひとつしか存在しない、ということである。[1] ヒト生物学は、人々を異なる「複数の人種」に分けることはしない。この区分を主張するのは、人種主義(racism)(そしてときとして、それに対抗する議論)である。言い換えれば、「人種」とは、文化的、歴史的カテゴリーであり、さまざまな皮膚の色の人々の間の差異に意味を持たせる方法である。重要なことは、差異それ自体ではなく、いかにして差異が意味を持つようにされるか、いかにして差異が社会的、政治的な階層(hierarchy)との関わりで深い意味があるようにされるのかということなのである(第四、六章を参照)。ただし、こう言ったからといって、人間が異なる皮膚の色を持ち、異なる身体的特徴を持って世に生まれることを否定するものではない。そうではなくて、こうした差異が意味を生み出すのではなく、差異が意味を持つようにされざるをえないということを言いたいのである。さらに言えば、肌の色のほうが、髪の色や目の色よりも重要であるという理由は何もない。別の言い方をするなら、「人種」と人種主義は、生物学というよりもむしろ意味づけ/意味作用(signification)に関わることがらなのである。ポール・ギルロイは次のように述べる。

それがどれほど意味のないものか了解していようとも、肌の「色」についての生物学上の根拠は極めて限定的であることを認めると、意味作用の理論に取り組む可能性が開けてくる。このような理論によって、「人種」というシニフィアン(signifier)(訳註:「意味するもの」、「記号表現」ともいう)がいかに融通無碍(ゆうずうむげ)かつ空虚であるのかということ、さらにそもそも生物学的根拠をシニフィアンに転化するために必要なイデオロギーの作用についても、その重要性を強調しうる。このような視座が明瞭に示すのは、「人種」を決着のついていない政治的なカテゴリーであるとする定義である。というのも、「人種」について、どの定義が優先的に流通し、またどのような条件のもとでそれらの定義が生きながらえるか衰退するかを決定するのは、闘争だからなのである（2002: 36）。

これを、一種の観念論と誤解してはならない。意味づけられるかどうかに関係なく、人間の間の身体的な差異は存在しているからである。しかしながら、どのように意味を持つようにされるのかという点については、つねに政治と権力の結果であって、生物学の問題ではない。ギルロイが指摘するように、「「人種」とは、社会的に、そして政治的に構築されねばならないものであり、さまざまな形の「人種化」を確保し維持するには、イデオロギーが複雑に機能するのである。この点を認識しておくことで、「人種」が政治的に関連性を持つ、さまざまな歴史的状況を比較し、評価することがなおのこと重要になる」（35）。同様に、ヘイゼル・ローズ・マーカスとポーラ・M・L・モヤは以下のように指摘する。

> 人種は、人々や集団が持っているものであるとか、人種であるというようなものではない。むしろ、人々がおこなう一連の行為である。より具体的に言うと、人種は、歴史的に生成され、制度化された観念や実践の生きたシステムなのである。たしかに、人種をおこなうこと（doing race）に関わるプロセスは、時間と場所が異なれば、形式も変わってくる。しかしながら、人種をおこなうことにつねに伴うのは、知覚された身体と振る舞いの特徴に基づいて複数の集団を創り、差別化をはかる権力と特権をそうした特徴と結びつけ、その結果としての不平等を正当化することである（2010: x）。

我々は、人種をおこなう。個人として、また制度として。誰かを、その生物学から生じたとされる本質的で不変な性質に還元するたびに、人種をおこなっているのである。たとえば、私の妻は中国人である。中国人は不可解（何を考えているのか理解できない、ないしは解釈できない）というよく知られたステレオタイプがある。彼女が中国人であるという理由で、不可解さが彼女の性質の本質をなす生物学的な部分であると考えれば、それは「人種をおこなう」ことである。つまり、それは彼女の性格と振る舞いのある一面を、あたかも彼女の中国人性が不変の生物学的なものとして表出したかのように説明することなのである。

このような視座から研究するなら、ポピュラー・カルチャーにおける「人種」の分析は、人種が意味作用を持たざるをえず、また持つようにされうるさまざまな方法——個人や制度が「人種をおこなう」さまざまな方法——を研究することになるだろう。

スチュアート・ホールが指摘するように、西洋における「人種」と人種主義の歴史には、鍵となる契機が三つある（Hall, 1997b）。この三つが起こるのは、奴隷制と奴隷貿易の時代、植民地主義と帝国主義の時代、そして植民地支配を脱すること（decolonization）に続いて起こった一九五〇年代の移民の時代である。次の節では、奴隷制と奴隷貿易が「人種」と人種主義に関して、初めての詳細な公的議論を生み出したさまに焦点を当てる。「人種」と人種主義の基本的な想定や語彙が最初に定式化されたのは、当時の議論においてである。「人種」と人種主義とは、自然な現象でもなければ必然の現象でもないことを理解することは大切である。「人種」と人種主義には歴史があり、人間の行動と相互作用の結果なのである。それにもかかわらず、「人種」と人種主義は、その真実の姿、すなわち人間の文化の産物であるというよりはむしろ、必然的なもの、自然の中に根拠があるものと見えるようにされていることが、しばしばである。ここでもまた、ポール・ギルロイの述べるとおりである。

このような臆病な人々にとっては、人種の階層を一掃した、より公正な世界を思い描き生み出すことに関与する創造的な労働をするよりも、ひとつの概念としての「人種」の絶対的な地位と、原罪にも似た永久の背徳としての人種主義の手に負えなさとに、諦めて身を委ねてしまうほうが、楽であるように見えるのであろう……この進行中の研究は、人種主義の力を政治に先立つものとして受け入れ、その力が単に政治的なだけの考察ではけっして太刀打ちできないやり方と形式で人間の意識と行為を構成する逃れられない自然の力であると見なすのではない。そうではなく、この研究は、「人種」と人種主義を、いま一度社会的で政治的な現象にすることに関与しているのである（xx）。

ギルロイは、「人種の差異について誇張された次元を、自由をもたらす普通さ（ordinary-ness）」へと縮減する必要があるとし、「「人種」はなんら特殊なものではない。人種主義が持続しているという事実によってのみ意味を与えられている仮想現実なのである」と付け加えている（xxii）。別の言い方をすれば、人種主義がなければ、「人種」概念にはほとんど意味はなくなるだろう。人種主義こそが「人種」概念を生き延びさせているのである。認識すべきことは、「この国［英国］の共生（convivial）文化が相互混交の平凡さと撹乱的な普通さを備えていることだ。この文化においては、「人種」はその意味を剝ぎ取られ、人種主義は遠く過ぎ去った帝国の歴史の余波にすぎないのである」（xxxviii）。

人種主義のイデオロギー――その歴史的出現　The ideology of racism: its historical emergence

外国人嫌悪（xenophobia）は、無知と不安から生じるものであり、異なるエスニック・グループが存在する限り、存在してきたのだろうと議論することは可能ではあるが、「人種」と人種主義にはかなり特別な歴史がある。人種主義は、最初は英国（イングランド）で、奴隷制および奴隷貿易を擁護するものとして発達する。ピーター・フライヤー（1984）が指摘するように、「ひとたび英国の奴隷貿易、英国の砂糖生産プランテーションにおける奴隷制、および英国の製造業が、相互に連結した三重に利益を生むシステムとして機能しはじめるや、古代からの神話や偏見のあらゆる断片を織り込んでそれなりに筋の通った人種主義のイデオロギー、すなわち人種の神話を仕立て上げるための、経済的な基盤が敷かれていたというわけである」(134)。言い換えれば、そもそも人種主義とは、奴隷制と奴隷貿易の経済的な利益を擁護するために広められた、擁護のためのイデオロギーとして発生するのである。

人種主義イデオロギーの発展において鍵となる人物は、農園主(planter)であり判事でもあったエドワード・ロングである。著書『ジャマイカの歴史』(1774)において、黒人は白人よりも劣っているという考え方を世に広め、そこから奴隷制と奴隷貿易は問題なく容認可能な制度であると示唆した。彼はその議論を、黒人と白人の間には人種の絶対的な境界線があるというところから始めている。

白人と黒人とは、二つの異なる種(species)であると考えて差し支えない、きわめて有力な理由があると考える。彼らがその他の人間と似ていないことを考えると、彼らは同じ属の異なる種であると結論づけてはならないのではないだろうか……。また、[オランウータンは、]多くの黒人の種(race)に比べて知的な能力はちっとも劣っていないように思われる。その一部と、黒人たちは最も近しい関係と血縁関係を持っているということには信憑性がある。両者の好色な交わりは、もしかすると頻繁にあるのかもしれない……そして、この二つの種(race)が好色な性質という点では、ぴったりと一致していることは確かである(Fryer, 1984, 158-59に引用)。

チャールズ・ホワイトは、一七九五年に書いた文章で、同じような主張をしている。「白人のヨーロッパ人は……獣類(brute creation)からは最も遠く隔たっているので、その理由をもって、人類(human race)の中で最も美しいと考えてよいのではないだろうか。彼が知的な力において優越していることについては疑問を差し挟む者はいないだろう。そして彼の能力もまたあらゆる人の能力よりも生まれながらにして優れていると判明すると信じている」(168)(訳

註：本節で引用されている一八～一九世紀の人々の言葉は、基本的にFryer, 1984に掲載されたものの引用である。原著では、このホワイトの引用以降は、文脈から判断できるものとして、基本的にFryer, 1984の引用という文言が入れられていない）。

エドワード・ロング自身の人種主義は、あきらかに性的な不安に裏打ちされている。一七七二年に発表した論説において、人種主義には彼が労働者階級の女性に寄せる軽蔑が混ざり合っているのだが、その主張は以下のようなものである。

> 英国（イングランド）の下層階級の女性たちは、並外れて黒人を好んでいる。その理由は、酷すぎて口にするのもはばかられる。彼女たちは、法律が許すなら馬やロバとだって身を繋げるであろう。このご婦人方について言えば、総じて子沢山である。だから、二、三世代のうちに、イングランド人の血はこの混血にひどく汚染されるだろう。そして、いろいろな偶然や人生の浮き沈みの中で、この不純な血は広範囲に拡がっていき、人々の階層の中程にさえ到達したら、次には、より高位の階層に到達してしまい、ついには英国人すべてが、肌の色や精神の卑しさにおいてポルトガル人やムーア人にそっくりになってしまうのである（157）。

同様に、『黒人の大義に関する考察』（1772）において、サミュエル・エストウィックは、「ブリトン人（race of Britons）を汚れや汚染から守る」（156）ために、黒人の入国を禁じるべきであると論じた。フィリップ・シクネスも、一七七八年に書いた文章において同様の主張をしている。

> ほんの二、三世紀ほどの間に、彼らは我が国に、この世の中でも最悪の種類の人間の種族（race）をはびこらせてしまうだろう……ロンドンは信じがたい数のこのような黒人で溢れ……そしてあらゆる田舎町に、いやそれどころかほとんどすべての村で、猿のように有害だが、猿に比べて限りなく危険な混血の人間たち（mulattoes）の小

さな家系（a little race）が見られることになるであろう……。黒人の血がこの国に生まれた者に混じってしまうのは、規模も程度も大きな災厄に見舞われる由々しきことである（162）。

この懸念を奴隷の廃止（abolition of slavery）と直接結びつけ、ジョン・スキャターグッドは、一七九二年に書いた文章において、こう述べた。もし奴隷制が終わってよいことにされてしまえば、「世界のあらゆるところから黒人たちが群れをなしてこの国に来てしまい、この国に生まれた者たちと混じり合って、我が国の民衆という種族を損ねてしまい、犯罪と犯罪者の数を増加させ、ついには、英国をこの世の掃きだめに、混血の人間、浮浪者、ごろつきのための場にしてしまうだろう」（164）。

一七六四年に『ロンドン・クロニクル』紙に掲載された手紙は、移民をめぐる昨今の論争にも暗く響き合うのだが（この言説のかなりの部分がそうであるが）、あまりにも大人数の黒人使用人が英国に流入することに懸念を表明している。

彼らが我が国の多くの人々の場を占めるにつれ、このことによって我が国のたいそう多くの人が生活の糧を得る手段を奪われ、それによって我が国で生まれた人の数が減り、ある人種（race）が利を得る。彼らが我々と混じるのは不名誉なことであるし、しかも彼らが役に立つかといえば、役に立つ範囲は白人ほどには多様ではないし、必須のことに役に立つわけでもない……彼らを我が国の人の一部として考えることはできないし、だからこそ、彼らが共同体に入り込むなら、真の臣民であり、あらゆる点においてより望ましい人たちを、入ってきたのと同じ数だけ追い出すことにしかならない……。そろそろこの厄災を癒すために、なんらかの策を打つべきである。おそらくその方法は、これ以上彼らを輸入することを完全に禁止することであろう（155）。

奴隷制と奴隷貿易は、この慣行に直接には関与していない人々にも経済的な利益があったために、人種主義というあらたなイデオロギーは、奴隷制と奴隷貿易に直接の経済的な利害関係のない人たちの間にも急速に普及していった。スコットランドの哲学者デイヴィッド・ヒュームはその一例であり、白人と非白人が違うということを明瞭に述べている。一七五三年の文章で、彼は以下のように述べた。

> 私は、黒人、そして一般的にその他すべての人間の種（というのも、四、五種類あるからである）は、生まれつき白人よりも劣っているのではないかと考えたい方である。白以外の肌の色でありながら文明化された国民がいたことはついぞない……［ヒュームはここで歴史を知らないことをさらけだすようなことを書いている］。そもそも自然がこれらの血統の間に最初から違いを設けていなければ、このような不変かつ持続的な違いが、これほど多くの国と時代で起こることはありえない……。実際、ジャマイカでは、ある黒人が才能に溢れ知識もあるとの評判である。しかしながら、それは多分に、その人物のささやかな達成を褒めそやしているだけなのである。オウムさながらに、わずかなことばしか明瞭には喋れないにもかかわらず（152）[2]。

一九世紀までには、人類は優れた白人とその他の劣った人々に分けられるということは、多くの白人ヨーロッパ人によって広く認められるところとなっていた。そのように生まれもった才能があるのだから、白人ヨーロッパ人が世界じゅうに植民地を設立するのは正しいことでしかないように思われていた。さらに、フライヤーが指摘するように、「人種主義は、一握りの変人だけに限られたものではなかった。一九世紀英国の事実上すべての科学者と知識人が、白い肌を持つ者だけが思考と統治の能力を持っていると思い込んでいたのである」（1988: 169）。それどころか、実際のところ、人種主義がついにその科学的な支持を失ったのは、おそらく第二次世界大戦が終わってからにすぎない。

一九世紀になると、人種主義によって、植民地の征服が神の指示によるものであるかのように見せかけることすら可能であった。トマス・カーライルは、一八六七年に書いた文章で、「全能の創造主が、彼［「黒人」］を使用人に指名なさったのである」（Fryer, 1984: 172に引用）と述べている。ハリー・ジョンストン卿（1899）は、南アフリカおよびウガンダで植民地行政官を務めた人物であるが、「一般に、黒人は生まれながらにして奴隷」であり、生まれながらにして持っている能力により「焼けつくように暑い地域の暑い太陽の下でも、またその不健康な気候においても、重労働ができる」（173）と主張した。たとえ暑い太陽や不健康な気候が度を超えていることがわかっても、白人ヨーロッパ人は、それを苦痛ではないか、あるいは不公平ではないかと過度に気にかけてはならない。たとえば、医師ロバート・ノックスは、フィリップ・カーティンが「西洋全般にあった疑似科学的な人種主義における主要人物のひとり」（1966: 377）とする人物であるが、この点について問題はないと太鼓判を押して、こう述べている。「色の黒いこの人種が、我々にいかなる意味を持っているというのであろうか……。さっさと片づいてくれたほうが、そのぶんだけよいのだ……。彼らの人種としての性質ゆえに、その他の動物と同様、一定の制限のある一生を送る運命にあるのだから、彼らの絶滅がどのようにもたらされるかは、ほとんど重要ではない」（Fryer, 1984: 175に引用）。

たしかに、ノックスの人種主義は極端である。これほど極端ではないものをジェイムズ・ハントが述べているが、これは文明化の使命を想定し、それに基づいて帝国主義を正当化するものである。ロンドン人類学協会を一八六三年に設立した人物でもあるハントは、「黒人はヨーロッパ人よりも知的に劣っているが、［彼ないしは彼女は］ほかのどの状況のもとにあるより、ヨーロッパ人に自然に服従しているときに、よりいっそう人間らしくなる」（177）と述べた。それどころか、彼は「黒人種は、ヨーロッパ人によってのみ人間らしくなり、文明化されるのである」（ibid.）と明言している。[3] 植民地大臣（Secretary of State for the Colonies）ジョゼフ・チェンバレン（1895）は、この議論を見事に要約している。「私は、英国人が統治をする人種（race）の中でも世界に類をみない最も偉大な人種であると信じている。これは口先ばかりのものとしてではなく、広大な領土の運営にあたって収めてきた成功が証明し、また示してきたことにして、述べているのである……そして、この状況に照らして、その未来が限りないことを信じている」（183）[4]。

オリエンタリズム　Orientalism

エドワード・サイード（1985）は、ポスト・コロニアル理論の創設に寄与したテクストのひとつにおいて、東洋（オリエント）に関する西洋の言説――「オリエンタリズム」――が、東洋に関する「知」、ならびに、西洋の「権力」に利するために分節化された（articulated）一連の「権力と知」の関係をどのように構築したかを示している。サイードによれば、「オリエントは、ほとんどヨーロッパ人が創造（invention）したようなものであった」（1）。「オリエンタリズム」は、サイードが、ヨーロッパとオリエントの関係を、とりわけどのように「オリエントが、ヨーロッパ（つまり西洋）をオリエントと対照的なイメージ、観念、人格、経験として規定することに役立ったか」（1-2）を説明するために用いる用語である。サイードは、「さらに、ヨーロッパ文化が、一種の代理物であり隠された自己でさえあるオリエントからみずからを切り離して対置することによって、みずからの力とアイデンティティを獲得したことも示そうとした」（3）。

オリエンタリズムは、オリエントを扱うための――つまり、オリエントについて何かを述べたり、見解を権威づけたり、記述したり、教えたり、そこに植民したり、統治したりすることによってオリエントを扱うための――共同機関であるとして論じ、分析することができる。要するに、オリエンタリズムとは、オリエントを支配し、再構成し、権限を確立するための西洋の様式（style）なのである（ibid.）。

別の言い方をするなら、「イデオロギー的なフィクションの体系」（321）であるオリエンタリズムとは、権力の問題である。オリエンタリズムは、西洋がその覇権（hegemony）をオリエントに対して維持するためのメカニズムのひとつなのだ。これは、部分的には、西洋とオリエントの絶対的な違いを「西洋は……合理的で、進んでいて、人道的であり、優れている。対して、オリエントは常軌を逸しており、遅れていて、劣っている」(300)と主張することで達成される。

それでは、こうしたことすべては、より一般的な観点から、どのようにポピュラー・カルチャー研究に関連していくのであろうか。サイードが展開したアプローチによって、帝国主義的なフィクションにおける帝国の物語がよりよく理解できる可能性があるのか、そのことを理解するのは、それほど困難ではない。帝国の物語の筋の構造には、基本的に二種類ある。ひとつ目としては、白人入植者が、植民地の異質な環境の原始的な力に屈し、人種主義の神話の言う、いわゆる「土着化する(going native)」ことになる物語がある。『闇の奥』と『地獄の黙示録』双方に登場するクルツは、そのような人物である(訳註:前者はポーランド出身の作家、ジョゼフ・コンラッドが一八九九年に発表した、コンゴ川流域を舞台とした西洋による植民地主義の暗黒面を描く小説。後者は、この小説を下敷きにヴェトナム戦争を舞台にした、フランシス・コッポラ監督による一九七九年の映画である)。第二のパターンとしては、白人が、自分たちに人種的な遺伝の力があると思い込んで、植民地の異質な環境とその住民たちに自分のやり方を押しつけるという物語がある。「ターザン」(小説、映画、ならびに神話)は、このような帝国主義小説の古典的表象である。オリエンタリズムという視座を取ると、この二種類の物語(narrative)には、植民地として征服した人や土地に関して語りうるよりも、はるかに多く帝国主義文化の欲望と不安について語られていることがわかる。オリエンタリズムというアプローチがおこなうのは、その関心の焦点を、物語が何について、どの場所についてかという点から、そうしたフィクションの作り手と消費者に対していかなる「機能」を持つかという点に移すことである。このアプローチを取ることで、批判性に欠けたリアリズムに陥らずにすむ。つまり、物語が植民地ないしは植民地支配の下に置かれた人々に関して何を語るのかということから離れて、そうした表象がヨーロッパおよびアメリカの帝国主義について何を語るかということへと焦点を移すことができる。実際のところ、このアプローチを取ることによって、我々の関心は「いかに」物語が語られるかという点から、「なぜ」語られるのかという点へと、そしてまた誰についての物語なのかという点から、誰がその物語を語り誰がそれを消費するのかという点へと、移行するのである。

ハリウッドによるヴェトナム、そのヴェトナムにおけるアメリカの戦争の物語の語り方は、多くの点で、特定の形式のオリエンタリズムの古典的な例である。敗北に沈黙するよりは、むしろ、ヴェトナムについて語ろうという本物の「動機」があった。アメリカにおける最も不人気な戦争は、言説と商業という尺度で測られたときには、最も人気が高いものになった。アメリカはヴェトナムに対して、もはや「権威」を持たないが、ヴェトナムにおけるアメリカの戦争に関する西洋からの記述については権威を保持し続けている。「共同機関」としてのハリウッドは、ヴェトナムを扱うが、その方法は、「それについて何かを述べたり、それについての見解を権威づけたり、それを記述したり、教えたり」することである。ハリウッドはヴェトナムを、「対照的なイメージ」、アメリカの「一種の代理物であり……隠された自己」として、「創造」した。このようにして、ハリウッドは——その他の言説実践、たとえば歌、小説、テレビの連続ものなどともに——ヴェトナムに関する非常に強力な言説を生産することに成功している。つまり、アメリカと世界に向けて、彼の地で起こったことは、ヴェトナムがあのようであるから起こったのである、と語る。こうしたさまざまな言説は、単にヴェトナムに関してだけにとどまらない。多くのアメリカ人に対して、ヴェトナムという経験をさらに構築するかもしれない。そして、事実上の効果として、戦争そのものになるかもしれないのである。

オリエンタリズムという視座からすれば、ハリウッドの表象が「本物」か「偽物」か（歴史的に見て、正確か不正確か）ということは、たいして重要なことではない。大切なのは、そうした表象が流通させる「真実の体制（regime of truth）」（Michel Foucault: 第六章の議論を参照）である。この視点で見ると、ハリウッドの権力とは、否定的な力、すなわち拒否し、抑圧し、否認するようなものではない。その逆で、生産的な権力なのである。フーコーによる権力に関する一般的な要点は、ハリウッドの権力についても当てはまる。

きっぱりとお終いにすべきなのは、権力の効果を否定的な用語で——権力は「排除する」、「抑圧する」、「検閲する」、「抽象化する」、「覆い隠す」、「秘匿する」――説明することである。それどころか、実際には、権力は生産するのである――権力は現実を生産する。それは、対象の領域と真実の儀式を生産するのである（1979: 194）。

さらに言えば、フーコーが指摘するように、「どの社会にも、それ自体の真実の体制が、その社会なりの真実の「一般的な政治学」がある――つまり、その社会が真実として受け入れ、真実として機能させるタイプの言説がある（2002a: 131）。この点に基づいて、ここからは簡単に三つの物語の枠組、理解のモデル、あるいは「真実の体制」を説明してみたい。これらは、一九八〇年代におけるハリウッドのヴェトナムの強力な特徴となっていたのである。[5]

第一のナラティヴの枠組は、「裏切りとしての戦争」とでも呼べるものである。これは、まずなによりも、劣悪な指導者に関する言説である。たとえば、『地獄の七人（*Uncommon Valor*）』、『地獄のヒーロー（*Missing in Action*）』、『地獄のヒーロー2（*Missing in Action II: The Beginning*）』、『地獄のヒーロー3（*Missing in Action III : Braddock*）』、および『ランボー／怒りの脱出（*Rambo: First Blood Part II*）』においては、アメリカがヴェトナムにおいて敗北した責任は政治家にある。ジョン・ランボー（シルヴェスター・スタローン）は、作戦行動中に行方不明になった兵士たち（missing in action）の捜索にヴェトナムに戻ることを打診された際に、「今回は勝たせてもらえるんですかね」と辛辣に問う。つまり、政治家は勝たせてくれるのか、ということである。第二に、この枠組は、戦場における軍隊の指揮系統の弱さに関する言説である。『プラトーン（*Platoon*）』や『カジュアルティーズ（*Casualties of War*）』などにおいては、敗北は不適切な指揮のせいであることが示唆されている。第三に、この枠組の物語はまた、一般市民の裏切りをめぐる言説でもある。『男の傷（*Cutter's Way*）』および『ランボー（*First Blood*）』は双方とも、戦争のための尽力が、祖国アメリカにおいて裏切られたことを示唆している。ここでもまた、ジョン・ランボーのことばは徴候的（symptomatic）である。トラウトマン大佐に「もう終わったんだぞ、ジョニー」と言われると、彼はこう言い返すのである。

何も終わっちゃいない。スイッチを消すように終わらせることなんて、できないんだ。あれは俺の戦争じゃあなかった。あんたは俺に命令をした。だから、勝つためにしなければならないことをした。けど、誰かが、俺たちをどうしても勝たせたくなかったんだ。

興味深いことに、このカテゴリーに属する映画はすべて喪失を中心に構成されている。『地獄の七人』、『地獄のヒーロー』全三作、『ランボー／怒りの脱出』、および『P・O・W・地獄からの脱出（*POW: The Escape*）』においては、それは行方不明（lost）の捕虜であり、『男の傷』、『ランボー』、および『7月4日に生まれて（*Born on the Fourth of July*）』においては、失われたプライドであり、『プラトーン』と『カジュアルティーズ』においては、失われた無垢である。さまざまな形の喪失物が、より大きな喪失の転位・置き換え（displacement）を徴候として示しているのはあきらかなように思われる。つまり、ほとんど名づけられないもの、すなわちヴェトナムにおけるアメリカの敗北が転位したものである。アメリカ人戦争捕虜（prisoner of war, POW）を用いるのは、これらの転位の戦略の中では、あきらかにイデオロギー的意味合いが最も強い。戦争捕虜を用いることによって、三つの強力な政治的効果の可能性がもたらされるように思われる。第一に、いまだにヴェトナムに捕らわれているアメリカ人がいるという神話を認めることは、時間をさかのぼって元々の介入を正当化し始めることに等しい。というのも、もしもヴェトナム人が、紛争が終結したのち何十年にもわたってもなお捕虜をとどめおくほど野蛮なのであれば、戦争のことで罪の意識を感じる必要はない。なにしろヴェトナム人は、アメリカに全力で軍事介入されても、仕方ないことは確実だからである。第二に、スーザン・ジェフォードは、彼女が「敗北の女性化（feminization of loss）」（1989: 145）と呼ぶプロセスを指摘している。つまり、アメリカの敗北に責任のある人々は、愛国的ではないデモ参加者であれ、配慮に欠けた政府であれ、脆弱かつ無能な軍の指令であれ、腐敗した政治家であれ、つねにその表象は、典型的な女性らしさとされる性質、「支配的なアメリカの文化の中で、女性らしさと結びつけられるステレオタイプ化した特徴の数々――弱さ、決断力のなさ、依存、感情、非暴力、交渉、予測不可能な性質、欺瞞」なのである（145）。ジェフォーズの主張を裏づける完璧な例とは、戦闘中の行方不明者（missing in action, MIA）を扱った映画群である。それらの映画では、政治家たちが取る「女性的」な交渉姿勢が、帰還する元兵士による「男らしい」、強引なやり方と際立つかたちで展開される。これが含意するのは、「女性的な」弱さと不誠実な態度ゆえに負けてしまったが、「男らしい」力と断固たる態度で臨んでいたなら、戦争に勝てたであろう、ということである。第三点として、おそらく、この中で最も重要なのは、これらの映画が、喪失したと考えられているものを単に行方不明なだけであるものに転位したやり方である。敗北はアメリカの戦争捕虜を見つけて取り戻すという「勝利」へと転位・置き換えを施されて（displace）いる。一九八三年、『地獄の七人』が予想もしなかったような成功に当惑し、『ニューヨーク・タイムズ』紙は映画の「視聴者（オーディエンス）」とのインタヴューにジャーナリストを派遣した。映画を観た人のひとりは、この映画が大ヒットした理由について極めて明快に言い切った。「今度は、ヴェトナム戦争に勝たせてもらったからね」（H. Bruce Franklin, 1993: 141 に引用）。

ハリウッドのヴェトナム映画の第二の物語の枠組は、ここでも私の呼び方でいえば「攻撃能力逆転症候群」といえるものである。これは、アメリカの圧倒的な技術・軍事的な優位が逆転するというナラティヴ装置である。圧倒的な破壊力を持つアメリカの軍事力を示す場面の代わりに、数え切れないほど多くのナラティヴにおいて、個人としてのアメリカ人が数え切れないほどの（しかも、しばしば目に見えない）北ヴェトナム軍を相手に、および／ないしは、南ヴェトナム解放民族戦線（「ヴェト・コン」）の不吉で謎に満ちた男たちおよび女たちを相手に闘うところを見せられる。『地獄のヒーロー』全三作、『ランボー／怒りの脱出』、および『プラトーン』、これらすべてに、孤独なアメリカ人が、勝ち目のまったくない状況で闘う場面がある。弓矢しか持っていないジョン・ランボーは、最も馬鹿げた例かもしれない。しかしながら、『プラトーン』は、このナラティヴ装置を、完全に別の水準へと持ちあげた。鍵となる場面において、「善人の」エリアス軍曹は、数え切れないほど多くの北ヴェトナム軍兵士に追われる。間断なく銃撃を受け、ついに崩れ落ち、膝をつくと、両腕を広げ、裏切られ苦悶するキリストのような身振りをする。固定カメラが、ゆっくりとその角度を変えながら映すことで、彼の死の苦しみの悲痛な情念が強調されている。英国では、この映画は、エリアスがこの「十字架への磔刑」で味わう圧倒的な苦痛を見せるポスターを使って宣伝された。そして、そのイメージの上には、「戦争の最初の犠牲者は無垢なのだ」という説明書きがある。無垢の喪失は、近代戦争の現実の認識として、また同時に、残虐かつ無慈悲な敵に対してアメリカがフェアに闘った結果として提示される。イデオロギー的な含意はあきらかである。つまり、アメリカが善人を演じて敗北したのであれば、将来起こるすべての紛争においては、勝つためにはタフな男を演じねばならないのは「あきらかである」、ということである。

第三の物語の枠組については、私はかねがね「戦争のアメリカ化」と呼んできた。この用語で示したいのは、ヴェトナム戦争の基本的な意味合いが、ハリウッドのヴェトナム（あるいはハリウッド以外のアメリカの文化生産の場のどこであれ）の中で、どのようにして決定的にアメリカの現象になっていったかということである。これは「帝国のナルシシズム」とでも呼べるものの例であり、このナルシシズムの中で、アメリカは中心に、そしてヴェトナムとヴェトナム人はアメリカの悲劇のための文脈を与えるためにしか存在しておらず、その悲劇の究極の無慈悲さとは、アメリカの無垢の喪失である。そして、優れた悲劇ならそうなのであるが、アメリカの悲劇もまた最初から、その運命の命ずるところに従うよう運命づけられていた。それは、ただ起こったのである。ハリウッドのヴェトナムは、リンダ・ディトマーとジーン・ミショーが「理解不可能性という神秘性」(1990:13) と呼ぶものを提示している。理解不可能性という神秘性の、最も説得力に溢れた例は、アメリカで出されたヴィデオ版『プラトーン』の冒頭かもしれない。最初に、当時のクライスラー社会長からの推薦の言葉がある。会長は、森の開けたところを歩き回り、一台のジープに近づいていく。そのジープのところで足を止めると、それにもたれかかり、カメラに向かって次のように言うのである。

このジープは、博物館にでも置いたほうがよさそうな時代遅れのものです、戦争の遺物です。ノルマンディ、アンツィオ、ガダルカナル、韓国、ヴェトナム。もう二度と戦争のためにジープを組み立てないですむことを願っています。この映画『プラトーン』は、記念碑です。といっても戦争を記念するものではなく、誰も本当には理解していなかった時と場所で闘った人たちを記念するものなのです。彼らにわかっていたのはただひとつ、呼ばれたから行った、ということだけです。それは、コンコードでマスケット銃が初めて火を吹いたところから、メコンデルタの水田にいたるまで、同じでした。彼らは、呼ばれたから行ったのです。その真の意味で、呼ばれたから行くことこそがアメリカの精神です。そのことを理解すればするほど、それを生かしてくれた人たちへの敬意の念が増すのです［強調はストーリーによる］(Harry W. Haines, 1990: 81 に引用)。

これは、アメリカ（人）のサヴァイヴァル以外になにひとつ語らない言説である。「世界に戻ること」だけが、その意味である。これはアメリカの悲劇であり、アメリカとアメリカ人が唯一の犠牲者なのである。この神話は、『プラトーン』の最後で、呆然としてしまうような正確さで、クリス・テイラー（チャーリー・シーン）のナレーションに表出する。テイラーは、高度を上げつつあるヘリコプターから、眼下の戦場の死者たち、瀕死の者たちを、見つめ返す。サミュエル・バーバー作曲の悲しみに満ちた、きわめて美しい『弦楽のためのアダージョ』が、彼の声の調子とリズムの方向を定めているようでもあり、彼は、心理療法で使うような言葉で、二〇〇万人以上のヴェトナム人が殺された戦争について語る。「今、こうして振り返ってみるに、僕らは敵と戦っていたんじゃない。自分自身と戦っていたんだ。敵は僕らの中にいたんだ」。『タイム・マガジン』（一九八七年一月二六日号）の、この映画に対する論評も、このテーマを繰り返し、さらに掘り下げている。

お帰りなさい。ちょうど二〇年前に、アメリカを分裂状態にしてしまったあの戦争に。あのとき、突然、我々は、左翼と右翼、黒人と白人、イケてる人と古くて頭の固い人、母と父、親と子の間で分裂した国民になってしまった。それまでは戦争の歴史といえば、ジョン・ウェインの戦争映画のようであった国民にとって――そこでは善良な男たちがタフで、フェアなプレーをすることで最初にゴールする――この両極化は心底幻滅するものであった。アメリカ人はみずからと戦っていたのであり、そして、どちらの側も負けてしまったのである。

このようなシナリオにおける『プラトーン』の役割は、アメリカの政体（body politic）の分裂を癒すことである。この映画は、戦争を書き換えるにあたり、ヴェトナム人を排除したのみならず、反戦運動についても書き換えている。戦争賛成派と戦争反対派の政治が、最も首尾よく戦争を戦って勝つ方法に関する論争の立場の違いとして、再演されている。ひとつのグループ（「善良」なエリアス軍曹が率いている。エリアスはジェファソン・エアプレインの「ホワイト・ラビット」（訳註：ジェファソン・エアプレインは西海岸のバンドであり、反体制派のイメージが強かった）を聴き、マリワナを吸う）は、誇りと尊厳を持って戦争を戦いたいと望んでいるのに対し、もう片方（「邪悪な」バーンズ軍曹が率いている。バーンズは、マール・ハガードの「ムスコギー出身のオクラホマ人」（訳註：カントリー歌手ハガードによる、若者の反戦運動に対抗する歌として知られている）を聴きビールを飲む）は、ともかくも勝ちに行くように戦争を戦いたいと望んでいる。我々は、これがアメリカを引き裂いた本質的な対立であると思うよう要請されている――反戦運動は、最終的にはどのように戦争を戦って勝つのが最善かをめぐる争いに落とし込まれる。マイケル・クラインが主張するように、「戦争は脱文脈化され（decontextualized）、神秘化されて、悲劇的な過ち、実存的な冒険、あるいは白人アメリカ人ヒーローがみずからのアイデンティティを見つける通過儀礼になってしまうのである」（1990: 10）。

ここまで、ハリウッドのヴェトナムにおける三種類の支配的な物語の枠組の概要を示してきたが、これらがアメリカの視聴者（オーディエンス）（あるいは他の視聴者）によって何の問題もなく消費された、あるいは消費されていることを示唆したいのではない。ここで言いたいのは、ただハリウッドはある特定の真実の体制を産出した、ということである。しかしながら、（他のいかなる文化的テクストや実践とも同じように）映画は意味を持つようにされるのでなければならない（第一二章を参照)。ハリウッドのヴェトナムがその「真実」にどの程度語らせているのかを実際に理解しようとするならば、消費の考察が必要になる。この考察をするためには、テクストの意味から、テクストの言説と「消費者」の言説が出会って作られうるさまざまな意味へとその焦点を移すことになる。というのもこれは、たとえば『プラトーン』の本当の意味を(「オーディエンス」とともに)実証するという問題ではけっしてないからである。消費(「使用中の製品」と理解される)に焦点を与えることは、たとえば『プラトーン』の政治的な有効性を研究することである。もしも、文化的テクストが(政治的であれ、他の意味であれ)有効になるとすれば、そのテクストは、人々の生活と接続させられなければならない――彼らの「生きられた(lived)文化」の一部にならなければいけない。ハリウッドのヴェトナムについての形式面からの分析は、映画産業がどのようにその戦争を、勇気と裏切りというアメリカの悲劇という表現を与えたのかを示すのかもしれないが、だからといって、ハリウッドのヴェトナムが勇気と裏切りの戦争として消費されたということまでは示されないのである。

ハリウッドのヴェトナムに関するオーディエンスを扱った民族誌(ethnography)研究はないので、ハリウッドによるこの戦争の表現の流通と有効性を理解する糸口を与えてくれるかもしれない証拠を、二つ挙げておきたい。第一のものは、第一次湾岸戦争に向かう過程におけるジョージ・ブッシュ大統領の一連のスピーチからなっており、第二のものは、ハリウッドその他によるヴェトナム戦争表象に関して、ヴェトナムからのアメリカ人帰還兵が述べたコメントの数々である。ただし、けっして誤解のないように言っておくと、そうはいっても、ここで挙げる材料は、それ自体どれほど説得力があったとしても、ハリウッドによる戦争の記述が、それが重要になるところで――日常生活の生きられた実践において――覇権的なものになったという決定的な証拠を提示しているわけではない。

第一次湾岸戦争への気運が高まり始めて数週間、『ニューズウィーク』誌(一九九〇年一二月一〇日号)は真剣な面差しのジョージ・ブッシュ(シニア)の写真を表紙に用いた。その写真には、「これは第二のヴェトナムではない」というぶち抜きの見出しがあった。その見出しの元となったのは、ブッシュの演説である。その中で彼は、「我が国において、ヴェトナムの二の舞になるのではないかという不安があることは承知している。だが、ここで言わせて欲しい……これは、けっして第二のヴェトナムにはならない、と」。また別の演説において、ブッシュは再度アメリカの聴衆に向かって請け合った。「これは、第二のヴェトナムにはならない」。しかしながら、この演説において、ブッシュはその理由も述べている。「我々の軍隊は、全世界において可能な限り最高の支援を得ることになる。片手を後ろ手にして縛られたまま、残りの片手で戦ってくれと言われるようなことにはならない」（『デイリー・テレグラフ』一九九一年一月一七日号に引用）。

この一連の演説において、ブッシュは、アメリカの政治および軍事における自己イメージに取り憑くようになっていた亡霊、リチャード・ニクソン元大統領が「ヴェトナム症候群（Vietnam Syndrome）」（1986）と呼んだものを鎮めようとしていた。ニクソンによれば、アメリカの外交政策に関する議論は、「国益を守るための権力行使」を厭うゆえに「グロテスクなまでに歪められて」（13）きた。第二のヴェトナムを恐れるあまり、アメリカは「［みずからの］力……を恥じ、強国であることに罪悪感を抱く」（19）ようになってしまった、というのである。

先に引用した二つの演説、およびその他多くの同じような演説において、ブッシュは、一九八〇年代をつうじて、アメリカにおいて多くの発言力ある人が、ヴェトナム戦争の支配的な意味にしようとしていた内容、すなわち「高潔な大義への裏切り——アメリカの悲劇としてのヴェトナム戦争」に表現を与えていたのである。たとえば、一九八〇年の大統領選挙活動のさなか、ロナルド・レーガンは、ヴェトナム症候群に終止符を打つべく、「我々の大義は、真実、高潔な大義であったということを、そろそろ認めようではないか」（John Carolos Rowe and Rick Berg, 1991: 10に引用）と断言した。それだけではない。レーガンは、こうも主張した。「あの戦争で戦った人たちに申し上げたい。我々はもう二度と、若者たちに対して、政府が勝たせるのに二の足を踏んでいるような戦争で戦ってくれ、場合によっては命をくれ、と頼んだりすることはしない」（Stephen Vlastos, 1991: 69に引用）。一九八二年（アメリカ軍最後の戦闘部隊がヴェトナムを離れてからほぼ一〇年）、ワシントンでヴェトナム戦争戦没者慰霊碑が披露された。レーガンは、アメリカ人が［ヴェトナムにおけるアメリカの戦争は］正当な大義があったことを理解し始めている」と述べた（Barbie Zelizer, 1995: 220に引用）。一九八四年（アメリカ軍最後の戦闘部隊がヴェトナムを離れてから一一年）ヴェトナム戦争の無名戦士が、埋葬された。その儀式において、レーガン大統領は、「アメリカの英雄が帰国した……彼は使命を受け入れ、義務を果たした。そして、彼の誠実な愛国心には、圧倒される」（Rowe and Berg, 1991: 10に引用）と断言している。一九八五年（アメリカ軍最後の戦闘部隊がヴェトナムを離れてから一二年）には、ニューヨークで、初めてのヴェトナム戦争帰還兵を迎える「帰還歓迎」パレードが実施された。このように、政治レトリックと国家としての追悼が強力に混ざり合う状態の中には、ヴェトナムにおけるアメリカの戦争の意味に関して、あらたな「合意（consensus）」を設定しようとする動きがあきらかにある。それは一九八〇年の、レーガンによる成功裡に終わった選挙運動に始まり、第一次湾岸戦争の勝利を受けたブッシュの勝利主義で終わる。このような演説の数々（および、このような演説の報道）は、戦争の理解を形成する後押しをしたかもしれない。しかしながら、このような戦争の理解の仕方の情動的な力にとてつもない推進力を与えたのは、間違いなくハリウッドのヴェトナムである。したがって、湾岸戦争への気運が高まる中、ブッシュがアメリカ国民に対してヴェトナム戦争を忘れないようにと呼びかけたとき、多くのアメリカ人が呼び起こした記憶は、映画として経験した戦争――勇気と裏切りの戦争――であったかもしれないのである。ハリウッドのヴェトナムは、ヴェトナムにおけるアメリカの戦争に関して、ますます支配的になる記憶をリハーサルし、説明し、解釈し、そして語り直すための材料を提供していたのである。

これは、戦争の「事実」とはほとんど関係のない記憶であった。簡単に言うと、アメリカは、ヴェトナムにおいて世界の歴史上類を見ない量の武器を配置した。ハリウッドのナラティヴは、ヴェトナムの広範囲において故意に森林を立ち枯れに追いやったことも、ナパーム弾攻撃をしたことも、掃討作戦（search-and-destroy missions）も、自由発砲地帯を利用したことも、大量爆撃をおこなったことも、取り上げない。たとえば、一九七二年のいわゆる「クリスマス爆撃」作戦中には、アメリカは「ドイツが一九四〇年から一九四五年にかけて英国に投下したよりも何トンも多い爆弾をハノイとハイフォンに投下した」(Franklin, 1993: 79)。トータルとして、アメリカは、第二次世界大戦中に投下された爆弾の三倍の量の爆弾をヴェトナムに投下していた。一九六七年、ジョンソン大統領へのメモランダムにおいて、国防長官のロバート・マクナマラは、以下のように書いた。「世界最強の国が、そのメリットが争点になっている問題のために、小さな後進国を攻撃して降服に追いやろうとしながら、週当たり一〇〇〇人の非戦闘員を殺害したり重症を負わせたりしている状況〔これは、アメリカの空爆作戦による人的被害についてマクナマラが見積もった数字である〕は素晴らしいと言えるようなものではまったくありません」(Martin, 1993: 19-20に引用)。これを見ると、アメリカがその戦争に片手を後ろ手にして縛られたまま、残りの片手で戦ったというブッシュの主張(歴史よりもむしろハリウッドに基づく)は、極めて疑わしくなるのである。

ハリウッドのヴェトナムの消費を語る二番目の例とは、アメリカ軍のヴェトナム戦争からの帰還兵が寄せたコメントである。マリタ・スターケンによれば、「ヴェトナム帰還兵の中には、記憶の一部がどこから来たのか忘れてしまったと言う者がいる——自分自身の経験なのか、ドキュメンタリー写真なのか、それともハリウッド映画なのか」(1997: 20)。たとえば、ヴェトナム帰還兵ウィリアム・アダムズは、この点を雄弁に伝えている。

『プラトーン』が封切られたとき、多くの人から尋ねられたものだ。「戦争は本当にあんなふうだったのか」と。しかし、自分には答えがわからなかった。その理由は、いくぶんかは、描写がどれほど真に迫っていてリアリスティックであったとしても、映画はしょせん映画だし、戦争は戦争でしかないからだ。とはいえ、答えられなかった理由はまだあって、「本当に」起こったことは、今となっては、実際起こったことについて言われてきた内容と自分の頭の中ですっかり混じり合ってしまって、そこにはもう純粋な経験は存在しないのだ。これはいくつかの点で奇妙なことだし、痛ましくさえある。そうではあるが、このことはまた我々の記憶がどのように作動するかを証言するものでもある。ヴェトナム戦争は、もはや明瞭な出来事であるというよりはむしろ、集団的かつ流動的な脚本であって、我々は自分たち自身についてのせめぎ合い、変わり続ける見方を、引き続き走り書きし、消し、また書き直すのだ（Sturken, 1997: 86に引用）。

同様に、研究者でありヴェトナム帰還兵でもあるマイケル・クラークは、一九八五年にニューヨークで開催された紙テープ飛び交う帰還歓迎パレードが、メディアによるパレード報道、およびパレードに文脈を与えるかに見えるハリウッド映画とともに機能して、ヴェトナム戦争について特定の記憶を作り出した様子を記している――それは潜在的に致命的な効果を持つような記憶である。

パレードと報道と映画は、我々の戦争の記憶を全般的に構築した……［それら］は、一〇年もの間どうしても閉じようとしなかった傷を、ノスタルジアという香り高き薬ですっかり癒やし、罪悪感と疑念を義務と誇りへと変容した。そして、勝ち誇った大仰なしぐさとともに、最も見事な創造物を――次の戦争も戦う気でいる帰還兵というスペクタクルを提供したのである（Clark, 1991: 180）。

それだけではなく、クラークが苦心しながら強調しているように、「ヴェトナムの記憶は帝国主義的な野望に対する抵抗の場ではもはやなくなり、今では、次は上手くやるようにという明瞭な警告として喚起される」（206）。こうした懸念は、第一次湾岸戦争終結時のブッシュの勝ち誇った態度を見れば完全に正しいことだとわかるものだった。ブッシュは、湾岸戦争があたかもトラウマ的な記憶を克服するという理由のみで戦われたかのように、「神よ、我々はついにヴェトナム症候群をきっぱりと蹴散らした」（Franklin, 1993: 177に引用）と豪語したのである。こうしたコメントを反映し、『ニューヨーク・タイムズ』（一九九三年一二月二日付）は、「ヴェトナム症候群は死んだか？　幸いなことに、ペルシア湾に葬られた」とする記事を載せた。アメリカの敗北・喪失と分裂の徴であるヴェトナムは、ペルシア湾の砂に埋葬された。ヴェトナム症候群を蹴散らした（ハリウッドのヴェトナムの手を借りて）おかげで、おそらく、ひとつの国が古い幽霊と疑念から解き放たれ、アメリカは再び強く、無傷で、次の戦争の準備が整ったのである。

とはいえ、その後、「抑圧されたものが回帰」する（第四章を参照）。二〇二〇年四月二八日、コロナウイルスによる死亡者が五万八三六五人に達したとき、アメリカのメディアは、即座にヴェトナム戦争に立ち戻った。新聞各紙は『ワシントン・ポスト』が出した「コロナウイルスによる死者、ヴェトナム戦争で失われた命を上回る」と似たり寄ったりの見出しを打った。ヴェトナム症候群を葬ろうとするそれまでのすべての大統領たちの努力は、トランプ大統領のファシズムもどきの態度、無能ぶり、不作為のために、水の泡になってしまったのである。[6]

白さ　Whiteness

世界の人口から言えば、白人は、たいした人数がいるわけではない。しかしながら、権力と特権ということになると、白人とは支配的な色である。むろん、こう言ったからといって、すべての白人が権力と特権を持っているわけではない（白さは、つねに、たとえば、社会階級、ジェンダー、セクシュアリティなどとともに節合される）[7]。

白さの権力の一部とは、それが「人種」とエスニシティ（訳註：民族性と訳されることもある。また民族集団を意味する場合もある）のカテゴリーの外部にあるように見えていることである。つまり、こうしたカテゴリーは、もっぱら非白人にのみ適用されているようである。白さは、人間の規範として存在しており、各種の人種やエスニシティは、そこからの逸脱といった感がある。これは実のところ、特権的な立場なのである。リチャード・ダイアー（1997）は、この点を以下のようにあきらかにしている。

「ただ人間である」という立場ほど、強力な立場はない。権力の主張とは、人間の共同体を代弁するという主張なのである。人種がある（raced）人たちには、それができない――その人たちにできるのは、自分の人種を代弁することだけなのである。しかし、人種のない（non-raced）人にはできる。なぜならば、その人たちはひとつの人種の利害を代表しているわけではないからである。白人を人種として見るとどうなるか、それを見ていくことの要諦は、彼ら／我々を、結果として不公平、抑圧、特権、および苦悩ともども、権力の座から引きずり降ろすこと、そして彼ら／我々が世界の中で世界について語る際の権威を理解することによって、彼ら／我々を追い出すことである（2）。

白さ（whiteness）の規範的な権力を理解するためには、生物学のことはいったん忘れて、それが文化的構築物である、つまり、「自然」で「ノーマル」で「普遍的」であると提示される何かであると考えることが必要である。したがって、白さをそれほどに強力にしているのは、それが単なる支配的な色合いであることにはとどまらないという点である。白さは、無徴の（unmarked）人間の規範として機能するのであり、それ以外の民族集団（エスニシティ）がみずからを測定するよう促されるのは、この規範に照らすことによってなのである。単純に言うならば、白人はめったに白人であるとは考えられていない。彼らは、単にエスニシティなき人間なのである。これについては、たとえば、白人作家についての文章を読むたびに目にする。白人作家は、作家とだけ説明されるだろう。しかしながら、もしもそれが黒人であれば、その作家はしばしば黒人作家という説明がつくだろう。白さは単に人間であるという徴にすぎないと考えられているのに対して、黒さについては、エスニシティの徴なのである。また、黒人が話すときには、その他の黒人の代理として話すことを期待されるであろうが、白人が話すときには、個人として、あるいは人類全体として話をする。黒人について議論する場合には、黒人として議論されるのに対し、白人について議論する場合には、人々として議論される。このように、白人性は民族として不可視（invisibility）であり、そのために白人性は規範的な人間として位置づけられるなら。再度ダイアーを引用するなら、「人種の表象という水準では……白人は特定の人種ではなく、単に人類である」

（3）ということなのである。

エスニシティと「人種」に関して言うならば、多くの白人が、自分のことを中立で普通・標準（normal）として考えている。自分以外の人たち民族的な起源について言及しながらも、自身の起源については不可視かつ無徴なままなのである。白人の英国人が「エスニック・ファッション」や「エスニック・フード」という用語を見るときに、もしもそれが英国の白人の料理やファッションのことを指すとなれば、びっくりすることであろう。「人種がある」ことにならないことによって、白人は人類になるというわけである。このような特権と権力に終止符を打つには、白人性（whiteness）を単なるもうひとつのエスニシティの徴として見ることが必要なのである。違いに気がつくことが、問題なのではない。問題になったりならなかったりするかもしれないのは、我々がその違いにどのように意味がある（signify）ようにさせているかということである。

したがって、白人に関する議論のない「人種」やエスニシティについての議論は、いかなるものであれ、つねに、ことによると知らないうちに意図せずして、白さの権力と特権に寄与してしまうことになる。これは、権力と特権が、まさしくそれが無徴であること、単に人間であり普通であるという普遍性の見かけを纏っていることによって、下支えされているからである。簡単に言うと、白人は「自然」かつ「普通・標準」に見えるのである。白さが、単なるもうひとつ別のエスニシティの徴でしかないという認識が広まらない限りは、この現実はずっと変わることはないであろう。

反人種主義とカルチュラル・スタディーズ　Anti-racism and cultural studies

フェミニズムおよびマルクス主義の方法論の双方について述べたように、「人種」と表象の議論には、必然的に、そしてきわめて適切なことに、人種主義の徹底的に非人間的な言説を非難するという倫理的な要請が伴う。この点を念頭において、本章を結ぶにあたって、まず二つの引用をし、その後短い議論をして、さらにもうひとつの引用をしたい。最初の引用はスチュアート・ホールの文章からであり、その次はポール・ギルロイからである。

カルチュラル・スタディーズがしなければならない仕事とは、我々が生きる生、我々が生きる社会を、差異とともに生きる能力に関して、深刻かつ徹底的なかたちで、反人道的（antihumane）にし続けている原因は何かを理解するために、知的リソースに関して見つかる限りのものを総動員することである。カルチュラル・スタディーズのメッセージは、研究者や知識人に向けたメッセージである。しかしながら、幸いなことに、それ以外の多くの人に向けられたものでもある……有能な知識人であれば、そして二一世紀を前にして堂々と振る舞いたい大学であれば、我々の世界を苦しめる人種とエスニシティの諸問題に冷徹な目を逸らしていていいはずがないと確信している（Hall, 1996e: 343）。

ますます差異化の進む社会と不安を抱えた個人が、馴染みのない人たちの近くで快適に暮らすことには複数の問題が付随するが、それらに怯えたり敵意を持ったりせずに、うまく対処するために、我々が知る必要があるのは、どのような種類の省察ならば実際に助けになりうるのかということである。我々が考慮せねばならないのは、同一性と差異を推し量るものさしを生産的に変えうるかということである。そうなれば見知らぬ人たちに備わる異質性にばかり焦点を当てることをやめて、基本的な同質性という別の次元を認識し、それに重要性を与えることができる。くわえて考慮が必要なのは、二一世紀の苦難の歴史に熟考したうえで関与することによって、根本的に共有する性質という点から他者性を平和裏に受容するために助けとなる資源・手だてをいかに配備しうるかである……。［それは］つまり、人間は、通常であれば、似ていないよりはずっと似ているものであり、たいていの場合はお互いに意思疎通できるものであって、お互いの価値、尊厳、そして本質的な類似性を承認すれば、公正な行動を取りたいと望む場合に取りうる振る舞い方には一定の制限がかかるということなのである（Gilroy, 2004: 3-4）。

カルチュラル・スタディーズの仕事とは、すべての理性的な知的伝統と同様に、知性を用いて、範例を示しながら、人種主義を打ち倒す手助けをすることであり、またそうすることによって、「人種」という用語が、もはや使われなくなって久しい歴史的なカテゴリーとさして変わらないものとなり、もうその時代には人類以上の意味はない、そんな世界を生み出す手助けをすることである。しかしながら、ギルロイが一九八七年に述べたように、そして、残念ながら三〇年経った今でも実情は変わっていない。今述べたようなときが到来するまでの間は、

「人種」は、分析のカテゴリーとして維持しておかねばならない。その理由は、「人種」がなんらかの生物学上の、ないしは認識論上の絶対的な性質に対応しているからではなく、「人種」によって、集団的なアイデンティティが伝統に根ざすルーツによって獲得した権力を検討に付すことができるからである。こうした集団的なアイデンティティは、白人の人種主義および黒人の抵抗というかたちを取っており、今日の英国において何よりも爆発寸前の政治的な諸力なのである（2002: 339）。

ブラック・ライヴズ・マター　Black Lives Matter

ジョージ・フロイドが、三人の警察官が眺めている前で、九分近くも警察官の膝で首を押さえつけられた挙げ句に無残に殺されると、まったく当然のことながら、抗議運動が始まり、それは野火のごとく世界中に拡大した（訳註：二〇二〇年五月の事件。ミネアポリス近郊で、偽札使用の嫌疑をかけられたフロイドが拘束された際に、本人が、息ができな

いと懇願したにもかかわらず警察官が首を押さえ続けた。この事件をきっかけに二〇一〇年代になって始まっていたブラック・ライヴズ・マターが全米各地で再燃することになる）。英国でも、ブラック・ライヴズ・マターという旗印のもと、黒人も白人もともに、何万人もの人々が、数々の通りでデモ行進をしたが、その際、政府は、そうしたデモ行進がただ単にアメリカにおける人種主義への抗議活動に連帯を示す抗議デモであるようなふりをしようとしていた。ジョージ・フロイド殺害がきっかけであったのは確かだが、デモは、警察の拘束による黒人の死亡事件から奴隷貿易や帝国が引き起こした虐殺に英国が関与していたことに至るまで、英国の人種主義についても関わっていたのである。ブリストルでは、デモ参加者たちが一七世紀のトーリー党の下院議員で奴隷商人であったエドワード・コルストンのブロンズ像を引き倒し、ブリストル港に投げ入れた。コルストンの会社であるロイヤル・アフリカ・カンパニー（そのイニシャルは、会社所有の奴隷の身体に焼き印として押された）は、八万人を超える男性、女性、そして子どもをアフリカから輸送した。カリブ海地域および南北アメリカへと大西洋を横断するあいだに、約四分の一が死亡したが、その遺体は損傷を受けた商品同様に海に投げ込まれた。

像の引き倒しからわずか数日のあいだに、英国の人種主義の文化的な遺産に関する全国的な議論が高まった。結果として、文化的な記念碑の中で、公共の場にあるべきものはどれなのかという再評価が起こった。英国首相ボリス・ジョンソンは、以前の「文化戦争」を体験していたが（もしかすると、どこか別のところでの失敗から注意を逸らすべく文化戦争の再来を求めていたのかもしれないが）、一連のツイートでトランプへの賛辞を演じ、あたかも歴史とは立派であるとされる白人男性の功績にほぼ等しいものであるかのように、多くの彫像を公共の場から撤去するのは「我々の歴史に嘘をつくこと」であると主張した。ジョンソンはまた、「彫像は、我々に歴史について教えてくれるのだ」から、それらを公共の目に触れないようにしてしまうなら「これから生まれる何世代もの人たちから、そうした豊かさを奪ってしまう」ことになると言い切った。しかしながら、これはまったくのところ、真実ではない。彫像は、歴史ではない。彫像は、歴史を教えるためにあるのではなく、偉大な白人男性たちを記念して讃えるためのものである。しかも、しばしば事実を白人に利するよう粉飾し（whitewash）、間違った情報を与えて人を欺くようなやり方で、そうするのである。偉大な人々の歴史はここではないところに存在しているのであり、だからこそ、影像ではなく、影像に対する抗議活動こそが、事実——我々が国家として認めることを拒んできた奴隷制と帝国の歴史——を見せてくれるのである。このような影像は、博物館に置き直す、ないしは放棄してはじめて、我々の歴史理解に役立つことになるであろう。奴隷商人の影像を公共の場所に据えながら、彼らの富が人間の苦悩から得られたという事実については何も明かさないままであるなら、それこそが我々の歴史に関して本当に嘘をつくことに等しいのである。

　すでに、映画やテレビ番組も番組表から取り除かれ、人種主義に関する辞書の定義も書き換えられた。博物館や美術館は所蔵品を見直し、奴隷制と手を結んでいた会社は補償を検討し、その他の会社や機関が謝罪をし、公共の建物と通りの名称が変更になり、黒人の著者が書いた黒人の歴史に関する書籍の売り上げが大幅に伸び、『ザ・シンプソンズ』（訳註：一九八九年から続くアメリカのテレビアニメ。シンプソン一家を通した風刺の効いた番組であり、世界の多くの国で配信されている）では、今後は有色人種のキャラクターの吹き替えに白人声優を使わないようになる。学校や大学のカリキュラムを修正し、その中で奴隷制と帝国主義に英国が果たした役割を完全に理解できるようにして欲しいという要求も大きくなるばかりである。そこにもうひとつ、英国が人種主義について調査する案件が任されたわけである。だからといって、これが人種主義の終わりを意味するわけではない。断じて、そういうものではない。しかしながら、このたびのことで、人種主義を支え、維持することに手を貸す文化について本格的に取り壊し作業を開始することになるかもしれない。

註　Notes

（1）初期のかたちのヒト（「ヒト亜種」）が最初に現れたのは、約二五〇万年前、現在のアフリカにあたる場所においてである。

一〇万年ほど前には、「ホモ・サピエンス」（我々の直接の先祖）の小さな集団が、移動してアフリカの外に行った。この集団が徐々に地球の全域に住むようになっていった。ある時期、初期のヒトは、アフリカの外部において少なくとも他の二種類の人間に近い種（humanoid）と共存していた。その二種は、ネアンデルタール人とデニソワ人であるが、どちらも絶滅した。今日の人類の中には、我々の先祖がこの二種との間に子孫をもうけたことを証明する遺伝子を持っている者もいる。しかしながら、今日、世界にいる人々は、この小さな移動民の集団の子孫か、でなければその集団の仲間でアフリカに残った「ホモ・サピエンス」の子孫である。であるから、人種はたったひとつだけ、つまり人類（human race）だけしか存在しないのであるが、それでも、この人々を「祖先集団」（何万年にもわたって経験してきた同じような食生活と気候から派生した相違点をその特徴とする）と呼ばれる、生物地理学的な集団からなる重複するところのある人々に分けることは可能である。

（2）ヒュームがここで言及しているジャマイカ人は、フランシス・ウィリアムズである。ウィリアムズは、ケンブリッジ大学から数学の学位を得て卒業している。

（3）「人種」と人種主義は、単に表象と社会的な行動や相互の関係の中にのみ表れるわけではない。それは我々の内面の心的な風景にも棲み着いている。これについての議論は、フランツ・ファノンの『黒い皮膚・白い仮面（*Black Skin, White Masks*）』（1986）を参照。

（4）チェンバレンの演説は、トニー・ブレアが首相引退を表明した際の演説に奇妙にも反響している。「この国は、神の祝福を受けた国です。英国人は、特別です。それを世界はわかっています。心の最奥で、私たちもわかっています。この国は、この世界で最も偉大な国なのです」（Storey, 2010b: 22 に引用）。同様の所感を、ブレグジットを支持する演説のほぼすべてに見出すことは難しくない。

（5）この議論のより完全なものについては、ストーリー（2002b および 2010a）を参照のこと。

（6）トランプのファシズムについては、ストーリー（2019）を参照のこと。

（7）白さ（whiteness）は、社会階級とジェンダー（およびその他の社会的差異を作り出す要素）によって分けられるわけではない。それは、また白人性そのものの内部においても分断されている。誰を白人として含めるべきかということは、歴史において、時代が違うとその答えも違う。これについては第八章のインターセクショナリティの節を参照。

さらに知りたい人のための参考文献　Further reading

Storey, John (ed.), *Cultural Theory and Popular Culture: A Reader*, 5th edn, London: Routledge, 2019. This is the companion volume to the previous edition of this book. An interactive website is also available (www.routledge.com/cw/storey), which contains helpful student resources and a glossary of terms for each chapter.

Baker, Houston A. Jr, Manthia Diawara and Ruth H. Lindeborg (eds), *Black British Cultural Studies: A Reader*, Chicago: University of Chicago Press, 1996. A very interesting collection of essays.

Dent, Gina (ed.), *Black Popular Culture*, Seattle: Bay Press, 1992. A very useful collection of essays.

Dittmar, Linda and Gene Michaud (eds), *From Hanoi To Hollywood: The Vietnam War in American Film*, New Brunswick and London: Rutgers University Press, 1990. The best collection of work on Hollywood's Vietnam.

Dyer, Richard (1997), *White: Essays on Race and Culture*, London: Routledge. The classic account of whiteness and culture.

Fryer, Peter, *Staying Power: The History of Black People in Britain*, London: Pluto, 1984. A brilliant book.

Gandhi, Leela, *Postcolonial Theory: A Critical Introduction*, Edinburgh: Edinburgh University Press, 1998. *A good introduction to post-colonial theory*.

Gilroy, Paul, *There Ain't No Black in the Union Jack*, London: Routledge, 1987/2002. One of the classic cultural studies encounters with 'race'.

Gilroy, Paul, *The Black Atlantic*, London: Verso, 1993. A brilliant argument against 'cultural absolutism'.

Markus, Hazel Rose and Paula M.L. Moya, *Doing Race: 21 Essays for the 21st Century*, New York: Norton, 2010. An excellent collection of essays on 'doing race'.

Pitcher, Ben, *Consuming Race*, London: Routledge, 2014. A very interesting account of the role of 'race' in everyday life.

Williams, Patrick and Laura Chrisman (eds), *Colonial Discourse and Post-Colonial Theory: A Reader,* Harlow: Prentice Hall, 1993. An interesting collection of essays on postcolonial theory.

第一〇章 ポストモダニズム

10 Postmodernism

ポストモダンの条件　The postmodern condition

ポストモダニズムは、ポピュラー・カルチャーの学術研究の内部と外部で循環する用語である。この用語は、ポップ・ミュージック・ジャーナリズムや後期あるいは多国籍資本主義の文化状況に関するマルクス主義者の議論のような、多様な言説の中に入ってきた。アンジェラ・マクロビー（1994）は、以下のように述べている。

ポストモダニズムは、他のいかなる知的範疇より、より短期間で、より広範な数の語彙に入り込んだ。美術史の領域から政治理論まで、さらに若者文化の雑誌、レコードジャケットやヴォーグのファッションページにまで外に向かい広がっていった。これは、私には単なる嗜好の気まぐれ以上の何かを指摘しているように思われる（13）。

マクロビーはまた、「ポストモダニズムに関する最近の議論は、ポピュラー・カルチャーを分析する者への肯定的魅力と有用性の両方を持っている」(15) と示唆している。確かな事実は、概念としてのポストモダニズムは、その植民地のような拡大スピードが鈍る兆しがほとんど見えないことである。ディック・ヘブディジ (1988) が作成した、その用語の使われ方のリストがある。

人々に以下のようなものを「ポストモダン」だと説明することが可能になるときには、つまり、部屋の装飾、建物のデザイン、映画の物語空間、記録の構築、または「寄せ集め」ヴィデオ、テレビ・コマーシャル、または美術ドキュメンタリー、またはそれらの「間テクスト的」関係、ファッション雑誌や批評雑誌のページ割り付け、認識論内部の反目的論的傾向、「存在の形而上学」への攻撃、感情の一般的減衰、中年に幻滅を感じた戦後ベビーブーム世代の集団的不満と病的投影、再帰性の窮状、一連の修辞的技巧、表相の拡散、商品の物神崇拝の新段階、イメージに魅了されること、コードとスタイル、文化的、政治的、実存主義的な断片化のプロセスと/あるいは危機、主体の「脱中心化」、「大きな物語 (metanarrative)」への不信感、統一的権力軸の多元的権力/言説形成への代替、「意味の内破 (implosion)」、文化的階層の崩壊、核兵器による自滅という脅威から生じる不安、大学の衰退、小型新技術の機能と効果、「メディア」、「消費者」、または「多国籍」段階への広範な社会的経済的転換、(あなたが誰を読むのかによるが)「没場所性 (placelessness)」の感覚または没場所性の放棄 (批判的地域主義) あるいは全般的 (でさえある) 時間軸の空間軸による代替——これらすべてのものを「ポストモダン」として説明することが可能になるとき、……そのとき専門的流行語の存在の中に我々がいることはあきらかである (2019: 517)。

この議論のために、必要な理論的解説を除いては、ポピュラー・カルチャー研究に関連するポストモダニズムだけを考察していこう。手助けに、アメリカと英国の一九六〇年代にそれが現れた頃から、ジャン＝フランソワ・リオタール、ジャン・ボードリヤール、そしてフレドリック・ジェイムソンにおける理論化を介しポストモダン理論の発展に焦点を当てていく。本章は、絶対的な価値基準の完全なる崩壊、グローバリゼーションの文化というポストモダニズムのより一般的な二つの側面の議論に続き、短いあとがきで締めくくられている。

一九六〇年代のポストモダニズム　Postmodernism in the 1960s

「ポストモダン」という用語は、一八七〇年以降には文化的に流通していたにもかかわらず（Best and Kellner, 1991）、今日ポストモダニズムとして理解されるものの始まりが見えるのは一九六〇年代が初めてである。スーザン・ソンタグ（1966）とレスリー・フィードラー（1971）の著作で、ソンタグが「あらたな感性（new sensibility）」（1966: 296）と呼ぶものの称賛に遭遇する。それは、部分的には、モダニズム前衛革命の正典化（canonization）へ反抗する感性である。それはモダニズムの公的地位や美術館とアカデミーにおける正典化を近代資本主義世界における高級文化として攻撃する。それは、モダニズムが持っていた醜聞に満ちて自由奔放な力、あるいはその中産階級を驚愕させて、嫌悪させる能力が消えてしまったことを嘆き悲しむ。ブルジョワ社会の批判的周縁から激怒する代わりに、パブロ・ピカソ、ジェイムス・ジョイス、T・S・エリオット、ヴァージニア・ウルフ、ベルトルト・ブレヒト、イーゴリ・ストラヴィンスキーらの業績は、困惑させる力を失っただけではなく、中心的で古典的になった。ひとことでいえば——正典化された。モダニスト文化は、ブルジョワ文化になってしまったのである。その転覆的な力は、アカデミーと美術館によって弱体化されてきた。それは今や、前衛が戦わねばならない相手としての正典なのである。フレドリック・ジェイムソン（1984）が指摘するように、これは確かに、ポストモダニズムの勃興それ自体に対する、もっともらしく思われる最大の説明のひとつである。というのも、かつてマルクス（1977）が異なる文脈で述べたように、以前なら対抗的であった近代の運動に、今や「生きる者の頭脳に悪夢のようにのしかかる」一連の死せる古典として、一九六〇年代の若者世代が直面するであろうからである（56）。

ジェイムソン（1988）の議論では、ポストモダニズムが生み出されたのは、

モダニズムの古典が持っていた立場が、対立的（oppositional）なものから覇権的（hegemonic）なものへと変化し、大学、美術館、画廊のネットワークと財団が後者に征服されて……さまざまな盛期（ハイ）モダニズムが「正典（canon）」へと吸収され、それに続いて祖父母たちが作品に感じていたショッキングで、スキャンダラスで、醜悪で、不快で、不道徳で、反社会的なものすべてが衰退したからなのである（229）。

ポピュラー・カルチャーの研究者にとって、おそらくあらたな感性の最も重要な結果とは、この感性が「マシュー・アーノルド的文化概念が歴史的人間的見地から廃れているとして」その放棄をし、「「高級」と「低級」文化の間の区分はますます意味がないものに思われる」（302）と主張していることである。モダニズムは、ポピュラー・カルチャーをしばしば引用するという事実にかかわらず、ポピュラーなものすべてに対する深い疑惑の念が特徴であった。美術館とアカデミーへの参入は、疑いようもなく、（「資本家俗物根性（bourgeois philistinism）」に対する敵意を宣言していたにもかかわらず）階級社会のエリート主義へのアピールとそれとの同族関係によってより容易にされた。一九六〇年代のポストモダニズムは、それゆえに、部分的にはモダニズム的エリート主義へのポピュリストの攻撃であった。それは、アンドレアス・ヒュイッセン（1986）が「大いなる分断（great divide）」と呼ぶ、「高級芸術とマス・カル

チャーの間の範疇区分を執拗に主張する言説」(viii)の拒否を示唆していた。さらに、ヒュイッセンによれば、「かなりの程度、マス・カルチャーとモダニズムの「大いなる分断」から旅した距離によって、我々自身の文化的ポストモダニティを測ることができるのである」(57)。

一九六〇年代のアメリカと英国ポップ・アートは、「大いなる分断」を明瞭に拒絶した。アーノルドの「この世界において思考され、言葉にされた最上のもの」(第二章を参照)という文化の定義を拒絶し、その代わりに「生活様式全体(whole way of life)」(第三章を参照)というウィリアムズによる文化の社会的定義を選択している。英国ポップ・アートは、一九六〇年代初期英国の灰色の欠乏状態から(ポピュラー・カルチャーの本場と見られていた)アメリカを夢見ていた。その運動の最初の理論家ローレンス・アロウェイは、以下のように説明している。

> 接触エリアは、映画、広告、SF、ポップ・ミュージックなどの大量生産された都市文化であった。ほとんどの知識人の間にあった商業的な文化の基準への嫌悪をいっさい感じたことはなく、事実として受け入れ、詳細に議論し、熱狂的に消費した。我々の議論のひとつの結果は、「現実逃避」、「まったくの娯楽」、「気晴らし」といった領域からポップ・カルチャーを取り出し、芸術として真剣に扱うようにしたことである(Frith and Horne, 1987: 104 に引用)。

アンディ・ウォーホルもまた、ポップ・アートの理論化において鍵となる人物であった。アロウェイのように、彼も商業的な芸術と非商業的な芸術の間の区分を真剣に受け取ることを拒絶した。「商業芸術を真の芸術と見なし、真の芸術を商業芸術」と見なすのである(109)。彼は以下のように主張する。「「真の」芸術は、単にその時代の支配階級の嗜好(と富)によって定義される。このことが含意するのは、商業芸術は、「真の」芸術に劣らないだけではなく、その価値は単にその他の社会集団や支出パターンによって想定されているということである」(ibid.)。ウォーホルの高級とポピュラーの併合には、少し誤解を招く恐れがあるとして、もちろん異議を唱えることができる。彼の考えや材料の源泉が何であるにせよ、いったん画廊に置かれると、文脈がそれらを芸術として、したがって高級文化として位置づけてしまう。ジョン・ロックウェルは、これは意図されたものでも、必然的帰結でもないと論じている。それによれば、芸術とは、あなたが美術だと受け取るものである。「ブリロ（訳註：クレンザー付きスチールたわし）の箱は、ウォーホルがそれをいくつも博物館に積み上げたからといって、突然、芸術になったりはしない。しかし、そこに置くことで、彼はあなたがスーパーマーケットに行くたびにそれを芸術的冒険にすることを奨励し、それによって、あなたの人生を賞賛する。もしもそうなりたいと思えば、誰もが芸術家なのである」(120)。

ヒュイッセン (1986) は、ポップ・アートとポピュラー・カルチャーの関係の影響が正しくどれほどであったのかは、アメリカの対抗文化（カウンターカルチャー）と英国のアングラ環境という、より大きな文化的文脈に位置づけない限りは理解不能でないかと主張している。「最も広い意味のポップこそ、ポストモダン概念が最初に具体化した文脈である。萌芽より現在に至るまでポストモダニズムの内部における最も重要な動きの数々は、マス・カルチャーに対するモダニズムの容赦のない敵意に挑戦し続けてきた」(188)。となると、この点で、ポストモダニズムは、少なくとも部分的に、カテゴリーとしての盛期（ハイ）モダニズムの確実性に対する世代的拒絶から生み出されてきたといえるだろう。高級文化とポピュラー・カルチャーの間には絶対的区分があるという断固とした主張は、旧世代の「ださい (un-hip)」前提だと見なされるようになる。この崩壊のひとつの徴候は、ポップ・アートとポップ・ミュージックの合併である。たとえば、ピーター・ブレイクがビートルズのアルバム『サージェント・ペパーズ・ロンリー・ハーツ・クラブ・バンド』を、リチャード・ハミルトンが『ホワイト・アルバム』を、アンディ・ウォーホルがローリング・ストーンズの『スティッキー・フィンガーズ』をデザインした。同様に、ポップ・ミュージックに生じたあらたな真剣さを挙げることもできるだろう。それはボブ・ディランとビートルズのようなパフォーマーにおいて最も顕著である。彼らの作品には、あらたな真剣さがあり、それは以前のポップ・ミュージックの考察にはなかったようなかたちで真剣に受け止められられるようになったのである。

ヒュイッセンは、また一九六〇年代のポストモダニズムとそれ以前のヨーロッパ前衛芸術の特定の側面との間に、あきらかな関係性を見てとっている。アメリカの対抗文化を――ヴェトナム戦争への抵抗、黒人公民権運動への支持、盛期(ハイ)モダニズムのエリート主義の拒絶、第二波フェミニズムを生み出したこと、同性愛者解放運動に示した歓迎、文化的実験主義、オルタナティヴ・シアター、ハプニング、ラヴ・イン、日常生活を寿ぐこと、サイケデリック芸術、アシッド・ロック、「アシッド観点主義(acid perspectivism)」(Hebdige, 2019) を――「前衛主義伝統の最終章として見ているのである」(Huyssen, 1986: 195)(訳註:アシッド観点主義は、ディック・ヘブディッジが *Hiding the Light* (1988) で用いた用語。ポストモダン文化、とくに映画などにおける永遠の現在のような時間の経験をLSDのトリップ体験にたとえたもの)。

一九七〇年代半ばまでに、ポストモダニズムに関する議論は大西洋を渡った。次の三節では、二人のフランス人文化理論家の「あらたな感性」をめぐる論争に対する応答を考察し、その後、アメリカ、およびフレドリック・ジェイムソンによる後期資本主義の文化支配的なものとしてのポストモダニズムの記述に戻ることにしよう。

ジャン=フランソワ・リオタール　Jean-François Lyotard

ジャン=フランソワ・リオタール(1984)のポストモダニズムの議論へのおもな貢献は、一九七九年にフランスで出版され、一九八四年に英語に翻訳された『ポスト・モダンの条件――知・社会・言語ゲーム』である。この本の論争への影響は絶大である。多くの点で、「ポストモダニズム」という用語を導入して学問の世界に流通させたのはこの本であった。

リオタールにとって、ポストモダンの条件(postmodern condition)とは、西洋社会における知の地位の危機がその特徴である。これは「大きな物語に対する不信感」と、「正当化装置としての大きな物語の凋落」(xxiv)と彼が呼ぶものによって表明される。リオタールが言及しているのは、たとえば、マルクス主義、自由主義、キリスト教などの普遍的物語(「メタナラティヴ」(metanarrative))を語ろうとする包括的で統一化を指向する枠組みがすべて現代において崩壊している、あるいは広く拒絶されていると目されていることである。リオタールによれば、大きな物語は、包含と排除をつうじて機能し、同質化する権力として異種混交性(heterogeneity)を秩序化された領域に整理し、他の言説と声を、普遍原則と一般目標の名の下に沈黙させて排除する。ポストモダニズムは、すべての特権化された語られるべき真理ともども大きな物語が崩壊することを示唆しており、その代わりに、差異、文化的多様性の主張、均一性より異質性を優先する要求を伴い、周縁からの多元的な声がますます鳴動するさまを目の当たりにすると言われている(1)。

リオタールがとくに焦点を当てるのは、科学的言説と知の地位および機能である。彼にとって、啓蒙主義によって割り振られた役割ゆえに科学は重要である(2)。その責務は、科学的知の蓄積を通して、人間の漸進的解放における中心的役割を演じることであった。このように、科学は人間解放へつうじる王道上の、その他の物語を体系化し、認証することで大きな物語の地位を担っている。しかし、第二次世界大戦以降、大きな物語としての科学の地位の正当化の力は甚だしく衰えてきたと、彼は主張する。それが、完全な知と完全な自由に向かって、人類のためにゆっくりと漸進しているとは、もはや見えない。科学は道を失ってしまった――「目標は、もはや真理ではなく、行為遂行性(performativity)」(46)となってしまったのである。同様に、高等教育も「もはや理想ではなく、技能(スキル)を生み出すことを要求されている」(48)。知は、もはやそれ自体が目的ではなくなり、目的のための手段にすぎなくなった。科学と同じように、教育も遂行性によって審査されるようになり、そのようにしてますます権力の要求によって形成されていくだろう。もはや「それは真理なのか」という問いに答えることはなくなるだろう。「何の役に立つのか」、「どれほど価値があるのか」、あるいは「商売になるのか」(51)だけを耳にするようになるだろう。ポストモダン教育学は、教えられているものが真理か誤りかについての懸念や不安に訴えることなく、どのようにして知を文化と経済の資本の形式として利用するのかを教えるだろう。私自身の大学においては、魔法のことばは、学術的なことすべての絶対的な評価基準――「雇用適正（employability）」である。

リオタールから離れる前に、注目すべき点は、変化した文化の地位に対する彼自身の好意的とはいえない反応である。ポストモダン状況のポピュラー・カルチャー（現代文化一般）は、リオタールにとって、「何でもあり」文化、「弱体化する」文化であり、そこでは嗜好は無関係であり、金銭が価値の唯一の徴である（79）。リオタールの見るところ、唯一の安堵感は、ポストモダニズムの文化が、ずっと優れたモダニズム文化の終焉ではなく、あらたなモダニズムの到来の徴候だという点である。ポストモダニズムとは、あるモダニズムと断絶して、あらたなモダニズムを形成することなのである。「ある作品は、最初ポストモダンである限りにおいて、モダンになりえる。このように理解されるポストモダニズムは終焉にあるのではなく、初期状態にあるモダニズムとして理解されるのであり、この状態は継続的である」（ibid.）。

スティーブン・コナー（1989）は、『ポスト・モダンの条件』を「現代世界の学術の知と制度に関する偽装した寓話」（41）として読む可能性を示唆している。リオタールの「ポストモダン状況の診断は、ある意味においては、知識人は最終的に無用という診断である」（ibid.）。リオタール自身、現代知識人の「負のヒロイズム」と彼が呼ぶものの存在を意識している。知識人は、「六〇年代に、学術界に対して仕掛けられた暴力と批判によって権威を失い続けている」（Connor, 1989: 41 に引用）と、彼は論じている。イアン・チェンバース（1988）は、以下のように述べている。

ポストモダニズムに関する論争は……ポピュラー・カルチャーの美学とそれに本質的に備わる可能性が、それ以前の特権化された領域へ破壊的に進入していることの徴候と読むことができる。理論と学術言説は、文化的な生産と知のより広範で、組織されていない大衆ネットワークに直面する。知を説明して分配するという知識人の特権は脅かされる。彼の権威は――あいも変わらず「彼のもの（his）」であるために彼の権威なのだが――、その諸次元の示しなおしがなされる。このことが、部分的であるが、最近のモダニズム、とくにマルクス主義の企ての防御的な姿勢、およびポストモダニズムのある特定の悪名高い筋による冷笑主義の両方の理由となっている（216）。

アンジェラ・マクロビー（1994）は、ポストモダニズムがあらたな知識人の集団に市民権を与えてきたと述べている。「支配に関する（モダニストの）大きな物語によって、歴史的に声をかき消されていた人々が表に出てきているのであり、その大きな物語とは、また、家父長制と帝国主義の物語であった」（15）。さらに、コベナ・マーサー（1994）は以下のように指摘している。

> 文化において最も騒々しい声が、すべての価値あるものの終焉に他ならないと宣言する一方で、あちこちに分散しているアフリカ系、カリブ系、アジア系の人々の勃興する声、実践とアイデンティティが、ポスト帝国主義周縁から忍びこんできて、あたりまえの確実性と同意された「真理」をずらし、そうやって「古きものが死につつあり、新しきものが生まれえない」［Gramsci, 1971］歴史的空白期間の黄昏時に、生活の特性に関するあらたな見方および理解のしかたとを開くのである（Mercer, 1994: 2）。

ジャン・ボードリヤール　Jean Baudrillard

ベストとケルナー（1991）によれば、ジャン・ボードリヤールは「英語圏全般をつうじて、導師（guru）の地位を勝ち取ってきた」（109）。「ボードリヤールは、最も注目されるポストモダン理論家の一人として姿を現した」（111）

と、彼らは主張している。ボードリヤールの存在は、学術世界に留まらず、多くのポピュラーな雑誌にも記事やインタヴューが掲載されてきた。

ボードリヤールによれば、我々西洋に住む人々が「文化的人工物、イメージ、表象、感情や精神構造さえ経済的な世界の一部になってしまったため、もはや経済あるいは生産の領域をイデオロギーあるいは文化の領域から切り離せないような社会と経済の発展段階に達してしまった」(Connor, 19189: 51) と主張している。このことは、部分的には、西洋において物の生産を基盤にする社会から、情報の生産を基盤とする社会へという歴史的な変化があったという事実によって説明されるとボードリヤールは主張している。『記号の経済学批判』において、「冶金学社会から記号学社会(semiurgic)への移行」と、彼は説明している。しかし、ボードリヤールにとって、ポストモダニズムは単なる記号文化ではなく、「シミュラークル(simulacrum)」の文化であった。

シミュラークルとは、「オリジナルなき同一の模倣(コピー)(an identical copy without an original)」である。第四章で、機械的複製が芸術作品の「アウラ」を粉砕したというベンヤミンの主張を吟味したが、ボードリヤールはオリジナルとコピーの間のまさに区別自体が今や粉砕されてしまったと論じている。彼は、このプロセスを「シミュレーション」と呼ぶ。この考えは、CDや映画を観れば、実証できる。たとえば、ボブ・ディランの『ラフ・アンド・ロウディ・ウェイズ』のCDを一枚(copy)誰かが買ったとき、オリジナルを買ったのだと語ることはほとんど意味をなさない。同様に、映画『ハリエット(*Harriet*)』(2019)をニューカッスルで観た誰かが、その映画を上海あるいはベルリンで観た誰かに、彼はオリジナルを観たが彼女はそうではないと言われても、まったく意味がないだろう。どちらもオリジナルなきコピーの公開を観たということなのだろうから。映画とCDの両方とも、我々はオリジナルなき模倣を観たり聴いたりする。映画とは、異なる時間に異なる場面として撮られたフィルム映像を、つなぎ合わせ編集した構成物である。同様に、音楽の録音とは、異なる時間に異なる配列で録音された音をつなぎ合わせて編集したものから作られた構成物である。

ボードリヤール（1983）は、シミュレーションを「起源や現実性なきリアルをモデルに生成されたもの、すなわちハイパーリアル（hyperreal）」と呼んでいる。彼の主張では、「ハイパーリアリズム（hyperrealism）」がポストモダニティの特徴である。ハイパーリアルの領域では、シミュレーションと「リアル」の区別は内破し、「リアルなもの」と想像的なものが継続的にお互いに瓦解する。その結果、現実とシミュレーションが差異なしに経験される——両者はローラーコースターのような連続体に沿って作動しているのだ。シミュレーションは、しばしば現実自体を越えたリアル、「現実よりもずっと素敵な存在なんだ」（U2）（訳註：U2の歌“Even Better Than the Real Thing”より）として経験される。映画『プラトーン』が、いかにしてヴェトナムにおけるアメリカの戦争（そして、ますますアメリカのイラクとアフガニスタンの戦争）の表象のリアリズムを審判する基準になったかを考えてみるとよいだろう。『プラトーン』の「見かけ」を持っているかと問うことは、実質的に、それがリアリスティックかと問うのに等しい（第九章を参照）。

ハイパーリアリズムの証拠は、いたるところにあると言われている。たとえば、連続メロドラマ（ソープ・オペラ）の登場人物に手紙を書いて、結婚を申し込んだり、目下の困難に同情したり、あらたな住居を申し出たり、あるいは単にどのように人生に立ち向かっているかを尋ねたりする社会に我々は生きている。テレビ番組の悪役は、普段から街頭で行く手を阻まれたり、お前の行動をなんとかしないとどうなるか見ていろと警告を受けたりする。テレビ番組の医師や弁護士、探偵は、普段からアドヴァイスと手助けを求められる。私はテレビで、英国湖水地方の美しさに熱狂するアメリカ人観光客を見たことがある。その男性は、ふさわしい賞賛のことばを探して、「まるでディズニーランドのようだ」と言った。一九九〇年代初期には、ノーサンブリア警察部隊が自動車運転手に法を守らせようとして、「ボール紙で作られたパトカー」を導入した。二〇一九年に私は中国で似たようなものを見た。西安の空港を訪れたときのことである。最近、私は「ゴッドファーザー」に扮したマーロン・ブランドの絵が、レストランの紛れもないイ、タ、リ、ア、ら、し、さ、の印として飾られた、モーペスの町にあるイタリアンレストランを訪ねた。ニューヨークの観光客は、「それ自体」としてではなく、『セックス・アンド・ザ・シティ』に現れた都会として市街をバスで案内してもらうツアーができる。黒人運転手ロドニー・キングへの身体的攻撃をヴィデオに撮られた四人のロサンゼルス市警察官の無罪放免後に発生した暴動は、英国の二つの新聞に「無法（lawless）のロサンゼルス」として、別の新聞には「ロサンゼルス戦争」という見出しで掲載された。しかし、その記事を支えていたのは一九六五年のロサンゼルス市ワッツ地区の同様の騒乱へ歴史的に言及することでも、暴動の間にデモ隊が詠唱した「正義なきところに平和なし（No justice no peace）」ということばを示唆することでもなかった（第九章のブラック・ライヴズ・マターに関する議論を参照）。その代わり、編集者は『L．A．ロー――七人の弁護士（*LA Law*）』（一九八六〜九四年に放送された人気米国ドラマ）というアメリカの連続テレビ番組の虚構世界に事件を位置づけることにした。ボードリヤールは、これを「テレビの生活への溶解、生活のテレビへの溶解」（55）と呼んでいる。政治家は、こうしたことをますます利用しており、有権者の心と精神をつかもうと「写真を撮られる好機」と「キャッチフレーズ」という信念政治に当たるようになっている。

おそらく最も極端な「写真撮影の機会」の例は、民主主義国家においてはまちがいなく、二〇二〇年六月一日にワシントンD．C．で、トランプ大統領が聖ヨハネ米国聖公会の前で（上下逆さまに持っているように見える）聖書を持ってポーズを取れるように、州兵と武装した機動隊員に催涙ガス、唐辛子スプレー、ゴム弾を使って、平和的なブラック・ライヴズ・マターの抗議活動者たちを排除するように命令したときに起こった。

一九八〇年代中盤のニューヨークでは、市芸術ワークショップと建物利用委員会が、芸術家たちに放棄されたビルが建ち並ぶ区画に壁画を描くよう委託した。地元住民との協議の後、食料品店、ニューススタンド、セルフサーヴィス式コインランドリー、レコードショップなどコミュニティーに欠けているもののイメージを描くことが同意された（Frith and Horne, 1987: 7）。この話が示すのは、本物の代わりにイメージを用いるという、どこかノーサンブリア警察部隊の話や、私が中国で目にしたものに似たものである。つまり、そこにあるのはパトカーの代わりにパトカーの幻想、商売の代わりに商売の幻想なのである。サイモン・フリスとハワード・ホーン（1987）による週末に外出する労働者階級の若者を弁護するような記述は、ほとんど同じことを示している。

THE EXPRESS
MONDAY MARCH 30, 1998 35p
JUSTICE FOR DEIRDRE
Campaign to free jailed Street star
● PAGES 20 & 21

【写真10・1】ハイパーリアリズムの例

彼らのために完全にリアルにしたもの。それこそが日焼け（TAN）。太陽のベッドで日焼けの友軍。ここでは誰も冬休みを取ったことがない（それこそがテビットト世代）。彼らはその外見を理髪師、美容室とフィットネス運動センターのカウンター越しに購入している。そして、そうした毎週末、彼らは陰鬱で霧雨けぶるヨーク、バーミンガムやクルーに集まって、あたかも祭日ではないように、だがあたかも祭日の広告であるかのように行動する。ブルブル震えながら。シミュレーションだが、本気なのだ（182）。

一九八八年、ドラマ『コロネーション・ストリート』の登場人物デアドラ・ラシッドの投獄の件は、おそらくハイパーリアリズムの古典的事例である（【写真10・1】を参照）。タブロイド紙は、事件を載せただけでなく、まるで「現実世界」の事件さながらに、彼女の釈放キャンペーンまで張ったのである。『デイリー・スター』紙は「ウェザーフィールド・ワンを自由に」キャンペーンを開始し、読者に電話あるいはファックスで抵抗を示すように勧めた。また、車の窓ガラスに貼って見せるための読者用無料ポスターを作った。『サン』は、読者に嘆願書への署名を求めて、このために作られたキャンペーンTシャツを購入するように勧めた。英国下院議員たちは、デアドラの窮状に同情的であると伝えられた。『サン』は、労働党下院議員フレイザー・ケンプが内務大臣ジャック・ストローに話をするつもりだと述べたことばを引用した。「内務大臣に、とんでもない誤審があったと話すつもりです。内務大臣は、正義が行使され、デアドラが釈放されるように介入すべきです」。質問が国会でなされた。普通紙も、(いつものやり方で)タブロイド紙の話にコメントをする風情を装って加わった。

こうしたすべてにもかかわらず、不当に監獄に送られたデアドラ・ラシッドに関して憤怒し、彼女の釈放を祝福した圧倒的大多数が、彼女が実在の人物であり、不当にも投獄されたのだと信じることなく行動したとかなりの自信をもって言える。彼女の正体は——また彼らが知っていた彼女の正体は——数百万人のリアルな視聴者に週三回見られたリアルな連続メロドラマ(一九七二から二〇一四年放送)のリアルな登場人物である。まさにこれが、彼女を重要な文化的人物(そして、重要な文化的現実)にしたのである。もしもハイパーリアリズムが、なにかを意味するとしても、それが虚構と現実を区別する人々の能力の衰退を、なんらかの信憑性をもって示唆することではありえない。一部のボードリヤール主義者は示唆したがっているようだが、それとは違い、人々はもはや虚構と現実が区別できないということではない。いくつかの重要な点で、両者の区別がますます重要ではなくなっているということなのである。なぜこれが起こったのかは、それ自体重要な問題である。しかし、ハイパーリアリズムが本当に解答を与えるとは、私には思えない。

ジョン・フィスク(1994)が述べるように、その答えは、「ポストモダンのメディア」が、もはや「現実の二次的表象を提示するのではなく、メディアが媒介する現実に影響を与えて、それを生み出す」(xv)やり方に、関係しているかもしれない。フィスクは、あるイヴェントをメディア・イヴェントにするのは、単純にメディアの裁量権内にはないと彼は気づいている。何かがメディア・イヴェントになるには、(第四章で論じられた、グラムシ的意味において)公共とメディア的関心の両方が成功裏に節合されねばならない。メディアと公共の関係は複雑ではあるが、たしかなことは、「ポストモダンの世界」では、「問題となる」すべてのイヴェントはメディア・イヴェントであるということである。彼は、O・J・シンプソンが(訳註:フットボール界の元スーパースターで俳優。妻殺害の容疑をかけられた)が逮捕される場面を例として挙げている。「カー・チェイスをテレビで観ていた地元民たちは、決着の場に居合わせようとO・J宅へ向かうが、ライヴ・イヴェントはメディア・イヴェントの代わりにはならずそれを補完するものだと知っていたので、ポータブルのテレビを手元に待っていた。彼ら自身を自分のテレビで見るやいなや、彼らは自分自身に向かって手を振った。というのも、ポストモダンな人々は、同時に、また区別できない形でライヴに出演する人々でなおかつメディアの人々になってしまうことになんら問題がないからである」（xxii）。逮捕を見た人々は、メディアが、単にニュースを報道し、流通させているのではなく、ニュースを作り出していることが暗にわかっているようであった。O・J・シンプソンのニュースの一部になるには、そこに居合わせるだけでは不十分であり、テレビに映ってそこにいるのでなければならない。これは、もはや「リアル」なイヴェントと、そのメディア表象にあきらかな区別などないことを暗示している。たとえば、O・J・シンプソン裁判は、そのときにはテレビがメディア・イヴェントとして表象した「リアル」なイヴェントへと、うまく切り分けるなどできないのである。テレビで訴訟が展開されるのを観た人ならだれでも、裁判が法廷にいる人々と同程度に、テレビ視聴者のためにおこなわれたことを知っている。もしもカメラの存在がなかったなら、この事件は実際、かなり異なったイヴェントになっていたことであろう。

ボードリヤール（1983）自身のハイパーリアリズムの例はディズニーランドであり、彼はそれを「シミュレーションのすべての段階がからみあった秩序の完璧なモデル」（23）と呼ぶ。ディズニーランドの成功は、アメリカ人を現実から空想的に逃避させる能力にあるのではなく、それとは認められていないが「リアル」なアメリカの集約的経験をさせる事実にあると彼は主張する。

> ディズニーランドは、それが「リアル」な国、「リアル」なアメリカのすべてであり、それがディズニーランドであるという事実を隠すために（ちょうど監獄が、全体として社会のことであり、社会としてそこらじゅうにふつうにあってそれが監獄的であるという事実を隠すために存在しているのと同様）そこにある。ディズニーランドそれ以外の

ものがリアルであると信じさせるために空想的な物として提示されているロサンゼルスの全体とそれを囲むアメリカが、実はもはやリアルではなく、ハイパーリアルとシミュレーションの段階にある。もはや現実を偽って表象していること（イデオロギー）が問題なのではなく、リアルがもはや現実ではないという事実の隠蔽が問題なのである（25）。

彼は、これをディズニーランドの社会「機能」という点から説明している。「ディズニーランドは幼稚な世界であることを意図されているが、それは大人は別のところ、「リアル」な世界にいると信じ込ませ、リアルな子どもっぽさがいたるところにあるという事実を隠すためである」（ibid.）。「ウォーターゲート事件」の報道も、まったく同じようなやり方で機能したと彼は論じている。アメリカの政治生活ではよくあることであるという事実を隠すために、スキャンダルとして報道されなければならなかったのである。これは、彼が言うところの「再生目的のスキャンダルのシミュレーション」（30）の一例である。それは、「シミュレーションされたスキャンダルによって、瀕死の原則を復活させようとする」試みであり、「……想像的なものによってリアルなものを提供する、つまり、スキャンダルによって真実を証明するという問題」（36）なのである。同様に、最近、ロンドン金融市場で働くビジネスマンの活動が暴露されたが、それは、ボードリヤールが資本主義の「即座の無慈悲さ、理解不能な残忍性や基本的不道徳」（28-29）と呼ぶものを隠すため、スキャンダルとして報道されなければならなかったと論じられる。言い換えると、銀行員の強欲と犯罪性を可能にし、奨励するシステムを守るために彼らを責めようということである。あるいは、ベルトルト・ブレヒトの『三文オペラ』のせりふのように、「銀行の創設に比べれば、銀行強盗などいかほどの罪でしょうか」というわけである。

ボードリヤールの一般的分析は、確実性の崩壊と「真理」に関する大きな物語の消滅といったリオタールのポストモダニズムの中心的議論を支持するものである。神、自然、科学、労働者階級のすべては、もはや真正性や真理の中心としての権威を失い、自身の主張が依拠すべき証拠を提供しない。その結果は、「リアル」からの後退ではなく、リアルのハイパーリアリズムへの崩壊であると彼は論じている。ボードリヤールが言うように、「リアルが、もはやかつてそうであったものでなくなるとき、懐古趣味（ノスタルジア）が全面的な意味を担うようになる。起源の神話と現実の徴候が蔓延する……突然の強い恐怖（panic）に襲われてリアルなものと指示されるものが生産されるのである」（12-13）。これは、ボードリヤールがあきらかにする第二の歴史的変化の例である。近代とは、ポール・リクール（1981）が「懐疑の解釈学（hermeneutics of suspicion）」[3]と呼ぶ、見かけの下に潜在する現実の意味を追求する時代であった。マルクスとフロイトは、こうした思考様式のあきらかな例である（第四章および第五章を参照）。ハイパーリアリティは、このように、政治と文化の両方で表象の要求する権利に疑問を投げかける。もしもいかなるリアルも、見かけの裏側になく、その向こう側にも下にもないなら、何を妥当性をもって表象と呼べるのであろうか。たとえば、この論法を既定路線とするならば、ジョン・ランボー（訳註：映画シリーズの主人公。ヴェトナム戦争の帰還兵）は、ヴェトナムに関するアメリカの考え方の一類型を表象するのではなく、ヴェトナムに関するアメリカの考え方の一類型なのである。表象は、現実から一歩引いたところにあって、現実を隠蔽し歪曲するのではなく、それ自体が現実なのである。ボードリヤール理論が提案する革命は、潜在的意味に対する革命である（それがそうしているように、イデオロギー的分析に必要な前提条件を与えている）。たしかに、これこそしばしば議論が提示されるやり方である。しかし、もしもディズニーランドとウォーターゲート事件の記述を再度考えてみるならば、彼の言わんとすることは、見かけの裏側にある「真実」を発見しようとする、やや伝統的なイデオロギー分析をどれほど凌駕することになるのだろうか。

　ボードリヤールは、自分が論じる社会的文化的変化に関して相反する感情を持っている。こうした文化を称揚するように見える一方で、その変化が文化の消耗のひとつの様式を示していると示唆している。残るものはすべて、際限なき文化的反復になる。ボードリヤールの立場の真相は、ある種の諦めた称揚ではないかと私は思う。ローレンス・グロスバーグ（1988）は、「いかなる真の闘争の可能性もないゆえ、避けられなさにさらされた称揚、あるいはエンパワメントなき虚無主義（ニヒリズム）の受容」（175）と呼んでいる。ジョン・ドッカー（1994）は、さらに批判的である。

ボードリヤールは、古典的なモダニストの語りを、歴史は直線的で一方向に導かれた凋落の物語であるという歴史を提供する。しかし、二〇世紀初期の高尚な文芸モダニストが、将来の播種や再生に望みをかけて、過去の価値観を遵守するかもしれない文化エリートやアヴァンギャルドの夢を見ることができた一方で、そのようないかなる希望も、ボードリヤールによる死にゆくエントロピー的な世界の展望には現れてはこない。理性的、論証的形式で書くことさえできない。というのも、そうすることは、残存する理性の共同体を想定することになるからである（105）。

フレドリック・ジェイムソン　Fredric Jameson

フレドリック・ジェイムソンは、ポストモダニズムに関して、多くの非常に影響力のある著作を発表してきたアメリカのマルクス主義文化批評家である。ジェイムソンが他の理論家と異なるのは、ポストモダニズムは、マルクス主義者、あるいはネオ・マルクス主義（neo-Marxist）の枠組みからの理論化が最善であるという断固とした主張である。

ジェイムソンにとって、ポストモダニズムは、単なる文化様式以上のものであり、とりわけ「歴史を時代的に区分する概念」（1985: 113）である。ポストモダニズムは、後期または多国籍資本主義の「文化的に支配的なもの（cultural dominant）」である。彼の議論は、市場資本主義、独占資本主義、後期または多国籍資本主義という、エルネスト・マンデル（1978）の考える資本主義の三段階発展による性格づけを与えられている。資本主義の第三段階は、「現在に至るまで商品化されなかった領域へ最も純粋な形式の資本を……構成する」（Jameson, 1984: 78）。彼は、マンデルの直線的なモデルに、「リアリズム」、「モダニズム」、「ポストモダニズム」（ibid.）という三部からなる文化発展の図式を重ね合わせる。ジェイムソンの議論には、所与の社会形成はつねに三つの文化的瞬間（「支配的（dominant）」、「残滓的（residual）」、「勃興的（emergent）」）からなるというウィリアムズ（1980）による影響力のある主張も取り入れられている。ウィリアムズの議論では、ひとつの歴史段階から別段階に移ることは、通常、ひとつの文化様式の完全な崩壊と別様式の導入を伴うわけではない。歴史的変化は、単に異なった文化様式の相対的位置の推移をもたらすにすぎないのかもしれない。したがって、所与の社会形成において、異なった文化様式が存在するかもしれないが、ひとつだけが支配的になる。この主張に基づき、ポストモダニズムこそが後期または多国籍資本主義の「文化的に支配的なもの」である（モダニズムは残滓的なものである。何が勃興的かは不明）、とジェイムソンは論じている。

ポストモダニズムが西洋資本主義社会の文化的に支配的なものであることをはっきりさせると、ジェイムソンにとっての次の段階は、ポストモダニズムを構成する特徴の輪郭を示すことである。まず、ポストモダニズムは、パスティーシュ（模倣）の文化だといわれる。つまり、「歴史的言及の自己充足的な遊び」によって特徴づけられる文化である（Jameson, 1988: 105）。パスティーシュは、しばしばパロディと混同されがちである。両者とも模倣（imitation）と擬態（mimicry）を伴うためである。しかし、パロディが隠された動機を持っており、しきたりや規範からの逸脱をあざけるのに対し、パスティーシュは「空虚なパロディ」あるいは「空っぽの模倣」で、まさに逸脱すべき規範やしきたりの存在可能性の感覚がない。彼が説明するように、

> パスティーシュは、パロディに似て、奇妙な仮面の模倣、廃れた言語の発話である。しかし、それは、そのような擬態の中立的な実践であり、パロディの持つ隠された動機もなんら存在しない、風刺的衝動が切断された、笑いもなければ、瞬間的に借用した異常な言語と並行して、なんらかの健全な言語的正常性がまだ存在するという確信もない。パスティーシュとは、このように、空虚なパロディなのである（1984: 65）。

ポストモダン文化は、純粋な創造性とされるものの文化というよりは、引用の文化である。つまり、これまでの文化生産から生まれた文化生産である。[4] それゆえに、それは、「平坦で、あるいは深みに欠けていて、最も文字どおりの意味で新種の底の浅さ」(60)を持った文化なのである。「潜在的」可能性を持たないイメージと表層の文化であるために、この文化は、その解釈学的力を、他のイメージや他の表層といった使い尽くされた間テクスト性の相互作用から引き出す。これがポストモダンのパスティーシュの世界であり、「様式の新機軸はもはや不可能で、残されているのは、死んだ様式を模倣すること、想像上の博物館にある様式の仮面をつけてその声で語ることだけ」(1985: 115)なのである。

ジェイムソンのポストモダン的パスティーシュの主要事例は、彼が「懐古趣味映画(nostalgia film)」と呼ぶものである。この範疇には、『バック・トゥー・ザ・フューチャー』その続編PART2、PART3、『ペギー・スーの結婚』、『ランブルフィッシュ』、『エンゼル・ハート』、『ブルーベルベット』など、多くの一九八〇年代から九〇年代の映画がはいりうる。彼の意見では、懐古趣味映画は、一九五〇年代のアメリカの雰囲気とスタイルの特殊性を取り戻すことを目指している。「少なくともアメリカ人にとって、一九五〇年代は依然として欲望の失われた対象として特権化されたものであり続けている――「パックス・アメリカーナ(pax Americana)」(訳註：アメリカの覇権による平和)の安定と繁栄のみならず、初期ロックンロールと街の不良グループという対抗文化のあどけなく無垢な胎動」もそうである(1984: 67)。また、懐古趣味映画が単なる歴史的映画の別名ではない、とも主張する。彼自身のリストに『スター・ウォーズ』を含む事実からも、これは明瞭に示されている。さて、未来に関する映画も過去への懐古趣味になりうると示唆するのは、奇妙に思われるかもしれないが、ジェイムソン(1985)が説明するように、「[『スター・ウォーズ』は]換喩的に……懐古趣味映画である……生きられた全体性として過去の像を蘇らせるのではなく、そうではなくて、古き時代に独特の芸術品の雰囲気と形を蘇らせることで「懐古趣味映画になるのである」」(116)。

『レイダース/失われたアーク《聖櫃》』(1981)、『ロビン・フッド』(1991)、『ハムナプトラ/黄金のピラミッド』

（2001）、『ロード・オブ・ザ・リング』（2001, 2002, 2003）などの作品も、同様に、過去の語りの確実性の感覚を換喩的に呼び起こすように機能している。それゆえに、ジェイムソンによれば、懐古趣味映画の機能のしかたには二通りの可能性がある。まず、過去の雰囲気とスタイルの特徴を取り戻して、表象する。同時に、あるいは、過去の鑑賞スタイルを取り戻して、表象する。ジェイムソンにとっての絶対的重要性は、そのような映画が「リアルな」過去を取り戻して表象しようとすることではなく、つねにある特定の過去の神話とステレオタイプで間に合わせているということだ。それらが、彼が「偽りのリアリズム」と呼ぶもの、すなわち、他の映画に関する映画、他の表象の表象（ボードリヤールがシミュレーションと呼ぶものである。これについては前節の議論を参照）を提供する。そうした映画では「審美的様式の歴史が、「リアル」な歴史にとって代わる」（1987: 67）。このように、歴史は「すべての過去の様式の無作為な共食い現象と無作為なほのめかしという歴史主義（historicism）」（65-66）によって拭い去られてしまうと思われる。ここでは、その例として『トゥルー・ロマンス』、『パルプ・フィクション』、『キル・ビル』、『ジャンゴ　繋がれざる者』、『ヘイトフル・エイト』、『ワンス・アポン・ア・タイム・イン・ハリウッド』のような映画を挙げられるだろう。

歴史的になりそこなうことは、文化的「統合失調症」（schizophrenia）（訳註：以前は精神分裂病と呼ばれていたが、差別や偏見を呼ぶこともあり、二〇〇二年以降統合失調症と呼び、一時的な病であることが示されるようになった）というジェイムソンがあきらかにする第二の様式的特徴に関連している。彼がこの用語を使用する際には言語的混乱を意味している。すなわち、記号内容（シニフィアン）同士の一時的関係の失敗というラカン（第三章を参照）が展開した意味である。ジェイムソンによれば、統合失調症患者は、時間を（過去―現在―未来という）連続体ではなく、ほんのときたま、過去の侵入と未来の可能性が示されるにすぎない永続的な現在（perpetual present）として経験している。従来のような自己（自己がつねに連続体の中に置かれる感覚）を喪失して得る「褒美」は、強度を増した現在感覚である。ジェイムソンは、以下のように説明している。

> 時間的連続体が壊れるにつれて、現在の経験が、強力で圧倒的に鮮烈で「物質的」になることに注意すべきである。すなわち、世界は、増大した強烈さをもって、神秘的かつ抑圧的な情動の負荷を負い、幻覚のエネルギーで輝きながら統合失調症の人の前に現れる。しかし、我々に望ましい経験に見えるかもしれないもの——つまり、知覚の増大、普通は単調で、よく知っている環境に思われるものがリビドー的あるいは幻覚を起こさせるように強度を増すことが——ここでは喪失、「現実ではないもの」として感じられる（1985: 120）。

ポストモダン文化を統合失調症的と呼ぶことは、歴史感覚（そして、未来が現在と異なるという感覚）を失ってしまったと論じることである。それは「歴史的記憶喪失症（historical amnesia）」に苦しむ文化であり、永続的な現在という非連続な流れに閉じこめられてしまっているのである。モダニズムの「時間的」文化が、ポストモダニズムの「空間的」文化に取って代わられてきたのである。

ジム・コリンズ（2019）は、最近の映画に同様の傾向を、すなわち、彼が「総称性という勃興的な型」（557）と呼ぶものを見て取っている。それは、他の映画を「引用」し、自覚的に異なる映画ジャンルに言及したり、そこから借りたりするポピュラー映画のことである。コリンズの立場をジェイムソンの立場より説得的にするのは、「行為主体性」（agency）を強く主張する点である。コリンズの主張は、そのような映画が、あれこれの形式のブリコラージュをすることで快楽を得るもの知りのブリコルールである聴衆にアピールする（そして、そうした聴衆の構成を手助けする）、というものである（訳註：ブリコラージュは多様なものを寄せ集めて何かを作ること。それをおこなう人がブリコルール）。さらに、ジェイムソンが、そうした形式の映画は真に歴史的になりそこなうという性格を持つとするのに対し、ピーター・ブルッカーとウィル・ブルッカー（1997a）は、コリンズに倣って、その代わりに「あらたな歴史感覚……それは間テクスト性の認識しうる共有的快楽、物語的慣習、登場人物と文化のステレオタイプおよび権力との戯れという批判的な効果であり、懐古趣味の受動性ではなく力」(7)を見ている。ブルッカーとブルッカーは、たとえば、クエンティン・タランティーノの映画は、

使い古された慣習と観衆同様に再活性化しており、より深く再生利用工場に入る以外にないことを匂わせる、単なる「パスティーシュ」という用語以上の、より積極的な懐古趣味と間テクスト的探索を可能にしていると見ることができる。「パスティーシュ」の代わりに、「書き直し」あるいは「見直し」、そして観客の視点からは、「より動態的で変化に富んだ一連の歴史」の内部における所与の世代的「感情構造の再活性化や再配置」といったものを考えられるかもしれない(ibid.)。

彼らは、タランティーノ作品が「審美的な再利用……肯定的に「再生すること」、「あらたにすること」を提示する」やり方を指摘しているのである(Brooker and Brooker, 1997b: 56)。

コリンズ(2019)によれば、西洋社会に関してポストモダンであることの一部は、古いメディアが単に新しいメディアに取って代わられるのではなく、新しいメディアと一緒に流通するためにリサイクルされるという事実である。彼が説明するように、「絶え間なくその数を増すテクストと技術は、ポストモダンの文化生活の作りを形成する記号の永続的循環と再循環である「配列(array)」の反映であり、また、それに対する重要な貢献の両方なのである」(544)。「この前景化された意識過剰の間テクスト性は、聴衆の能力と物語の技法における変化のみならず、「ポストモダン文化における」娯楽と文化的リテラシーの両方を構成する抜本的な変化を反映している」(547)。コリンズは、この結果として、「物語的行為(ナラティヴ・アクション)は、今や、登場人物の冒険ならびに現代の文化生産の配列におけるテクストの冒険という二つの水準で同時に機能している」(550)と述べる。

ウンベルト・エーコ(1984)は、彼の言う「すでに語られたこと(already said)」の認識に示されるポストモダン的

感性をあきらかにしている。「どうかしてしまうほど君を愛してるんだ」と恋人に言えない男性が、「バーバラ・カートランドならこう言うと思うのだけど、どうかしてしまうほど君を愛してるんだ」(39)と代わりに言う例を提示している。今やメディアがますます浸透した世界に住んでいることからすれば、「すでに語られたこと」は、コリンズ(1992)が述べるように、「いまだに語られ続けている(still being said)」(348)。このことは、たとえば、衛星放送とケーブルチャンネルの増加によって開かれた空間の埋め草に、テレビが自身の蓄積した過去の番組と映画を再利用して両方のメディアにおける新しい作品と並行して放送するさまに見て取れる。このことは、ジェイムソンのポストモダン「構造」に直面しても絶望しなければならないことを意味せず、むしろ「行為主体性」と「構造」の両方に関して——それらは最終的にはつねに「節合」(第四章を参照)の問題である——考えるべきだということである。コリンズは、節合に関する異なった戦略の例を提示する。

クリスチャン・ブロードキャスティング・ネットワークとニコロデオンは、ともに五〇年代後期や六〇年代初期の連続テレビ番組を放送している。しかし、前者は、かつてそうであったように家族向け娯楽番組のお手本として提供されるのに対し、後者は、現代家族向けの楽しみとして、パロディ的ナレーターの音声や巨大アート画像をかぶせることや一回編集して「大げさにされて」いるが、それは古き良き時代のアメリカ家族生活——「当時」ですら本当には存在していなかったことは周知のことだが——を冷笑することがその意図である(334)。

たとえば、音楽、映画、広告、ファッション、生きられたさまざまな日常生活の文化で、類似の事象が起こっていることはほぼ疑いの余地がない。

まさに黒人的な手段の文化的表現の名を挙げるように言われて、アフリカ系アメリカ人文化理論家のコーネル・ウエスト(2019)は、「音楽と説教」と答えている。彼は、続けて以下のように述べている。

ラップは、礼拝で用いられる教会の舞台装置を街頭のアフリカ的ポリリズムで置き換え、黒人牧師と黒人音楽の伝統を結びつけたという理由で独特である。途方もない表現力が、アフリカ式ドラムビートとファンクとともにアメリカ式ポストモダン商品へと切分けされている。あるのはその起源となる怒りを表現する主体ではなく、断片化した主体で、現在と過去から引用しつつ、革新的に異種混合の産物を生産する。音声的なものと文学的なもの、音楽的なものという様式の組み合わせは典型的である……それは、部分的には、黒人下層階級の若者の転覆的エネルギーであり、アメリカ社会の政治的無気力のせいで文化的な表現様式を取ることを余儀なくされたエネルギーである（386）。

ラップにおける間テクスト的な引用の戯れは、パスティーシュの例でも美的枯渇の結果でもない。美的廃墟や文化的衰退に抗する支えとしていたモダニズムの断片ではなく、敵対的文化の中で声を響きわたらせるように結びつけられた断片、すなわち、放棄と否定にひねりを加えて抵抗に転じたものなのである。

ジェイムソンの最後のポイントは、ポストモダニズムが後期または多国籍資本主義の「文化的に支配的なもの」であるという主張に暗示されているのだが、それはポストモダニズムは、絶望的なほど商業文化であるという主張である。モダニズムが資本主義の商業文化をあざけるのとは異なり、ポストモダニズムは、抵抗するよりもむしろ「消費者資本主義の論理を複製し、再生産することで強化している」（1985: 125）。このことが、「美的な生産が商品生産一般に組み込まれた」過程の主要な部分を形成している。文化は、もはやイデオロギー的でもなければ、資本主義社会の経済活動の隠蔽もしない。文化は、それ自体が経済活動であり、おそらくすべての中で最も重要な経済活動なのだ。以前とは違う文化の状況は、文化の政治学に重要な効果を持ちえる。もはや文化を、厳しい経済現実の実体なき反映やイデオロギー的表象として見ることは信頼できない。そうではなくて、今、目撃されているのは単なる高級文化とポピュラー・カルチャーの区分の崩壊ではなく、文化領域と経済活動の領域の区分の崩壊なのである。

ジェイムソンによれば、「偉大なモダニズムのユートピア的「厳粛さ」と比較すると、ポストモダニズム文化は、「本質的些末さ」」(85)という性格がある。それ以上に、それは、「社会主義者による社会変容」(ibid.)を妨害する文化である。彼は道徳的な批判を不適切(「カテゴリー誤認」)であるとして認めないにもかかわらず、また、ポストモダニズムを肯定的と否定的展開の両方であると見なすマクルスの主張する弁証法的アプローチを引き合いに出しているにもかかわらず、その議論はどうしてもフランクフルト学派おきまりのポピュラー・カルチャー批判へと流れていく。ポストモダン的高級文化とポピュラー・カルチャーの区分の崩壊は、モダニズムの「批評空間」を犠牲にしてなされてきた。この批評空間の破壊とは、文化が絶滅した結果ではない。それどころか、彼が以下のように呼ぶものによって達成されてきた。

> 「爆発的増加(explosion)」。つまり、文化が社会領域の全体にわたって驚異的に拡大し、経済価値と国家権力から、諸実践、心的なもの自体の構造そのものに至るまで社会生活のすべてが、新奇な、しかし正式に認可されていない意味で、「文化的」になったと言えるところまで達したということである(89)。

日常生活の徹底的な「文化化(culturalization)」、あるいは「審美化(aestheticization)」ゆえに、ポストモダニズムはこれまでの社会文化的局面からは一線を画している。ポストモダニズムは、いかなる立場の「批評的な距離」も提示しない文化であり、「取り込み(incorporation)」や「(政治思想などの)組み込み(co-optation)」であると主張しても意味をなさない文化である。というのも、そこから組み込まれたり取り込まれたりする批評的な空間がもはや存在しないからだ。これは、最高度に悲劇的なフランクフルト学派の悲観主義である(第四章を参照)。グロスバーグ(1988)は、経済に関連して、批判的な調子を響かせている。

> ジェイムソンにとっては……我々には、後期資本主義における空間構成を理解できるようにしてくれるあらたな「地図」が必要なのだ。他方で、大衆は、依然として沈黙し、受動的で、支配的イデオロギーにだまされて、イデオロギーを理解して適切な抵抗の場を構成できる唯一の人物としての批評家の指導力に反応する文化的カモのままである。大衆にできることは、せいぜいのところ、反応する能力のなさを表象することくらいである。しかし、批評家がいてくれないと、彼ら自身の絶望の叫びを聞くことさえできないのだ。彼らは絶望しているし、おそらく誰かが理解を可能にする地図と抵抗の批判的モデルを提供するまでは絶望したままであろう（174）。

フランクフルト学派の悲観主義の伝統に位置づけることが可能であるにもかかわらず、ジェイムソンは、指導的人物の一人ヘルベルト・マルクーゼほどにはポストモダン的でないと感じられる。マルクーゼ（1968b）が「肯定的文化」（「文化」と「文明」の分離とともに勃興した文化と文化空間に関しては、第二章の議論を参照）と呼ぶものの議論には、ジェイムソンが歴史の中で文化が分離した領域として勃興したことに対して見せたような熱狂はほとんどない。彼が説明するように、

> 肯定的文化という語で意味するのは、ブルジョワ時代の文化である。それはその発展過程で精神的、霊的な世界を文明よりもすぐれたものであるとも見なされもする独立した領域として文明から切り離すに至った。その明白な特徴は、普遍的に必須であり、永続的にすぐれており、より価値のある無条件にお墨つきを与えられなければならない世界という主張である。生存のために、日常、奮闘努力する事実の世界とは本質的に異なっており、それでも、すべての個人が「内部から」いかなる事実状態の変容もさせずに自力で実現可能な世界なのである（95）。

肯定的文化とは、日常生活の日常的なことを継続できるよう、気分をあらたにし、元気を取り戻すことができるように入る領域なのである。「肯定的」文化は、あらたな現実を創造する。「あきらかな統一性とあきらかな自由の領域が、敵対的な存在関係が安定化されて、静められるとされる文化内部に構築されたのである。文化は、社会生活のあらたな状況を肯定し、隠蔽する」(96)。資本主義が封建制から勃興して、社会は平等、正義、進歩に基づくのだとする約束は、急速に日常世界から「肯定的」文化の範疇へと追いやられてきた。マルクスやエンゲルス（1957）が宗教について述べたように、マルクーゼ（1968b）は、文化は、実存の存在論的痛みを和らげることで耐えられない状況を耐えられるようにした、と論じている。

> 肯定的文化のひとつの明白な社会的責務は、望ましい存在の耐えがたいはかなさと、このような存在を耐えうるものにするための幸福の必要性との矛盾に基づく。この存在内部では、解決は単に幻想的でしかありえない。そして、解決可能性は、まさしく幻想としての芸術的美しさの性質に、そのままかかっている……。しかし、この幻想は、現実的な効果を持っているのであり、現状のために……満足を生み出しているのである（118-24）。

現状のために満足を生み出すものは、マルクス主義者ならそれが終焉を迎えることを嘆くであろうものには聞こえない。さらに、ジェイムソンが主張するように、その終焉は本当に社会主義への移行を妨害するであろうか。むしろ実際には、まったく逆のことを論じることができるかもしれない。

エルネスト・ラクラウとシャンタル・ムフ（2001）は、ジェイムソンのポストモダン分析を部分的に共有するが、彼とは異なり行為主体の可能性を認めている。

今日、個人が資本に従属するのは、単なる労働力の売り手としてだけではない。彼または彼女は、文化、余暇、疾病、教育、セックスや死さえも含め、その他数多くの社会関係に組み込まれることでも資本に従属している。個人の生活であれ、集団的な生活であれ、実質的に、資本主義支配から逃れることができる領域など、もう存在しない。しかし、この「消費」社会は、ダニエル・ベルが宣言したようにはイデオロギーの終焉に向かわなかったし、マルクーゼが恐れたようには、一次元的人間の創造にも向かわなかった。それどころか、数多くのあらたな闘争が、あらたな形式の従属化に対する抵抗を表明し、しかもこれはあらたな社会の中心から表出されてきたのである(161)。

ラクラウとムフは、「マス・コミュニケーション手段の拡大と結びついたあらたな文化形式」にも言及している。「これらは……伝統的アイデンティティを強く揺さぶるあらたなマス・カルチャーを可能にする。ここでもまたこの効果は曖昧である。というのも、このメディアに立脚する文化は、大衆化と画一化という否定しがたい効果とともに、不平などを転覆するための強力な要素も含んでいるからである」(163)。これは、「物質的」な平等さの増大があったことを必ずしも意味しない。しかし、

メディアの作用の不可避な結果としての文化の民主化は、旧来の地位の形式に基づく特権を問いに付すことを可能にしている。消費者としての資格において平等な人と呼びかけられ、以前よりいっそう多くの集団が、継続して存在する現実の不平等を拒絶するよう駆り立てられる。この「民主主義的消費文化」は、疑いの余地なく新しい闘争の出現を促した。アメリカにおける黒人の公民権運動においてそうだったように、旧来の形式の従属化を拒否する際に主要な役割を果たしてきた。若者の現象はとくに興味深く、反目の勃興のためのあらたな軸を構成することは、なにも驚くには値しない。あらたな必要性を創造するために、彼らはますます特定のカテゴリーの消費者として構築される。これによって若者は、社会が彼らにまったく与える状況にない金銭的な自律性を求め

るよう促される（164）。

ポストモダニズムと価値の多元化 Postmodernism and the pluralism of value

ポストモダニズムは、文化的価値観の問題にまつわる多くの旧来の確信を困惑させてきた。とくに、あるテクストがなぜ正典化（canonized）され他のテクストはなぜ痕跡すら残さずに消滅してしまうのかという疑問を問題としてきた。つまり、なぜ特定のテクストだけが「時の試練に耐える」と推定されるかということである。この問いへの答え方は幾通りもある。まず第一に、評価され、ウィリアムズ（2019）の言う「選択的伝統」（第三章を参照）の一部になるようなテクストは、複数の継続的な読みを維持するのに十分なほど多義的なものであると主張できる[5]。このアプローチの問題は、権力の問題を無視しているように思われることである。「誰がどのような文脈で、どのような権力の効果を伴って評価をおこなっているのか」という質問の提起をしそこねているのである。つまり、特定の人々だけがテクストと実践の正典的な生産にお墨つきを与える権力と文化的権威を持つプロセスをどのようにすれば、本当に単なるテクストの多様性だと説明できるのか、理解しがたいということだ。

カルチュラル・スタディーズなら、多義性ではなく、権力論から始めるであろう。簡単に言うなら、テクストは文化的権力を持った人々の必要性と欲望を満たすべく選ばれれば、それが世に出るときを生き延びるだろう。世に出るときを生き延びることにより、そのテクストは、他世代の文化権力を持つ人々の（通常は当初とは異なる）必要性と欲望を満たすよう、利用可能になる。ウィリアムズが指摘するように、選択的伝統は、「階級の利害関係を含む、多種類の特別な利害関係によって支配されている」。それゆえに、アーノルド（2009）が「思考されて、言葉にされた最善のもの」（第二章を参照）として考える自然の収蔵庫（repository）であるよりもむしろ、それは「つねに同時代の利害関係と価値観に対応したものになりがちであろう。というのも、それは、作品の絶対的集合体ではなく、継続的な選択と解釈だからである」（Williams, 2019: 38-39 強調はウィリアムズによる）。特定の社会的歴史的文脈の中で表明された特別な利害関係が、つねに選択的伝統を特徴づけている。このようにして、選択的伝統を構成するものは、批判的探求の領域形成に関するものであるのと同様に、知識を取り締まることにも関わっている。

どのように選択的伝統が文化権力を持つ人々の社会的、政治的関心事に反応して、形成され、再形成されるのかの立証は難しいことではない。たとえば、フェミニズム、クィア理論、ポストコロニアル理論が文学研究に与えてきた影響を考えてみればよいだけである。女性作家、同性愛作家、いわゆる植民地的周縁からの作家たちは、文学制度の一部になったのだが、それは、この分野の無関心な層において突然に価値が認知されたためではない。権力が抵抗に遭遇したために、文学制度の一部になったのである。選択されたテクストに変化がないときでさえ、どのように、なぜそれが評価されるのかは確実に変化している。非常にそうなので、ある歴史的な時点と別の歴史的時点とでは、それらが同じテクストであることはほとんどない[6]。フォートップス（訳註：アメリカのリズム・アンド・ブルースのコーラス・グループ）の歌詞を言い換えるなら、「それは同じ古いテクストだ／だけど、あなたが相対的権力を達成したので、異なった意味を持つのだよ」[7]。より踊ることに不向きな言説で言うなら、テクストとはけっして実際に価値を支給する源泉ではなく、つねに価値――それも変わりうる価値――の構築が起こりうる場なのである。

もちろん価値がテクストや実践に属すると見なすときに、これは自分にとってだけ価値があると言っているわけではない（あるいは、そうであってもごくまれである）。評価には、つねに（あるいは、通常はつねに）テクストや実践は他人にも価値があるべきであるという考えが含まれている。一部の評価形式の問題は、彼ら自身の他者の共同体が理想的共同体であり、その他すべての評価共同体に対しても、絶対の文化的権威を持つと言い張ることである。その他すべての人々は、彼らが評価するものを消費すべきと主張しているのではなく（消費されない方が「価値」のためには良いことが通例である）、彼らの判断に対するしかるべき敬意を払うように、また、判断をおこなう文化的権威に対し絶対的な承認をするようにと主張しているのである（第二章の「文化と文明化」の伝統に関する議論を参照）[8]。

価値の問題へのポストモダン的回帰で、ピエール・ブルデュー（1984）の著作への関心が増した。第一章で指摘したように、ブルデューによれば、（テクスト、実践、あるいは生活様式のいずれと理解されるにせよ）「文化」の区分／卓越性とは、社会における支配的集団と従属的集団の間の闘争の重要な一部である。彼は、どのように恣意的な趣味と恣意的な生活様式が継続的に正当な趣味と唯一の正当な生活様式へと変えられるのかを示している。文化の消費とは、したがって、社会的差異を生み出し、正当化し、さらに固定化する手段なのである。

ブルデューの企図は、「価値」を日常経験の世界に（再び）位置づけること、ある休暇の行き先やある特定の様式の服装に「価値を置く」際には、T・S・エリオットの詩、ポール・ロブソンの唄、シンディ・シャーマンの写真、あるいはギャビン・ブライヤーズの音楽に私が「価値を置く」ときと同様のことが起こっていると示唆している。そのような評価は、けっして個人的趣味という単純な問題ではない。文化的価値観は、社会的差異を確定し維持するためと、さらにそれを持続させるための両方に機能している。区分／卓越性は、学習して獲得された消費パターンによって生成される。それは、「自然な」選択として内面化され、「自然な」能力の証拠として解釈され動員され、最終的に、社会的文化的な支配形式を正当化するために用いられる。支配集団の文化的趣味は、制度としての形式を与えられて、次には巧みなイデオロギー的策略の手によって、この制度化された（すなわち、彼ら自身の）文化を好む趣味が、彼らの文化的および最終的に社会的優越性の証拠として祀り上げられる。そのような文化区分／卓越性の効果は、社会区分、社会分離、社会階層を生産し、再生産する。それは、社会の支配的な集団と従属的な集団の間に差異／格差を確立する手段となる。文化空間の生産と再生産は、このように社会空間を生産し、再生産するのである。

ブルデューの目的は、異なる階級が異なる生活様式、異なる文化的な趣味を持つという自明なことを証明することではなく、文化的区分の生成が経済的不平等に深く根ざした権力と支配の形態にお墨つきを与え、正当化するプロセスをあきらかにし、問いただすことである。彼の関心は、実際の差異／格差よりはむしろ、これらの差異／格差が支配的な集団によって、どのように社会的再生産の手段として使われているかにある。（ほぼ毎週）「高級（quality）」メディアで繰り返し述べられて大々的に前触れのあった基準の崩壊は、社会的な区分／卓越性を作り徴づけるために文化を使用する機会を見つけることが、ますます難しくなったことに気づいた感覚にすぎないのかもしれない。たとえば、クラシックＦＭ（ラジオ番組とその雑誌の両方）は、高級文化とポピュラー・カルチャーのかつて強固だった境線を継続的に曖昧にしているし、プレミアリーグ・サッカーは、多くの場合において、バレエやオペラと同じくらい高額である。

おそらくポピュラー・カルチャーの研究者にとって、ポストモダニズムについて最も重要な点は、高級文化とポピュラー・カルチャーに絶対的なカテゴリーの区分はないというあらたに見えてきた認識である。こう言ったからといって、あるテクストや実践が別のテクストや実践「よりもよい」（何のために／誰にとってなどがつねに決定され、あきらかにされねばならない）ことはないかもしれない、と言っているわけではない。そうではなく、前もって自動的に悪いものからよいものを我々に選別しておいてくれる照会可能な、いかなる安易な参照点も、もはや存在しないというこことである。そのような状況を（あるいは、そうした状況の描写でさえ）、絶対的基準の終焉を恐怖をもって見る人々もいるかもしれない。他方で、固定された価値のカテゴリーに簡単に頼れないので、もしも我々の責務がよいものから悪いものを、時代遅れのものから使い勝手のよいものを、反動的なものから革新的なものを分離させることだとするならば、もしかするとつねに偶然のものであっても、厳密な基準が必要になる。ジョン・フェケテ（1987）が指摘するように、

［モダニズムとは］対照的に、ポストモダニズムは、ついに準備が整ったかもしれない――あるいは、準備が整った状態への移行を少なくとも表象するかもしれない――神経症的にならずに、これを最後に、申し分のない最高の価値を持った基準（Good-God-Gold Standards）のない状態で、それどころかいかなる大文字で書かれた基準もない状態で（capitalized Standards）やっていきつつその一方で、いったん小文字で書かれた基準に移行したならば、

すべての受け継いだリストによって豊かになることを学ぶ準備が……。価値の多元主義を生きるには、よりよい方法もより悪い方法もあるという信念を信奉し、それを実施する必要がある。すべての雄牛を同じ色だと見てしまえば、真の意味で夜に道を失うことになってしまうだろう。しかし、受け継いだ偽りの保証を抜きで限られた保証とそれを発行する責任、不安なくいられるようになるという見込みがあるなら、意味と価値の間のまだらな関係から喜びを引き出すような、より活発で、より色彩に富み、より機敏で、望むらくは、より寛容な文化が将来期待できる（17）。

フェケテの論点は、スーザン・ソンタグ（1966）がポストモダン的な「あらたな感性」の誕生時におこなった議論から大きく異なっているわけではない。

あらたな感性は、挑戦的なほど多元主義的である。それは極めて不快な真剣さと、楽しみ、機知、懐古趣味の両方に対して献げられている。同時に、歴史を非常に意識しており、熱中する対象（そして、こうした熱中の相性が次々と変わること）をむさぼるさまは非常に高速であわただしい。あらたな感性の視点から見ると、機械、数学的問題の解決、ジャスパー・ジョーンズの絵画、ジャン＝リュック・ゴダール監督の映画、ビートルズの人柄と音楽といったものの美は、平等に利用可能なのである（304）。

グローバル・ポストモダン The global postmodern

世界がポストモダン化しつつあると言うためのひとつの方法は、加速化するグローバリゼーションにおいてである。おそらくグローバリゼーションの支配的な見方は、とくにグローバリゼーションと文化に関する議論においては、世界が単純にアメリカ的「グローバル・ヴィレッジ」化していると見なすことである。グローバル・ヴィレッジでは、だれもがアメリカなまりの英語を話し、リーヴァイスのジーンズとラングラーのシャツを身につけ、コカコーラを飲み、マクドナルドで食べ、マイクロソフトのソフトウェアがあふれかえるコンピュータでネットサーフィンして、ロックあるいはカントリー・ミュージックを聴き、MTVとCNN、ハリウッド映画と『ダラス』再放送を混ぜこぜにしながら視聴し、そして次にはバドワイザーを飲みマルボロのタバコを吸いながら、予言的に名づけられたワールド・シリーズについて議論する。この筋書きによれば、グローバリゼーションは、アメリカ文化を成功裏に世界中に押しつけることと見なせるようなことであり、その商品が効果的にその土地の文化を破壊し、「現地」住民にアメリカ式生活を押しつけるにあたり、その商品がおこなうとされる文化的な活動によって、アメリカ型資本主義の経済的成功が下支えされる。【写真10・2】は、この議論を端的に示す形式を表す彫刻の写真である。このグローバリゼーションの見方には、少なくとも三つの問題がある。

【写真10・2】中国のコカコーラの植民地化

示している。これは、人々が中国人としてコカコーラの館に入り、小さなコカコーラ人として出ていくさまを

グローバリゼーションを文化的にアメリカ化することに関する第一の問題は、それが非常に縮減された文化概念を使って機能していることである。「経済的」成功を「文化的」押しつけと同じに想定しているのだ。言い換えると、アメリカ企業が世界市場のほとんどに製品を流通させることにあきらかに成功したと認知すれば、それが自明かつ問題なく「文化的な」成功だと理解されるということである。たとえば、アメリカの社会学者ハーバート・シラー（1979）

は、アメリカ企業がうまく世界で商品を売りさばく能力がアメリカ式のグローバルな資本主義文化を生み出すと主張している。彼の意見では、メディア企業の役割は、「そのイメージとメッセージで、システム全体におけるものごとの現状に対する聴衆の愛着を創出し強化する信念と視点を提供するようなプログラムを提供することなのである」(30)。

この立場には、二つの重なり合う問題がある。第一に、単純に商品が文化と同じだと思い込まれている。つまり、前者の存在を確立すれば後者の詳細が予言できるとされている。しかし、ジョン・トムリンソン(1999)が指摘するように、「もしもこうした商品の純粋にグローバルな存在それ自体が資本主義の単一文化に収斂するしるし(token)であると想定するなら、相当に不毛な文化概念——文化をその物質的な品物へと縮減させるような概念——を利用しているということだ」(83)。アメリカ式資本主義を生活様式として促進するやり方で特定の商品が使われ、意味あるものにされ、大切にされることは事実かもしれないが、しかし、これは市場への浸透が文化的な同化と同じであると単純に想定することで、確立できるものではない。

この立場のもうひとつの問題は、商品には固有の価値と単一の意味があり、それを受け身の消費者に対して押しつけ可能であるとする主張に議論が依存してしまっている点である。言い換えるとこの議論は、影響の流れに関してほぼ信用できない説明を使って機能しているということだ。この議論は、グローバル化する支配的な文化が、より弱い「ローカル(local)」文化に首尾よく注入されていくだろうと単純に想定している。つまり、人々が消費する商品から直接にそのまま流れてくると想定された文化的意味の受け身な消費者であると想定されているのである。経済的成功がすなわち文化的成功であると考えることは、私が「生産様式決定論(mode of production determinism)」と呼ぶもの——何かがどのように作られるかが、それが何を意味しうるのかやどれほどの価値なのかを決定する(それはハリウッド映画なんだよ、など。そういうことでしょ)という議論——の影響下で仕事をすることにほかならない。そのような分析は、つねに「行為主体性」はいつでも「構造」に圧倒されており、消費は単なる生産の影にすぎず、聴衆の折衝などは虚構で、経済権力のゲームにおける単なる錯覚としての手だてにすぎないと示唆したがっているように思われる。

加えて、「生産様式決定論」は、みずからを急進的な文化政治学の形式として提示しようとする思考法である。しかし、たいていの場合、これは権力を攻撃するときでも、どのように「他の人々」がつねに「文化的にだまされやすい人たち（cultural dupes）」であるかに関する私利的な暴露と大差ないことがほとんどであるような政治学なのである（第四章と第一二章を参照）。

文化的アメリカ化としてのグローバリゼーションに関する第二の問題は、「外国の／異質な（foreign）」ということについて限定的な概念で機能している点である。まず、何が異質なのかは、つねに国籍の違いの問題だという前提で機能している。しかし、異質なものは、階級、エスニシティ、ジェンダー、セクシュアリティ、世代、あるいはその他のいかなる社会的差異の標識でも同様にありえる（【図表10・1】を参照）。くわえて、他国から輸入されたという観点では異質でも、たとえば、階級や世代などによってすでに確立された差異ほどには異質ではないかもしれない。さらに、輸入された異質なものは、「ローカル」の支配的な権力関係に対して使用されるかもしれない（次頁の【写真10・3】と【写真10・4】を参照）。

これはおそらくヒップホップの輸出に関して、起こっていることである。我々は、ヒップホップの世界的成功に何をすべきであろうか。たとえば、南アフリカ、フランス、中国あるいは英国ラッパー（およびヒップホップ・ファン）は、アメリカの文化帝国主義の犠牲者なのだろうか。彼らは、国境を越えた音楽産業に文化的にだまされやすい人たちであろうか。さらに興味深いアプローチは、南アフリカ、フランス、中国あるいは英国の若者が、どのようにヒップホップを自分たちのものにし、ローカルな必要性と欲望を満たすように使用してきたのかを見ることであろう。言い換えれば、より興味深いアプローチは、ヒップホップが何をすると想定されているかではなく、それを使って彼らが何をするのかに注目したやり方であろう。アメリカ文化は働きかけを受ける。支配的

ローカル	**現地住民**
国家的な	階級
	エスニシティ
	ジェンダー
	世代
	「人種」
	セクシュアリティ、その他

【図表10・1】「異質なもの」

【写真10・3】「国家なんてものはないと想像してごらん」

- Yellow Submarine Bar
- Yoko Ono Bar
- Havana Lounge
- Strawberry Fields Dining Room
- Lucy's Sky Bar

THE LENNON
列儂餐吧

高君
Steven Gao

青島・珠海路20號
#20 Zhuhai Road, TsingTao, P.R.C.
P.C.: 266071
Tel : 5893899
M.Tel: 13906393298
E-mail:stevengao@qdcnc.com

【写真10・4】「国家なんてものはないと想像してごらん」

な国民文化として理解されるものの内部に空間を作るために利用されるのである。

　異質なものに関するこのように非常に限定的な考え方のもうひとつの問題は、「ローカル」がつねに国家的（ナショナル）なものと同じであると想定されていることである。しかし、国家内部には、多くの「ローカル」がおそらくある（【図表10・1】を参照）。くわえて、ローカル同士の間に、さらにはローカルと支配的な文化（すなわち、「国家的なもの」）の間には考慮すべき対立があるかもしれない。グローバリゼーションは、それゆえに、ローカル文化の確認の手助けとともに解体の手助けもしうる。それは、ある人に場を与えうるが、突然、場違いな思いにさせることもありうる。たとえば、一九四六年、スペインの聖職者会議の場でトレド大司教は「女性の道徳の低下」と彼が称するものに「いかに取り組むべきか」述べた。「おもに映画がもたらしたアメリカの慣習が原因だ。このせいで若い女性は自立し、家族は分裂する。女らしさをより失わせ、家庭を不安定にする風変わりな実践により、将来妻になり母となる女性は能力を損ない、信頼性を失ってしまう」(Tomlinson, 1997: 123 に引用)。しかし、スペイン人女性ならば、異なった見方をした可能性がある。

グローバリゼーションを文化的アメリカ化とするモデルに関する第三の問題は、アメリカ文化を一枚岩的だと想定していることである。より用心深いグローバリゼーションの説明においてさえ、アメリカ文化と呼ばれるなにか単一のものをあきらかにできると想定されている。たとえば、ジョージ・リッツア(1999)は、「グローバルな多様性を今後も引き続き目にするであろう一方で、そうした文化の多くが、ほとんどが、いやおそらく最終的にはすべてが、アメリカの輸出品に影響されるようになるだろう。アメリカが、事実上すべての人の「第二の文化」になる」(89)と主張している。

文化的アメリカ化としてのグローバリゼーションは、文化は、明瞭な一枚岩の実体として配置可能で、グローバル化の注入という運命の瞬間までは互いに影響を受けない形で密封されていると想定している。そのような見方に対して、ヤン・ネーデルフェーン・ピーテルス(1995)は、文化的アメリカ化としてのグローバリゼーションを以下のように論じている。それは、

> 逆の流れ(countercurrents)を――非西洋文化が西洋に与えてきた影響を見逃している。それは、グローバル化の勢いの両面性を軽視しており、たとえば、西洋的要素の土着化といった西洋文化受容のローカルな役割を無視している。非西洋文化が互いに及ぼしてきた影響を見ることもできないでいる。ワールド・ミュージックなど「第三文化」の発展に見るように、交差する文化のための空間もない。西洋文化の均質性を過大評価しており、西洋

が輸出した基準の多くとその文化産業自体が、その文化的血統を吟味するなら、文化的に混合した性質を持っているると判明するという事実を見逃しているのである（53）。

さらに、単一の一枚岩的アメリカ文化（白人の中流階級文化）の押しつけとしてのグローバリゼーションという考えは、たとえば、アメリカ合衆国が世界第三位のヒスパニック人口を持っているという事実を考慮すると、それとはまったく異なって、それほど一枚岩ではなく見え始める。それに加えて、二〇七六年のアメリカ独立三〇〇年祭までには、アメリカ先住民族、アフリカ系、アジア系、ラテン系住民が、全人口の過半数を占めるようになると見込まれている。

ホール（1996b）は、ポストモダニズムとは、「世界がどのように、それ自体アメリカになることを夢見るのかに関してである」（132）と書いている。もしもこれが事実ならば、どの断片のアメリカを選んで消費しているかによって、我々はみな多くの異なったアメリカを夢見ているのかもしれない。たとえば、もしも夢の材料がアメリカのポピュラー音楽から集められていたならば、地理学と幾何学、価値観、イメージ、神話、スタイルは、その音楽がたとえば、ブルース、カントリー、ダンス、フォーク、ヘヴィーメタル、ジャズ、ラップ、ロックンロール、六〇年代ロック、あるいはソウルであるかによって変わってくるであろう。少なくとも、それぞれの音楽ジャンルは、階級、ジェンダー、「人種」、エスニシティ、セクシュアリティ、世代という点から見ると異なった政治的節合を生み出すだろう。このことを認めることは、アメリカ合衆国の文化のような強力な文化でさえ、けっして一枚岩ではないと認めることである。サイード（1993）が述べるように、「すべての文化は、お互いに関わっている。単一で純粋なものなど存在しない。すべては、雑種（ハイブリッド）で、異なるものから構成されており、並外れて差異化されており、非一枚岩的なのである」（xxix）。くわえて、

今日では、いかなる人も純粋に単一ではない。インド人、あるいは女性、イスラム教徒、アメリカ人というレッ

テルは単なる出発点にすぎず、もしも実際の経験をほんのいっときでも追ってみれば、たちまちうち棄てられる。帝国主義は、グローバル規模で文化とアイデンティティの混合を確固たるものにした。しかし、その最悪で最も矛盾した置き土産は、人々に、自分たちが単に白人、あるいは黒人、西洋人、東洋人なのであり、またもっぱらそれだけであると信じさせたことであった（407-408）。

グローバリゼーションは、たとえばアメリカ文化の単純な押しつけより、はるかに複雑であり、矛盾を含んでいる。たしかに我々は、アメリカの商品の看板からけっして離れることなく世界中を旅して回ることができる。しかし、真実でないのは、商品は文化と同じであるということである。グローバリゼーションは、均質化させる力と異種混交化させる力の流れの両方、「ローカルなもの」と「グローバルなもの」の出会いと混合に関わっている。このことを別の言い方で理解するなら、輸出されたものは、すでにあるもののコンテクストの中に必ずみずからを見出すということだ。つまり、輸出されたものは、その土地の文化に組み込まれるために、輸入品になるのである。このことは、今度は、「ローカル」の文化生産に影響を及ぼしている。イエン・アング（1996）は、衰退する香港映画産業を再活性化させた広東のカンフー映画の例を取り上げている。カンフー映画は、「西部劇」のナラティヴと広東の価値観の混合である。彼女は、以下のように説明している。

文化的に言えば、「外国」と「土着」、「帝国主義的」と「真正的」の間をここで区別することはむずかしい。勃興してきたのは、グローバルとローカルが切り離せないほどに結びつき、次には、継続して「広東的」とレッテルを貼られて広く経験される文化の近代化された再活性化に導く高度に独特で、経済的に存続能力のある異種混交（ハイブリッド）の文化様式なのである。言い換えれば、「ローカル」であり、それゆえに「真正的」と見なされるものも、固定された内容ではなく、輸入された文化的商品の同化の結果として、変化と修正の対象になるということである

(154-55)。

グローバリゼーションは、文化の異種混交性のあらたな様式を生み出して、世界を縮小しているかもしれないが、また世界を意味させるさまざまな方法の衝突やせめぎ合いをもたらした。あらたなグローバルな「道筋」が開かれたことを祝賀する人々がいるかもしれない一方で、ローカルな「道筋」の名においてグローバリゼーションに抵抗する人々もいるかもしれない。グローバルな流れに逆らってローカルを再主張する形式の抵抗は、宗教原理主義（キリスト教、ヒンズー教、イスラム教、ユダヤ教）の増加と、つい最近の例として旧ソヴィエト連邦と旧ユーゴスラビアで生じたようなナショナリズムの再勃興に見ることができる。「ルーツ」へのこだわりに関するより穏やかな例は、ヨーロッパとアメリカにおける家族史研究の爆発的成長である。これらすべての例でグローバリゼーションは、現在におけるアイデンティティを安定化させる希望から、より確かな過去の「ルーツ」探求を駆り立てているのかもしれない。

グローバリゼーションは、複雑なプロセスであり、文化と権力の関係を変化させる上で矛盾した効果を生み出す。そのプロセスを理解するひとつの方法は、グラムシのヘゲモニーの概念である。ポストマルクス主義カルチュラル・スタディーズが我有化したヘゲモニー理論の観点からすると、文化とは、「真正」な（「下」から自発的に勃興してくる）ものでも、単純に「上」から押しつけられたものでもない。そうではなく、二つのものの間の「妥協の均衡」(Gramsci, 1971: 161)、すなわち「上」と「下」、「商業的」と「真正的」、「ローカル」と「グローバル」、といった二つの方向からの力の矛盾をはらむ混合物であり、それは「抵抗」と「組み込み」の両方の特徴を持ち、「構造」と「行為主体性」の双方を伴っているのである。グローバリゼーションは、このように見なすこともできる。ホール（1991）が述べるように、

通常、グローバルと呼ぶものは、システマティックにすべてをならし、類似性を生み出す何かとはまるで違って

おり、実際のところ、特定性をつうじて機能し、特定の空間や特定の民族性と折衝し、特定のアイデンティティをつうじて機能する。そのためにつねにローカルとグローバルの間には弁証法が存在する(62)。

ヘゲモニーは、複雑で矛盾したプロセスであり、「虚偽意識」を人々に植えつけることと同じことではない。「ヘゲモニーは、ロサンゼルスであらかじめ包装され、グローバル・ヴィレッジに発送され、無垢な心で開封される」(Liebes and Katz, 1993: xi)ような、(筆者たちによって嘲られた)前提を採ることによって説明されるものではないことは確かである。グローバリゼーションのプロセスのよりよい理解方法は、単にグローバルなだけではなく、ローカルな諸力が持つ権力も真剣に受け取ることである。これは権力の否定ではなく、「ローカル」な人々が理解しようもないプロセスのもの言わぬ受け身の犠牲者と見られている政治、つまり、圧倒的多数に対して行為主体性を否定する、あるいは、せいぜい行為主体性の徴候として特定の活動しか認識しない政治は、グローバルな権力の支配的な構造に大きな問題を引き起こさずに存在できる政治であると主張することなのである。

あとがき　Afterword

ポストモダニズムは、ポピュラー・カルチャー研究の理論的、文化的基盤を変化させた。それは、多くの問いを、とりわけポピュラー・カルチャーの研究者が演じる役割についての問いを投げてきた。すなわち、我々の研究対象と我々の関係は何であろうか。どのような権威を持って、誰のために、我々は語るのであろうか。フリスとホーン(1988)が示唆するように、

ポストモダンに関する論争は、単にその快楽(そして同様に、その快楽の源泉)との関係だけではなく、権力と権

威との関係でも、意味の源泉に関わる。今やだれが意味作用を決定するのか。だれが解釈する権利を持つのか。ジェイムソンのような悲観主義者や合理主義者にとっての答えは、多国籍資本である――レコード、服飾、映画、テレビ・ショーなど――は、単なる市場とマーケティングに関する決定の結果である。ボードリヤールのような悲観主義者や非合理主義者にとって、答えは、まったく誰でもない――我々を取り囲む記号は恣意的である。イアン・チェンバースやラリー・グロスバーグのような楽観主義者にとっては、その答えは消費者自身、スタイリストや下位文化研究者であり、提供される商品を彼らが選び、それらを用いて彼ら自身の徴を作るのである（169）。

第一二章の大半は、これらの問いのいくつかに対する回答を見つける試みから成り立っている。

註 Notes

（1）リオタールのポストモダンの条件においては、宗教原理主義の興隆は位置づけることが難しい。

（2）啓蒙の時代の批判的な入門書としては、ポーター（1990）を参照。

（3）リクール（1981）を参照。

（4）一八世紀オペラでは、パスティーシュは非常にありふれた実践であった。ストーリー（2006 and 2010a）を参照。メディア化（mediatization）に関する議論に関しては、ストーリー 2017a を参照。本書も関与するポストモダン・サンプリング（実際のところ本書における数々の引用）の興味深い例に関しては、The Granite Countertops "Hi Definition" を聴取。

（5）イーストホープ（1991）、コナー（1992）を参照。彼らの価値観論争に関しては、*Textual Practice*, 4 (3), 1990、ならびに同書 5 (3), 1991 を参照。また Frow（1995）を参照。

（6）トンプキンス（1985）とスミス（1988）を参照。

(7) フォー・トップス「セイム・オールド・ソング (It's The Same Old Song)」、*Four Tops Motown Greatest Hits*, (Motown Record Company)。歌詞は、以下のとおり。"It's the same old song/ But with a different meaning since you've been gone." (それは同じ古い唄だ。でも君がいなくなってからは、違った意味になったんだ。)

(8) ストーリー (2003) を参照。

さらに知りたい人のための参考文献　Further reading

Storey, John (ed.), *Cultural Theory and Popular Culture: A Reader*, 5th edn, London:Routledge, 2019. This is the companion volume to the previous edition of this book. An interactive website is also available (www.routledge.com/cw/storey) , which contains helpful student resources and a glossary of terms for each chapter.

Appignanesi, Lisa (ed.), *Postmodernism*, London: ICA, 1986. A collection of essays – mostly philosophical – on postmodernism. McRobbie's contribution, 'Post-modernism and popular culture', is essential reading.

Best, Steven and Douglas Kellner, *Postmodern Theory: Critical Interrogations*, London: Macmillan, 1991. An excellent introduction to the debate about postmodernism.

Boyne, Roy and Ali Rattansi (eds), *Postmodernism and Society*, London: Macmillan, 1990. A useful collection of essays, with a very good introduction to the main issues in the debate about postmodernism.

Brooker, Peter and Will Brooker (eds), *Postmodern After-Images: A Reader in Film, Television and Video*, London: Edward Arnold, 1997. An excellent collection of essays, with very good introductory sections.

Campbell, Neil, Jude Davies and George McKay, *Issues in Americanization*, Edinburgh: Edinburgh University Press, 2004. A very good collection of essays on a variety of topics relating to the idea of Americanization. The introduction is excellent.

Collins, Jim, *Uncommon Cultures: Popular Culture and Postmodernism*, London: Routledge, 1989. A very interesting book, situating popular culture in the debate about postmodernism.

Connor, Steven, *Postmodernist Culture: An Introduction to Theories of the Contemporary*, Oxford: Basil Blackwell, 1989. A comprehensive introduction to postmodernism: useful discussion of popular culture.

Docker, John, *Postmodernism and Popular Culture: A Cultural History*, Cambridge: Cambridge University Press, 1994. The aim of the book is to challenge the way a century of modernist theory has understood twentieth-century popular culture. Intelligent, polemical and very readable.

Featherstone, Mike, *Consumer Culture and Postmodernism*, London: Sage, 1991. An interesting sociological discussion of consumer culture and postmodernism. Essential reading.

Hebdige, Dick, *Hiding in the Light*, London: Comedia, 1988. A collection of essays mostly related to questions of postmodernism and popular culture. Essential reading.

Morris, Meaghan, *The Pirate's Fiancée: Feminism, Reading, Postmodernism*, London: Verso, 1988. A collection of essays concerned with both theory and analysis. Essential reading.

Ross, Andrew (ed.), *Universal Abandon: The Politics of Postmodernism*, Minneapolis: University of Minnesota Press, 1988. A useful collection of essays on postmodernism: some interesting discussion of popular culture.

Woods, Tim, *Beginning Postmodernism*, Manchester: Manchester University Press, 1999. Perhaps the best introduction to the debate that is postmodernism.

第一一章　ポピュラー・カルチャーの物質性

11 The materiality of popular culture

物質性　Materiality

本章では、ポピュラー・カルチャーを物質的文化として吟味してみよう。どのように定義しようとも、ポピュラー・カルチャーの大部分は物質的形態を取っている。少数の無作為に選ばれた例でさえ、この主張の正しさを示すであろう。たとえば、携帯電話、服飾、結婚指輪、グリーティングカード、おもちゃ、自転車、CD（ディスクとプレイヤー）、DVD（ディスクとプレイヤー）、車、ヴィデオゲーム機、テレビ、ラジオ、スポーツ用品、コンピュータ（iPadを含む）コンピュータ・タブレット、雑誌、本、映画、サッカー・グラウンド、ナイトクラブ、パブ。若者のサブカルチャーは、ポピュラー・カルチャーにおける物質的可視性のあきらかな例である。どのように若者のサブカルチャーを知るかは、つねにその文化に消費される物質性をつうじてなのである。ドラッグの選択、特定のドレス・

コード、占有する社会空間、聴覚的風景を提供する特定の音楽などがつねにある。まさしくこれらの異なった物質的形態の組み合わせが、若者のサブカルチャーをより広範な社会に対して可視化する。しかし、これは単に若者のサブカルチャーに限った話ではない。ほとんどの人々の生活は、物質的なものに満ちている。我々は、多くの方法で物質的なものと相互に影響し合っている。たとえば、我々は物質的なものを生産し消費するし、交換し、それらに関して語ったり感心したり、また自身について話すために使用する。私はこれらのことばをパソコンでタイプし、あなたは掌中のこの本でそれを読む。こうしたさまざまな物質性の様式によって、コミュニケーションは可能になってきた。もしも私があなたを知っていれば、ラップトップから電子メールを送り、あなたは携帯電話からテクストメッセージで返信するかもしれない。そして、我々はバス、電車、あるいはタクシーでパブに行き、二、三本のビールを飲んだり、一、二本のワインをともにしたりするかもしれない。こうしたさまざまなかたちで、我々の巡り会いは周囲の物質性によって可能となったり制限されたりするのである。

ひとつのものの物質的な能力は、我々がおこなうことを変容させるほどである。車は、あきらかな例である。ポピュラー・カルチャーとしてのショッピングに対し、どのように買うかだけではなく、誰がどこで買うかにも根本的変化をもたらすことに一役買ってきた。車が社会実践としてのショッピングと、街と都市のショッピング街の構築された物質性の両方を再形成してきたのである。車の使用がこれほど普及していなければ、郊外ショッピング・センターという、店舗と客用のスペース同様に、つねに大量の駐車スペースがある施設の成功を想像することは非常にむずかしい。別のあきらかな例は、携帯電話である。携帯電話は日常生活の多くの側面を変化させてきた。たとえば、いかなる街や都市でも、その目抜き通りを歩いても、人々が携帯電話を使って話し、テクストメッセージを送り、写真を撮り、音楽を聴くのを目にしないことは、今ではありえない。また、テクストメッセージは、おおいに恋愛関係の展開を変化させてきた（Storey and McDonald 2014a, 2014b, および Storey 2014 を参照）。携帯電話のカメラは、いわゆる「セルフィ（selfie）」を可能にすることで自画像を「民主化」してきた。

ポピュラー・カルチャーの物質性を理論的に考えるための方法は、さまざまある。以下に、アクター・ネットワーク理論、カルチュラル・スタディーズ、物質文化研究という三つの方法を概観してみよう。

アクターとしての物質性　Materiality as actor

アクター・ネットワーク理論（actor-network-theory）によれば、ポピュラー・カルチャーとは、単に人々が行動したり相互作用するというだけではなく、人々が物質的なものと行動し、相互作用すること、ならびに物質的なものが相互作用することでもある。我々の活動の多くは、さまざまな種類の物質的なものをつうじて媒介（mediate）されている。バスか車のどちらに乗ってコンサートやサッカーの試合に行くのか、正装あるいは普段着のどちらで友人とパブで会うのか、パーティでワインか水のどちらを飲むのか、フォーク・クラブでラガーかリアル・エールのどちらのビールを飲むのか、休暇先でテントかホテルのどちらで寝るのかなど、これらの異なった物質的なものは、我々の行動と相互作用の実現になにかしらの違いを生み出す。そして、なにかしらの違いを生み出すがゆえに、アクター・ネットワーク理論はそれらを「動作主体（アクター）（actor）」と見なす（Latour, 2007: 71）。アクトしない物質的なものという考えに反対して、ブルーノ・ラトゥールは、「なにかしら変化を生むことで状況を修正するいかなるものもアクターである……。それゆえに、いかなる変化をもたらす行為主体（agent）に関する問いも、単純に以下と同じである。それは、他の行為主体の行動の行く末になんらかの変化を生み出すか否か」（ibid.）であると論じている。ホテルではなく、テントで寝ることを選択すれば、つねに非常に異なる休暇になるだろう。テントにするのかホテルにするのかという問題は、休暇というドラマにおいてはアクターになるのである。フォーク・クラブでリアル・エールではなくラガーを飲めば、我々が本当にはクラブのメンバーではないと思われてしまうかもしれない。リアル・エールかラガーかは、社会的な真正性というドラマにおいてはアクターになるのである。それゆえに、ポピュラー・カルチャーの物質性を説明しようとするならば、人と人以外のアクター両方の行動と相互作用を認識しなくてはならない。言い換えれば、我々のポピュラー・カルチャーの経験とは、部分的には物質的なものに構築され、媒介されているのである。

アクター同士の相互作用は、つねに関係性（network）の内部で起こる。言い換えれば、ひとつのことを理解するには、その他のものとの関連において見なくてはいけない。そのようなネットワークは、すでに述べたように、しばしば人と人以外の両方を含む。しかし、そのようなネットワークは、つねに遂行されたネットワークである。物質的なものが位置づけられるネットワークに関して、必然的に自然なものはない。別のときには、別のネットワークの中にあるかもしれない。もっと言えば、どのように何かが行為遂行したり、あるいは与えられたネットワーク内部で行為遂行させられるかということこそが、その何かが、その位置づけられた、それゆえに一時的な意味と意義を決定するのである。たとえば、ある公共図書館が地元コミュニティに関する写真コレクションの展示をするならば、その写真は一時的にお互い同士や展示空間や地元地域との関連で存在している。異なる写真家によって、異なる目的（結婚式、スポーツのイヴェント、子どもたちのピクニック、炭鉱の大惨事、風景、森の散策、たき火の夜、謝肉祭のパレード、産業ストライキ）のために撮られたにもかかわらず、展示場は、これらすべての写真を、その主題や目的の相違が縮小するようなネットワークに据えるだろう。というのも、これらの写真は、この展示を観にきた人々に対して地元地域について語る内容ゆえに少なくとも一時的には、意義を持つようになるからである。いったん公共図書館から取り去られれば、写真はそれぞれまた別のネットワークに戻されるだろう。同様に、一本のビールは、ビーチのカフェである女性から男性に手渡されたときにはあるネットワーク内部にあるが、そのカフェのカウンターの男性店員からその女性に販売されたときはまったく別のネットワーク内部にあっただろうし、その瓶がまた別の店員に回収されたときはまた別のネットワーク内部にあるであろう。これらのシナリオのおのおのでこのビールは、異なったドラマの中で演技／行為をするのである。

物質的なものは、仲介者（intermediaries）と媒介者（mediator）の両方でありえる。仲介者は意味を変えないままで伝える一方で、媒介者は「それらが伝えるとされる……意味を変容し、翻訳し、歪曲し、修正する」(39)。ほとんどのメディア技術に、最初は媒介者として遭遇する。すなわち、メディアを適切に利用できないことは、我々の技術的な力量不足というドラマの中でそのメディアがアクターとなるために、それ自体がひとつの意味となる。しかし、我々がいったん技術を身につけたならば、その技術は仲介者として落ち着く。もしも技術が正常に動かなくなったならば、再度、媒介者になる、すなわち我々の日常存在の劇場におけるアクターとなる潜在的可能性を持つ。たとえば、講義時に使用するパワーポイントとマイクは、講義教室において学生と私自身の媒介者である。このテクノロジーは両方とも、我々の相互作用の経験にとって基礎的なものである。言い換えれば、我々の相互作用は、あるテクノロジーを巻きこんでいて、技術は単に仲介者として働くのではなく、媒介者としても働いている——略図がパワーポイントに載っていて単に説明されただけでないという違いを生み出すからである。同様に、一本のビールはビーチのカフェで消費される他の飲み物のように潜在的に仲介者である。しかし、男性が、そのビールが関係をスタートさせることを目論んでのものであると心得ていることを女性が知っているため、両者に旅先のロマンスの潜在的スタートを告げるという意味で媒介者となるのである。

ネットワークは、「行動のつらなりであり、おのおのの参加者は十分に発達した媒介者として扱われている」(128)。ネットワーク内部では、すべてのアクターが行動する。仲介者間ではなく媒介者の間に動きがある。「アクターが、仲介者としてではなく媒介者として扱われるとすぐに、社会的な動きは目に見える状態になる」(ibid.)。ネットワーク内部では、原因と結果の関係は仲介者間で移送されるのではなく、アクターが他のアクターに行動させる一連のつながりがある。一本のビールの物質性は、旅先のロマンスの始まりを決定はしないが、その可能性の前兆となるのである。一本のビールを渡すことと、ロマンスの一定の可能性には関係性(潜在的ネットワーク)がある。しかし、それは単なる原因と結果の関係ではない。一本のビールは、ビーチのカフェで始まる可能性がある恋愛関係のドラマの中で行動している。人と物質の相互作用を認知することでこそ、ポピュラー・カルチャーと日常生活は、我々の分析に

とって完全に目に見えるようになるのである。ラトゥールによれば、

いかなる人間行動の道行きも、わずかな時間にともに織り上げられる。たとえば、レンガを積めという指令の叫び、セメントと水の化学的結合、腕の動きで滑車からロープに伝わる力、同僚からもらったタバコに火を点けるマッチの一擦りなど。ここでは、見たところは理にかなっているということで物質と社会を分けてしまうと、どのように集団的行動が可能であるかといういかなる探求も、そのせいでただわかりにくいものになってしまう(74)。

言い換えれば、日常生活とその主要な特徴としてのポピュラー・カルチャーを理解しようとするなら、物質的なものの役割を完全に認識しなくてはならない。ラトゥールが論じているように、社会と物質を切り離された別の範疇(カテゴリー)と考えるべきではない。物質と社会がともに織り上げられたものであることこそが、つまり、人対人、物対物、そして人対物の行動と相互作用こそが、ポピュラー・カルチャーの物質性を可視化させるのである。

意味と物質性　Meaning and materiality

ここまで述べてきたすべてのことには、物質的なものがどのように人の実践による意味作用をつねに刻み込まれるかがいっさい含まれていない(Storey 2017b を参照)。第四章で述べたように、カルチュラル・スタディーズは、文化を、現実化された意味作用システムとして定義している。物質的なものは我々を取り囲んでおり、我々はそれらと相互作用し、さらに他者と相互作用するため、それらを使用する。物質的なものは、変化する生活の物語により添い、我々の感情と思考の実体となる。しかし、それをおこなうのは、つねに現実化された意味作用(signification)

の特定の体制の内部からである。ポピュラー・カルチャーは、けっして単なる物事の物質性ではない。それはつねに、意味、物質性、および社会実践が同時に絡み合うことなのである。この混合は、さまざまな形式を取りえる。たとえば、iPhoneで書かれたテクストメッセージ、人の身体で作られた音楽の音、壁に描かれた落書き、子どもが好きなオモチャなど。ロラン・バルトが他の同様な例について書くときには、それらに共通しているものは、それらが記号（sign）であるということだと述べる（1995: 157）。「私が通りを――あるいは生活の中を――歩いて、これらのものと出会うとき、もしも自覚せずとも必要な場合には、すべてに対して同じ行為を働かせている。それはある種の読解である」（157）。言い換えれば、バルトが出会う物質的なものとは、読み解くべき記号でもある。それらは物質性を持っているが、また意味も持っているのである。カルチュラル・スタディーズは、「すべての社会に属する物質は意味を持っている」（182）という主張をバルトと共有している。つまり、「人間性はものに意味を与える」（179）という事実によって変容されてきたということだ。このように我々を取り巻く物質的なものがみずからの意味を伝えてくるのではない。意味を持つようにされねばならず、またどのように意味作用するようにされているかが、我々がどのようにそれに関して考え、評価し、使用するかを語るのである。

物質的なものは、つねに記号以上のものであり、社会的諸関係の象徴的な表象以上であるが、それが我々にとってどのようなものであるかは、意味、物質性、社会実践が絡み合う特定の文化の外部では想像が及ばない。それらは、けっしてものそれ自体ではなく、つねに現実化した意味作用の特定の体制と関連して節合された対象なのであり、特定のタイプの社会実践を可能にしたり、それに制約をかけたりする。携帯電話、ドレス、サッカー、木製テーブル、CD、雑誌の広告といったもの――これらが共通して持っているのは、社会実践によって生み出された物質性と意味なのである。この組み合わせこそが、それらを文化の例にする。それゆえに、文化とは、我々が「持っている」何かではなく「おこなう」何か――すなわち、物質性と社会実践の中で現実化される意味の社会的生産と再生産なのである。意味とは、ものの物質性にではなく、どのようにものが表象の社会実践の中で、意味を持つものとして構築されるかにある。何度も述べてきたように、世界とその内容は意味作用をするようにされなければならない。繰り返すと、これは物質的なものの現実性の否定ではなく、それらが表象の社会実践によって意味するようにさせられるまでは無言であるという主張である。この主張は、ときにものの物質性の否定として誤解されている（しばしば意図的に。また茶化すように）。しかし、いっさいの誤解のないように言うと、ものの物質的特性は文化的に構築されるのではない。構築されるのは、文化内部におけるその銘（inscription）と位置づけなのである。物質性は、人間の行為によって意味作用するようにされるまでは無言であり、文化の外部にある。しかしながら、物質性は無言であると言うことは、それが存在しないと言うことと同じではないし、どのように意味作用するようにされるかを可能にしたり、抑制したりしないと言うこととも同じでもない。言い換えれば、文化とは、意味を物質性と絡み合わせる社会実践なのである。

ときに、カルチュラル・スタディーズは物質的なものを単なる意味の問題に縮減させると主張されている。実際は、その逆が真実である。物質的なものが縮減されるのではなく、それが人間文化の中で意味することを含むように拡張されるのである。カルチュラル・スタディーズは、つねにものの使用に関心を持ってきたし、この関心が物質性の考察につながってきた。第四章で、中国における名刺の渡し方と受け取り方の例を挙げた。この例では、文化は単なる社会的な行為にあるのでも、名刺の物質性にあるのでもないし、あるいは名刺と行為の意味にあるのでもない――それは、意味と物質性と社会実践の絡み合いにあるのである。さらに、中国では名刺を渡すことおよび／ないしは受け取ることは、意味を表象される単なる象徴的パフォーマンスではなく、意味が上演され、現実のものにされる行為遂行的イヴェントなのである（第八章を参照）。同様に、結婚指輪は結婚制度を表象するが、また結婚指輪をはめる行為はパフォーマティヴにこの制度を表している。妻と私は、食事を取るのに異なった道具を使って育った――彼女は箸を、私はナイフとフォークを使う。この物質的違いは、食べる料理にも影響を与えた。箸で食べられるようにするには、異なる調理方法、異なる食材、そして非常に異なる方法の給仕を必要とする。何か食べられるのかということとそれを食する経験は、非常に異なる。しかし、箸あるいはナイフとフォークがこれらを決定するのだろうか、それともそれは、これらの使用の文化であったりするのであろうか。両親はどのようにナイフとフォークを使うかを私に教えたが、それは、こうして食べることになっているからである。妻は、両親から箸を使うことを教わったが、それは、こうして食べることになっているからである。箸やナイフとフォークが教えたのではない。食事のエチケットの文化という長い伝統によって導かれた両親が、それを――現実化した意味作用の制度を教えたのである。箸やナイフとフォークが異なる伝統に属することが問題なのではなく、重要なのは、それぞれの伝統が、社会実践の中で可能になった物質性と絡み合った意味に依存しているということなのだ。

物質的なものは、社会実践によって意味を持つものとして現実化されなければならない。このプロセス、すなわちものに意味を持たせる人間行動あってこそ、ものは文化的なものに変容する。言い換えれば、それらは文化的に構築されなければならないということだ。しかし、すでに述べたように、文化的な構築と述べることによって意味されるものは、しばしば誤解される。完全に誤解なきように言うと、それは、何かをリアルなものにすることを意味してはいない。たとえば、自然は文化的構築物だが、だからといって、木、川、山々と呼ぶものを文化が現実に生じさせることを意味してはいない。我々が木、川、山々と言及するものは、それらがどのように文化的に構築されるかということの外部にリアルな物質存在を持っている。いったん文化内部に構成されて初めて存在するという意味で、それらは文化的構築物ではない。人間文化との遭遇以前、木というものは、木としてというよりは、有機生命体として存在していた。文化的に構築されたのは、この有機生命体ではなく、木という概念化（conceptualization）の方である。長年にわたってこの概念化は、たとえば、芸術家、小説家、植物学者、詩人の言説の結果として、より深化し、豊かに育ってきた。文化的構築物は、それゆえに、物質的なものを生じさせることを意味しない。そうではなくて、どのようにして物質的なものが、文化と呼ばれる、現実化された意味作用の特定の体制の中で意味を持つようにされて、またそのように理解されるかを示しているのである。物質的世界は、つねに文化によってその枠組みを構成されている（このことが物質的世界の経験、理解、遭遇したときに、尋ねる質問を決定する――このような意味において物質的世界は文化的構築物である)。しかし、物質的世界の存在論は疑われてはいないのである(この部分は文化的構築物ではない)。

私は森の近くで育ったが、それは散策し空想にふける魔法の場所であった。森の物質性には、想像力と読書が刻み込まれていた。暗闇の中で、私は三匹の野獣に出会うかもしれないし、あるいは日の光が射しこんでくると、初めて秘密の花園に足を踏みいれようとしているのかもしれないと思った。木々は、ミノタウロスを追っているうちに迷宮になるかと思えば、メデューサに出くわすかもしれない解しがたいあいまいな薄暗がりになった。私の森のはずれには(所有物ではまったくない、私は不法侵入者だった)、天を支えるアトラスの像があった。そして、私は英雄オデッセイアになり、はるか遠くから家に帰るように呼ぶ母親の声によって魔術が破られるまではけっして森を離れることができなかった。しかし、この魔法は木々自体に本質的にそなわったものではないだろう。木々の種類、大きさ、形状が、この魔法を可能にし、制限することに疑問の余地はないが、魔法を生み出したりはしないだろう。私の考えでは、魔法は木々と人間文化の絡み合いの結果である。魔法は森の存在に依存してはいるが、どのように森一般が意味作用させられてきたのか、どのように意味作用において現実化してきたのか――お伽噺、子ども向け冒険譚、ゴシック・ホラーなど――によって単に本当に起こるようにされるのである。たとえば、赤ずきんちゃん(第五章を参照)は「道をはずれ」てはだめだと言われるが、この禁止命令の想像力は森を取り囲む物語の含意から心に浮き上がってくる危険と興奮によって導き出されている。文化の外部に存在するにもかかわらず、森は文化的構築物である。しかし、構築されたのは木々自体ではなく、木々の意味するものである。森に入り込んだときには、すでに意味と絡み合ったものに出会うことを意味している――森がリラックスするのにうってつけの場であるというシンプルな考え方ですら文化的構築物なのである。であるから、何かが文化の構築物であると言うときに、文化がそれを生じさせると言っているわけではない。我々が言っていることは、それが何を意味し、どのように意味のあるものであると理解されるのかに関して、自然なものなど何もないということ、これはつねに特定の文化の作用の結果――現実化された意味作用――だということである。しかし、繰り返すと、物質的現実とは、意味作用の効果ではなく、意味するようにされることや意味のあるものであると理解されることがなくても完璧にうまく存在できる。しかしながら、我々にとっては、それはつねに意味作用を現実化された状態で存在するのであり、カルチュラル・スタディーズが文化と呼ぶのは、まさしく、社会実践によって可能になった、意味作用と物質性の、この絡み合いなのである。

月が文化的構築物（cultural construct）として説明されることは、若干ばかばかしく聞こえるかもしれない。月が地球の周囲を同期回転する天然衛星であることには疑いようがないではないか。たしかにそうであるが、人類は、その歴史の始まりから月を見上げ、そこに意味を刻んできた。この方法によって、月はまた、文化的なものにもなり、たとえば、唄、詩、物語、絵画、神話に表象されてきた。まさにこの意味作用の帰属が、月を意味と物質性の絡み合ったものとして文化的に構築してきたのである。だからといって、この表象、意味作用のこの様式が月の物質的存在を、人類史を四〇億年以上遡る存在を構築したわけではない。同様に、「森羅万象」としての宇宙（universe）も文化的構築物である。それに「森羅万象」という意味を与えるのは人間の文化である。しかし、このことで、我々が宇宙と呼ぶものに意味作用の外部の存在があることを否定するわけではない。言い換えれば、宇宙と呼ぶものは意味作用における認識より以前から存在しているが、森羅万象（すなわち、文化の一側面）としては存在していないということである。物質的なものの批判的考察をするときには、否定しがたい物質性と移ろいやすい意味を区別しなくてはならない。さらに、移ろいやすい意味に対して批判的視線の焦点を当てることは、いかなる意味でもその否定しがたい物質性を否定することではない。これは、文化と世界の物資的現実を合成することではないのである。物質的な月は、文化がなくても立派に存在できる。月を文化的構築物として説明することは、月を現実に存在するようにさせたのが文化であると主張することなのではない。そうではなく、月が何を意味し、どのようにこの意味作用が我々の月に対する関係を編成する手助けをするかが、つねに文化の問題だということなのである。月は十分に現実だ。しかし、我々にとって、月のリアリティは意味作用と絡み合っており、この意味作用が我々の月との相互作用を形づくるのである。いったん人の視線に捉えられれば、月は文化的なものに——ポピュラー・カルチャーにおける重要な対象に——なる。月は、この瞬間以前にも完全に立派に存在していたが、この瞬間／契機があってはじめて月としての存在を始めるのである。

二〇〇八年、私はタラゴナの学会に参加していたときに、フォロ・ロマーノの遺跡を案内してもらった。ある地点で、壁の一部にガラスの覆いがついていることに気づいた。理由を尋ねると、スペイン内戦開始時期の落書きを保護するためであるという（【写真11・1】）。落書きが書かれてからしばらくして、誰かがわざわざブロック塀に隠れるようにした。発掘調査中に、壁が取り除かれて落書きが発見された。その後、落書きを保存し、観光客に見えるようにすることが決定された。文化の事例として、その落書きは少なくとも四つの瞬間／契機（moments）において存在する。おのおのの契機に、その物質性は少し劣化したが、変化し、そしておおいに変化するものは、落書きが意味するものである。それぞれの契機に、異なる社会実践が作用し始める。制作という最初の契機では、だれかが壁にペンキでことばを書くと決めた。日付によれば、スペイン内戦が始まった夜である。それはカタロニア語

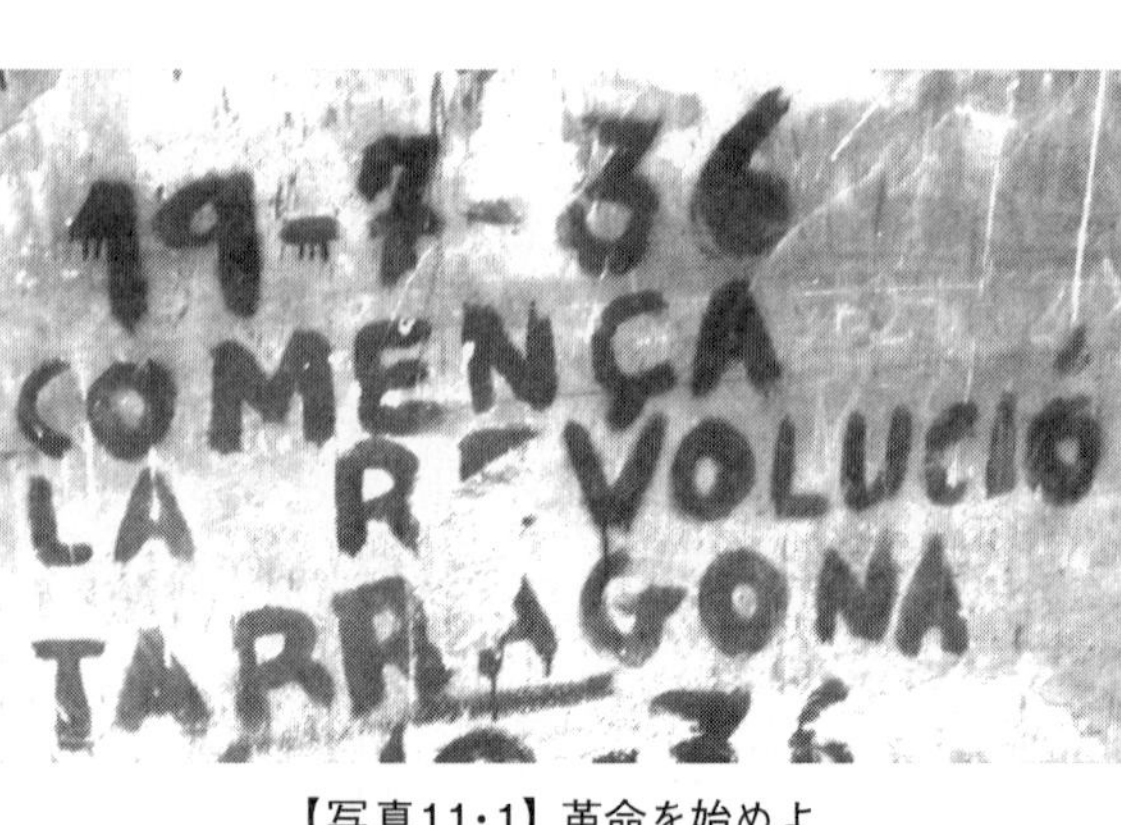

【写真11·1】革命を始めよ

で書かれており、翻訳すると「革命を始めよ（Begin the Revolution）」となる。革命の呼びかけは、ひどく真剣であったかもしれないし、酔っ払いの空威張りの例であったかもしれない。第二は、最も興味深く、最も政治的に曖昧さのない契機である。誰かが――落書きの筆者か他の誰かが――それを隠すことを決めた。隠蔽行為に関して、いくつものことを想定できる。それは、ファシズムが勝利しつつある、あるいは勝利を収めつつあった時期になされた。落書きは、ファシストによって破壊されることを防ぐために隠された。わざわざブロック塀で隠そうとしたことは、それをおこなった者を潜在的に危険な立場に置いた。その人物は、このことばが抵抗の証として生き残り、ファシズム

崩壊のあかつきに再度読まれることを望んで危険を冒したのである。第三の契機は、落書きが発見されたときである。ファシズムは過ぎ去り、発掘者がこのことばをスペイン内戦におけるファシズムの勝利に対する抵抗の歴史的な証と見なした。第四の契機は、観光事業（ツーリズム）の契機であり、フォロ・ロマーノ観光ツアーで私のような観光客がそのことばに出会えるようになったときである。おのおのの契機に、物質性、意味、そして社会実践が異なったやり方で結びついている。第一から第四の契機まで、落書きの物質性はほとんど変わっていないが、変わったものはそれが意味するものであり、変化する意味作用はつねに社会実践の結果なのである。

意味なき物質性　Materiality without meaning

物質文化研究に取り組む人々は、しばしばカルチュラル・スタディーズが、ものごとの物質性を無視し、代わりに意味に焦点を当てていると批判する。彼らは、カルチュラル・スタディーズとは対照的に、ものは、人々の実践によって意味を持たされる以前に意味を持つものとして世界に存在している、と考えているようである。どうやら、物質文化研究は、物質的なものがそれ自体つねにものでのみあることを当然と見なしているようなのだ。この分析で見落とされているのは、物質的なものがつねにどのように文化の中で現実化されてきたかという観点から存在しており、現実化はつねに意味作用を伴っているという認識である。物質文化研究の手にかかると、人が意味を作り出すという行為は、つねに自然な意味が構成されてきた後で発生する二次過程として提示される。しかし、自然な意味など存在せず、あるのは人の実践によって生み出された意味だけである。意味は発見されることを待っていて見つけられるのではなく、人の生産物なのである。

ポール・グレイヴス＝ブラウンは、的外れのカルチュラル・スタディーズ批判と私が考える本の中で、「もしもそもそも意味がものごとに「読み込まれる（read into）」以外には生じないものなら、理解の共通基盤などありえない」(2000: 4)、と主張している。どうやら彼は、理解の共通基盤は、ものの物質性によって生み出される——ものが、それ自体の意味を生み出すと想定しているようである。しかし、物質性は特定の社会実践によって意味を持つようにされるまではつねに無言である。それゆえに、いかなる理解の共通基盤も無言の状態からは生じようがない。それは、物質的なものが位置づけられ、意味を持たされる、現実化された意味作用の共有された体制を通してしか生じえないのである。言い換えれば、理解の共通基盤は、ものと我々が存在する現実化された意味作用の体制に由来している。さらに現実化された意味作用の体制は、つねに権力によって構造化されている。第四章と第六章で見てきたように、これは「イデオロギー」(Althusser)、「常識」(Gramsci)、あるいは「真実の体制」(Foucault) と呼べるかもしれない。しかし、この意味、すなわち社会実践を構造化して、統制する意味は、ものの物質性から来るわけではない。それらの意味は、特定のやり方で、ものごとに特定の意味を持たせるための権力を持った者から来るのである。物質文化研究は、ものごとは単にそれ自体で意味を持つか、あるいは意味作用は単純にそれほど重要ではないと考えているようである。どちらの立場も、もしも文化と権力の関係を理解しようとするならば、まず助けにならない。

　ダニエル・ミラーは、物質文化研究の短い宣言(Miller, 2009)で、記号論(semiotics)(カルチュラル・スタディーズの符号であるらしい)がなぜ物質性を真に理解できないかを示す手段として、『裸の王様(*Emperor's New Clothes*)』[1]を使用している。これは、初版が一八三七年、デンマークの作家ハンス・クリスチャン・アンデルセンによる童話で、二人の詐欺師が機織り名人であると偽って、「王にふさわしくない人と尋常ではない愚か者の目には見えない」美しい服を王様に作ると約束する。もちろん、その服が存在しないことはたちまち明白になる。人々は、それゆえに、王様が裸であると認めるか、でなければ彼が美しい服を着ているふりをするかという選択を余儀なくされる。王位にふさわしくないと思われる恐怖から、王様と廷臣たちは美しい服を賞賛する。愚か者に見られたくないために、町の人々も同じ選択をする。少年だけが、王様は実は裸であると大声で叫ぶのである。

　ミラーによれば、記号論は、服は「我々の奥底に横たわる現実、または真の自分自身」(2009: 13) を表象していると信じている。記号論は、服を「真の存在の内なる核を表象する、あるいは表象することができないうわべ」(ibid.)として見ているようだとする。ミラーは、内なる自己という考えに大胆にも挑戦し、物語の真の意味を以下のように結論づける。「しかし、服の不在によって暴き出されたのは、王様の内なる自己ではなく、外に向かっての彼のうぬぼれなのである」(ibid.)。それゆえに、我々が手にしているのは、「うぬぼれと虚栄心に関する道徳物語」(ibid.)である。服によって表象された内なる自己を実際にどの記号論学者が信じているかはわらないが、カルチュラル・スタディーズの観点からは、アンデルセンの童話に関して、まったく異なる読みを提示できると私は思う。

少年の認識を例外として、王様、廷臣、町の人々はみな、王位が持っている権力が単純に当たり前と想定された、現実化された意味作用制度の「常識」の罠にはまっている。しかし、(彼自身の愚かさの結果として)彼が裸だと認識することは、権力の正当性を脅かすことになる。第四章で見たように、「ある男が王であるのは、単に他の男たちが彼に対して従属する関係でいるからである。それに対して、彼らの側は、彼が王であるから従属するのだと思っている」(Marx, 1976c: 149)。王様に服がないことは、この関係を壊し、王様を神からの賜物と見なし、臣民の服従をこの恩寵の自然な結果として見なすという誤認識を終わらせるように脅かす。暴き出されるのは、王様の支配的権威に自然な実体は何もないという点においては、実は王様は裸であるという事実なのだ。スラヴォイ・ジジェクが説明するように、

「王であること」は、「王」と彼の「臣民」の間の社会関係のネットワークの効果である。しかし――呪物崇拝的誤認識がここにある――この社会的絆の参加者に対し、関係は必然的に逆の形式で現れる。つまり、王自身がすでに王として臣民に対する関係の外部にいるため、彼らは自分たちが王に対して王族にふさわしい扱いを与える臣民であると考えるのである。あたかも「王であること」の決定とは、王という人物の持つ「自然な」資質であるかのようにである(1989: 20)。

言い換えれば、王様が裸であることはこの誤認識を脅かすのである。服は、ここでも、また他の場所でも、内なる自己（それが何であるはともかく）を表象するからではなく、どのように自己が生産され、また再生産されるかということの一部であるために、文化的なのである。このことを理解するには、意味や物質性だけではなく、意味と物質性がどのように社会実践によって一緒に絡み合うのかに注意を払う必要がある。さらに、物質性や意味だけに焦点を当てるなら、絡み合いが権力関係によって構造化される多くの方法が見えなくなってしまうであろう。

ミラーは、「物質文化において、我々は……どのようにものが人々を作るかに関わっている」（2009: 42）、と論じている。「身なりは人を作る（clothes maketh the man）」という考えに同意するつもりはないが、このつくる作用は、つねに、根本的に、現実化された意味作用と社会実践から切り離すことができない。この例を、すでに王様の例で見てきた。言い換えれば、ものを用いることはつねにその意味と絡み合っているのである。しかし、ミラーは、「服を、表象の形式、記号論的表示、あるいは人物の象徴と見なすことはできない」（40）という非常に頑固な態度を崩さない。服を、単なる表象の形式、記号論的なしるし、あるいは人物の象徴と見なせないのは確かであるが、他方で、服が実際に表象の形式、記号論的なしるし、あるいは人物の象徴であることも確かなことである。それはけっして二者択一の質問ではなく、つねに両方なのだ。繰り返しになるが、意味と物質性と社会実践の絡み合いを認識しなくてはいけないのである。ミラーによる学生としての服装規定慣例（dress code）は、この絡み合いを完全に認識する必要性の明白な例である。ミラーは、ケンブリッジ大学で妻と出会ったときに、いつも決まって着ていたものを例として挙げている。「妻に同級生として出会ったときに、私のズボンはひもで上方につり上げられており、裾はホッチキスで止めてあった」（14）。

ケンブリッジ大学でのミラーの服装様式は、とても具体的な何かを意味している。それは、知識人は、知的な問題に気を取られるあまりに着るものには構っていられないというかなり保守的で中流階級の考え方の視覚的確認である。このようなやり方で服を着ることは、無頓着の証ではなく、考え抜かれたみすぼらしさの証――知識人志願者としての真面目な学生の非常に古いイメージへの同一化――なのである。しかし、この服装規定は、より特権化されていない場所でもまた見つけることができる。どこの都会でも、ミラーがケンブリッジで着ていたものに似たやり方で服を着た男性を見つけることはむずかしくない――しかし、ここで目にするのは、考え抜かれた無頓着ではなく、ほかの選択肢がないとかドラッグやアルコールがどうしても必要であるとかで自分の見た目には気を使うことがますますできない状態である。両方の例で、服装規定は同じように見える。しかし、それぞれの例で、文化的意味、物質性と意味と社会実践との絡み合いは、文字どおり別世界――服装規定は同じでも、意味は似ても似つかないのである。もしも服の物質性にしか注意を払わないのなら、ケンブリッジ大学生の特権化された文化と、ジョージ・オーウェルが「どん底生活」[2]と呼ぶしばしば逃れがたい絶望との違いを理解しそこなうだろう。特定の現実化された意味作用の制度の中に物質性を位置づけることをせずに服の物質性にしか注意を払わないなら、非常に貧弱な理解しか生まれないだろう。さらに、物質性と意味と社会実践との絡み合いに注意を払うことで、服装規定から始まって、なぜ学生は彼らがするように服を着るのか、また、なぜ世界で六番目に裕福な国に路上生活者がいるのかというより大きな問題へと拡大可能な分析の開始点に立つのである。

それゆえに、「文化は、何をおいても、ものから来る」(Miller, 2009: 54) と言うことは、単に部分的な真実でしかない。文化が実際にものから来るときは、つねにそれが意味と社会実践に絡み合ったものである。ものの物質性に関する物質文化研究のいつ終わるともしれない記述は、意味の問題を取り上げるのは表面的であるという主張をつねに伴っている。ここでもちろん皮肉なのは、物質性に関して物質文化研究が言おうとすることの中でも興味深いことのすべては、つねにその意味に関してである。たとえば、なぜとても多くのオペア（訳註：外国家庭に滞在する代わりに手伝いをして外国語を学ぶ人）用に割りあてられた部屋にイケア製の白色メラミン樹脂家具が選択されるのかを説明しようとして、ミラーは無言の物質性からすぐさま意味の問題に移っている。

ちょうどオペアの彼女自身のように、イケア製白色メラミン樹脂は、概して安価で、一般的に欧州調で、清潔さ、機能性、効率性を特徴とする若者らしいモダンな風情のものとされている。うまくいけば適度に長持ちし、簡単に交換できるのである（90）。

この分析をどう思うかに関係なく、これはイケア製白色メラミン樹脂の家具による意味作用に関する一連の想定に依拠している。簡単に言えば、これは、物質性と意味と社会実践の絡み合いに依拠した、オペアの部屋の分析——物質文化研究というよりはカルチュラル・スタディーズなのである。

グローバル化した世界の物質的なもの　Material objects in a global world

異なる文化が同じ物質的なものを共有するとき、文化的差異を特徴づけるのは、あきらかに、ものではなく、これらのものが持つ異なる意味、ならびにこうした意味がどのように社会実践によって現実化されるかである。異なる社会から来た人々は、多くの同じ物質的なものを使用したとしても、それらが何を意味するかはおおいに異なっている（第一〇章を参照）。ミラーが、コカコーラに関して語っていることは非常によい例である。「コカコーラはどこにでもあるが、それぞれの地域性において微妙に異なった意味を持っている」（9）。この差異を特徴づけるものは、物質性ではなく、どのように特定の社会実践において意味を持つようにさせられるかである。その飲み物の物質性は、つねに意味と絡み合っている。

コカコーラは、それ自身を甘い発泡性飲料以上のもの——コカコーラを飲むことはアメリカン・グローバル・ヴィレッジへの入り口を提供するとされる——と提示したがる。おそらくこの考えの最も有名な表明は、一九七一年に制作されたテレビ広告である。そこには日の出時刻の丘に二〇〇人の若者が出演しており、それぞれにお国の衣装を着て、コカコーラの瓶を手に持つニュー・シーカーズとともに唄うのである（訳註：ザ・ニュー・シーカーズはコーラス・グループの名称。シングル「愛するハーモニー」が、ここでのCMソング）。

世界に家をひとつ買ってあげたい　そして愛で部屋を飾るの
リンゴの木を育てたい
そこにはミツバチや雪のように白いキジ鳩がやってくるわ
世界じゅうに歌を教えたい　完璧なハーモニーで
世界にコーラを買って　ずっと仲間でいたい
それが真実のこと(3)

これはアメリカン・グローバル・ヴィレッジである楽園への抵抗しがたい招待状かもしれないが、飲み物の普遍的意味ではけっしてない。たとえば、中国では、アメリカの帝国主義、資本主義的近代の約束、あるいは単純に風邪を治すための（生の生姜と一緒に煮る）飲み物ベースを意味することもありえる（第一〇章【写真10・2】を参照）。この飲み物は単一の物質性を持つかもしれないが、何を意味するのかは特定の社会実践におけるその位置づけ（つまり、誰がどこでそれを消費しているのか）に依拠している。アイコン的瓶と独特の文字のデザインは世界的に識別されている事実ではあるが、一方で、コカコーラの国際的な地位を理解するためには、その物質性を超えて、物質性と意味が社会実践によって絡み合い、使用可能になった文化的なものとして扱われなければならないのである。

物質性が変化しうる意味と絡み合う別の例として、クリスマスの世界的成功が挙げられる。公的には無神論の国家である中国で、このキリスト教の祝祭がますます目立つようになってきている。これはけっしてキリスト教への関心の兆しでも、公的無神論の弱体化でもない。我々が目にしているのは、キリスト教的な意義が完全に失われた祝祭で

【写真11・2】中国のクリスマス

ある。クリスマスは、新規のデパートによって宣伝され、人々の消費を奨励するために取り入れられ、別の目的に使われるようになっている。祝祭の物質的罠は似たものに見えるかもしれないが（【写真11・2】を参照）、それが意味するものと、その意味がどのように社会実践を組織化するのかは、たとえば、英国において意味するとされるものとは非常に異なっている（Storey, 2010a を参照）。

文化は、世界を意味させることに関わっている。文化が重要なのは、意味作用が社会実践を組織化し、制御するからである。そのような文化的概念は、ものの物質性の存在を否定しないが、この物質性が無言で、自身の意味を生じさせず、それゆえに、つねに権力関係と絡み合った人的な行為主体性（エージェンシー）によって意味を持つようにされると主張する。何かがどのように意味を持つようにされるのかは、つねにものそれ自体の物質性によって可能になり、制限されるのにもかかわらず、文化は単なる物質性の所有物ではない。文化は、意味、物質性、社会実践の絡み合いであり、さまざまな文脈と社会実践において変化しうる意味である。言い換えると、文化とは、けっして単なる無言の物質性なのではない。それは、つねに社会的、物質的、記号論的なのである。

註　Notes

（1）http://www.andersen.sdu.dk/vaerk/hersholt/TheEmperorsNewClothes_e.html で、この物語は読むことができる。

（2）ジョージ・オーウェル『パリ・ロンドン放浪記（*Down and Out in Paris and London*）』を参照。

（3）YouTube (https://www.youtube.com/watch?v=ib-Qiyklq-Q) で、このビデオは観ることができる。

さらに知りたい人のための参考文献　Further reading

Storey, John (ed.), *Cultural Theory and Popular Culture: A Reader*, 5th edn, London: Routledge, 2019. This is the companion volume to the previous edition of this book. An interactive website is also available (www.routledge.com/cw/storey), which contains helpful student resources and a glossary of terms for each chapter.

Barthes, Roland, *The Semiotic Challenge*, Berkeley: University of California Press, 1995. Contains some of the key essays on semiology and materiality.

Baudrillard, Jean, *The System of Objects*, London: Verso, 2005. Although not discussed in this chapter, it is a very influential account of the material object.

Berger, Arthur Asa, *What Objects Mean*, Walnut Creek, CA: Left Coast Press, 2014. A very good introduction to a range of theories of materiality.

Bryant, Levi R., *The Democracy of Objects*, Michigan: Open Humanities Press, 2011. A very interesting philosophical account of the material object.

Dant, Tim, *Material Culture in the Social World*, Milton Keynes: Open University Press, 1999. A very good introduction to issues around materiality and culture.

Latour, Bruno, *Reassembling the Social*, Oxford: Oxford University Press, 2007. An excellent introduction to actor-network-theory, written by the founder of this approach.

Malinowska, Anna and Karolina Lebek (eds.), *Materiality and Popular Culture*, Abingdon: Routledge, 2017. An excellent collection of essays discussing popular culture in relation to materiality.

Marx, Karl, *Early Writings*, Harmondsworth: Penguin, 1992. Marx's theory of the production of material life forms the foundation for most work on materiality in cultural studies. See 'Preface to *A Contribution to the Critique of Political Economy*'.

Miller, Daniel, *Stuff*. Cambridge: Polity Press, 2009. Offers a clear account of material culture studies.

第一二章 ポピュラーの政治学

12 The politics of the popular

本書で私が目指したことは、文化理論とポピュラー・カルチャーの関係史概観とでも呼ぶべきものであった。おもに、そうした関係の理論および方法論的な側面と含意に焦点を当ててきたが、この主題の導入にはそれが最適な方法だと考えるからである。[1] しかし、この方法をとることで、一方ではポピュラー・カルチャーの理論が生産される歴史的な状況を、他方ではこのような理論の生産および再生産に関する政治的な関係を犠牲にしてきた（これらは分析上の強調であり、切り離されたまったく別物の「契機（moment）」なのではないことはわかっている）。

しかしながら、何かしらはっきり示してきたと思いたいのは、ポピュラー・カルチャーというものが、どれほどまでにイデオロギー的論争になり、かつ変化しうる概念であり、異なり、またせめぎ合う多岐にわたるやり方で満たされ、空っぽにされ、節合されたりそれを解かれたりするかということである。私自身の切り詰めた選択的なポピュラー・カルチャー史でさえも示しているのは、ポピュラー・カルチャーの「研究」は、非常に真剣な仕事――真剣な政治的仕事――になりうることである。

たとえば、ジム・マグウィガン（1992）の主張、すなわち、現代の文化研究の内部では、ポピュラー・カルチャー研究がパラダイムの危機の激しい苦闘の中にあるという主張を取り上げてみよう。このことは、「文化的ポピュリズム」という蔓延する政治実践にこれ以上ないほど明瞭に示されているとされる。マグウィガンは、文化的ポピュリズムを、「大文字のCで始まる文化（Culture）より、一般人の象徴的な経験と実践の方が分析的にも政治的にも重要であるとする一部のポピュラー・カルチャー研究者の知的前提」（4）と定義する。この定義に基づくなら、私は文化的ポピュリストだし、さらに、マグウィガンも同様である。しかし、彼の議論の裏にある目的は、そのような文化的ポピュリズムにではなく、彼が「ポピュラー・カルチャー研究における無批判なポピュリズム的漂流」（ibid.）と呼ぶものに対して異議申し立てをすることである。そのせいで消費の歴史的、経済的な状況の適切な理解を犠牲にして解釈の戦略に固定化したということになっているのである。彼に言わせれば、カルチュラル・スタディーズは、その焦点をますます解釈の問題へと狭めており、そうした問題を権力の物質的関係の文脈に位置づけていないのである。

マグウィガンの主張によれば、文化的ポピュリズムは消費ばかりに焦点を当て、またそれに伴い大衆的な読みの実践を無批判に祝福するあまり、「質的判断の危機」（79）を生み出してきた。ここで彼が言わんとするのは、もはや絶対的判断基準などないということである。何が「よい」のか、また何が「悪い」のかに関しては、今や議論の余地がある。彼は、文化的ポピュリズムが助長したポストモダン的な不確実性を批判し、「審美的、倫理的判断を再び論争に入れこむことが、文化的ポピュリズムが無批判に漂流し、消費者の主権と質の自由放任主義的概念に異議を唱えられなかったことに対する重大な応答である」（159）と述べている。マグウィガンはあきらかにポストモダニズムの知的不確実性に不満であり、普通の精神では理解できないものでも、つねに明晰で理解可能にする準備ができているモダニスト的知性の完全なる権威への回帰を望んでいる。アーノルド的な確実性——文化が思考され、言葉にされた最良のものとされてきた（そして、モダニスト的知性は我々に、これが何であるかを伝えるだろう）——への回帰を求めているようなのである。彼は、大学講師が大文字のCで始まる文化の永続的輝きの守護者であり、初心者をその絶対的な道徳的、審美価値へと導く知的言説を提唱しているように思われる。そして、学生たちはすでに確立した知識——その輝きの職業的守護者によって固定化され、公式化され、管理された——の受け身の消費者の役割を演じるのである。

審美的判断の特権化を拒絶することは、私の意見では、危機ではなく、ときにずっと興味深い別の尋ねられるべき問いが存在することの喜ばしい認知である（第一〇章を参照）。審美的に「よい」ことおよび審美的に「悪い」ことは、文脈に応じて変化を重ねていく。さらに、審美的に「よい」ことが政治的には「悪い」かもしれず、審美的に「悪い」ことが政治的には「よい」ということがあるかもしれない。抽象的確実性の絶望的な探求の罠に囚われるよりもむしろ、これらの問いに真に答えることが可能なのは根拠ある文脈においてのみであると認識することの方が、はるかに生産的なのである。しかし、それ以上にカルチュラル・スタディーズは、商品に固有な性質に関する推論的な価値判断にかかずらっている場合ではなく、むしろ、日常生活の、制約をかけたり権限を与えたりする構造の中で人々がそれらの商品を使って何をするのか、何を作るのかといったことに時間を集中するべきである。これこそが、私がより興味深い問いという表現で述べたいことである。絶対的基準に回帰すべきだと力説する人々は、今があまりに混乱していると言っているも同然、つまり、普通の人々に対してそれにどんな価値があり、それはどのようになされるべきかを教えるための、気楽で疑う余地のない権威を取り戻したいと言っているようなものである(2)。

普通の人々が現在の状況のもとで利用できる象徴的な資源を使って意味ある活動をしているということは、あきらかであり、また新修正主義［無批判な文化的ポピュリズム］が際限なく記述している。そのために、人々が囚われているとされる罠から——罠にかかっていることをわかっているかどうかにかかわらず——自由にする解放的な企てには、この根本にかかわる洞察によって疑問が投げかけられている。ほんの数例を挙げるならば、経済的搾取、人種差別、ジェンダーや性的抑圧などが存在しているが、搾取され、疎遠にされ、抑圧された人々は対処するし、もしもジョン・フィスクやポール・ウィリスのような著者を信用できるなら、この人々は実にうまく対処しているのであり、世界について妥当な理解をして受け取ったものから心地よい快楽を得るのである。どうやら、日常生活のミクロな政治においては非常に多くの活動があるために、よりよい未来の理想郷的な約束はかつてはポピュラー・カルチャー批評家に魅力的であったものの、すべての信憑性を失ってしまったのである（171）。

この議論のほとんどは、単純に誤っている。フィスク（彼の最も重要な例である）でさえ、称賛するのは達成されたユートピアではなく、搾取と抑圧を中心に構造化された世界から意味を生み出し、そこに空間を作り出すために人々がおこなう積極的闘争の方である。どうやらマグウィガンは、快楽（その識別と祝福）は何か根本的意味において反革命的であると言っているように思われる。普通の人々の義務と歴史的運命は、苦しみながらも静かにしていることであり、そうすれば革命後、一日の輝ける朝に道徳的左派が何を楽しむべきかを啓示してくれる。フェミニストは、寝ころんで生産の役割を考えることをよしとせず、ずっと以前にこうした考え方の修辞的空虚さを露呈していた。聴衆が意味を生み出すという主張が、ある深い意味で政治的変革の必要性の否定であるとする主張は断じて事実ではない。急進的政治へのコミットメントを放棄せずとも、我々は象徴的抵抗を祝福できるのである。これこそ、実際に、オングの論点の核である（第八章を参照）。

マグウィガンが、ジョン・フィスクとポール・ウィリスを無批判な文化的ポピュリストの中でおそらく最も「罪深い」者と名指しているので、ここまでやや一方的だった論争で何が問題になっているかを説明するため、彼らの研究の鍵となる特徴の一部の概略を述べてみよう。その手助けとなるよう、ピエール・ブルデューの著作に出所を持つ「文化的な場」と「経済的な場」（訳註：「場」（field）は「界」と訳されることも多い）という二つの新概念を導入しよう。

ジョン・フィスクは、概して、文化的ポピュリズムへと無批判に流されていく典型と見なされている。マグウィガンによれば、「フィスクの立場は……英国カルチュラル・スタディーズの危機的衰退を表示している」(85)。フィスクは、解釈のための空間――純粋に解釈学型のカルチュラル・スタディーズ――を作るために継続的に経済的技術的な決定を犠牲にしていると言われている。たとえば、彼は、テレビ研究を「一種の主観的理想主義」(72)に還元してしまったと批判される。ポピュラーな読解こそが王あるいは女王であり、つねに「進歩的」――性差別や人種差別の問題に悩まないし、つねに経済的社会的諸関係に基づかないとされる。要するに、フィスクはポピュラー・カルチャーを無批判かつ無制限に祝福していると批判されているのだ。彼は、ヘゲモニー理論の崩壊とされるものと、結果として生じた、マグウィガンが「新修正主義」と言及するものとに続いてカルチュラル・スタディーズに起ったこと、すなわち、カルチュラル・スタディーズが競合する消費の解釈学的モデルへと縮減されたことの古典的事例とされるのである。新修正主義はそのテーマとされる快楽、エンパワメント、抵抗、大衆的識別といったものとともに、「より批判的な立場からの後退」(75)の契機を表しているとされている。政治用語で言えば、せいぜいのところ、「消費者主権」に関するリベラルな主張の無批判な繰り返しであり、最悪の場合には支配的な「自由市場イデオロギー」への無批判な加担である、ということだ。

フィスクは、ポピュラー・カルチャーに関する自身の立場の正確な形容として「新修正主義」を受け入れないだろう。また著作への攻撃に潜在する二つの前提を絶対に拒絶するだろう。まず、「資本主義文化産業が生産するのは、すべてが同じ資本主義を促進するためにその多様性が最終的には幻影であるような、見た目は多様な製品だけである」(Fiske, 1987: 309)という見方を、完全に却下するだろう。次に、「「人々」は「文化的にだまされやすい相手」で……識別力がないために、経済的、文化的、政治的に文化産業の有力者のなすがままの、受け身で救いようのない大衆である」（ibid.）、という主張にその内容が依拠するいかなる議論も断固として拒絶する。こうした前提に反論し、フィスクは、ポピュラー・カルチャーを作る商品は金融と文化という二つの同時に存在する経済の中で流通すると論じている。

> 金融経済の営みによって、すべての文化的要因を適切に説明できるわけではないが、それでも金融経済はいかなる研究においても考慮に入れる必要がある……。しかしながら、文化的商品を金融の観点だけで適切に説明することもできない。その商品の人気にとって重要な流通は、それに並行する経済――文化的な経済――において起きるのだから（311）。

金融経済が第一義的に交換価値に関わるのに対し、文化経済は第一義的に使用価値に――「意味、快楽、そして社会的アイデンティティ」（ibid.）に関わっている。もちろん、こうした、分離してはいても関連した経済の間には対話のような相互作用がある。フィスクは、アメリカのテレビ番組『ヒルストリート・ブルース（*Hill Street Blues*）』を例に取り上げる。この番組は、まずＭＴＭが制作してＮＢＣに販売された。ＮＢＣは、その後、潜在的な視聴者を番組スポンサーのメルセデス・ベンツに「販売」した。これらのすべては金融経済で起こったことである。文化経済において、テレビシリーズは、（ＮＢＣに売り渡される）商品から視聴者のための意味と快楽の生産の場に変化した。同様に、視聴者は（メルセデス・ベンツに売り渡される）潜在的商品から（意味と快楽の）生産者へと変化したのである。フィスクは、「文化経済における生産者としての視聴者の権力は無視できない」（313）と論じる。彼の主張によれば、視聴者の権力は、

> 意味が、文化経済においては、金融経済における富と同じようには流通しないという事実から派生する。意味は

所有がより難しく（そのために他者の所有を拒み）、制御もより難しい。なぜなら意味と快楽の生産は文化商品、あるいは他の商品の生産と同じではないからである。というのも、文化経済においては、消費者の役割は線状になった経済取引の最終地点としては存在していないからだ。意味と快楽は、生産者と消費者の真の区別のないままにその内部で流通するのである（ibid.）。

消費者の権力は、制作側が何が売れるかを予想できないことから派生している。「発売されるレコード一三枚のうち一二枚は利益を出すことに失敗し、テレビシリーズはダース単位で打ち切られ、大作映画は急激に赤字に沈む（『タイタニックを引き揚げろ（*Raise the Titanic*）』は象徴的な事例であり、ルー・グレード帝国をほとんど沈没させた）」（ibid.）（訳註：ルー・グレード［一九〇六―一九九八］は英国メディア界の大物）。失敗を埋め合わせようとする試みにおいて、文化産業は聴衆を惹きつけようと望んで商品の「レパートリー」を生み出す。文化産業は聴衆を商品の消費者として取り込もうとする一方で、しばしば聴衆はテクストをみずからの目的のために取り出す（excorporate）。フィスクは、オーストラリアのアボリジニの視聴者が、彼ら自身の政治的文化的闘争に関連させて、ランボーを抵抗者として簒奪する例を引き合いに出している。また、イスラエルで『ダラス』を視聴するロシア系ユダヤ人が、それを「資本主義の自己批判」（320）として読み解くことも例として言及している。(3)

フィスクは、西洋社会で権力を持たざるものが権力に抵抗するためには、記号論的および社会的な二つの形態を取ると論じている。最初の形態は、おもに意味、快楽、社会的アイデンティティに関わっており、第二の形態は、社会経済制度の変化に特化している。「これら二つは比較的自律的であるが、緊密に結びついている」（316）、というのがフィスクの主張である。ポピュラー・カルチャーは、おもに、「しかし、そこだけではなく」、記号論的権力の中で機能している。それは、「均一化と差異、ないしは合意と対立の間の闘争」（ibid.）に関わっている。この意味において、ポピュラー・カルチャーは、取り込もうとする力と抵抗する力の間で争われる抗争、すなわち、一連の押しつけられた意味、快楽、社会的アイデンティティと、記号論的抵抗の活動の中で生み出された意味、快楽、社会的アイデンティティとの間で争われる抗争において、聴衆が継続的に「記号論的ゲリラ戦」(316) に従事する記号論の戦場なのである。その抗争では、「均一化の覇権主義的(ヘゲモニック)な力は、つねに多様性の抵抗に出会う」(Fiske, 1989a: 8)。フィスクの記号論的戦争のシナリオにおいて、二つの経済は、この闘争の対立する立場を支持している。つまり、金融経済は取り込みと均一化の力をより支持し、文化経済は抵抗と差異の力により順応している。記号論的抵抗は、彼の意見によれば、イデオロギー的均一化を目指す資本主義の試みを弱体化させる効果を持っている。支配的意味が従属的意味によって挑戦され、そのために支配階級の知的、道徳的指導力が挑戦されるのである。フィスクは、何の弁明もせず、絶対的明瞭さで自分の立場を述べている。

> それは……ポピュラー・カルチャーを闘争の場と見なすが、支配力という権力を受け入れる一方で、これらの力が対抗され、回避され、抵抗される手段となる大衆戦略の方にむしろ集中する。取り込みプロセスだけを追求する代わりに、取り込みをそのような継続的必要性にする大衆の活力と創造性の方をむしろ調査する。支配的イデオロギーの偏在的で、狡猾な実践に集中する代わりに、それは、イデオロギーがみずからとその価値とを維持すべくかくも懸命かつ執拗に働かざるをえないようにする日常の抵抗と逃げを理解しようと試みるのである。このアプローチは、ポピュラー・カルチャーを潜在的に、しばしば実際に(急進的ではないにしても)進歩的と見なし、また、本質的に楽観的である。というのも、それは人々の頑健さと活力の中に社会変革の可能性とそれに対する動機づけ双方の証拠を見出しているからである (20-1)。

またフィスクはポピュラー・カルチャーを、ピエール・ブルデュー (1984) が「文化的な場」(113-20) と呼ぶものの中に位置づけているが、この場において、支配的な、あるいは正式な文化と、経済的ならびに技術的な決定から抽出されながらも最終的には重層的に決定されるポピュラー・カルチャーの間の文化的闘争が起こるのである。社会的なものを超えて大文字のCで始まる文化（Culture）が発展できる他に類を見ない空間――文化的領域――の歴史的な創造は、ブルデューにとって、階級権力を、文化的審美的差異として強化し正当化するという目的を、あるいは少なくともそうしたことの結果を持っている。文化的な場の階級関係は、二つの区分を軸に構造化されている。ひとつは、支配的な階級と従属的な階級の間の区分、もう一方は、支配的階級の内部における、高い文化資本の対極として高い経済資本を持つ人々と、高い経済資本の対極として高い文化資本を持つ人々の間の区分である。経済資本よりむしろ文化資本からおもに権力が生じている人々は、文化的な場の内部において、「部分的にそうした能力の希少価値を継続的に高めようとすることで、特定能力の社会的価値を高めるための」継続的闘争に従事している。「まさしくこうした理由で……彼らは、人が文化的な民主主義の方に動くとつねに抵抗するであろう」(220)[4]。

第一章で述べたように（第一〇章もまた参照）、ブルデュー (1984) にとって、「趣味」というカテゴリーは、「階級」（この語を社会経済的なカテゴリーと同時に特定レベルの質の示唆を意味する二重の意味として使用）標識として機能している。趣味のヒエラルキーの頂点にあるのは、「純粋な (pure)」審美的凝視――歴史的発明である――であり、機能より形式に重点を置く。「大衆的美学」は、形式を機能に従属させることで、この重点を逆にする。それに応じて、ポピュラー・カルチャーはパフォーマンスに関わり、高級文化は思索に関するものになる。高級文化は表象に関わり、ポピュラー・カルチャーは何が表象されているかに関わる。彼が説明するように、「知識人は、文学、演劇、絵画といった表象をそれらが表象するものより信頼する一方で、一般の人々は、おもに表象とそれらを統御する約束事があってこそ表象されたものを「無邪気に」信頼することを期待する」(5)。

審美的な「距離」とは、実質的に機能の否定である。「何が」ではなく、「どうやって」を主張する。それは、経済的で量が多いという理由で食事をよいと判断することと、どのようにどこで給仕されたかという理由で食事をよいと判断することの違いに似ている。「純粋に」審美的な、あるいは文化的なまなざしは、文化的な場の勃興によって起こり、美術館で制度化されたものとなる。いったん美術館に入ってしまえば、芸術はそれまでのすべての機能を（芸術であるという機能を除いて）失って、純粋な形式となる。「もともとは、かなり異なる、あるいは両立すらしえない機能に従属していたにもかかわらず（十字架と呪物（フェティッシュ）、ピエタと静物）（訳註：ピエタとはキリストの死体を膝に抱えて悲しむ聖母マリアの絵画）、こうして並列された作品は、暗黙のうちに機能よりむしろ形式に、テーマよりむしろ技術に注意を払うよう求める」(30)。たとえば、画廊に展示されるスープ広告は審美的な例になるが、雑誌に掲載された同じ広告は商業的な例となる。区別／卓越化の効果は、「化体（訳註：聖餐に関するカトリック教会の考え方で、パンとぶどう酒はキリストの体と血に真に変化する）と類似したある種の実存的昇格を生み出す」(6)。

ブルデューが言うように、「「純粋な」まなざしの説明は、そのまなざしがみずからを対抗するものとして定義する素朴なまなざしの定義も説明をしないことには容易ではない」(32)。素朴（ナイーヴ）なまなざしとは、もちろん大衆的な審美眼のまなざしである。

> 芸術と生の連続性の肯定は、機能に対する形式の従属をほのめかす……これは、高級な審美眼の出発点となる拒絶を拒絶すること、すなわち、通常の気質を特別に審美的な気質から明瞭に切り離すことを拒絶することである(ibid.)。

純粋なまなざしと大衆的／素朴なまなざしの関係は、言うまでもなく同等の関係ではなく、支配するものと支配されるものの関係である。さらに、ブルデューは、二つの美学は権力関係を表していると論じている。芸術「記号」の読解に要求される文化資本がないと、要求される文化資本を所有する人々の見下すような態度に対して社会的に弱い立場におかれてしまう。文化的なもの（すなわち、獲得されたもの）は、自然なもの（すなわち、生得的なもの）として提示され、転じて、社会的な諸関係を正当化するために使用される。このように、「芸術と文化の消費は、社会的差異を正当化する社会的な機能を満たす……傾向がある」(7)。ブルデューは、そのような区別／卓越化の操作を「自然な趣味のイデオロギー」(68) と呼んでいる。そうしたイデオロギーによれば、大衆の凡庸さに対して武装した本能的才能を与えられたとされる少数の人々だけが、真の「鑑賞眼 (appreciation)」を獲得できるのである。オルテガ・イ・ガセットは、「芸術は、「最高の人々」が、大衆のなんともつかない中からお互いを識別し、認知し、みずからの使命が、数の上では少数の者として存在して大衆に戦いを挑まねばならないことであると知るのを手助けする」(Bourdieu 31に引用)、と正確に論点を述べている（訳註：ブルデューはここでオルテガの『芸術の非人間化』（一九二五）から引用している)。美的関係は、社会的な権力関係を模倣し、またその再生産を手助けする。ブルデューは、以下のように論じている。

美に関する不寛容は、ひどく暴力的になりえる……。正統的文化の所有者を自認する人々にとって、最も容認できないことは、趣味に従うなら切り離さねばならない複数の趣味を冒涜的に再結合することである。これは芸術家や、審美眼を持つ人のゲーム、そして彼らの芸術的正統性の独占を求める闘いが見かけほど無垢ではないことを意味している。芸術をめぐるいかなる闘いにおいても重要なのは、生活技法を押しつけるということである。つまり、ある恣意的な生活様式を正統的な生活様式へと変成し、それによって他のすべての生活様式を恣意的なものとしてしりぞけるのである (57)。

他のイデオロギー戦略と同様に、「自然／生まれつきの趣味というイデオロギーは、それが真の差異を自然化し、文化の獲得様式の差異を自然／生まれつきの差異へ変換させるという事実にもっともらしさと有効性を負っている」(68)。

ブルデューの著作に大きく依拠した議論において、ポール・ウィリス (1990) は、「芸術」の美的鑑賞はみずからと「鑑賞する」人々とを、「教養のない大衆」から引き離そうとするさらなる試みにおいて「内的過剰制度化 (internal hyperinstituitonalization）」(2)——生活からの芸術の分離、機能より形式の重視——を経験したとしている。このプロセスは、部分的に美学と（公式・非公式の両方を含む広義に理解された）「教育」の関係の否定、すなわち、美的鑑賞の基礎となる、必要な「知識」の生産と再生産の否定である。この関係が否定されることで、美的観賞は、学習されたものというよりは生まれ持ったものとして提示される。大多数の人たちは、このことを知識に対するアクセスのなさの問題——高級文化の形式的な性質を「鑑賞する」のに必要な規則（コード）を「教育」されてこなかった——として見るのではなく、むしろ「自分たちを無知で、無神経で、真に「鑑賞する」人々のより洗練された感受性を持たない人間として」見るよう奨励されている。つまり、「自分たちは絶対的に確実に「才能がある」、「天分がある」「芸術」を上演し、創造する能力を持つとされる少数のエリートではないのだ、と」(3)。これは、日常生活の中に文化を作り出す人々が、自分たちのことを文化的でないと見なす状況を作り出す。文化の「内的過剰制度化」という戦略に対抗し、ウィリスは「地に足のついた美学（grounded aesthetics）」と呼ぶ考えを提唱している。それは、普通の人々が文化的に世界を理解するプロセス、「受け入れられた自然の世界と社会的世界が彼らに人間的なものにされ、どれだけ小さな範囲であったとしても（最終的には象徴的であったとしても）制御可能にされる方法なのである」(22)。

> 「地に足のついた美学」は、意味が象徴と実践に起因するとされ、象徴と実践が選択、再選択、強調、再構成されて、さらに適切かつ特定のものに合わせた意味を増幅させるプロセスにおける創造的要素である。そのような力学は、感情的であると同様に認知的である。それらが機能する場所があるだけ美学が存在する。地に足のついた美学は、共通文化の種なのである(21)。

地に足のついた美学にとっての価値は、けっしてテクストや実践に内在するものであったり、その形式の普遍的性質であったりはしない。つねに消費の「感覚的、感情的、認知的」(24)行動（どのように商品が我有化され、「使用され」、意味をもたらされるか）に刻み込まれている。これは、創造性を生産行為にのみあるとして消費は単に美的な意図、認知ないしは誤認にすぎないとする人々に対抗する議論である。ウィリスがそのような言い分に対抗して主張するのは、消費は創造性の象徴的行為であるということである。彼の「基本的論点は……「メッセージ」は、今や「送られ」たり「受け取られ」たりするのではなく、むしろ受け入れられた時点で作られるということである……。「送られたメッセージ」のコミュニケーションは、「作られるメッセージ」のコミュニケーションに取って代わられつつある」(135)。文化的コミュニケーションは、他者の声に耳を傾けるプロセスではなくなりつつある。地に足のついた美学は、（テクストに関してであれ権威に関してであれ）内在的で非歴史的とされる性質ではなく、使用に基づいて消費される（そして文化へと作られていく）という主張である。地に足のついた美学では、「使用時における生産」の実践より前には、意味や快楽は決定不可能である。これが意味するのは当然のことながら、（テクスト分析やその生産様式の分析に基づき）陳腐で退屈と判断される商品や商品化された実践が、「使用時における生産」であらゆる種類の興味深いことを、消費の特定の文脈の生きられた条件の中で持つようにされる、あるいはするようにされるかもしれないということである。このようにウィリスの議論は、形式的な性質に基づいて評価をするテクスト主義と、生産諸関係に基づいて評価する政治経済学的文化アプローチの双方に対する非難である。ウィリスの主張によれば、消費の「象徴的作用」は、けっして単なる生産諸関係の反復でもなければ、講義室の記号論的確実さの直接的確認でもない。

人々は、商業活動や文化的商品の消費において形成されるのみならず、生きたアイデンティティをその場に持ち込む。経験、感情、社会的立場、社会的メンバーシップを、商業活動との遭遇に持ち込むのである。したがって、必要とされる創造的な象徴的圧力を彼らが持ち込むのは、文化的商品を理解するためだけでなく、部分的にはそれらをつうじて学校、大学、生産、近隣において、特定のジェンダー、人種、階級、年齢などの成員として経験するような矛盾と構造を理解するためなのである。欠かすことのできないこの象徴的な作業の結果は、最初に文化的商品に記号化（コード）されたなにものからも、とても異なったものになるかもしれない（21）。

フランスの文化理論家ミシェル・ド・セルトー（1984, 2019）もまた、消費行為あるいは彼が好む呼び方でいうと「二次的生産」（secondary production 2019: 603）と呼ぶものの内部にある活動をあきらかにするために、「消費者（consumer）」という言葉を問いただしている。セルトーによれば、消費は、「狡猾に道をはずれているし、分散している。しかし、消費は巧妙に、あらゆるところに、静かに、そしてほとんど目につかないように潜んでいる。というのも、消費はそれ自身が生産したものをつうじて現れるのではなく、支配的な経済秩序が押しつけた製品をどう使うかをつうじて現れるからである」（602）。セルトーにとって、文化的な場は、文化的押しつけ「戦略」（製品）と文化的使用「戦術」（消費または「二次的生産」）の間の（沈黙した、あるいはほとんど見えない）継続的な闘争の現場なのである。文化批評家は、「生産と……使用……の過程に隠れた二次的生産……の相違点あるいは共通点」（603）[5]に対して注意を怠らないようにせねばならない。彼はテクストの積極的消費の特性を「密猟／侵犯（poaching）」とする。「流浪者がみずから線引きしたのではない土地に侵入して横切るように、読み手は他者に所属する土地を横断するのである」（1984: 174）。

読むことを密猟／侵犯ととらえる考えは、テクストの「メッセージ」が読み手に押しつけられたものと想定するいかなる理論的立場もあきらかに拒絶している。セルトーに言わせれば、そうしたアプローチは消費プロセスの根本的誤解に基づいている。その誤解は、「「同化」とは、必然的にある人が取り込むものと「似たものになる」ことを意味するのであり、何かを自分に似せることではない。つまり、何かを我有化するのであれ、再我有化するのであれ、それを自分のものにするのではないと想定する誤解」（166）である。

密猟行為がつねに潜在的に対立するのは、テクストの生産者と（専門的批評家、研究者などの）制度的な声からなる「書のエコノミー」（131-76）である。彼らは著者の権威、および／あるいはテクスト的意味を主張することをつうじて「権威づけられていない」意味の生産と流通を制限し、閉じ込めようと画策する。このように「密猟」というセルトーの考えは、読むことの目的を著者および／あるいはテクストの意図の受動的な受容であるような伝統的な読解モデル、すなわち、読むことを「正しい」か「誤り」の問題に還元する読解モデルに対する挑戦なのである。彼は、隠れた意味を含むテクストという考え方が、どのように教育の問題において、特定の権力関係の維持の助けになりうるかに関する興味深い所見を述べている。

このような虚構（フィクション）は、消費者に従属を強制する。というのも、宝典の無言の「富」を前にすると、つねに背信か無知かどちらかの責めを負うことになるためである……。作品に隠された「宝」、意味が詰めこまれた宝庫というフィクションは、あきらかに読み手の生産性にではなく、彼らのテクストとの関係を重層決定する社会制度に基づいている。読むことは、いってみれば、（教師と生徒間といった……）力関係によって刷り重ねられており、その力関係の道具にされているのである（171）。

このことが、また、「学生が……小ばかにされたように、あるいは、器用におだてられたりして、教師に「受け入れられた」意味へと立ち戻らされる」（172）教育実践を生み出すかもしれない。[6] えてしてこれは、「テクスト的決定論(textual determinism)」とでも呼べそうなもの、何かの価値はそれ自体に内在するという考え方を特徴としている。[7] こうした立場は、あるテクストや実践が学術的なまなざしの正当な関心の対象には値しないと、前もって判断するような考え方になりかねない。こうした考え方に対し、私としては、本当に問題なのは研究対象ではなく、その対象がどのように研究されるかである、と主張しておきたい。

日常生活の多くの領域は、セルトーの消費実践論のよい例になるが、おそらくファン・カルチャーの消費実践ほどよい例はないであろう。若者のサブカルチャーとともに、ファンは、おそらくポピュラーなテクストと実践のオーディエンスの中でも最も目立つ人々である。近年、ファンダム（fandom）（訳註：ファンの世界、文化）は、急速にカルチュラル・スタディーズの批評のまなざしの下に置かれるようになってきた。伝統的にファンは笑いものか、あるいは病理と特徴づけられるかの二つのうち、どちらかの扱いを受けてきた。ジョリ・ジェンソン（1992）によれば、「ファンダムに関する文献は、逸脱のイメージに取り憑かれている。ファンは、一貫して（その用語の起源を引き合いに出して）潜在的な狂信者（fanatic）という特徴を与えられる。これは、ファンダムが過剰で、異常な精神状態の境界線上にある行動と見られていることを意味している」（9）。ジェンソンは、ファン病理学の二つの典型的タイプ、「取り憑かれた個人」（通常は男性）と、「ヒステリー症の群衆」（通常は女性）を示唆している。彼女の立場によればどちらの人物像も特定の読みと「一般に認められていない近代批判」（ibid.）から生じており、ファンは「社会的機能不全とされるものの精神的兆候」と見なされている。ファンは、近代生活の危険な「他者」の一人として提示されているのだ。「わたしたち（we）」は正気で見苦しくないが、「彼ら（they）」は取り憑かれているかヒステリー状態のどちらかというわけである。

　これもまた、他者に関する言説である。ファンダムは、「他者たち」がおこなうことなのである。このことは、ファンダムが大衆的聴衆の文化活動に割り当てられる一方で、支配的な集団は文化的な関心、趣味、選好を持っているとされるさまにあきらかに見てとることができる。さらに、ジェンソンが指摘するように、これは、階級文化間の区分を取り締まることを目指す言説でもある。このことは、大衆的な聴衆の趣味から支配的集団の趣味を区別する賞賛対象によって確認されるとされるが[8]、鑑賞方法によってもおそらく維持されるとされている——大衆的聴衆は感情的に過剰なところまで喜びを見せると言われる一方で、支配的文化の聴衆はつねに見苦しくない美的距離と抑制を維持することができるのである[9]。

　おそらくカルチュラル・スタディーズ内部から出てきたファン文化の最も興味深い記述のひとつは、ヘンリー・ジェンキンズ（1992）の『テクスト密猟者（*Textual Poachers*）』であろう。ファン・コミュニティ（ほとんどが、といっても全部ではないが、白人の中流女性）の民族誌学調査で、彼はファンダムに「（ポピュラー・カルチャー理論と批評および民族誌学の文献へのアクセスのある）学者と、（特殊知識とそうした共同体の伝統にアクセスできる）ファンの……両方として」（5）アプローチしている。

ファンの読みは、知的、感情的関与の強さがその特徴である。「テクストは、ファンがそれに所有されるためではなく、むしろファンがそのテクストをより完全に所有できるように引き寄せられる。メディア・コンテンツを自分たちの日常生活へと一体化させて、意味と材料に距離なく没頭することによってのみ、ファンはフィクションを完全に消費し、活発な源泉にできるのである」（62）。ジェンキンズはテクスト決定論（どのように読まれるかはテクストが決定し、そのさいに、読者を特定のイデオロギー言説に位置づける）に反論し、「読者は事前に構成されたフィクション世界にではなく、テクスト材料から創り出した世界の中へと引きこまれる。ここでは、読者の事前に確立した価値観が、物語の仕組みが好む価値観と少なくとも同程度に重要になる」（63）、と主張している。

ファンは、テクストを読むだけではない。絶えず再読する。これによって、テクストと読者の関係の性質は大きく変化する。再読は、バルト（1975）が「解釈学的コード（hermeneutic code）」と呼ぶもの（テクストが読み続ける欲望を発生させるように問いを提示するやり方）の機能を弱体化させる。このようにして、再読は、読者の関心を「これから何が起こるのか」から、「ものごとはどうやって起こるのか」、すなわち、登場人物の関係、物語のテーマ、社会的知識と言説の生産といった問題へと移すのである。

ほとんどの読解が他人とまじわらない個人的遂行の実践なのに対し、ファンはテクストをコミュニティの一部として消費する。ファン文化とは、意味の生産と読解の実践を公的に展示し流通させることである。ファンは、他のファンとコミュニケーションをするために意味を作り出す。意味の公的展示と流通は、ファン文化の再生産にきわめて重要である。ジェンキンズが説明するように、「組織化されたファンダムは、おそらく何よりもまず理論と批評の制度であり、共通のテクストをめぐって、競合する解釈と評価が提示、討論、折衝されるとともに、読者がマス・メディアと彼ら自身のマス・メディアとの関係の性質を熟考する準構造化された空間なのである」(86)。

ファン文化とは、単なる熱狂的読者の集団ではなく、活発な文化製造者である。ジェンキンズは、ファンがお気に入りのテレビ番組を書き直す一〇の方法を述べている(162-77)。

1. **再文脈化**——放送された物語のギャップを埋めたり、特定の行動に追加的意味を示唆したりすることを目指した短い場面、短編、小説の制作。
2. **時系列の延長**——登場人物の歴史背景などを提供する短い場面、短編、小説の制作。ただし、放送された物語やそこで暗示されることを探索して、扱われた期間を超えて将来の展開をめざしたりはしない。
3. **再焦点化**(refocalization)——これは、ファンの書き手が、主要登場人物から脇役へと焦点を移すときに起こる。たとえば、テクスト周縁にいた女性や黒人の登場人物が取り上げられて舞台中央に上がる。
4. **道徳の再編成**——再焦点化のひとつで、放送された物語の道徳秩序の階層が逆転される(悪役が善人になるなど)。別パターンでは、道徳秩序は同じだが、今度は悪役の視点で物語が語られる。
5. **ジャンル転換**——SFドラマの登場人物が、たとえば、恋愛ドラマや西部劇の分野に配置しなおされる。
6. **クロスオーヴァー**——あるテレビドラマの登場人物が、別のドラマに取り入れられる。たとえば、『ドクター・フー』の登場人物と『スター・ウォーズ』の登場人物が同じドラマに出てくる。
7. **登場人物の再配置**——登場人物があらたな物語状況で、あらたな名前とアイデンティティで再配置される。
8. **個人化**——書き手がお気に入りのテレビ番組に挿入される。たとえば、私は、自分がドクター・フーに雇われ、一緒にターディス(訳註:『ドクター・フー』に登場する次元超越時空移動装置)を使って二四世紀のマンチェスターユナイテッドがどうなっているかの探検任務に就く短編を書ける。しかし、ジェンキンズが指摘するように、多くのファン文化の成員はこうした二次創作を妨げようとする。

9. **感情強化**――いわゆる「一方が肉体的・精神的に傷つき、もう一方がそれを癒す（hurt-comfort）」物語の制作。たとえば、お気に入りの登場人物が感情的危機を経験する。

10. **エロティック化**――登場人物の生のエロティックな側面を探求する物語。ファンが執筆するこのサブ・ジャンルの中で最も知られているのは、「スラッシュ」というフィクションだろう。同性愛を描いているためにそのように呼ばれる（たとえば、『スタートレック』のカーク船長／スポックなど）（訳註：スラッシュは、タイトルにスラッシュ記号がはいることからそう呼ばれる。日本の「やおい」は男性間のスラッシュに相当）。

ファンは、ファン・フィクションだけではなく、お気に入りの番組の画像を編集して作った続編をポピュラー・ソングに提供されたサウンドトラックに合わせてミュージック・ヴィデオを作成し、ファン・アートを制作する。ファンジン（訳註：ファン雑誌。fan と magazine を合わせた造語）を刊行し、替え歌作り（フィルキング）に参加し（番組や登場人物またはファン文化自体に関する歌――フィル・ソング――の大会において歌を作り、実演する）、テレビ局にお気に入り番組を再開させたり、現プログラムを変更させる奨励キャンペーンの組織化をしたりする。[10] セルトーに同意してジェンキンズが指摘するように、「ファンは、獲ってきたものを保持し、略奪したものを代替的な文化共同体を構築するための基礎として使用することができる密猟者なのである」（223）。

替え歌に関する議論で、ジェンキンズは、ファンダムと「ありふれた世界」（ファンではない人々――「平凡な読者」、あるいは「俗世人（mundanes）」――が住む世界）の間のよくある対立に注意を向けている。二つの世界の違いは、単に反応の激しさの問題なのではない。「ファンは、日常生活の価値観と規範に対抗して、「俗世人」に比べてより豊かに生活し、より強烈に感じ、より自由に遊び、深く考える人々と定義される」（268）。さらに、「ファンダムは、俗世間的な価値観や実践を拒絶することと、深く保持された感情と情熱的に抱かれた快楽を祝福することに定義された……空間を構成する。ファンダムの存在そのものが、型どおりの消費文化に対する批評を表しているのである」（283）。

ファン文化に関してとくに力を与える（エンパワリング）と彼が見るものは、「まさに多くのアメリカ人を観客へと変化させる諸力」から「より参加型の文化」（284）を作り出そうとする奮闘である。力を与えるのは商品ではなく、商品を使ってファンがおこなうことこそが力を与えるのである。ジェンキンズは、以下のように説明している。

> 私は、ファンが大切にするテクストが、なにか特別に力を与える性質を持っていると主張しているわけではない。しかし、彼らの人生の諸相に取りこむプロセスにおいて、ファンがテクストですることになにかエンパワリングなものがあると主張しているのである。ファンダムは、例外的なテクストではなく、むしろ例外的な読解を（その解釈の実践は、両者の明確で正確な区別の維持を不可能にするにもかかわらず）祝福するのである（ibid.）。

ジェンキンズによれば、ファン文化は、古典的なカルチュラル・スタディーズによるサブカルチャー読解のモデルを彷彿とさせる方法で、凡庸なものと日常的な要求に抵抗しようとしている。若者サブカルチャーが両親と支配的文化に対抗するものとして自己定義するのに対し、ファン文化は、「ありふれた世界」で想定された日常的な文化の受動性に対抗して自己定義している。

グロスバーグ（1992）は、ファン文化の「サブカルチャー」モデルには批判的である。そのモデルにおいては、「ファンが受け身な消費者というより大きな聴衆の中の少数エリートを構成する」というのである（52）。

> したがって、ファンは、さまざまな権力構造だけでなくメディア消費者の膨大な聴衆とも継続的な対立状態にある。しかし、ファンダムについてのそのようなエリート的な見方は、ポピュラー・カルチャーの形式と聴衆の間に存在する複雑な関係に光を当てることにはほとんど役に立たない。ファンと消費者の間に差異があることには皆が同意するかもしれないが、単純に前者の範疇を称賛し、後者をはねつけてしまうなら、その差異を理解する

ことはできそうにない（ibid.）。

同様に、サブカルチャー分析には、平凡なものに対して非凡なもの——抵抗的「スタイル」と体制順応的「流儀」の二項対立を称賛する傾向がつねにあった。サブカルチャーは、大多数の若者の受動的な商業趣味への順応を積極的に拒絶する、抵抗する若者を表象している。いったん抵抗が屈して組み込まれてしまえば、分析は停止し、次の「偉大なる拒絶」を待つことになる。ゲイリー・クラーク（1990）は、多くの英国サブカルチャー理論がロンドン中心であり、ある若者文化が地方に出現すれば、それはその文化が組み込まれてしまったことのあきらかな徴候だと暗に示唆されるということに注目している。彼が、若者サブカルチャーに関するあるレヴェルの文化エリート主義が多くの古典的カルチュラル・スタディーズの業績を構成していることまで見破ったとしても、驚くべきことではない。

サブカルチャー論の文献は少数の人々の様式上の逸脱ばかりを扱い、他の労働者階級が同様な扱いをしていたとしても、それを（暗にではあっても）簡単に組み込まれたものと片づけて封じ込めてしまう。このことはたとえば、サブカルチャー活動の外部にいると見なされる若者への嫌悪——ほとんどの「昔ながらの」労働者階級の若者がサブカルチャーと同じ音楽、スタイル、活動を享受していてさえ——および、グラム、ディスコ、テッド・リヴァイヴァルなど、「正統性」に欠けたものへのカルト的熱狂などへの軽蔑にあきらかである。実際、フランクフルト学派のマルクス主義から生じ、英国伝統内では『読み書き能力の効用』［ほとんどが第二部］に表明されたマス・カルチャーの不安に至るまで（逸脱する人々への関心をかき立てる）「マス・カルチャー」への根本的軽蔑があるように思われる（90）。

クラークの提案はこうだ。もしもサブカルチャーの消費がカルチュラル・スタディーズにおける関心領域にとどまろうとするなら、将来の分析は、「突破口としてのスタイルを出発点と受け取るべきであり」、組み込みの決定的な契機と取るべきではない(92)。さらによいのは、カルチュラル・スタディーズが「文化、社会諸関係における連続性と非連続性を位置づけ、こうした活動が若者自身にとって持つ意味を発見するためにすべての若者の活動」(95)に焦点を当てるようにすることである。

経済的な場　The economic field

今やメディアとコミュニケーション（つまり学者で、ほとんどすべて男性で、カルチュラル・スタディーズの外部）で働く人々による論文や学会発表からなる一ジャンルがある。それは、カルチュラル・スタディーズが政治的に信用できるように留まりたいなら、遅滞なく、政治経済学の作業方法をすっかり受け入れねばならないという提案を絶えず刊行し発表することに心血を注いでいる。[11] マクギガン（1992）は、このジャンル初期の真剣な提唱者だとされている。

私の意見では、現代のカルチュラル・スタディーズが文化の政治経済学から分離してしまったことは、この学問分野の力を最も削ぐ特徴のひとつになってきた。核となる問題構制は、経済還元主義への恐怖を実質的に前提としていた。結果として、メディア機関の経済的側面と消費文化のより広い経済的な動態が、めったに調査されることなく、考慮対象から単純に除かれてしまって、そのためにカルチュラル・スタディーズの説明的、および実質的に批判的な可能性がひどく台無しになってしまっている(40-41)。

ニコラス・ガーナム（2009）も、「カルチュラル・スタディーズというプロジェクトは、政治経済学との架け橋が再構築されてこそ成功裡に道を歩める」(619)、と同様の意見を述べている。カルチュラル・スタディーズにおける消費研究は――あるいは、そのように議論は進むのだが――生産が消費の可能性に制限を設けることにおいて演じる「決定的」役割を考慮に入れそこねているため、消費者の力を大幅に過大評価したというのである。

それでは、政治経済学はカルチュラル・スタディーズに何を提供できるのであろうか。ピーター・ゴールディングとグラハム・マードック（1991）は、実施要項と手順を以下のように概略化している。

> 批判的政治経済学の視点を際立たせるのは……まさに［ポピュラー・カルチャーを含む］公的コミュニケーションの象徴的次元と経済的次元の相互作用に焦点を当てている点である。この学問は、異なるやり方で文化的生産に資金を出し、組織化すれば公共の領域における言説と表象の範囲はどうなり、また聴衆のそれらに対するアクセスはどうなるか、跡づけ可能な結果をもたらすさまを示すことを目指すのである（15）（強調はストーリーによる）。

文化産業が、ますます少数の強い力を持つ個人と組織によって所有され、支配されるようになっている世界で、そのような問いに取り組むことはあきらかに重要である。文化産業の権力が、最も公的に可視化された地点をはるかに超えて広がっていることは今や完全に常識となっている。映画製作で知られた会社は、その映画の原作本の会社やサウンドトラックの曲を持つ音楽会社、映画評を載せる新聞社や雑誌社を所有しているかもしれない。こうした「相乗効果」は、特定の文化産業に対して、我々がなにを観て、読み、聴くか、さらにどのように聴き、観て、読むよう促されるかについて莫大な権力を与えているのである。

しかし、はたして文化の政治経済学は、そのような問いを扱えるのであろうか。先の引用において重要な語は「アクセス」（「使用」と「意味」よりも特権化されている）である。このことが、このアプローチの限界を示している。経済的側面においてはよいが象徴的側面においては弱いということである。ゴールディングとマードックは、たとえばウィリスとフィスクといった理論家による仕事は、「体制転覆的な消費をロマンティックに称賛してしまっているという点で、それは、マスメディアがいかにしてイデオロギー的に機能し、現行の支配関係を維持し、支持しているのかということへのカルチュラル・スタディーズの積年の関心とはあきらかに齟齬をきたす」(17)と示唆している。この主張の最も示唆的なところは、ウィリスとフィスクに対する批判ではなく、カルチュラル・スタディーズの目的とされる内容である。もしも確固として、またもっぱら、その焦点が支配と操作に置かれていなければ、カルチュラル・スタディーズはその課題に失敗する、と彼らは示唆しているように思われる。二つしか可能な立場はない。ひとつはロマンティックな称賛、もうひとつはイデオロギー的な権力の承認で、二つ目だけが真剣な学術的探求である。だが、イデオロギー的操作形式に人々が抵抗するのを示す試みはすべてがロマンティックな称賛なのであろうか。左翼悲観主義と道徳的な左翼主義だけが、政治的、学術的真剣さを保証するのであろうか。

政治経済学が考える文化分析は、テクストと実践へのアクセスと利用可能性を詳細に語る程度でしかないように思われる。テクストと実践が(テクストとして)意味するかもしれないものや、使用時に(消費されるときに)意味させられるかもしれないものを考慮すべきであるとは、実際には提唱してはいない。ゴールディングとマードックが指摘するように、

> カルチュラル・スタディーズにおける視聴者の活動に関する最近の研究は、自分を取り巻く社会的な状況の中でのテクスト解釈とメディア使用の折衝に焦点を置くのだが、それに対して、批判的政治経済学は人々の反応の差異を彼らの経済制度における統合的位置に結びつけようとするのである(27)。

これは、テクストの具体的な物質性は取るに足らないものであり、また聴衆の折衝など単なる虚構(フィクション)で、経済的な権力ゲームにおける幻想の差し手である、と示唆しているように思われる。

ポピュラー・カルチャーのテクストと実践を経済的な存在条件の領域内に位置づけることは明瞭に重要である一方

で、これを政治経済学が提唱するやり方でおこない、そうすればテクストの具体的な物質性と聴衆による我有化と使用の両方に関わる重要な問題を分析して回答したと考えることはあきらかに不十分である。ポストマルクス主義のヘゲモニー理論が、依然として生産とテクストと消費の活動的関係の維持を保証する一方で、政治経済学はその賞賛に値する意図にもかかわらず、すべてを経済に再度落とし込んでしまいかねない。

資本主義市場に対するウィリス の態度、とくに利益に対する資本主義的衝動が、まさに共通文化の新形態を生み出す条件を生産する、という主張こそ、政治経済学を最も不快にさせるものである。

> その他のいかなる行為主体性(エージェンシー)もこの領域［共通文化］を認知したり、使用可能な象徴的な材料を提供したりはしてこなかった。そして、文化的な場の商業的起業家精神は、何か現実的なものを発見してきたのである。というのも、利己的理由のために何を達成したのであれ、我々はこれが歴史認識だと信じているからである。それは重要であり、取り消すことができない。商業的な文化形式に手助けされて歴史的現在が生み出された。我々は、今やそこから逃れられず、さらに必要な象徴的作業に使用可能な材料がかつてないほどに多く――たとえそうした材料について我々がどのように考えていようと――手にはいる。こうしたものから、商業的な想像や、ましてや公的な想像においては夢にも思わないような形式が――共通文化を形成する形式が、生まれるのである（1990: 19）。

資本主義は、一枚岩のシステムではない。どんな「構造」もそうであるように、「行為主体性」を制限すると同時に、能力を与えるという点で矛盾を抱え込んでいる。たとえば、ある資本主義者が最新の若者のサブカルチャー活動を嘆く一方で、別の資本主義者は経済的に熱狂して受け入れ、望まれるすべての商品を提供する準備を整える。共通文化の可能性を生み出してきたのは、このような、そして同様の、資本主義の市場システムにおける矛盾である。

商業と消費は、日常での象徴的生活と活動の凄まじい増加を解き放つ手助けをしてきた。共通文化の精霊は瓶の外に出た——商業の無頓着さゆえに外に出された——のである。精霊を元に詰め直すのではなく、どんな望みがかなうのだろうかを見ることが想像の肝であるべきだ(27)。

このことが必然的に伴うのは、多くの人々、とくに政治経済学の提唱者にとって、受け入れがたいとウィリスにはわかっていること、すなわち、「少なくとも部分的に、通常、これまでは気にいらなかった経済的な仕組みをつうじ、文化的な解放の可能性が作動する」(131)という示唆である。もっとも、「文化的な解放」によって意図されたものは、完全には明瞭でないかもしれない、つまり、「公式文化」のヘゲモニー的排除との断絶を必然的に伴うという主張を超えているかは明瞭ではないかもしれないのではあるが。しかし、はっきりしており、また政治経済学が受け入れがたいものは、ウィリスが市場を部分的にはその矛盾——「それ自体の批判のために材料を提供している」(139)——ゆえに、そして、その意図と歪曲にもかかわらず、共通文化の領域の象徴的な創造性を促進するものとして見ているということなのである。

人々は、自身の制約だけでなく、発達と成長のためにも市場で動機と可能性を見つける。いたるところで混乱させられ、疎外され、搾取をつうじて機能しているにもかかわらず、こうした動機と可能性は、どんな可視化された選択肢よりも多くのことを約束してくれる……。また、地に足のついた美学に直面して、現代の「消費者アイデンティティ」は、市場に提供されたテクストと製品の内部に「刻印された立場」であると単純に繰り返すだけでは、もはや十分ではない。もちろん市場は、とてもではないが、完全な意味で、文化的エンパワメントを提供するわけではない。選択肢はあったとしても、選択に関する選択——文化的課題を設定する権力——はない。そ

> れにもかかわらず、市場は他のどこでも提供されてこなかった矛盾したエンパワメントを提供している。大多数にとって、文化的解放への最善の道ではないかもしれないが、**よりよい道へとつうじる道を開いてくれるかもしれない**のである（160 強調はストーリーによる）。

資本主義と同じく、文化産業は、人々が文化を作り出す材料となる商品を提供するが、それ自体一枚岩でも矛盾をはらんでいないものでもない。最初の文化産業、一九世紀の舞台メロドラマから、おそらく二〇世紀で最も強力なもののひとつ、ポップ・ミュージックまで、文化的商品は「よりよい未来へとつうじる道を開いてくれるかもしれない」やり方で「節合」されてきた。たとえば、マンチェスターのクイーンズ劇場（商品化されたエンターテイメントを販売する商業的な場所）において利益を求めて作られたポスターを見てみよう。ポスターは、どのようにロンドン製本業者のストライキを支持する慈善興行に劇場がみずからを明け渡したのか（あるいは乗っ取られたか）を示している。[12] 別の重要な例は、一九九〇年、ネルソン・マンデラが釈放後初めて公の場に姿を現したのは、ポップ・ミュージックのコンサートへの出席であったという事実である。[13] それは、その聴衆に「気にかけることを選んでくれた」ことへのお礼を伝えるためである。この例は両方とも、資本主義と資本主義の文化産業が一枚岩であり矛盾をはらんでいないという考えに疑問を呈するものである。

ウィリスはまた、消費の効果が制作者の意図を正確に映し出すはずであるという想定は雑で、単純であるとも述べている。テリー・ラヴェル（2019）が指摘するように、マルクス（1976c）の著作に依拠すると、資本主義の商品は使用価値と交換価値という二重の存在を持っている。使用価値とは、「商品が人間の欲求を満たす能力」（539）のことである。そのような欲求は、マルクスが述べるように、「食欲から生じるかもしれないし、あるいは空想から生じるかもしれない」（ibid.）。商品の交換価値は、商品の市場販売時に現金に換えられた金額である。ウィリスの議論にとって重要なのは、ラヴェルが指摘するように、「商品の使用価値は、実際にその商品をどのように使用したかを調査をするまでは知ることができない」(540)という事実である。さらに、ラヴェルが示すように、ポピュラー・カルチャーが作られるもととなる商品は、

それを使用、購入する個人にとっての使用価値と、それを生産して販売する資本家にとっての、さらには資本主義全体にとっての使用価値が異なっている。人々がこのような文化的製品を購入するのは、みずからをブルジョワ・イデオロギーにさらすためにではなく……分析と調査をするのでもない限りは想像に任せるしかないさまざまな異なる欲求を満たすためなのだと想定してもよいかもしれない。文化的なものが購入者にとって持つ使用価値は、ブルジョワ・イデオロギーとしての資本主義に対する有用性と交換可能でさえあるだろう(598)。

我々が購入するもののほとんどすべてが、資本主義制度を経済的に再生産することを手助けしている。しかし、購入するものすべてが、資本主義イデオロギーの「主体/被支配者」として我々を確保することを必ずしも手助けするわけではない。たとえば、もしも私が反資本主義デモに行ったとして、旅行、食事、宿泊、衣服などのすべてが、私が転覆させたいと願う制度の再生産に貢献してしまう。したがって、すべてではないにしても、自分の消費のほとんどが「資本主義的」であるにもかかわらず、そのせいで私が反資本主義者になれないということにはならない。交換価値と使用価値の間には、つねに潜在的矛盾があるということだ。

資本主義的生産の主要な関心は、剰余価値(利益)に導く交換価値である。もちろん、これは資本主義が使用価値に関心がないことを意味するわけではない。使用価値がなければ、商品は売れないであろうからだ(だから需要を刺激するためにあらゆる努力がなされる)。しかし、個々の資本家による剰余価値の追求は、しばしば制度全体の一般的なイデオロギー的必要性を犠牲にしかねないことを意味している。マルクスは、資本主義制度における矛盾に大半の人々以上に気づいていた。マルクスは、好景気と不景気の変動によりうまく耐えるため、労働者は貯蓄すべきであるとい

う資本家の要求についての議論において、「生産者としての労働者」と「消費者としての労働者」の間に緊張関係が存在する可能性を指摘している。

たしかに、個々の資本家は、自分のところで働く者たちに貯蓄するべきであると求めるが、彼自身の労働者に対してだけである。資本家にとって彼らは労働者だからである。しかし、それ以外の労働者全体にはけっして要求しない。というのも、この資本家にとって彼らは消費者として存在しているからである。それゆえに、これほど「善意の装い」を凝らしたスピーチをしながらも、彼らを消費に駆り立てるように、商品にあらたな魅力を与え、絶え間ないおしゃべりによって彼らにあらたな欲求をかき立てるといった手段を探し求めるのである（Marx, 1973: 287）。

特定の資本と資本主義全体との間の緊張によって、状況はさらに複雑になる。共通の階級利害は――もしも特定の制約、検閲等が押しつけられないのならば――通常、剰余価値を追求する特定の資本の利害の二の次となる。

もしも剰余価値が、支配的イデオロギーに異議申し立てをしたり、転覆さえさせたりする文化的商品の生産から抽出されうるならば、その場合には、その他すべての条件が同様ならば、そうした商品の製造へ投資することが特定資本の利害となる。集団的な階級の抑制が行使されない限り、個々の資本家による剰余価値の追求は、資本主義全体の利益に反する文化的生産の諸様式へと導くかもしれない（Lovell, 2019: 598-99）。

この可能性を探るためには、生産に対抗する消費に特化して焦点を当てることが必要になるだろう。これは、完全な分析には経済決定論を考慮に入れねばならないという政治経済学の主張を否定するものではない。しかし、もしも我々の焦点が消費であるならば、焦点は実際に経験されるものとしての消費でなければならず、生産諸関係に関する従前の分析をふまえて経験されるべきとされる消費であるべきではないというのが、ここで主張したいことである。

消費の資本主義的諸関係を攻撃する道徳的、悲観主義的な左翼の人々は、論点をとらえそこねている。圧政的かつ搾取的なのは資本主義の生産諸関係であり、資本主義市場によって促進される消費者の選択なのではない。これは、ウィリスの論点でもあるように思われる。道徳的左翼と左翼の悲観論者は、より多いもの（量）の方がつねにより少ない（質）意味しかないと主張するエリート的で反動的な議論の罠に、みずから囚われるままになってきた。

文化産業の権力とその影響力の区別は、重要である。両者はあまりにもしばしば一緒くたにされるが、必ずしも同じものではない。政治経済学的アプローチの問題点は、二つをあまりにもしばしば同じものと想定してしまうことである。このせいで、あまりにも頻繁に単純な論理が生み出されてしまう。すなわち、文化産業は資本主義イデオロギーの提供者であり、その商品を購入する人は実質的に資本主義イデオロギーを購入しているのであり、資本主義多国籍企業のカモである。資本主義的な主体／従属者として再生産されて、ますますお金を使い、ますますイデオロギーを消費するのをいとわない、などの点である。このアプローチの問題は、資本主義が交換価値に基づき商品を生産する一方で、人々が使用価値に基づき資本主義の商品を消費する傾向があることを十分に認識することができていない点である。使用経済と交換経済という並行して走る二つの経済がある――一方だけを、もう一方を問わぬまま理解することはできない。消費を生産の方にまとめてみても理解できないし、消費を離れて生産を読んでいては生産も理解できないであろう。もちろん困難なのは、それぞれを引き離しておくことではなく、意味深く分析できる関係に橋渡しすることである。しかし、もしもポピュラー・カルチャーを研究するときに関心が消費可能な商品のレパートリーであったとしたら、そのときは生産が最も大切な関心事であるということになるが、一方で、もしも特定のテクストや実践の特別な使用法を見つけることが関心事であったとしたら、最も大切な焦点は消費に置かれるべきである。両方の事例において、取るべきアプローチは答えを求める問いによって決定されるだろう。理想的な研究環境――適切な時間と予算が与えられた——にいられるなら、文化分析は、生産と消費が弁証法的に結びつけられるまでは不完全に留まることが真実であろうが、現実世界ではそれがつねに事実とは限らない。この点をふまえると、自分たちだけがポピュラー・カルチャーの本当に正当な研究方法を提供しているという政治経済学の主張は、正しくないだけでなく、もしもそのようなことが広く信じられたとしたら、カルチュラル・スタディーズの研究を還元主義的に歪曲するか、あるいは完全に抑えつけるかという結果を生み出しかねないのである。

ポスト・マルクス主義カルチュラル・スタディーズ——ヘゲモニー再訪

Post-Marxist cultural studies: hegemony revisited

政治経済学によるカルチュラル・スタディーズ批判が重要なのは、それが述べていることによってではなく、ある問いに注意を促しているためである。その問いに政治経済学が答えていないことは言うまでもない。その問題とは、どのように日常生活のテクストと実践の「存在条件」を分析の視野にとどめておけるのかということだ。政治経済学が提唱した分析様式の問題は、文化を作り出すプロセスの始まりの部分しか取り上げていない。スチュワート・ホール（1996c）のことばを借りるなら、政治経済学が説明するのは、「経済の最初の審級において決定されたもの」（45 強調はホールによる）と言った方がよりわかりやすい。経済的条件は存在するのであり、経済還元主義への恐れを単純に消し去ることはできない。しかし、重要なのは、単にこうした条件を詳述するとか、この条件がどのように商品のレパートリーを生成するかについての理解を作り出すかといったことだけではない。同時に必要なのは、人々がこうした商品を選び、自分のものとして使用し、文化に変化させる多くの方法についての理解である。言い換えれば、必要なのは「構造」と「行為能力（エージェンシー）」の関係の理解なのである。これはその関係の一方を放棄することでは、達成されないであろう。ホール（1996b）は、カルチュラル・スタディーズに従事する多くの人々が「経済的」説明から、ときに目を背けてきたことを示唆している点において疑う余地なく正しい。

> 決定論的な経済主義の放棄から生じてきたものは、他の実践の「存在条件」としての経済関係とその効果の問いを考える別の方法ではなく……その代わりに大規模で、巨大で、雄弁な否認である。まるで、最も広い意味における経済的なものは、かつて想定されていたものとは違って歴史の現実の動きを「最終審級において決定する」ことは断じてないのだから、そんなものはまったく存在しないかのように！(258)

ホールは、このことを「あまりにも深刻な……あまりにも能力を奪うような理論化の失敗であり、結果としてずっと弱い、より概念的に貧弱なパラダイムが継続的にこの領域でのさばって、支配的になることを許した」(ibid.) と説明している。そこへの回帰は、「存在条件」の考慮への回帰でなくてはいけないが、政治経済学が提示するたぐいの分析、すなわち、「アクセス」できることが我有化および使用と同じであり、生産がテクスト性や消費に関して知る必要のあることすべてを語ると想定する分析に回帰するわけにはいかない。政治経済学への橋渡しをすべきという問題でもない。求められているのは、マクロビーらが論じてきたように、一九七〇年代以降に最も説得的で首尾一貫していた（英国）カルチュラル・スタディーズの理論的焦点であったもの――ヘゲモニー理論――への回帰である。

マクロビーの認めるように、カルチュラル・スタディーズは、ポストモダニズムおよびポストモダニティをめぐる議論がイデオロギーとヘゲモニーという、よりおなじみの議論に取って代わるにつれ、根本的に異議申し立てを受けてきた。彼女によれば、カルチュラル・スタディーズは、二通りの応答をしてきた。政治経済学の確実性への回帰を提唱してきた人々がいる一方で、他方では（快楽と意味生成の観点からのみ過剰に理解された）消費へと関心を転じる人々がいた。いくつかの点で、彼女が認識するように、これは、ほぼ一九七〇年代後期と一九八〇年代初期の構造主義と文化主義の議論の再演である。また、マルクス（1977）による一方に対するもう一方という弁証法（我々は歴史によって作られる／我々が歴史を作る）の一方を演じるパフォーマンスの再演と見ることもできる。マクロビー（1994）は、「粗雑で機械的な土台—上部構造モデルへの回帰、ならびに、消費されて、人気があるものなら何でも対抗的と見なすに至るまで文化迎合主義を追求する危険」（39）への回帰を拒絶している。その代わりに彼女は、「グラムシ的文化分析の拡張」（ibid.）を求め、「生命のない対象（文化産業によって提供された商品）に……命を吹き込む生きられた経験」（27）を研究対象とする民族誌学的な文化分析への回帰を求めている。

ポスト・マルクス主義のヘゲモニー理論は、最善の状態では、諸生産のプロセスと消費の活動の間にはつねに対話があると主張する。消費者は、つねに決定的な生産条件の結果としての物質存在であるテクスト、あるいは実践に向かい合う。しかし、同様にテクスト、あるいは実践も、可能な意味の範囲を実際の効果として使用時に産出する消費者に直面している——これらは単にテクストや実践の物質性あるいは生産手段や生産関係から読み取れるものではない。[14]

マス・カルチャーのイデオロギー　The ideology of mass culture

我々は、今、ここから始めなくてはならないし、我々が（我々のすべてが）多国籍資本主義に支配されている世界に生きていることを、そして当面にわたってそうであろうということを認めなくてはいけない——グラムシ（1971: 175）が言ったように、知性の悲観主義、意志の楽観主義である。我々自身を——単に最前線の知識人だけでなく、すべての人々を——文化への能動的な参加者として見る必要がある。選択し、拒否し、意味を作り出し、価値を割り振り、抵抗し、さらに、だまされたり操作されたりする者として。これは「表象の政治学」を忘れることを意味していない。我々がしなければいけないのは（ここでオングに同意するが）、快楽が政治的であっても、快楽と政治はしばしば異なるものになりうると知ることなのである。『キリング（*The Killing*）』、あるいは『ゲーム・オブ・スローンズ（*Game of Thrones*）』を好むことは、私の政治を決定したり、より左寄りにしたりより左寄りでなくしたりはしない。快楽があり、そして政治があるのである。我々は歪曲、回避、否認を笑うことができる。一方で、これらが歪曲、回避、否認であると発言する政治をなおも促進しながら、そうできるのである。我々はお互いに異なったヴァージョンの現実の間の差異を知り、政治化し、認識することを、そして、それぞれが異なる政治を要求してよいということを知ることを、教え合わなくてはならない。これは、フェミニスト的な、あるいは社会主義的な文化研究の終焉、あるいは「人種」、階級、ジェンダー、障害やセクシュアリティの表象に関する闘争の終焉を意味するのではなく、むしろ、「文化と文明化」という問題構制と、特定の消費パターンが個人の道徳的、政治的価値を決定するという人の力になるどころかむしろ逆のその主張もろとも、最終的に手を切ることを意味すべきなのである。

多くの点で、本書はアングが「マス・カルチャーのイデオロギー」と呼ぶものに関する問題を扱ってきた。このイデオロギーに対して、私は消費と使用と歴史的偶然性を提起してきた。最終的に、ポピュラー・カルチャーは商品と文化産業によって使用可能にされた商品と商品化された実践から我々が作り出すものであると論じてきた。ポストマルクス主義カルチュラル・スタディーズの議論で述べたことを言い換えるなら、ポピュラー・カルチャーを作り出すこと（使用状態における生産）[15]は、従属する人々にはエンパワリングであり、世界についての支配的な理解に対して抵抗する力を持つことになりえる。しかし、これはポピュラー・カルチャーがつねにエンパワリングであり、抵抗的であることを意味してはいない。消費の受け身性を否定することは、ときに消費が受け身であることを否定するものではないし、ポピュラー・カルチャーの消費者がだまされやすいカモであることを否定することは、文化産業が操作を目指していることを否定するものではない。しかし、ポピュラー・カルチャーが利益を生み出して、社会統制を確保するために上から押しつけられた商業的、イデオロギー的操作の堕落した風景にすぎないということについては否定するのである。ポスト・マルクス主義カルチュラル・スタディーズは、これらを決定するには、生産、テクスト性と消費の詳細への警戒と注意が必要であると主張する。これらは、エリート主義の一瞥と上から目線の冷笑では、（歴史と政治の偶然性の外部において）最終決定できない問題なのである。これらはまた、生産の瞬間から読みとる（意味、快楽、イデオロギー効果、取り込みの見込み、抵抗の可能性を、意図、生産方法、ないしは生産それ自体などさまざまな場に位置づける）こともできない。これらは、「使用状態における生産」のための文脈の単なる局面なのである。そして、最終的に、「使用状態における生産」においてこそ、意味、快楽、イデオロギー効果、取り込み、あるいは抵抗といった問題が（偶然に）決定されうるのである。

そのような議論は、本書初版の執筆時に突然、声高になり、より執拗になったマス・カルチャーのイデオローグを満足させることはないであろう。ここで念頭においているのは、上位文化の権威の危機に関する英米のメディア・パニック――難易度レヴェルを落とすこと、「政治的正しさ」、および多元文化主義に関する賛否両論のことである。正典は、批判的思考に出会うと、そこから離れるためのナイフのように振りかざされる。彼らは、傲慢な状態で我々ほとんどが文化と呼ぶものをはねつける。ポピュラー・カルチャー（またはより普通にはマス・カルチャー）と高級文化（またはより普通には単に文化）と語ることは、単にまたもや「奴ら（them）」と「我々（we）」と語る方法でしかない。彼らは、背後の強力な言説の権威と支持をもって語る。我々の中でこの言説を拒絶する者は、その思索的かつ無思慮なエリート主義を認識しているが、（しばしば同様に力を奪うような）ポピュリズムのイデオロギーの言説的支えしかない。ポピュラー・カルチャーのあらたな教授法の責務とは、一方では否定的エリート主義の無力化傾向の、他方では無邪気な反知性主義の、能力を奪うような傾向の餌食にならないような機能の方法を見つけることである。本書は、いかなるあらたな機能方法も確立したわけではないとしても、少なくとも現存するアプローチを、将来の発見がポピュラー・カルチャー研究者にとって真の可能性となる手助けとなるようにマッピングできていることを願っている。

（1）序文で述べたように、本書は、主題に関して理解しやすいことを心がけたという点で入門書であるが、何かしら新しいものを紹介するという点でもまた入門書である。つまり、ここで論じられたすべての作品はすでに存在してはいるが、文化理論とポピュラー・カルチャーの伝統としてすでに存在していた作品の集合体ではない。本書のオリジナリティは、これらをまとめて、ポピュラー・カルチャーの理解の方法とする点である。

（2）レナード・コーエンの曲『未来（*The Future*）』は、「俺にベルリンの壁を返してくれ、俺にスターリンと聖パウロを返してくれ／俺は未来を見てきた、兄弟。それは殺人だ」、とこの論点を完璧に示している。

（3）フィスクは、リーベスとカッツ（1993）を引用している。

（4）わずかに異なる域（レジスター）での作用ではあっても同じ論点を主張しているのだが、以前勤務していた大学の友人二人は、長きにわたる『ドクター・フー（*Doctor Who*）』への愛好に関して多くのからかいに耐えてこなければならなかった。しかし、最近は、そのテレビ番組のあらたな人気に憤りの兆候を示している。どうやら、『ドクター・フー』のすべてのことに関して、どうみても孤立無援であった彼らの「所有権（ownership）」が、人気というあらたな民主主義に脅かされるということなのだろう。

（5）ここに二次生産の「戦術」の事例がある。私の両親は、つねに労働党に投票しながら、長年にわたって選挙では必ず別々に投票していた。その理由は、私の父が、地元議会の保守党員が運転する灰色の大型ベントレーに乗せてもらうのをつねに受け入れていたからである。私の母は、ダーラム炭田の炭鉱村で生まれ育ち、一九二六年のゼネストの苦い余波を経験したので、「そんな車に乗るのは絶対ごめんだ」と保守党のベントレーに乗せてもらう可能性を認めることさえも拒絶した。父は、ウォルター・グリーンウッドの『ラヴ・オン・ザ・ドール（*Love on the Dole*）』で描写されたようなサルフォード地方の一地域で一般的であった苦労の中で育ったのであるが、つねに同じ方法で反応して、「保守党に運転してもらって労働党に投票する」なんて、たいそう愉快なことじゃないかと主張していた。

（6）私は非常に正確だと思うが、アンディ・メドハースト（1999）はこうした教授法を、「伝道者的押しつけ（missionary imposition)」（98）と説明する。

（7）ストーリー（2017a）を参照。

（8）ジェンソン（1992: 19-20）は、バリー・マニロウのファンであることが可能なのとほぼ同じように、ジェイムズ・ジョイスのファンであることも可能であると説得力をもって論じる。

（9）クラシック音楽やオペラの観客は、美的な消費の方法を学ばねばならなかった。Sotrey（2006 and 2010a）を参照。

（10）どのように『ドクター・フー』ファンがテレビに番組を呼び戻したかの議論に関しては、ペリーマン（2009）を参照せよ。

（11）カルチュラル・スタディーズと文化に関する政治経済学の間の情報に基づく討論に関しては、*Critical Studies in Mass Communication*, 12, 1995 を参照。また Paul Steven, *Cultural Theory and Popular Culture: A Reader*, 4th ed. Edited by John Storey, Harlow: Pearson Education, 2009 を参照。

（12）ストーリー（1992 および 2010a）を参照。

（13）ストーリー（1994）を参照。

（14）ゲイ、ほか（1997）が展開する「文化循環（circuit of culture）」モデルは、ポストマルクス主義カルチュラル・スタディーズの研究に対する疑いようもなく多大な貢献である。

（15）マルクス（1976a）は、「製品は、消費においてのみその最終的な仕上げを得る……たとえば、ドレスは身につけられるという行為においてのみ真のドレスとなり、誰も住まない住居は実際には真に住居ではない。言い換えると、製品は、単なる自然の物体とは一線を画し、消費においてのみ、みずからを製品と証明し、製品となるのである」（19）。これが本とテクストの間の違いである。前者が出版社によって製造されるのに対して、後者は読者によって製造される。

さらに知りたい人のための参考文献　Further reading

Storey, John (ed.), *Cultural Theory and Popular Culture: A Reader*, 5th edn, London: Routledge, 2019. This is the companion volume to the previous edition of this book. An interactive website is also available (www.routledge.com/cw/storey), which contains helpful student resources and a glossary of terms for each chapter.

Bennett, Tony, *Culture: A Reformer's Science*, London: Sage, 1998. A collection of essays, ranging across the recent history and practice of cultural studies, by one of the leading figures in the field.

During, Simon (ed.), *The Cultural Studies Reader*, 2nd edn, London: Routledge, 1999. A good selection of material from many of the leading figures in the field.

Gilroy, Paul, Lawrence Grossberg and Angela McRobbie (eds), *Without Guarantees: In Honour of Stuart Hall*, London: Verso, 2000. An excellent collection of essays engaging with the work of Stuart Hall.

Gray, Ann and Jim McGuigan (eds), *Studying Culture: An Introductory Reader*, London: Edward Arnold, 1993. A good selection of material from many of the leading figures in the field.

Grossberg, Lawrence, Bringing it all Back Home: Essays on Cultural Studies, Durham, NC: Duke University Press, 1997. An excellent collection of theoretical essays by one of the leading figures in cultural studies.

Grossberg, Lawrence, *Dancing in Spite of Myself: Essays on Popular Culture*, Durham, NC: Duke University Press, 1997. An excellent collection of essays on popular culture by one of the leading figures in cultural studies.

Grossberg, Lawrence, Cary Nelson and Paula Treichler (eds), *Cultural Studies*, London: Routledge, 1992. The collection consists of forty essays (most followed by discussion). An excellent introduction to relatively recent debates in cultural studies.

Jenkins, Henry, Peters-Lazoro, and Shresthova, Sangita (eds), *Popular Culture and the Civic Imagination*, New York: New York University Press, 2020. *An interesting collection of essays about the role popular culture might play in changing the world for the better*.

Morley, David and Kuan Hsing Chen (eds), *Stuart Hall: Critical Dialogues in Cultural Studies*, London: Routledge, 1995. This is a brilliant book. It brings together interviews and essays (on and by Stuart Hall). Together they weave an image of the past, present and possible future of cultural studies.

Munns, Jessica and Gita Rajan, *A Cultural Studies Reader: History, Theory, Practice*, New York: Longman, 1995. Well organized, with a good selection of interesting essays.

Storey, John (ed.), *What is Cultural Studies? A Reader*, London: Edward Arnold, 1996. An excellent collection of essays that in different ways attempt to answer the question, ' What is cultural studies?'

Storey, John, *Inventing Popular Culture*, Malden, MA: Blackwell, 2003. An historical account of the concept of popular culture.

Storey, John, *Culture and Power in Cultural Studies: The Politics of Signification*, Edinburgh: Edinburgh University Press, 2010. Extends many of the arguments in this book into more detailed areas of research.

Storey, John, *From Popular Culture to Everyday Life*, London: Routledge, 2014. The book moves the critical focus of cultural studies from popular culture to everyday life.

Storey, John (ed.), *The Making of English Popular Culture*, London: Routledge. An excellent collection of essays that explore the emergence of popular culture in the nineteenth century.

Storey, John, *Theories of Consumption*, London: Routledge, 2017. Provides a critical mapping of a key concept in cultural studies.

Storey, John, *Radical Utopianism and Cultural Studies: On Refusing to be Realistic*, London: Routledge, 2019. An examination of utopianism from the perspective of a Gramscian cultural studies.

訳者あとがき

はたして我々は、どれだけ「闘争の場（a site of confrontation）」としてのポピュラー・カルチャーの意義を理解し、その使命を吟味できているであろうか。もしもカルチュラル・スタディーズが既存の学問体系に取り込まれ、みずから権威となり象牙の塔に閉じこもり無批判で守られた存在になるのであれば、本来持っていたラディカルな側面が失われ、その潜在的なパワーもなくしてしまうであろう。毛利嘉孝（2002）は、「確かにカルチュラル・スタディーズという言葉はこの数年のあいだ流行語だったし、出版産業を見るかぎり多くの書物が出版された。その一方で、日本のアカデミズムにおいては強力なバックラッシュがあり、ときに根拠のない批判にさらされた。制度化ということでいえば、カルチュラル・スタディーズを専門として大学で職を得た研究者などほとんどいないのが現状である。保守的な人文学そのものはそれほど変化したわけではない」と語っている（185-86）。このようにカルチュラル・スタディーズは、既存の学問を読み解き直し、再定義するという本来期待されていた使命を果たしたかといえば、いまだ発展途上ともいえるのである。

同時に、カルチュラル・スタディーズが批判的であるためには、当然、みずからに対しても批判的である必要がある。毛利（2002）は、「カルチュラル・スタディーズに対して最も批判的なのは、保守的な人文学ではなく、実はカルチュラル・スタディーズそれ自身である。すべてに対して批判的であるカルチュラル・スタディーズは、みずからに対しても批判的である必要がある」と述べている（186）。たとえば、みずからを振り返って内包された問題を認識し、ときには外部に対してあえて可視化することで、自分と社会の両方を変化させていこうとする態度が重要なのである。

本書は、著書が一九言語に翻訳されてきた英国カルチュラル・スタディーズの大家ジョン・ストーリーの代表作 *Cultural Theory and Popular Culture: An Introduction Ninth Edition* の日本語版であり、英語での原書に加えて、これまでアラビア語、中国語、ギリシア語、スペイン語、ウクライナ語、韓国語で翻訳書が出版されており、日本語訳が待望されていた。本書が出版される意義は、以下の三つに集約できる。まず第一に、英米文学、コミュニケーション学、社会学、言語文化論を専攻する学生に、マルクス主義、精神分析、構造主義、ジェンダー研究、ポストモダニズムなど、難解といわれることも多い批評方法論をわかりやすく教えることができることである。理論の歴史的経緯を紹介し、分析方法としての有効性を説明し、興味深い事例までカバーした内容は類書の追随を許さない。本書をつうじ、批判精神を養い、社会問題の事例研究をおこなうことは、前向きな人生の実現にもつながる。批判的思考とは、いわば創造的思考（creative thinking）とでも考えられるべきものである。与えられた情報や知識にも批判的なまなざしを向け、前提や資料を吟味し、見落とされている視点や矛盾を指摘することで、あらたな可能性を開き不可能と思えることにも解決の方向性を見つけ出そうとする建設的な姿勢そのものなのである。

第二の意義とは、実践的でないと批判されることも多かった人文系アカデミズムに、批評方法と実践の指針を示す書としておおいなるヒントを与えられる点である。階級、差別、偏見、権威等の可視化されにくい問題を抱えた社会では、大衆文化は闘争の場となることが多い。今まで問題があると思っていたさまざまなしくみや、皆が必要だと思っていながらも、なかなか提案できなかった「変化」を、理由とともに提案できるという意味において、「ピンチはチャンス」なのである。グローバリゼーションというチャレンジが同時に進行する中で、わたしたちがコスモポリタンな視点を獲得し、いかにして伝統文化のよい点を残しながら目の前の社会的な課題に取り組んでいくべきかを考える契機を本書は提示できる。

最後の意義は、バーミンガム大学現代文化研究センターの流れを組むストーリーの批評理論と文化研究を融合させたアプローチは、文学、映画などの大衆文化に加えて、哲学、現代思想の研究者に人文と社会科学のインターフェイスとしてのあらたな地平を提示できる点である。日本の高等教育が抱える構造的問題は、「意見を形成する力」はできて当たり前と見なされることが多く、教育の基盤となる批判精神や基礎的思考力の養成が相対的に追いついてこなかったことである。問題分析や議論提示法を教わってこなかったかもしれない学生に、「問題分析ができない」とか「自分の意見がない」と批判しても、それはないものねだりになりかねない。問題の原因を探り歴史的な経緯を調査し、可能性のある選択肢を議論する方法は、教わらなければ自然には身につかない。本書は、身近な題材を問題提起し、自分なりの解決案を提示する方法論と喜びを読者に教えてくれる。

実のところ、本書は、きわめてアクチュアルな意義を持つ書物である。著者はこうした理論の教科書を一九九〇年代から書き続けている。本書の原本となった*Cultural Theory and Popular Culture: An Introduction*は、すでに述べたように、その最新版は第九版を数えている。単に、以前に出されたものがなんども印刷されているのではなく、「改訂」して「版」を重ねてきたことの意味は大きい。ストーリーは、我々が今を生きることに本書が関与することを確信しているからこそ、改訂を続けている。たとえば、第九版では、二〇二〇年代になってますます注目されている用語「インターセクショナリティ」、あるいは、あらたなポピュラーな文化現象としての「ブラック・ライヴズ・マター」が加筆されていることを見てもあきらかであろう。

現在、訳者も含め、我々が日々を生きるこの社会には、「ポピュラー・カルチャー」が横溢している。その中で、それに影響されると同時に、それに影響を与えながら生きていることは、少しでもSNSに触れたことがあれば、肌身で実感できるのではないであろうか。「ブラック・ライヴズ・マター」運動にせよ、「#MeToo」運動にせよ、SNSというポピュラーな文化の場抜きには語ることができない。SNSは、ヘイト・スピーチなどで差別を煽り、従来からのステレオタイプを強化するが、同時にそこに介入することも可能である。こうしたポピュラー・カルチャーの、可能性および一筋縄ではいかない厄介さについては、二〇二二年に日本語訳が出版された『フェミニズムとレジリエンスの政治』におけるアンジェラ・マクロビーの議論が示すとおりである。ストーリーと並んでバーミンガム大学現代文化研究センターの最良のレガシーの一人であるマクロビーについては、著者も「ポスト・フェミニズム」のセクションで取り上げているが、彼女の議論は、新自由主義下の資本主義のもとで、女性たちの理想がいかにメディアによって創られ、女性たちを分断しながら人的資本として組み込んでいるかをあきらかにしつつ、いかにエンパワメントを手放さずに、同時にメディア・イメージの負の影響に介入するかを思索している。新自由主義という経済、政治体制と密接に関わるポピュラー・カルチャーは、表面的にポップなものとして扱うだけでは済まない力を持っており、カルチュラル・スタディーズとは、その力を理解しながら、同時にそれを享受することの意味合いや問題を自分の生きる社会において考える力を与えてくれるものとして、その今日的な意義はますます大きいのである。

本書を翻訳者の一人である鈴木健が知ったのは、ノースウエスタン大学コミュニケーション研究科博士課程留学中、恩師の故トマス・ファレールの「批評理論」を受講した際に、教科書として本書の初版 *An Introduction to Popular Culture and Cultural Theory.* (1993) University of Georgia Press. と出会ったときであった。その後、茨城大学、津田塾大学、明治大学でレトリック批評ゼミナールの教科書として使用するうち、いつしか日本語に翻訳することを夢見るようになった。二〇一八年、ケンブリッジ大学映画映像研究所に在外研究中に思い切って著者にメールを出し、マンチェスターでお会いいただき、翻訳出版許可をいただいてから早四年の月日が経っている。鈴木の呼びかけに応えて、越智博美が共訳者となった。具体的な作業は、まず越智が第一、二、三、八、九章を、鈴木が第四、五、六、七、一〇、一一、一二章を担当して翻訳し、その後、相互に原稿に目を通して用語や文体の統一をおこなった。なお、本章に引用されている文献については、翻訳がある場合には参考にさせていただいた。古い語彙や今となっては差別用語であったりするものについては直すなど、適宜調整をしたことをお断りしておきたい。

本書が出版されるまでには、多くの方々のご尽力とご協力があった。翻訳の初期原稿に目を通して修正提案を出してくれた友人の阿部康人と氏川雅典両氏、および最終段階での河野真太郎氏、遠藤不比人氏、ならびに下澤和義氏のお力添えにあらためて感謝したい。また出版に際して格別の配慮をいただいたのみならず、なかなか仕上がらない原稿を辛抱強く待ち、また励ましてくださった小鳥遊書房の高梨治氏にも、あらためてお礼を申し上げたい。そして、なにより翻訳出版を快諾していただいたのみならず基本的な質問にも丁寧に答えてくれた、学者としての力量だけではなく、人間的にもすばらしい著者にはどれだけ感謝してもしきれない。こころより御礼を申し上げたい。最後になったが、翻訳によって幅広い読者にお届けできることで、カルチュラル・スタディーズ最高峰の入門書が、日本におけるカルチュラル・スタディーズの発展にいささかなりでも寄与できれば翻訳者の大きなよろこびとするところである。

鈴木　健
越智博美

二〇二三年一一月

【参考文献】

マクロビー、アンジェラ『フェミニズムとレジリエンスの政治――ジェンダー、メディア、そして福祉の終焉』田中東子、河野真太郎（訳）青土社、二〇二二年。

毛利嘉孝「カルチュラル・スタディーズの現在――東アジア・日本を中心に――」ジャウディン・サルダー、ボリン・ヴァン・ルーン『INTRODUCING カルチュラル・スタディーズ』毛利嘉孝、小野俊彦（訳）、作品社、二〇〇二年、一七六―一八六頁。

索引（Index）

＊原書に準じて立項した。訳出し五十音順に並べかえ、該当ページを示した

◉ア行

FA 杯（the Football Association Cup） 250-252
アーノルド、マシュー 21, 32, 41-49, 87, 434
アクター・ネットワーク理論 413-416
アダムズ、ウィリアム 352
圧縮 (condensation) 175-177, 186
アドルノ、テオドール 123-125, 130-133, 135
アメリカ、1960 年代のポストモダニズム 370
アメリカ化（アメリカナイゼーション） 23
アメリカの対抗文化（カウンター・カルチャー）音楽 158-159
ヴェトナム戦争の物語 343-354
マス・カルチャー 59-70
▶アメリカ化（アメリカナイゼーション）は「グローバル化」を参照
アルチュセール、ルイ 15, 136-148, 204
アロウェイ、ロレンス 368
アング、イエン 279, 282-293, 405, 466
暗示的意味 217, 222-223, 284
アンデルセン、ハンス・クリスチャン 424-425
イーグルトン、テリー 197-198, 204
イーストホープ、アントニー 308-309
生きられた文化ないしは実践 11, 91, 94
イギリス全国教員組合（National Union of Teachers, NUT） 101
異質 401-402
異装（ドラァグ） 316
イデオロギー 11-16, 119
についてのアルチュセール 136-138, 147-148
▶「言説、神話、人種主義」を参照
マス・カルチャーの 286-293
ロマンティックな恋愛の 325
イデオロギー的国家装置（Ideological State Apparatuses, ISAs） 147, 152
意味
▶「規範と快楽」を参照
物質性と 416-423
物質性と社会実践 428-430
ポストマルクス主義 163
意味と社会実践、物質性 423-430
「イメージ・チェンジ（make-over）」型 235
インターセクショナリティ 321-325
ヴィクトリア朝の人々 230
ウィリアムズ、レイモンド 10-11, 16, 27, 30, 35, 58-59, 75-76, 80, 87-95, 98, 100, 103, 110-112, 159-160, 236, 239-241, 245
と階級闘争 245
文化（の）分析 87-95
ウィリアムソン、ジュディス 147
ウィリス、ポール 28, 436, 443-445, 456-

459, 462
ウィンシップ、ジャニス　293, 295-298, 304
ヴェトナムからのアメリカ人帰還兵　349-353
ヴェトナム症候群　350, 353-354
ヴェトナム戦争のハリウッド言説　343-354
ヴェトリアーノ、ジャック　324
ヴェルヌ、ジュール　144-145
ウォーホル、アンディ　368-369
ウォルビー、シルヴィア　260
ヴォロシノフ、ヴァレンティン　158
『歌う執事』　324-325
海辺のリゾート　83
エーコ、ウンベルト　387
映画　53, 262
　映画の精神分析　193-197, 268
　懐古趣味　384
　芸術映画　26
　に関する言説　229-230
　女性の視聴　262-268
　香港　405
　▶「ハリウッド」を参照
英国と奴隷制　334-339
英国マルクス主義政党　120
エストウィック、サミュエル　336
エスニシティと白さ　354-356
エディプス・コンプレックス　172, 179-180, 185, 188, 192, 202, 274
エンゲルス、フリードリヒ　118-121, 166
黄金時代　22, 56,
大きな物語　371-373
置き換え　176-177, 186
オースティン、J・L・　313, 315
オリエンタリズム　340-342

◉カ行

カーライル、トマス　30, 339
ガーンハム、ニコラス　245, 454
階級　238-257
　に関するアーノルド　43
　階級闘争　26, 241-245
　▶「高級文化」を参照
　と消費　70, 245-248
　カルチュラル・スタディーズにおける　238-241
　と選択　92
　と能力主義　254-257
　とポピュラー・カルチャー　238, 248-254
　と文化的な場　440
　に関するマルクスとエンゲルス　118
　とモダニズム　367
階級意識　167-, 243-244
「懐古趣味映画 (nostalgia film)」　384
解釈学　437
快楽　164, 437-440
　「クィア（queer）」　320
　▶「空想」を参照
　視覚快楽嗜好（scopophilia）　194-197
　と政治学　467
科学　371
価値　87-91
　金銭価値　372
　多元的　394-398
カナーン、ジョイス　309
家父長制　260, 262-263, 266-268, 271, 276-278, 310, 373
ガマン、ロレイン　263
カルチュラル・スタディーズ　111-112
　と階級　239-241
　と解釈学　437
　▶「政治経済学」を参照
　と反人種（差別）主義　356-358
　ポスト・マルクス主義　153-164

カワード、ロザリンド　270-271, 273
監視　232-235
「感情的リアリズム」 284, 286
間テクスト性　384, 386-387
「規格化」 130
記号の多義的性質（polysemic nature） 217, 223
記号論　216, 218, 220, 424-425, 426, 439-440
　と抵抗　437
技術的複製　133
▶技術的複製は「複製、技術」を参照
貴族　43, 45
記念することや式典　359-360
機能　441-444
規範　146, 162, 234-235, 309, 314-315, 354-355, 383, 452
客観性（objectivity, 文脈や利害関係抜きに判断を下す想定能力） 157
教育
　と社会的不平等　247
　スポーツ　250
　と能力主義　255
　と美的鑑賞　443
　ポストモダン　371
　とリーヴィス主義　53-55
教育学は教育を参照
共産主義　122
『共産党宣言』 166, 243
去勢コンプレックス　180, 196
▶儀礼と慣習は「生きられた文化ないしは実践」を参照
ギルロイ、ポール　331-334, 357-358
金融経済　438-440
クィアな読解 (queer reedings)　321
クィア理論（クィア・セオリー）（queer theory） 310-321
空想
　フロイト派　180-182, 185-187
　ラカン派　197-201
組み込み　25-27, 102, 126, 129, 150
　グローバル化と　406
　フェミニズムと　308
クラーク、ゲイリー　453
クラーク、マイケル　353
クラシック音楽が使われている宣伝　128-129
グラムシ、アントニオ　25-26, 28, 85-86, 108, 112, 148-149, 151-153, 156, 245, 249, 286, 378, 406, 465
クリークマー、コリー・K・　319
グリーン、マイケル　85, 86, 111
クリスマス　23, 429-430
グリフィン、クリスティン　310
グリム兄弟（ジェイコブとウィルヘルム） 185
グレイ、トマス　257
グレッドヒル、クリスティン　263
クレンショー、キンバリー　321
グローバル化　398-407
グロスバーグ、ラリー　381, 390, 408, 452,
ケアリー、ジェイムズ　11
経済的場　454-463
形式　441-442
芸術の商品化　127, 128-130
　資本主義の批判　125-126
　複製の　133-134
　ポップ・アート　368-369
　に関するモリス　120-121
芸術映画　26
携帯電話　411-412, 417
啓蒙主義　371
劇場メロドラマ　119
言語
　行為遂行的（パフォーマティヴ）としての　315-316
　文化　151-153
　に関するラカン　188
　ラングとパロールとしての　208

についてのリーヴィス主義　53
▶言語学は「ソシュール、フェルディナン」を参照
現実逃避　23-24, 264
現代文化研究センター (Centre for Contemporary Cultural Studies, CCCS) 75, 79, 82, 108, 110-112
言説
▶イデオロギー「シニフィアン」／「シニフィエ」を参照
科学的　371
新自由主義（neo-liberal）　307
知と権力（knowledge and power）の関係性　228-231
ヘゲモニー的　162（ヘゲモニー言説）
とポスト・マルクス主義　155-156
ポストモダン　371-372
権力関係　227
と意味作用　423-426, 430
とセクシュアリティ　230-231
と知　231
と文化資本／文化的価値観　394, 441
行為主体性　96, 98, 392, 400
と構造　457, 463
行為遂行性　371
言語の　313-314
教育の　317
ジェンダーの　311-320
高級文化　17-21, 23, 29, 31-22, 60, 62-63, 65, 102, 126, 292 , 467
▶「芸術」を参照
ポピュラー・カルチャーと　369, 389-390, 397
モダニズムとしての　366-369
広告　30
「あたらしい男性」 310
に関するウィリアムスン　147-148
と芸術　128-129
女性雑誌における　294-296
「ポスト・フェミニスト」 304-306
と問題構制　139-140
構造主義　24, 205-224
肯定的文化　391-392
高等教育　371
コカコーラ　399, 428-429
コッカー、ジャーヴィス　198
国家による強制　151
国家による弾圧政治　151
国家の文明化的影響　45
コナー、スティーブン　372
コリンズ、ジム　386-388
コルストン、エドワード　359
ゴールディング、ピーター　455-456
コールリッジ、サミュエル・テイラー　46-47
コロナウイルス　354
『コロネーション・ストリート』（テレビの昼メロ番組） 377
コンテクスト（文脈）、コンテキスト性（文脈性） 33-36, 219, 226

◉サ行

差異　223-224
サイード、エドワード　330, 340, 341, 404
サッカー　248-254
雑誌
と監視　235
女性向け　293-304
サッチャー、マーガレット　241
サブカルチャーの音楽　131-133
サブカルチャー分析　453
産業化　30, 39, 57, 68, 105, 129, 249
シェイクスピア、ウィリアム　18, 36, 55, 56, 110
ジェイムソン、フレドリック　115, 153, 366-367, 370, 382-386, 388-392, 408
ジェフォード、スーザン　344
ジェンキンズ、ヘンリー　448
ジェンソン、ジョリ　448

ジェンダー規範　309, 315
視覚快楽嗜好（scopophilia）　194, 195, 197
▶視覚的快楽は「視覚快楽嗜好」を参照
自我の発達　172-173
識別　102-104
シクネス、フィリップ　356
ジジェク、スラヴォイ　37, 148, 197-200, 425
「下からの歴史」 97, 112
　に関するマルクス　97-98
視聴者の権力　438
「シニフィアン（意味するもの、signifier)」/「シニフィエ（意味されるもの、signified)」 205-206, 216-219, 226
資本主義　15, 30, 120-122, 459-462
　と行為主体性　457
　▶「消費と覇権」を参照
　に関するのボードリヤール　381
　に関するジェイムソン　382
　と能力主義 (meritocracy:「業績、功績」を示す merit と「支配、統治」を表す cracy の組み合わせ）254-256
　と文化産業　125-136
　に関するマルクス　241-244
「シミュラークル（simulacrum)」 374
シミュレーション　375, 379
社会史　98
社会支配は監視を参照
社会主義　14, 27
　ユートピア的　166-167
　▶「マルクス、マルクス主義」を参照
社会的流動性　255-257
ジャズ　102, 104, 106, 109-110
シュウェンガー、ピーター　308
趣味　441-443
一九世紀の小説　90,
宗教　269
宗教原理主義　406, 408
収斂　400
ショーウォールター、エレイン　259, 261
商業　24, 29, 389
小説、虚構、フィクション
　と空想 , テクスト分析　180-182
　帝国主義的な　341
　ポピュラー小説　53
　恋愛小説　268-281
冗談　177
象徴形成 (symbolization)　175, 178, 186
消費　22, 27, 133-135, 465
　と階級　245-248
　とクィアであること (queerness)　320
　広告　147-148
　女性雑誌　194-196
　女性の映画ファン　266-268
　と美的、審美的価値観　443-446
　と「文化的ポピュリズム」 433-436
　ポップ音楽の　131
　と若者文化　152
消費者の選択　70
商品 , 使用 / 交換価値　459-462
商品化　127
情報の生産　374
植民地主義　333, 338, 341
女性雑誌　293-304
女性、と女性らしさの言説　146
　▶「恋愛小説」を参照
女性のまなざし　263-268
女性らしさの言説　146
　▶「恋愛小説」を参照
ジョンストン、ハリー（卿） 339
ジョンソン、ボリス（英国首相） 359
シラー、ハーバート　399
シルズ、エドワード　66, 69
白さ　354-356
新自由主義　307
新修正主義（new revisionism, 無批判な文化的大衆迎合主義） 437
「真実」 144, 231, 232, 312, 349, 381
人種をおこなうこと　332-333
人種主義

　イデオロギーと歴史　324-339
　「人種」と　331-334
審美的凝視　441
シンプソン、O・J・　378-379
人類学　88, 210
神話
　についてのバルト　215-224
　についてのレヴィ＝ストロース　210-211
　と西部劇というジャンル　211-213
スキャターグッド、ジョン　337
スターキー、ディヴィッド　227
スターケン、マリタ　352
ステイシー、ジャッキー　264-268
『スペア・リブ』 294, 298
スミス、アダム　139-140
性的客体化（sexual objectification）　194
政治経済学　454–464
精神分析　170-187
　映画の精神分析 (Cine-psychoanalysis) 193-197
　ジジェクと　199-201
　フロイト派　170-187
　ラカン派　197-199
西部劇　211-215
セクシュアリティについての言説　230-231
セルトー、ミシェル・ド　446-447
一九五〇年代の移民の時代　333
選択　92-93, 307, 394-396
ソヴィエト連邦　63, 122, 150, 153
想像界の主体性　189
ソシュール、フェルディナン・ド・　204,-206, 208-210, 216, 225-226
ソンタグ、スーザン　366, 398

◉タ行

ダイアー、リチャード　133, 264-265, 354
退行　271, 273-274
対抗的神話 (counter myth)　219
大衆社会（マス・ソサエティー）　64
大衆的まなざし　442
大量生産　64, 66, 133
脱構築主義　228
ターナー、グレアム　11
『ダラス』（テレビの昼メロ番組）　282-293, 439
タランティーノ、クエンティン　387
『ダンス・ウィズ・ウルブス』（映画）　213-215, 228
男性学（men's studies）　308-309
男性性　308-314
男性のまなざし　193
知　231
チェンバース、イアン　372-373
知識人　60, 70, 151, 372-373, 426, 441, 465
チャン、ダイアナ　224, 227
中国とコカコーラ　399, 429
　「市場社会主義」 150
中流階級　15, 31, 40, 43-44, 93, 291, 324-325
影像　359-360
著者の意図　447
チョドロウ、ナンシー　273-274, 277
チン、サラ・E・　316
抵抗　25, 55, 163, 266, 395, 406
　と記号論的権力　439
　とロマンス小説読解　278
　▶「若者のサブカルチャー」を参照
帝国主義　144-146, 218-221
ディズニーランド　379
デヴィッド－ニール、アレキサンドラ　146
テクスト意図　447
「テクスト的決定論 (textual determinism)」　447
テクスト分析 , 精神分析　180, 187, 265, 300, 445
「デザート・アイランド・ディスクス」

198
デリダ、ジャック　225-228, 315
テレビドラマとポスト・フェミニズム　307
テレビ番組
　における階級　238-239
　と監視　234-235
　と金融経済／文化的経済　440
　とファン文化　449-452
　ポストモダニズム　378
同質性　123, 208
ドウティ、アレキサンダー　319-320
「トーク・ショウ（talk-show）」型　235
都市化　30, 31, 39, 105, 249
土地を所有する貴族階級　243
読解
　に関するリーヴィス主義　52-53
　「密猟（poaching）」としての　446, 447
　▶「小説」を参照
トムソン、E・P・　244
トムリンソン、ジョン　400
トランプ、ドナルド（大統領）　177, 354, 359, 361, 376
奴隷　333-335, 337-339, 360
ドレス・コード　411-412
トン、ローズマリー　260

◉ナ行

ナルシシズム　194-195
ナン、ヘザー　239-240
ニクソン、ショーン　309
ニクソン、リチャード（大統領）　350
二重システム理論　260
ニュース・メディア
　高級文化／ポピュラー・カルチャーについての　20
　O. J. シンプソン裁判に関する　379
『ニューヨーク・タイムズ』　345, 353
ニューヨークのポストモダン的共同体芸術プロジェクト　376
人気映画は映画を参照
ネーデルフェーン・ピーテルス、ヤン　403
ネットワーク　413-416
ノウェル＝スミス、ジェフリー　32
能力主義　254-257
ノックス、ロバート　339

◉ハ行

「敗北の女性化」　344
「ハイパーリアリズム（超現実主義）」　375, 377-379, 381
パヴァロッティ、ルチアーノ　19-20
ハーヴェイ、デービッド　153
パーカー、イアン　197-198
ハーグ、アーネスト・ヴァン・デン　64-66, 73
ハーミーズ、ジョーク　299-304
パスティーシュ（模倣）　283-284, 287, 389
『裸の王様（*Emperor's New Clothes*）』　424
バトラー、ジュディス　311-316
パノプティコン（一望監視施設）　233-235
『パリ・マッチ』（グラフ週刊誌）　217-219
『パリ、テキサス』（映画）　193
ハリウッド　53
　ヴェトナム戦争の物語　342-354
　▶「映画」を参照
　と女性の視聴　264-268
　西部劇というジャンル　211-215
バルト、ロラン　14, 204, 215-225, 449
反-人種（差別）主義とカルチュラル・スタディーズ　356-358
バーンスタイン、J・M・　135
ハント、ジェイムズ　339

美学　442-444
　地に足のついた美学　444-445
美術館　442
『ビッグ・ブラザー』（テレビ番組）　234-235
ヒップホップ　401
ビートルズ　369
皮肉（irony）　286-287
「批判理論 (Critical Theory)」　123
批評実践／読解　88, 110, 139-142
　の欠落　290
批評的な空間とポストモダニズム　390
ヒュイッセン、アンドレアス　367
ヒューム、デイヴィッド　338, 361
ヒル・コリンズ、パトリシア　322
ビルゲ、スルマ　322
『ヒルストリート・ブルース』(テレビ番組)　438
ビレッシ、アニータ　239-240
ファン、ファン文化　448-452
フィードラー、レスリー　67-69, 366
フィスク、ジョン　378, 435-440, 456, 468
フィッシャー、エルンスト　244
フーコー、ミシェル　204, 228-232
フェケテ、ジョン　397-398
フェミニズム　259-262
　と黒人フェミニズム　321
　についての女性雑誌　299
　と女性の快楽　291-292
　▶「ポストフェミニズム」を参照
　とロマンス読書　279
フォーク・カルチャー　22, 24, 31, 63, 65
不在　138, 142, 146, 190
フックス、ベル　260
物質性　411-430
ブッシュ、ジョージ（大統領（父））　349-363
フライヤー、ピーター　334, 338
ブラック・ライヴズ・マター　358-360
『プラトーン』（映画）　343-349, 352, 375,
フランクフルト学派　123 -136 , 390-391
フランクリン、アレサ　317-318
フランス革命　31, 97
フランス帝国主義　144-145, 218-220
フランス農民層　244
フリス、サイモン　22, 132, 135, 376, 407
ブルッカー、ウィル　386
ブルッカー、ピーター　386
ブルデュー、ピエール　18, 245-248, 395-396, 440-443
ブレイク、ピーター　369
ブレヒト、ベルトルト　14, 124, 380
フロイト、ジークムント　65, 73, 143, 170-188, 190, 194, 198, 201-202
　夢に関する　173-178, 186, 198
　心的モデル　171-173
　テクスト分析に関する　180-182, 185-187
フロイド、ジョージ　358-359
ブローガン、D・W・　67
ブロードハースト、トマス　145
ブロッホ、エルンスト　257
分節、節合　157-159
文化　10-11
　についてのアーノルド　41-49
　一連の実践としての　160-161
　と超自我　173
　定義された　87-89
文化産業　455, 459, 462, 466
文化主義（カルチュラリズム）　99-100
文化的経済　437-439
「文化的な場（cultural field）」　437-454
文化的ポピュリズム　434-435
「文化」と「文明化」の伝統（「文化と文明化」の伝統）　70-72, 135-136
文化の異種混交　404-405
文化の社会的定義　112
文化分析　87-95
文書（ドキュメンタリー）の記録（「文書の」記録／文書的な記録）　88, 90-91

閉回路テレビ監視カメラ (Closed Circuit Television Surveillance, CCTV)　234
米国のヴェトナム戦争の爆撃　352
ヘーゲル、ジョージ・ヴィルヘルム・フリードリヒ　127, 198
ヘクスター、J・H・　165
ヘゲモニー　25-28, 46, 86, 108, 149-152, 155, 157, 162, 240, 249, 251, 308, 406-407, 464
ベネット、トニー　26, 31, 59, 128
ヘブディジ、ディック　32, 152, 365
ベンサム、ジェレミ　232-234
ベンヤミン、ヴォルター　133-135
ホガート、リチャード　75-87, 94-95, 100, 103, 108, 110-112, 239-240
保守党　14, 217
ポスト・フェミニズム　304-308
ポスト・マルクス主義　154-163, 191, 193
ポストモダニズム　29, 154, 240, 364-374, 380, 382-383, 386, 389-390, 394, 397, 404, 434, 464, 474
　と価値の多元化　394-398
　とグローバル化　398-407
　と「文化的ポピュリズム」　437
　一九六〇年代の　366-370
　に関する理論家　370-393
ポスト構造主義　225-229
ポップ・アート　368-369
ボードリヤール、ジャン　373-382
ポピュラー・アート　104-105, 108
ポピュラー・カルチャー
　における女性の快楽　269-270
　他者としての　31-33
　定義された　16-31
　に関するフランクフルト学派　123-136
　よくある教え方　103
　「良き」高級文化（ハイ・カルチャー）に忍び寄る「悪しき」　103
　に対するマルクス主義的アプローチ　116
　と労働者階級の文化　79-80
ポピュラー音楽　83, 10, 130-134
ポピュリズム　290
ポラン、ダナ　292-293
ボール、ヴィッキー　307
ホルクハイマー、マックス　123, 126
ホール、スチュアート　14, 21, 27-28, 59, 7576, 95, 98-104, 106112, 136, 154, 157, 160, 162-163, 196, 333, 357, 404, 406, 463-464
ホワイ、デイヴィッド・マニング　61, 65
香港映画　405
ボーン、ジョージ［訳注：ジョージ・ボーンは、George Sturt の偽名ペンネーム］　57
ホーン、ハワード　376, 407

◉マ行

マーカス、ヘイゼル・ローズ　332
マーサー、コベナ　373
マーシュメント、マーガレット　263
マードック、グラハム　455-456
マグウィガン、ジム　434, 436-437
マクドナルド、ドゥワイト　62-64, 67
マクナマラ、ロバート　352
マクロビー、アンジェラ　153, 305, 364-365, 373, 464-465
マシュレ、ピエール　35, 141-144, 146, 204, 236, 326
マシュレの文学生産　141-147
マス・カルチャー　21-26, 52, 57-58
　アメリカにおける　59-70
　イデオロギーの　286-293, 465-467
　文化産業としての　123-136
　脱政治化する　136
　と労働者階級の文化　80, 85
まなざし
　大衆的まなざし／審美的まなざし　442
　▶「女性のまなざし／男性のまなざし」

も参照
マルヴィ、ローラ　193-197, 262-264, 306
マルクーゼ、ヘルベルト　123, 125-126, 129, 308, 391-393
マルクス、マルクス主義　13, 98, 240-244, 260-261
古典的　115-119
と空想的社会主義者　166-167
▶「ジェイムソン、フレドリック」を参照
宗教に関する　269
ポピュラー・カルチャーに関する　20-23
マルクス主義フェミニズム　260
モリスと　120-122
ミラー、ダニエル　424-428
ミルズ、サラ　146
民主主義　44, 52
無意識　143, 144, 146, 170-171, 174-175, 178-179, 181-182, 193, 196, 201
無秩序（アナーキー）　42-45
ムフ、シャンタル　27, 154-155, 157, 160, 392-393
明示的意味　284
メディア
再生利用された／リサイクルされた　387-388
ポストモダン　378
メディア企業／技術　400, 415
メロドラマ　285-287
モア、トマス　164-165, 167
モーレイ、ディヴィッド　27
モダニズム　366-369
モドゥレスキー、タニア　268-269, 281
モヤ、ポーラ・M・L・　332
モリス、ウィリアム　104, 120-122
モルトビー、リチャード　22-23

◉ヤ行

有名人の監視　234-235
ユートピア主義、空想主義　166-167, 202
夢解釈　174-179, 186, 198-199, 227-229
余暇　57, 120
▶「ポピュラー・カルチャー」を参照
抑圧　435, 437
抑圧　65, 170, 174, 230
呼びかけ（interpellation）　236

◉ラ行

ライト、ウィル　211, 212, 213, 214, 215, 228
ライリー、ケリー　307-308
ラヴェル、テリー　459-460
ラカン、ジャック　187-192, 194, 198-199, 204, 385
ラクラウ、エルネスト　154-155, 157, 160, 392-393
ラコフ、ラナ　262
ラディカル・フェミニズム　260
ラトゥール、ブルーノ　413, 416
ラドウェイ、ジャニス　271-274, 276-281, 326
ラ・プラント、リンダ　307
リアリズム　382
リーヴィス主義　50-58, 71, 75-79, 82, 84, 87, 93-94, 98, 100, 102-104, 109-110, 112, 123, 126, 135
リオタール、ジャン＝フランソワ　366, 370-372, 380
リチャーズ、キース　159
リッツア、ジョージ　403
リットラー、ジョー　154, 255
リベラル・フェミニズム　260
冷戦期のイデオロギー　70
レヴィ＝ストロース、クラウド　204, 210-211

レーヴェンタール、レオ　123, 125
レーガン、ロナルド（大統領）　350-351
レゲエ音楽　158
恋愛小説　269-271
ロイヤル・アフリカ・カンパニー　359
労働　100, 241-242
　▶「マルクス、マルクス主義、労働党」を参照
労働者階級　42-43
　イングランドの労働者階級について、トムスン　96-100
　とサッカー　248-254
　女性の映画ファン　264-268
　と能力主義　254-255
　都市　42
　文化の分析　46-47, 79, 93-94
労働者階級の文化　24
労働党　14
ローカル文化　402
ロス、アンドリュー　22, 59-60, 69
ローゼンバーグ、バーナード　61
ロックウェル、ジョン　369
ロマンティックな恋愛に関する言説　193, 324
ロマン主義　133
ロング、エドワード　335-336
『ロンドン・クロニクル』　337
ロンドン人類学協会　339
若者のサブ・カルチャー　11, 33, 152, 301, 411-412, 447, 452-453
『ワシントン・ポスト』　354
ワネル、パディ　75, 76, 100-104, 106-110, 114
湾岸戦争　330, 349, 351, 353

参考文献（Bibliography）

＊日本語訳のあるものは、各タイトルの後に（　　　）で入れてある。
＊翻訳がいくつもある場合、新しいもの、あるいは、入手しやすいものなどを選んである。

Acred, Cara (2016), *Today's Social Classes*, Cambridge: Independence Educational Publishers.

Adorno, Theodor (1991a), 'How to look at television', in *The Culture Industry*, London: Routledge.

Adorno, Theodor (1991b), 'The schema of mass culture', in *The Culture Industry*, London: Routledge.

Adorno, Theodor (2019), 'On popular music', in *Cultural Theory and Popular Culture: A Reader*, 5th edn, edited by John Storey, London: Routledge.

Adorno, Theodor and Max Horkheimer (1979), *Dialectic of Enlightenment*, London: Verso.（『啓蒙の弁証法――哲学的断想』徳永恂訳、岩波書店、2007）

Althusser, Louis (1969), *For Marx*, London: Allen Lane.（『マルクスのために』河野健二他訳、平凡社ライブラリー、1994）

Althusser, Louis (1971), *Lenin and Philosophy*, New York: Monthly Review Press.

Althusser, Louis (2019), 'Ideology and ideological state apparatuses', in *Cultural Theory and Popular Culture: A Reader*, 5th edn, edited by John Storey, London: Routledge.

Althusser, Louis and Etienne Balibar (1979), *Reading Capital*, London: Verso.

Anderson, Perry (1980), *Arguments within English Marxism*, London: Verso.

Ang, Ien (1985), *Watching Dallas: Soap Opera and the Melodramatic Imagination*, London: Methuen.

Ang, Ien (1996), 'Culture and communication: towards an ethnographic critique of media consumption in the transnational media system', in *What is Cultural Studies? A Reader*, edited by John Storey, London: Edward Arnold.

Ang, Ien (2019), 'Feminist desire and female pleasure', in *Cultural Theory and Popular Culture: A Reader*, 5th edn, edited by John Storey, London: Routledge.

Arnold, Matthew (1896), *Letters 1848-1888*, Volume I, London: Macmillan.

Arnold, Matthew (1954), *Poetry and Prose*, London: Rupert Hart Davis.

Arnold, Matthew (1960), *Culture and Anarchy*, London: Cambridge University Press.（『教養と無秩序』多田英次訳、岩波文庫、1965）

Arnold, Matthew (1960-77), *Complete Prose Works*, Volume III, Ann Arbor: University of Michigan Press.

Arnold, Matthew (1973), *On Education*, Harmondsworth: Penguin.

Arnold, Matthew (2019), 'Culture and Anarchy', in *Cultural Theory and Popular Culture: A Reader*, 5th edn, edited by John Storey, London: Routledge.

Austin, J.L. (1962), *How to Do Things with Words*, Oxford: Clarendon Press.（『言語と行為――いかにして言葉でものごとを行うか』飯野勝巳訳、講談社学術文庫、2019）

Ball, Vicky (2012a), 'The "feminization" of British television and the re-traditionalization of gender', *Feminist Media Studies* 12 (2).

Ball, Vicky (2012b), 'Sex, class and consumerism in British television drama', in *Renewing Feminism:Stories, Fantasies and Futures*, edited by H. Thornham and E. Weissmann, London: IB Tauris.

Barrett, Michèle (1982), 'Feminism and the definition of cultural politics', in *Feminism, Culture and Politics*, edited by Rosalind Brunt and Caroline Rowan, London: Lawrence & Wishart.

Barthes, Roland (1967), *Elements of Semiology*, London: Jonathan Cape.

Barthes, Roland (1973), *Mythologies*, London: Paladin.（『現代社会の神話』下澤和義訳、みすず書房、2005）

Barthes, Roland (1975), *S/Z*, London: Jonathan Cape.（『S/Z――バルザック「サラジーヌ」の構造分析』岩崎浩平訳、みすず書房、1973）

Barthes, Roland (1977a), 'The photographic message', in *Image–Music–Text*, London: Fontana.

Barthes, Roland (1977b), 'Rhetoric of the image', in *Image–Music–Text*, London: Fontana.

Barthes, Roland (1977c), 'The death of the author', in *Image–Music–Text*, London: Fontana.

Barthes, Roland (1995), *The Semiotic Challenge*, Berkeley: University of California Press.

Barthes, Roland (2019), 'Myth today', in *Cultural Theory and Popular Culture: A Reader*, 5th edn, edited by John Storey, London: Routledge.

Baudrillard, Jean (1981), *For a Critique of the Political Economy of the Sign*, St Louis, MD: Telos Press.（『記号の経済学批判』今村仁司・塚原史訳、紀伊國屋書店、2015）

Baudrillard, Jean (1983), *Simulations*, New York: Semiotext(e).

Baudrillard, Jean (2019), 'The precession of simulacra', in *Cultural Theory and Popular Culture: A Reader*, 5th edn, edited by John Storey, London: Routledge.

Beauvoir, Simone de (1984), *The Second Sex*, New York: Vintage.（『第二の性　決定版』全3巻、『第二の性』を原文で読み直す会訳、河出文庫、2023）

Beaver, Harold (1999), 'Homosexual signs: in memory of Roland Barthes', in *Camp: Queer Aesthetics and the Performing Subject: A Reader*, edited by Fabio Cleto, Edinburgh: Edinburgh University Press.

Beck, Ulrich and Elisabeth Beck-Gernsheim (2002), *Individualization*, London: Sage.

Benjamin, Walter (1973), 'The work of art in the age of mechanical reproduction', in *Illuminations*, London: Fontana.

Bennett, Tony (1977), 'Media theory and social theory', in *Mass Communications and Society*, DE 353, Milton Keynes: Open University Press.

Bennett, Tony (1979), *Formalism and Marxism*, London: Methuen.

Bennett, Tony (1980), 'Popular culture: a teaching object', *Screen Education*, 34.

Bennett, Tony (1982a), 'Popular culture: defining our terms', in *Popular Culture: Themes and Issues 1*, Milton Keynes: Open University Press.

Bennett, Tony (1982b), 'Popular culture: themes and issues', in *Popular Culture*, U203, Milton Keynes: Open University Press.

Bennett, Tony (1983), 'Text, readers, reading formations', *Literature and History*, 9 (2).

Bennett, Tony (2019), 'Popular culture and the turn to Gramsci', in *Cultural Theory and Popular Culture: A Reader*, 5th edn, edited by John Storey, London: Routledge.

Bentham, Jeremy (1995), *The Panopticon Writings*, edited and introduced by Miran Bozovic, London: Verso.

Bernstein, J.M. (1978), 'Introduction', in *The Culture Industry*, London: Routledge.

Best, Steven and Douglas Kellner (1991), *Postmodern Theory: Critical Interrogations*, London: Macmillan.

Bloch, Ernst (1995), *The Principle of Hope*, volume 2, Cambridge, MA: MIT Press.（『希望の原理』新井皓士・山下肇ほか訳、1982）

Bourdieu, Pierre (1984), *Distinction: A Social Critique of the Judgement of Taste*, translated by Richard Nice, Cambridge, MA: Harvard University Press.（『ディスタンクシオン――社会的判断力批判（1・2）』（石井洋二郎訳、藤原書店、1990、新版 2020）

Brecht, Bertolt (1978), *On Theatre*, translated by John Willett, London: Methuen.

Brogan, D.W. (1978), 'The problem of high and mass culture', in *Literary Taste, Culture, and Mass Communication*, Volume I, edited by Peter Davison, Rolf Meyersohn and Edward Shils, Cambridge: Chadwyck Healey.

Brooker, Peter and Will Brooker (1997a), 'Introduction', in *Postmodern After-Images: A Reader in Film*, edited by Peter Brooker and Will Brooker, London: Edward Arnold.

Brooker, Peter and Will Brooker (1997b), 'Styles of pluralism', in *Postmodern After-Images: A Reader in Fil*m, edited by Peter Brooker and Will Brooker, London: Edward Arnold.

Brooks, Peter (1976), *The Melodramatic Imagination*, New Haven, CT: Yale University Press.（『メロドラマ的想像力』四方田犬彦、木村慧子訳、産業図書、2002）

Brunsdon, Charlotte (1991), 'Pedagogies of the feminine: feminist teaching and women's genres', *Screen*, 32 (4).

Burke, Peter (1994), *Popular Culture in Early Modern Europe*, Aldershot: Scolar Press.（『ヨーロッパの民衆文化』中村賢二郎・谷泰訳、人文書院、1988）

Burston, Paul and Colin Richardson (1995), 'Introduction', in *A Queer Romance: Lesbians, Gay Men and Popular Culture*, edited by Paul Burston and Colin Richardson, London: Routledge.

Butler, Judith (1993), *Bodies That Matter: On the Discursive Limits of Sex*, New York: Routledge.（『問題＝物質（マター）となる身体――「セックス」の言説的境界について』佐藤嘉幸監訳／竹村和子・越智博美・河野貴代美・三浦玲一訳、以文社、2021）

Butler, Judith (1999), *Gender Trouble: Feminism and the Subversion of Identity*, 10th anniversary edn, New York: Routledge.（『ジェンダー・トラブル――フェミニズムとアイデンティティの攪乱』竹村和子訳、青土社、1999）

Butler, Judith (2000), 'Restaging the universal', in *Contingency, Hegemony, Universality: Contemporary Dialogues on the Left*, by Judith Butler, Ernesto Laclau and Slavoj Žižek, London: Verso.

Butler, Judith (2019), 'Imitation and gender insubordination', in *Cultural Theory and Popular Culture: A Reader*, 5th edn, edited by John Storey, London: Routledge.

Butler, Judith, Ernesto Laclau and Slavoj Žižek (2000), *Contingency, Hegemony, Universality:*

Contemporary Dialogues on the Left, London: Verso.（『偶発性・ヘゲモニー・普遍性――新しい対抗政治への対話』竹村和子、村山敏勝訳、青土社、2002）
Canaan, Joyce and Christine Griffin (1990), 'The new men's studies: part of the problem or part of the solution', in *Men, Masculinities and Social Theory*, edited by Jeff Hearn and David Morgan, London: Unwin Hyman.
Carey, James W. (1996), 'Overcoming resistance to cultural studies', in *What Is Cultural Studies? A Reader*, edited by John Storey, London: Edward Arnold.
Certeau, Michel de (1984), *The Practice of Everyday Life*, Berkeley: University of California Press, 1984.（『日常的実践のポイエティーク』山田登世子訳、国文社、1987）
Certeau, Michel de (2019), 'The practice of everyday life', in *Cultural Theory and Popular Culture: A Reader*, 5th edn, edited by John Storey, London: Routledge.
Chambers, Iain (1986), *Popular Culture: The Metropolitan Experience*, London: Routledge.
Chauncey, George (1994), *Gay New York: Gender, Urban Culture, and the Making of the Gay Male World, 1890-1940*, New York: Basic Books.
Chinn, Sarah E. (1997), 'Gender performativity', in *The Lesbian and Gay Studies Reader: A Critical Introduction*, edited by Andy Medhurst and Sally R. Munt, London: Cassell.
Chodorow, Nancy (1978), *The Reproduction of Mothering: Psychoanalysis and the Sociology of Gender*, Berkeley: University of California Press.（『母親業の再生産――性差別の心理・社会的基盤』大塚光子、大内菅子訳、新曜社、1981）
Clark, Michael (1991), 'Remembering Vietnam', in *The Vietnam War and American Culture*, edited by John Carlos Rowe and Rick Berg, New York: Columbia University Press.
Clarke, Gary (1990), 'Defending ski-jumpers: a critique of theories of youth subcultures', in *On Record*, edited by Simon Frith and Andrew Goodwin, New York: Pantheon.
Cleto, Fabio (ed.) (1999), *Camp: Queer Aesthetics and the Performing Subject*, Edinburgh: Edinburgh University Press.
Coleridge, Samuel Taylor (1972), *On the Constitution of the Church and State*, London: Dent.
Collins, Jim (1992), 'Postmodernism and television', in *Channels of Discourse, Reassembled*, edited by Robert C. Allen, London: Routledge.
Collins, Jim (2019), 'Genericity in the nineties', in *Cultural Theory and Popular Culture: A Reader*, 5th edn, edited by John Storey, London: Routledge.
Connor, Steven (1989), *Postmodernist Culture: An Introduction to Theories of the Contemporary*, Oxford: Blackwell.
Connor, Steven (1992), *Theory and Cultural Value*, Oxford: Blackwell.
Coward, Rosalind (1984), *Female Desire: Women's Sexuality Today*, London: Paladin.
Creekmur, Corey K. and Alexander Doty (1995), 'Introduction', in *Out in Culture: Gay, Lesbian, and Queer Essays on Popular Culture*, edited by Corey K. Creekmur and Alexander Doty, London: Cassell.
Curtin, Philip (1964), *The Image of Africa*, Wisconsin: University of Wisconsin Press.
Derrida, Jacques (1973), *Speech and Phenomena*, Evanston, IL: North Western University Press.（『声と現象』林好雄訳、ちくま学芸文庫、2005）

Derrida, Jacques (1976), *Of Grammatology*, Baltimore, MD: Johns Hopkins University Press.（『グラマトロジーについて――根源の彼方に　上下』足立和浩訳、現代思潮社、1984）

Derrida, Jacques (1978a), *Writing and Difference*, London: Routledge & Kegan Paul.（『エクリチュールと差異』谷口博史訳、法政大学出版局、2022）

Derrida, Jacques (1978b), *Positions*, London: Athlone Press.（『ポジシオン』高橋允昭訳、青土社、2023）

Derrida, Jacques (1982), *Margins of Philosophy*, Chicago: University of Chicago Press.（『哲学の余白 上下』高橋允昭、藤本一勇訳、2022）

Descartes, Rene (1993), *Meditations on First Philosophy*, London: Hackett.（『省察』山田弘明訳、ちくま学芸文庫、2006）

Disraeli, Benjamin (1980), *Sybil, or the Two Nations*, Harmondsworth: Penguin.

Dittmar, Linda, and Gene Michaud (1990) (eds), *From Hanoi To Hollywood: The Vietnam War in American Film*, New Brunswick, NJ and London: Rutgers University Press.

Docker, John (1994), *Postmodernism and Popular Culture: A Cultural History*, Cambridge: Cambridge University Press.

Doty, Alexander (1995), 'Something queer here', in *Out in Culture: Gay, Lesbian and Queer Essays on Popular Culture*, edited by Corey K. Creekmur and Alexander Doty, London: Cassell.

Dunning, Eric (1971), 'The development of football', in *The Sociology of Sport*, edited by Eric Dunning, London: Frank Cass.

Dyer, Richard (1990), 'In defence of disco', in *On Record: Rock, Pop, and the Written Word*, edited by Simon Frith and Andrew Goodwin, London: Routledge.

Dyer, Richard (1997), *White: Essays on Race and Culture*, London: Routledge.

Dyer, Richard (1999), 'Entertainment and utopia', in *The Cultural Studies Reader*, 2nd edn, edited by Simon During, London: Routledge.

Eagleton, Terry (1983), *Literary Theory: An Introduction*, Oxford: Blackwell.（『文学とは何か――現代批評理論への招待　上下』大橋洋一訳、岩波文庫、2014）

Easthope, Antony (1986), *What a Man's Gotta Do: The Masculine Myth in Popular Culture*, London: Paladin.

Easthope, Antony (1991), *Literary into Cultural Studies*, London: Routledge.

Eco, Umberto (1984), *Postscript to The Name of the Rose*, New York: Harcourt Brace Jovanovich.（『「バラの名前」覚書』谷口勇訳、而立書房、1994）

Engels, Frederick (2019), 'Letter to Joseph Bloch', in *Cultural Theory and Popular Culture: A Reader*, 5th edn, edited by John Storey, London: Routledge.

Fanon, Franz (1986), *Black Skin, White Masks*, London: Pluto.（『黒い皮膚・白い仮面』海老坂武・加藤晴久訳、みすず書房、1984, 1998）

Fekete, John (1987), 'Introductory notes for a postmodern value agenda', in *Life After Postmodernism*, edited by John Fekete, New York: St. Martin's Press.

Fiedler, Leslie (1957), 'The middle against both ends', in *Mass Culture: The Popular Arts in America*, edited by Bernard Rosenberg and David Manning White, New York: Macmillan.

Fiedler, Leslie (1971), *The Collected Essays of Leslie Fiedler*, Volume 2, New York: Stein and Day.

Fischer, Ernst (1973), *The Necessity of Art*, Harmondsworth: Penguin.
Fiske, John (1987), *Television Culture*, London: Routledge.（『テレビジョンカルチャー――ポピュラー文化の政治学』伊藤守他訳、梓出版社、1996）
Fiske, John (1989a), *Understanding Popular Culture*, London: Unwin Hyman.
Fiske, John (1989b), *Reading the Popular*, London: Unwin Hyman.
Fiske, John (1994), *Media Matters: Everyday Culture and Media Change*, Minnesota: University of Minnesota Press.
Foucault, Michel (1979), *Discipline and Punish,* Harmondsworth: Penguin.（『監獄の誕生』田村俶訳、新潮社、1977）
Foucault, Michel (1981), *The History of Sexuality*, Harmondsworth: Penguin.（『知への意志 性の歴史 1』渡辺守章訳、新潮社、1986／『快楽の活用 性の歴史 2』田村俶訳、新潮社、1986／『自己への配慮 性の歴史 3』田村俶訳、新潮社、1987／『肉の告白 性の歴史 4』慎改康之訳、新潮社、2020）
Foucault, Michel (1989), *The Archaeology of Knowledge*, London: Routledge.（『知の考古学』慎改康之訳、河出文庫、2012）
Foucault, Michel (2002a), 'Truth and power', in *Michel Foucault Essential Works: Power*, edited by James D. Faubion, Harmondsworth: Penguin.
Foucault, Michel (2002b), 'Question of method', in *Michel Foucault Essential Works: Power*, edited by James D. Faubion, Harmondsworth: Penguin.
Foucault, Michel (2002c), 'Truth and juridical forms', in *Michel Foucault Essential Works: Power*, edited by James D. Faubion, Harmondsworth: Penguin.
Foucault, Michel (2019), 'Method', in *Cultural Theory and Popular Culture: A Reader*, 5th edn, edited by John Storey, London: Routledge.
Franklin, H. Bruce (1993), *M.I.A. or Mythmaking in America*, New Brunswick, NJ: Rutgers University Press.
Freud, Sigmund (1973a), *Introductory Lectures on Psychoanalysis*, Harmondsworth: Pelican.（『フロイト全集　第 15 巻 : 1915-1917 年　精神分析入門講義』鷲田清一他訳（岩波書店、2012）
Freud, Sigmund (1973b), *New Introductory Lectures on Psychoanalysis*, Harmondsworth: Pelican.
Freud, Sigmund (1975), *The Psychopathology of Everyday Life*, Harmondsworth: Pelican.
Freud, Sigmund (1976), *The Interpretation of Dreams*, Harmondsworth: Pelican.（『フロイト全集　第 4 巻 1900 年 : 夢解釈 I』新宮一成訳（岩波書店、2007）、『フロイト全集　第 5 巻 1900 年 : 夢解釈 II』新宮一成訳（岩波書店、2011）
Freud, Sigmund (1977), *On Sexuality*, Harmondsworth: Pelican.
Freud, Sigmund (1984), *On Metapsychology: The Theory of Psychoanalysis*, Harmondsworth: Pelican.
Freud, Sigmund (1985), *Art and Literature*, Harmondsworth: Pelican.（『造形美術と文学』菊盛英夫訳、河出書房新社、1972）
Freud, Sigmund (1986), *Historical and Expository Works on Psychoanalysis*, Harmondsworth: Pelican.

Freud, Sigmund (2019), 'The Dream-Work', in *Cultural Theory and Popular Culture: A Reader*, 5th edn, edited by John Storey, London: Routledge.

Frith, Simon (1983), *Sound Effects: Youth, Leisure and the Politics of Rock*, London: Constable.（『サウンドの力――若者・余暇・ロックの政治学』細川周平・竹田賢一訳、晶文社、1991）

Frith, Simon (2009), 'The good, the bad and the indifferent: defending popular culture from the populists', in *Cultural Theory and Popular Culture: A Reader*, 4th edn, edited by John Storey, Harlow: Pearson Education.

Frith, Simon and Howard Horne (1987), *Art into Pop*, London: Methuen.

Frow, John (1995), *Cultural Studies and Value*, New York: Oxford University Press.

Fryer, Peter (1984), *Staying Power: The History of Black People in Britain*, London: Pluto.

Gamman, Lorraine and Margaret Marshment (1988), 'Introduction', in *The Female Gaze, Women as Viewers of Popular Culture*, edited by Lorraine Gamman and Margaret Marshment, London: The Women's Press.

Garnham, Nicholas (2009), 'Political economy and cultural studies: reconciliation or divorce', in *Cultural Theory and Popular Culture: A Reader*, 4th edn, edited by John Storey, Harlow: Pearson Education.

Garnham, Nicholas and Raymond Williams (1980), 'Pierre Bourdieu and the sociology of culture: an introduction', *Media, Culture and Society*, 2 (3).

Gay, Paul du, Stuart Hall, Linda Janes, Hugh Mackay and Keith Negus (1997), Doing Cultural Studies, London: Sage.

Giddens, Anthony (1992), *The Transformation of Intimacy*, Cambridge: Polity.（『親密性の変容――近代社会におけるセクシュアリティ、愛情、エロティシズム』松尾清文・松川昭子訳、而立書房、1995）

Gill, Rosalind (2007), 'Postfeminist media culture: elements of a sensibility', in *European Journal of Cultural Studies*, 10, 147–166.

Gilroy, Paul (2002), *There Ain't No Black in the Union Jack*, London: Routledge Classics.（『ユニオンジャックに黒はない――人種と国民をめぐる文化政治』田中東子、山本敦久、井上弘貴訳、新曜社、2017）

Gilroy, Paul (2004), *After Empire*, London: Routledge.

Gilroy, Paul (2019), '"Get up, get into it and get involved" – soul, civil rights and black power', in *Cultural Theory and Popular Culture: A Reader*, 5th edn, edited by John Storey, London: Routledge.

Gilroy, Paul, Lawrence Grossberg and Angela McRobbie (2000) (eds), *Without Guarantees: In Honour of Stuart Hall*, London: Verso.

Gledhill, Christine (2019), 'Pleasurable negotiations', in *Cultural Theory and Popular Culture: A Reader*, 5th edn, edited by John Storey, London: Routledge.

Golding, Peter and Graham Murdock (1991), 'Culture, communications and political economy', in *Mass Media and Society*, edited by James Curran and Michael Gurevitch, London: Edward Arnold.

Gramsci, Antonio (1968), *The Modern Prince and Other Writings*, New York: International

Publishers.
Gramsci, Antonio (1971), *Selections from Prison Notebooks*, London: Lawrence & Wishart.
Gramsci, Antonio (2007), *Prison Notebooks*, volume III, New York: Columbia University Press.(『グラムシ「獄中ノート」著作集Ⅲ、Ⅳ』松川博編訳、明石書店、2011、2013)
Gramsci, Antonio (2019), 'Hegemony, intellectuals, and the state', in *Cultural Theory and Popular Culture: A Reader*, 5th edn, edited by John Storey, London: Routledge.
Graves-Brown, Paul (2000), *Matter, Materiality and Modern Culture*, London: Routledge.
Gray, Ann (1992), *Video Playtime: The Gendering of a Leisure Technology*, London: Routledge.
Gray, Thomas (1997), 'Elegy Written in a Country Churchyard', in *Selected Poems of Thomas Gray*, London: Bloomsbury.
Green, Michael (1996), 'The Centre for Contemporary Cultural Studies', in *What is Cultural Studies? A Reader*, edited by John Storey, London: Edward Arnold.
Grossberg, Lawrence (1988), *It's a Sin: Essays on Postmodernism, Politics and Culture*, Sydney: Power Publications.
Grossberg, Lawrence (1992), 'Is there a fan in the house?', in *The Adoring Audience*, edited by Lisa Lewis, London: Routledge.
Grossberg, Lawrence (2009), 'Cultural studies vs. political economy: is anybody else bored with this debate?', in *Cultural Theory and Popular Culture: A Reader*, 4th edn, edited by John Storey, Harlow: Pearson Education.
Haag, Ernest van den (1957), 'Of happiness and despair we have no measure', in *Mass Culture: The Popular Arts in America*, edited by Bernard Rosenberg and David Manning White, New York: Macmillan.
Haines, Harry W. (1990), 'They were called and they went': the political rehabilitation of the Vietnam veteran', in Linda Dittmar and Gene Michaud (eds), *From Hanoi To Hollywood: The Vietnam War in American Film*, New Brunswick, NJ and London: Rutgers University Press.
Hall, Stuart (1978), 'Some paradigms in cultural studies', *Annali*, 3.
Hall, Stuart (1980a), 'Encoding/decoding', in *Culture, Media*, Language, edited by Stuart Hall, Dorothy Hobson, Andrew Lowe and Paul Willis, London: Hutchinson.
Hall, Stuart (1980b), 'Cultural studies and the Centre; some problematics and problems', in *Culture, Media, Language*, edited by Stuart Hall, Dorothy Hobson, Andrew Lowe and Paul Willis, London: Hutchinson.
Hall, Stuart (1991), 'Old and new ethnicities', in *Culture, Globalization and the World-System*, edited by Anthony Smith, London: Macmillan.
Hall, Stuart (1992), 'Cultural studies and its theoretical legacies', in *Cultural Studies*, edited by Lawrence Grossberg, Cary Nelson and Paula Treichler, London: Routledge.
Hall, Stuart (1996a), 'Cultural studies: two paradigms', in *What is Cultural Studies? A Reader*, edited by John Storey, London: Edward Arnold.
Hall, Stuart (1996b), 'On postmodernism and articulation: an interview with Stuart Hall', in *Stuart Hall: Cultural Dialogues in Cultural Studies*, edited by David Morley and Kuan-Hsing Chen, London: Routledge.

Hall, Stuart (1996c), 'The problem of ideology: Marxism without guarantees', in *Stuart Hall: Cultural Dialogues in Cultural Studies*, edited by David Morley and Kuan-Hsing Chen, London: Routledge.

Hall, Stuart (1996d), 'When was the "post-colonial"? Thinking at the limit', in *The Postcolonial Question*, edited by L. Chambers and L. Curti, London: Routledge.

Hall, Stuart (1996e), 'Race, culture, and communications: looking backward and forward at cultural studies', in *What is Cultural Studies: A Reader*, edited by John Storey, London: Edward Arnold.

Hall, Stuart (1997a), 'Introduction', in *Representation*, edited by Stuart Hall, London: Sage.

Hall, Stuart (1997b), 'The spectacle of the "other"', in *Representation*, edited by Stuart Hall, London: Sage.

Hall, Stuart (2019a), 'The rediscovery of ideology: the return of the repressed in media studies', in *Cultural Theory and Popular Culture: A Reader*, 5th edn, edited by John Storey, London: Routledge.

Hall, Stuart (2019b), 'Notes on deconstructing "the popular"', in *Cultural Theory and Popular Culture: A Reader*, 5th edn, edited by John Storey, London: Routledge.

Hall, Stuart (2019c), 'What is this "black" in black popular culture?', in *Cultural Theory and Popular Culture: A Reader*, 4th edn, edited by John Storey, Harlow: Pearson Education.

Hall, Stuart and Paddy Whannel (1964), *The Popular Arts*, London: Hutchinson.

Harvey, Adrian (2005), *Football: The First Hundred Years*, London: Routledge.

Harvey, David (1989), *The Condition of Postmodernity*, Oxford: Blackwell.（『ポストモダニティの条件』吉原直樹他訳、ちくま学芸文庫、2022）

Hawkes, Terence (1977), *Structuralism and Semiotics*, London: Methuen.（『構造主義と記号論』池上嘉彦訳、紀伊國屋書店、2002）

Hebdige, Dick (1979), Subculture: The Meaning of Style, London: Methuen.（『サブカルチャー——スタイルの意味するもの』山口淑子訳、未来社、1986）

Hebdige, Dick (1988), 'Banalarama, or can pop save us all?' *New Statesman & Society*, 9 December.

Hebdige, Dick (2019), 'Postmodernism and "the other side"', in *Cultural Theory and Popular Culture: A Reader,* 5th edn, edited by John Storey, London: Routledge.

Hermes, Joke (1995), *Reading Women's Magazines*, Cambridge: Polity Press.

Hexter, JH (1965), *More's Utopia: The Biography of an Idea*, New York: Harper & Row.（『モアの「ユートピア」——ある思想の伝記』菊池理夫訳、御茶ノ水書房、1981）

Hill Collins, Patricia and Bilge, Sirma (2016), *Intersectionality*, Cambridge: Polity.（『インターセクショナリティ』小原理乃訳、下地ローレンス吉孝監訳、人文書院、2021）

Hoggart Richard (1970) 'Schools of English and contemporary society', in *Speaking to Each Other*, volume II, edited by Richard Hoggart, London: Chatto and Windus.

Hoggart, Richard (1990) *The Uses of Literacy*, Harmondsworth: Penguin.（『読み書き能力の効用』香内三郎訳、ちくま学芸文庫、2023）

Hoggart, Richard (1991), *A Sort of Clowning*, Oxford: Oxford University Press.

Hoggart, Richard (1992), *An Imagined Life*, Oxford: Oxford University Press.

hooks, bell (1989), *Talking Back: Thinking Feminist, Thinking Black*, London: Sheba Feminist

Publishers.

hooks, bell (2019), ‘Postmodern blackness’, in *Cultural Theory and Popular Culture: A Reader*, 5th edn, edited by John Storey, London: Routledge.

Horkheimer, Max (1978), ‘Art and mass culture’, in *Literary Taste, Culture and Mass Communication*, Volume XII, edited by Peter Davison, Rolf Meyersohn and Edward Shils, Cambridge: Chadwyck Healey.

Huyssen, Andreas (1986), *After the Great Divide: Modernism, Mass Culture and Postmodernism*, London: Macmillan.

Jameson, Fredric (1981), *The Political Unconscious*, London: Methuen.（『政治的無意識——社会的象徴行為としての物語』大橋洋一、木村茂雄、太田耕人訳、平凡社、2010）

Jameson, Fredric (1984), ‘Postmodernism, or the cultural logic of late capitalism’, *New Left Review*, 146.

Jameson, Fredric (1985), ‘Postmodernism and consumer society’, in *Postmodern Culture*, edited by Hal Foster, London: Pluto.

Jameson, Fredric (1988), ‘The politics of theory: ideological positions in the postmodernism debate’, in *The Ideologies of Theory Essays*, Volume 2, London: Routledge.

Jeffords, Susan (1989), T*he Remasculinization of America: Gender and the Vietnam War*, Bloomington and Indianapolis: Indiana University Press.

Jenkins, Henry (1992), *Textual Poachers*, New York: Routledge.

Jenson, Joli (1992), ‘Fandom as pathology’, in *The Adoring Audience*, edited by Lisa Lewis, London: Routledge.

Johnson, Richard (1979), ‘Three problematics: elements of a theory of working-class culture’, in *Working Class Culture: Studies in History and Theory*, edited by John Clarke et al., London: Hutchinson.

Johnson, Richard (1996), ‘What is cultural studies anyway?’ in *What is Cultural Studies? A Reader*, edited by John Storey, London: Edward Arnold.

Klein, Michael (1990), ‘Historical memory, film, and the Vietnam era’, in *From Hanoi To Hollywood: The Vietnam War in American Film*, edited by Linda Dittmar and Gene Michaud, New Brunswick, NJ and London: Rutgers University Press.

Lacan, Jacques (1989), *Four Fundamental Concepts in Psychoanalysis*, New York: Norton.（『ジャック・ラカン——精神分析の四基本概念』小出浩之他訳、岩波書店、2020）

Lacan, Jacques (2001), *Ecrits*, London: Routledge.（『エクリ』宮本忠雄他訳、1972）

Lacan, Jacques (2019), ‘The mirror stage’, in *Cultural Theory and Popular Culture: A Reader*, 5th edn, edited by John Storey, London: Routledge.

Laclau, Ernesto (1979), *Politics and Ideology in Marxist Theory*, London: Verso.（『資本主義・ファシズム・ポピュリズム——マルクス主義理論における政治とイデオロギー』横越英一監訳、柘植書房、1985）

Laclau, Ernesto (1993), ‘Discourse’, in *A Companion to Contemporary Political Philosophy*, edited by R.E. Goodin and P. Pettit, London: Blackwell.

Laclau, Ernesto and Chantal Mouffe (2001), *Hegemony and Socialist Strategy: Towards a Radical*

Democratic Politics, 2nd edn, London: Verso.（『民主主義の革命――ヘゲモニーとポスト・マルクス主義』西永亮、千葉眞訳、筑摩書房、2012）

Laclau, Ernesto and Chantal Mouffe (2019), 'Post-Marxism without apologies', in *Cultural Theory and Popular Culture: A Reader*, 5th edn, edited by John Storey, London: Routledge.

Latour, Bruno (2007), *Reassembling the Social*, Oxford: Oxford University Press.（『社会的なものを組み直す――アクターネットワーク理論入門』伊藤嘉高訳、法政大学出版局、2019）

Leavis, F.R. (1933), *For Continuity*, Cambridge: Minority Press.

Leavis, F.R. (1972), *Nor Shall My Sword*, London: Chatto and Windus.

Leavis, F.R. (1984), *The Common Pursuit*, London: Hogarth.

Leavis, F.R. (2019), 'Mass civilisation and minority culture', in *Cultural Theory and Popular Culture: A Reader*, 5th edn, edited by John Storey, London: Routledge.

Leavis, F.R. and Denys Thompson (1977), *Culture and Environmen*t, Westport, CT: Greenwood Press.

Leavis, Q.D. (1978), *Fiction and the Reading Public*, London: Chatto and Windus.（「小説と読者」勝方恵子訳、『早稲田大学語学教育研究所紀要』早稲田大学語学教育研究所、1982）

Levine, Lawrence (1988), *Highbrow/Lowbrow: The Emergence of Cultural Hierarchy in America*, Cambridge, MA: Harvard University Press.（『ハイブラウ / ロウブラウ――アメリカにおける文化ヒエラルキーの出現』常山菜穂子訳、慶應義塾大学出版会、2005）

Lévi-Strauss, Claude (1968), *Structural Anthropology*, London: Allen Lane.（『構造人類学【新装版】』荒川幾男他訳、みすず書房、2023）

Liebes, T. and E. Katz (1993), *The Export of Meaning: Cross-cultural Readings of Dallas*, 2nd edn, Cambridge: Polity Press.

Light, Alison (1984), '"Returning to Manderley": romance fiction, female sexuality and class', *Feminist Review*, 16.

Littler, Jo (2013), 'Meritocracy as plutocracy: the marketising of "equality" within neoliberalism', *New Formations*, pp. 52–72.

Littler, Jo (2017), *Against Meritocracy*, London: Routledge.

Littler, Jo (2019), 'Meritocracy as plutocracy: the marketising of "equality" under neoliberalism', in *Cultural Theory and Popular Culture: A Reader*, 5th edn, edited by John Storey, London: Routledge.

Lovell, Terry (2009), 'Cultural production', in *Cultural Theory and Popular Culture: A Reader*, 4th edn, edited by John Storey, Harlow: Pearson Education.

Lowenthal, Leo (1961), *Literature, Popular Culture and Society*, Palo Alto, CA: Pacific Books.

Lyotard, Jean-Fran.ois (1984), *The Postmodern Condition: A Report on Knowledge*, Manchester: Manchester University Press.（『ポストモダンの条件』小林康夫訳、水声社、1986）

Macdonald, Dwight (1998), 'A theory of mass culture', in *Cultural Theory and Popular Culture: A Reader*, 2nd edn, edited by John Storey, Harlow: Prentice Hall.

Macherey, Pierre (1978), *A Theory of Literary Production*, London: Routledge & Kegan Paul.（『文学生産の理論』内藤陽哉訳、合同出版、1969）

Maltby, Richard (1989), 'Introduction', in *Dreams for Sale: Popular Culture in the 20th Century*,

edited by Richard Maltby, London: Harrap.
Mandel, Ernest (1978), *Late Capitalism*, London: Verso.（『後期資本主義　I ～ III』飯田裕康、的場昭弘訳、柘植書房、1980 ～ 1981）
Marcuse, Herbert (1968a), *One Dimensional Man*, London: Sphere.（『一次元的人間』生松敬三、三沢謙一訳、河出書房新社、1980）
Marcuse, Herbert (1968b), *Negations*, London: Allen Lane.
Markus, Hazel Rose, and Paula M.L. Moya (2010), *Doing Race: 21 Essays for the 21st Century*, Norton: New York.
Martin, Andrew (1993), *Receptions of War: Vietnam in American Culture*, Norman: University of Oklahoma Press.
Marx, Karl (1951), *Theories of Surplus Value*, London: Lawrence & Wishart.（『剰余価値学説史』岡崎次郎、時永淑 訳、大月書店、1970）
Marx, Karl (1963), *Selected Writings in Sociology and Social Philosophy*, Harmondsworth: Pelican.
Marx, Karl (1973), Grundrisse, Harmondsworth: Penguin.（『経済学批判要領（全 5 巻）』高木幸二郎訳、大月書店、1965）
Marx, Karl (1976a), 'Preface' and 'Introduction', in *Contribution to the Critique of Political Economy*, Peking: Foreign Languages Press.（『資本論 経済学批判 第 1 巻 1』中山元訳、日経 BP、2011）
Marx, Karl (1976b), 'Theses on Feuerbach', in *Ludwig Feuerbach and the End of Classical German Philosophy*, by Frederick Engels, Peking: Foreign Languages Press.（『フォイエルバッハ論』松村一人訳、岩波書店、1960）
Marx, Karl (1976c), *Capital*, Volume I, Harmondsworth: Penguin.（『資本論 1 』向坂逸郎訳、岩波書店、1969）
Marx, Karl (1977), *The Eighteenth Brumaire of Louis Bonaparte*, Moscow: Progress Publishers.（『ルイ・ボナパルトのブリュメール 18 日』丘沢静也、2020）
Marx, Karl (1992), *Early Writings*, London: Penguin.
Marx, Karl and Friedrich Engels (1957), *On Religion*, Moscow: Progress Publishers.
Marx, Karl and Frederick Engels (1974), *The German Ideology* (student edn), edited and introduced by C.J. Arthur, London: Lawrence & Wishart.（『ドイツ・イデオロギー』廣松渉編訳、小林昌人補訳、岩波文庫、2002）
Marx, Karl, and Friedrich Engels (1977), *Selected Letters*, Peking: Foreign Languages Press.（『マルクス、エンゲルス書簡選集　上中下』不破哲三訳、新日本出版社、2012）
Marx, Karl, and Friedrich Engels (1998), *The Communist Manifesto*, Peking: Foreign Languages Press.（『共産党宣言』森田成也訳、光文社古典新訳文庫、2020）
Marx, Karl and Friedrich Engels (2019), 'Ruling class and ruling ideas', in *Cultural Theory and Popular Culture: A Reader*, 5th edn, edited by John Storey, London: Routledge.
Marx, Karl, and Friedrich Engels (2019b), 'The Communist Manifesto: Bourgeois and Proletarians', in *Cultural Theory and Popular Culture: A Reader*, 5th edn, edited by John Storey, London: Routledge.
May, Vivian M. (2015), *Pursuing Intersectionality*, London: Routledge.

McGuigan, Jim (1992), *Cultural Populism*, London: Routledge.

McLellan, Gregor (1982), 'E.P. Thompson and the discipline of historical context', in *Making Histories: Studies in History Writing and Politics*, edited by Richard Johnson, London: Hutchinson.

McRobbie, Angela (1992), 'Post-Marxism and cultural studies: a post-script', in *Cultural Studies*, edited by Lawrence Grossberg, Cary Nelson and Paula Treichler, London: Routledge.

McRobbie, Angela (1994), *Postmodernism and Popular Culture*, London: Routledge.

McRobbie, Angela (2004), 'Post-Feminism and Popular Culture', in *Feminist Media Studies*, 4 (3), 255–264.

Medhurst, Andy (1999), 'Teaching queerly: politics, pedagogy and identity in lesbian and gay studies', in *Teaching Culture: The Long Revolution in Cultural Studies*, Leicester: NIACE Press.

Mercer, Kobena (1994), *Welcome to the Jungle: New Positions in Black Cultural Studies*, London: Routledge.

Miller, Daniel (2009), *Stuff*, Cambridge: Polity.

Mills, Sara (2004), *Discourse*, 2nd edn, London: Routledge.

Modleski, Tania (1982), *Loving with a Vengeance: Mass Produced Fantasies for Women*, Hamden, CT: Archon Books.

More, Thomas (2002), *Utopia*, Cambridge: Cambridge University Press.（『ユートピア』平井正穂訳、岩波文庫、1957）

Morley, David (1980), *The Nationwide Audience*, London: BFI.

Morley, David (1986), *Family Television: Cultural Power and Domestic Leisure*, London: Comedia.

Morris, R.J. (1979), *Class and Class Consciousness in the Industrial Revolution 1780-1850*, London: Macmillan.

Morris, William (1979), 'Art Labour and Socialism', in *Marxism and Art*, by Maynard Solomon, Brighton: Harvester.

Morris, William (1986), *News From Nowhere and Selected Writings and Designs*, Harmondsworth: Penguin.

Morris, William (2002), *News From Nowhere*, Oxford: Oxford World's Classics.（『ユートピアだより』川端康雄訳、岩波文庫、2013）

Mouffe, Chantal (1981), 'Hegemony and ideology in Gramsci', in *Culture, Ideology and Social Process*, edited by Tony Bennett, Colin Mercer and Janet Woollacott, Milton Keynes: Open University Press.

Mulvey, Laura (1975), 'Visual pleasure and narrative cinema', in *Screen*, 16 (3).（「視覚的快楽と物語映画」斉藤綾子訳、『imago』11 月号、青土社、1992、40-53 頁）

Myers, Tony (2003), *Slavoj Žižek*, London: Routledge.（『スラヴォイ・ジジェク』村山敏勝訳、青土社、2005）

Nederveen Pieterse, J. (1995), 'Globalisation as hybridisation', in *International Sociology*, 9 (2), 161–184.

New Left Review (eds) (1977), *Aesthetics and Politics*, London: Verso.

Newton, Esther (1972), *Mother Camp: Female Impersonators in America*, Englewood Cliffs, NJ:

Prentice Hall.
Newton, Esther (1999), ‘Role models’, in *Camp: Queer Aesthetics and the Performing Subject: A Reader*, edited by Fabio Cleto, Edinburgh: Edinburgh University Press.
Nixon, Richard (1986), *No More Vietnams*, London: W.H. Allen.（『ノー・モア・ヴェトナム』宮崎成人、宮崎緑訳、講談社、1986）
Nixon, Sean (1996), *Hard Looks: Masculinities, Spectatorship and Contemporary Consumption*, London: UCL Press.
Nowell-Smith, Geoffrey (1987), ‘Popular culture’, *New Formations*, 2.
O’Connor, Alan (1989), *Raymond Williams: Writing, Culture, Politics*, Oxford: Basil Blackwell.
Orwell, George (2001), *Down and Out in Paris and London*, Harmondsworth: Penguin.（『パリ・ロンドン漂流記』小野寺健訳、岩波文庫、1989）
Parker, Ian (2004), *Slavoj Žižek: A Critical Introduction*, London: Pluto Press.
Pilger, John (1990), ‘Vietnam movies’, *Weekend Guardian*, 24–5 February.
Pitcher, Ben (2014), *Consuming Race*, London: Routledge.
Polan, Dana (1988), ‘Complexity and contradiction in mass culture analysis: on Ien Ang ‘*Watching Dallas*’, *Camera Obscura*, 16.
Porter, Roy (1990), *The Enlightenment*, Basingstoke: Macmillan.（『啓蒙主義』見市雅俊訳、岩波書店、2004）
Propp, Vladimir (1968), *The Morphology of the Folktale*, Austin: Texas University Press.（『民話の形態学』大木伸一訳、白馬書房、1972）
Radway, Janice (1987), *Reading the Romance: Women, Patriarchy, and Popular Literature*, London: Verso.
Radway, Janice (1994), ‘Romance and the work of fantasy: struggles over feminine sexuality and subjectivity at the century’s end’, in *Viewing, Reading, Listening: Audiences and Cultural Reception*, edited by Jon Cruz and Justin Lewis, Boulder, CO: Westview Press.
Rakow, Lana F. (2019), ‘Feminist approaches to popular culture: giving patriarchy its due’, in *Cultural Theory and Popular Culture: A Reader*, 5th edn, edited by John Storey, London: Routledge.
Ricoeur, Paul (1981), *Hermeneutics and the Human Sciences*, New York: Cambridge University Press.
Ritzer, G. (1999), *The McDonaldization Thesis*, London: Sage.（『マクドナルド化の世界――そのテーマは何か？』正岡寛司監訳、早稲田大学出版部、1999）
Rosenberg, Bernard (1957), ‘Mass culture in America’, in *Mass Culture: The Popular Arts in America*, edited by Bernard Rosenberg and David Manning White, New York: Macmillan.
Ross, Andrew (1989), *No Respect: Intellectuals and Popular Culture*, London: Routledge.
Rowe, John Carlos and Rick Berg (eds) (1991), *The Vietnam War and American Culture*, New York: Columbia University Press.
Said, Edward (1985), *Orientalism*, Harmondsworth: Penguin.（『オリエンタリズム』今沢紀子訳、平凡社ライブラリー、1993）
Said, Edward (1993), *Culture and Imperialism*, New York: Vintage Books.（『文化と帝国 1・2』大

橋洋一訳、みすず書房、1998-2001）
Samuel, Raphael (1981), *Peoples' History and Socialist Theory*, London: Routledge & Kegan Paul.
Saussure, Ferdinand de (1974), *Course in General Linguistics*, London: Fontana.（『新訳 一般言語学講義』町田健訳、研究社、2016）
Schiller, Herbert (1978), 'Transnational media and national development', in *National Sovereignty and International Communication*, edited by K. Nordenstreng and Herbert Schiller, Norwood, NJ: Ablex.
Schiller, Herbert (1979), 'Translating media and national development', in *National Sovereignty and International Communication*, edited by K. Nordenstreng and Herbert Schiller.
Shils, Edward (1978), 'Mass society and its culture', in *Literary Taste, Culture, and Mass Communication*, Volume I, edited by Peter Davison, Rolf Meyersohn and Edward Shils, Cambridge: Chadwyck Healey.
Showalter, Elaine (1990), 'Introduction', in *Speaking of Gender*, edited by Elaine Showalter, London: Routledge.
Sinfield, Alan (1992), *Faultlines: Cultural Materialism and the Politics of Dissident Reading*, Oxford: Clarendon Press.
Smith, Barbara Herrnstein (1988), *Contingencies of Value*, Cambridge, MA: Harvard University Press.
Sontag, Susan (1966), *Against Interpretation*, New York: Deli.（『反解釈』高橋康成、由良君美訳、ちくま学芸文庫、1996）
Stacey, Jackie (1994), *Star Gazing: Hollywood and Female Spectatorship*, London: Routledge.
Stedman Jones, Gareth (1998), 'Working-class culture and working-class politics in London, 1870-1900: notes on the remaking of a working class', in *Cultural Theory and Popular Culture*, 2nd edn, edited by John Storey, Harlow: Prentice Hall.
Storey, John (1985), 'Matthew Arnold: the politics of an organic intellectual', *Literature and History*, 11 (2).
Storey, John (1988), 'Rockin' Hegemony: West Coast Rock and Amerika's War in Vietnam', in *Tell Me Lies About Vietnam*, edited by Alf Louvre and Jeff Walsh, Milton Keynes: Open University Press.
Storey, John (1992), 'Texts, readers, reading formations: My Poll and My Partner Joe in Manchester in 1841', *Literature and History*, 1 (2).
Storey, John (1994), ' "Side-saddle on the golden calf": moments of utopia in American pop music and pop music culture', in *An American Half Century: Postwar Culture and Politics in the USA*, edited by Michael Klein, London: Pluto Press.
Storey, John (ed.) (1996), *What is Cultural Studies: A Reader*, London: Edward Arnold.
Storey, John (2001a), 'The sixties in the nineties: Pastiche or hyperconsciousness', in *Tough Guys, Smooth Operators and Foxy Chicks*, edited by Anna Gough-Yates and Bill Osgerby, London: Routledge.
Storey, John (2001b), 'The social life of opera', in *European Journal of Cultural Studies*, 6 (1).
Storey, John (2002a), 'Expecting rain: opera as popular culture', in *High-Pop*, edited by Jim Collins,

Oxford: Blackwell.

Storey, John (2002b), 'The articulation of memory and desire: from Vietnam to the war in the Persian Gulf', in *Film and Popular Memory*, edited by Paul Grainge, Manchester: Manchester University Press.

Storey, John (2003), *Inventing Popular Culture: From Folklore to Globalisation*, Malden, MA: Blackwell.

Storey, John (2005), 'Popular', in *New Key Words: A Revised Vocabulary of Culture and Society*, edited by Tony Bennett et al., Oxford: Blackwell.

Storey, John (2006), 'Inventing opera as art in nineteenth-century Manchester', in *International Journal of Cultural Studies*, 9 (4).

Storey, John (2008), 'The invention of the English Christmas', in *Christmas, Ideology and Popular Culture*, edited by Sheila Whiteley, Edinburgh: Edinburgh University Press.

Storey, John (2009), '"The spoiled adopted child of Great Britain and even of the Empire": A Symptomatic Reading of Heart of Darkness', in *Stories of Empire*, edited by Christa Knellwolf King and Margarete Rubik, Trier: Wissenschaftlickter Verlag.

Storey, John (2010a), *Culture and Power in Cultural Studies: The Politics of Signification*, Edinburgh: Edinburgh University Press.

Storey, John (2010b), 'Becoming British', in *The Cambridge Companion to Modern British Culture*, edited by Michael Higgins, Clarissa Smith and John Storey, Cambridge: Cambridge University Press.

Storey, John (2010c), *Cultural Studies and the Study of Popular Culture*, 3rd edn, Edinburgh: Edinburgh University Press.

Storey, John (2011), 'Postmodernism and popular culture', in *The Routledge Companion to Postmodernism*, edited by Stuart Sim, London: Routledge.

Storey, John (2014), *From Popular Culture to Everyday Life*, London: Routledge.

Storey, John (2016), 'Class and the Invention of Tradition: the cases of Christmas, football and folksong', in *The Making of English Popular Culture*, edited by John Storey, London: Routledge.

Storey, John (2017a), *Theories of Consumption*, London: Routledge.

Storey, John (2017b), 'Culture: the "Popular" and the "Material"' in *Materiality and Popular Culture*, edited by Anna Malinowska and Karolina Lebek, London: Routledge.

Storey, John (2019), *Radical Utopianism and Cultural Studies: On Refusing to be Realistic*, London: Routledge.

Storey, John (2021), *Consuming Utopia: Cultural Studies and the Politics of Reading*, London: Routledge.

Storey, John, and Katy McDonald (2014a), 'Love's best habit: the uses of media in romantic relationships', in *International Journal of Cultural Studies*, 17(2), 113–125.

Storey, John, and Katy McDonald (2014b), 'Media love: intimacy in mediatized worlds', in *Mediatized Worlds*, edited by A. Hepp and F. Krotz, London: Palgrave, 221–232.

Sturken, Marita (1997), *Tangled Memories: The Vietnam War, the AIDS Epidemic, and the Politics of Remembering*, Berkeley: University of California Press. (『アメリカという記憶――ベトナム

戦争、エイズ、記念碑的表象』岩崎稔他訳、未来社、2004)
Taylor, Matthew (2013), *The Association Game*, London: Routledge.
Thompson, E.P. (1976), 'Interview', *Radical History Review*, 3.
Thompson, E.P. (1976), *William Morris: Romantic to Revolutionary*, New York: Pantheon.
Thompson, E.P. (1980), *The Making of the English Working Class*, Harmondsworth: Penguin.(『イングランド労働者階級の形成』市橋秀夫、芳賀健一訳、青弓社、2003)
Thompson, E.P. (1995), *The Poverty of Theory*, 2nd edn, London: Merlin Press.
Tomlinson, John (1997), 'Internationalism, globalization and cultural imperialism', in *Media and Regulation*, edited by Kenneth Thompson, London: Sage.
Tomlinson, John (1999), *Globalization and Culture*, Cambridge: Polity Press.(『グローバリゼーション——文化帝国主義を超えて』片岡信訳、青土社、2000)
Tompkins, Jane (1985), *Sensational Designs: The Cultural Work of American Fiction, 1790-1860*, New York: Oxford University Press.
Tong, Rosemary (1992), *Feminist Thought: A Comprehensive Introduction*, London: Routledge.
Tumin, Melvin (1957), 'Popular culture and the open society', in *Mass Culture: The Popular Arts in America*, edited by Bernard Rosenberg and David Manning White, New York: Macmillan.
Turner, Graeme (2003), *British Cultural Studies: An Introduction*, 3rd edn, London: Routledge.(『カルチュラル・スタディーズ入門——理論と英国での発展』金智子他訳、作品社、1995)
Vlastos, Stephen (1991), 'America's "enemy": the absent presence in revisionist Vietnam War history', in *The Vietnam War and American Culture*, edited by John Carlos Rowe and Rick Berg, New York: Columbia University Press.
Volosinov, Valentin (1973), *Marxism and the Philosophy of Language*, New York: Seminar Press.
Walby, Sylvia (1990), *Theorising Patriarchy*, Oxford: Blackwell.
Walton, David (2008), *Introducing Cultural Studies: Learning Through Practice*, London: Sage.
Walton, John K and James Walvin (1988) (eds), *Leisure in Britain 1780-1939*, Manchester: Manchester University Press.
Walvin, James (2000), *The People's Game*, Edinburgh: Mainstream Publishing Company.
Warner, Michael (1993), 'Introduction', in *Fear of a Queer Planet*, edited by Michael Warner, Minneapolis: Minnesota University Press.
West, Cornel (2019), 'Black postmodernist practices', in *Cultural Theory and Popular Culture: A Reader*, 5th edn, edited by John Storey, London: Routledge.
White, David Manning (1957), 'Mass culture in America: another point of view', in *Mass Culture: The Popular Arts in America*, edited by Bernard Rosenberg and David Manning White, New York: Macmillan.
Williams, Raymond (1957), 'Fiction and the writing public', *Essays in Criticism*, 7.
Williams, Raymond (1963), Culture and Society, Harmondsworth: Penguin.(『文化と社会』若松繁信、長谷川光昭訳、ミネルヴァ書房、1968、改訂版 2008)
Williams, Raymond (1965), *The Long Revolution*, Harmondsworth: Penguin.(『長い革命』若松繁信他訳、ミネルヴァ書房、1983)
Williams, Raymond (1980), 'Base and superstructure in Marxist cultural theory', in *Problems in*

Materialism and Culture, London: Verso.
Williams, Raymond (1981), *Culture*, London: Fontana.（『文化とは』小池民男訳、晶文社、1985）
Williams, Raymond (1983), *Keywords*, London: Fontana.（『完訳　キーワード辞典』椎名美智他訳、平凡社ライブラリー、2011）
Williams, Raymond (2019), 'The analysis of culture', in *Cultural Theory and Popular Culture: A Reader*, 5th edn, edited by John Storey, London: Routledge.
Williamson, Judith (1978), *Decoding Advertisements*, London: Marion Boyars.（『広告の記号論——記号生成過程とイデオロギー』山崎カヲル他訳、柘植書房、1985）
Willis, Paul (1990), *Common Culture*, Buckingham: Open University Press.
Willis, Susan (1991), *A Primer for Daily Life*, London: Routledge.
Winship, Janice (1987), *Inside Women's Magazines*, London: Pandora.
Wright, Will (1975), *Sixguns and Society: A Structural Study of the Western*, Berkeley: University of California Press.
Zelizer, Barbie (1995), 'Reading the past against the grain: the shape of memory studies', in *Critical Studies in Mass Communication*, June.
Žižek, Slavoj (1989), *The Sublime Object of Ideology*, London: Verso.（『イデオロギーの崇高な対象』鈴木晶訳、河出文庫、2015）
Žižek, Slavoj (1991), *Looking Awry: An Introduction to Jacques Lacan through Popular Culture*, Cambridge, MA: MIT Press.（『斜めから見る——大衆文化と通してラカン理論へ』鈴木晶訳、青土社、1995）
Žižek, Slavoj (1992), *Enjoy Your Symptom: Jacques Lacan in Hollywood and Out*, London: Routledge.（『汝の症候を楽しめ——ハリウッド vs ラカン』鈴木晶訳、筑摩書房、2001）
Žižek, Slavoj (2019), 'From reality to the real', in *Cultural Theory and Popular Culture: A Reader*, 5th edn, edited by John Storey, London: Routledge.

【訳者】

◉鈴木 健（すずき　たけし）
南カリフォルニア大学客員教授及びケンブリッジ大学客員研究員を経て、現在、明治大学情報コミュニケーション学部教授。ノースウエスタン大学よりコミュニケーション学博士（PhD）／メディア批評及びカルチュラル・スタディーズ。
主な編著書に（共編）『説得コミュニケーション論を学ぶ人のために』（2009年）、（共編）『パフォーマンス研究のキーワード』（2011年）、*The Rhetoric of Emperor Hirohito: Continuity and Rupture in Japan's Dramas of Modernity.*（2017年）、*The Age of Emperor Akihito: Historical Controversies over the Past and the Future*（2019年）、*Political Communication in Japan: Democratice Affairs and the Abe Years*（2023年）、翻訳書に（共訳）『議論学への招待——建設的なコミュニケーションのために』（2018年）がある。財部剣人のペンネームで『マーメイドクロニクルズ 第二部　吸血鬼ドラキュラの娘が四人の魔女たちと戦う刻』を（2021年）出版。

◉越智 博美（おち　ひろみ）
専修大学国際コミュニケーション学部教授 。お茶の水女子大学より人文科学博士号取得／アメリカ文学・文化。主著書に、『カポーティ——人と文学』（勉誠出版）、『モダニズムの南部的瞬間——アメリカ南部詩人と冷戦』（研究社）、編著として『ジェンダーから世界を読むII』（中野知律との共編著、明石書店）、『ジェンダーにおける「承認」と「再分配」——格差、文化、イスラーム』（河野真太郎との共編著、彩流社）。その他に、"Translations of American Cultural Politics into the Context of Post War Japan." *Routledge Companion to Transnational American Studies* edited by Nina Morgan, Alfred Hornung and Takayuki Tatsumi, Routledge, 2019、訳書としてコーネル・ウェスト『民主主義の問題』、（共訳、法政大学出版会、2014）、ジュディス・バトラー『問題＝物質となる身体』（共訳、以文社、2021）など。

【著者】

◉ジョン・ストーリー（John Storey）
英国サンダーランド大学名誉教授及び前同大学メディア・アンド・カルチュラル・スタディーズ研究所長／メディア及びカルチュラル・スタディーズ。
カルチュラル・スタディーズ研究書を中心に30冊の著書があり、近著には *Radical Utopianism and Cultural Studies* 2019, *Consuming Utopia: Cultural Studies and the Politics of Reading* 2021, *Consumption* 2022 がある。

ポップ・カルチャー批評の理論
現代思想とカルチュラル・スタディーズ

2023年12月15日　第1刷発行
2024年4月10日　第2刷発行

【著者】
ジョン・ストーリー
【訳者】
鈴木 健、越智博美

発行者：高梨 治
発行所：株式会社小鳥遊書房
〒102-0071　東京都千代田区富士見1-7-6-5F
電話 03 (6265) 4910（代表）／FAX　03 (6265) 4902
https://www.tkns-shobou.co.jp
info@tkns-shobou.co.jp

装幀　宮原雄太（ミヤハラデザイン）
印刷　モリモト印刷株式会社
製本　株式会社村上製本所
ISBN978-4-86780-014-0　C0010